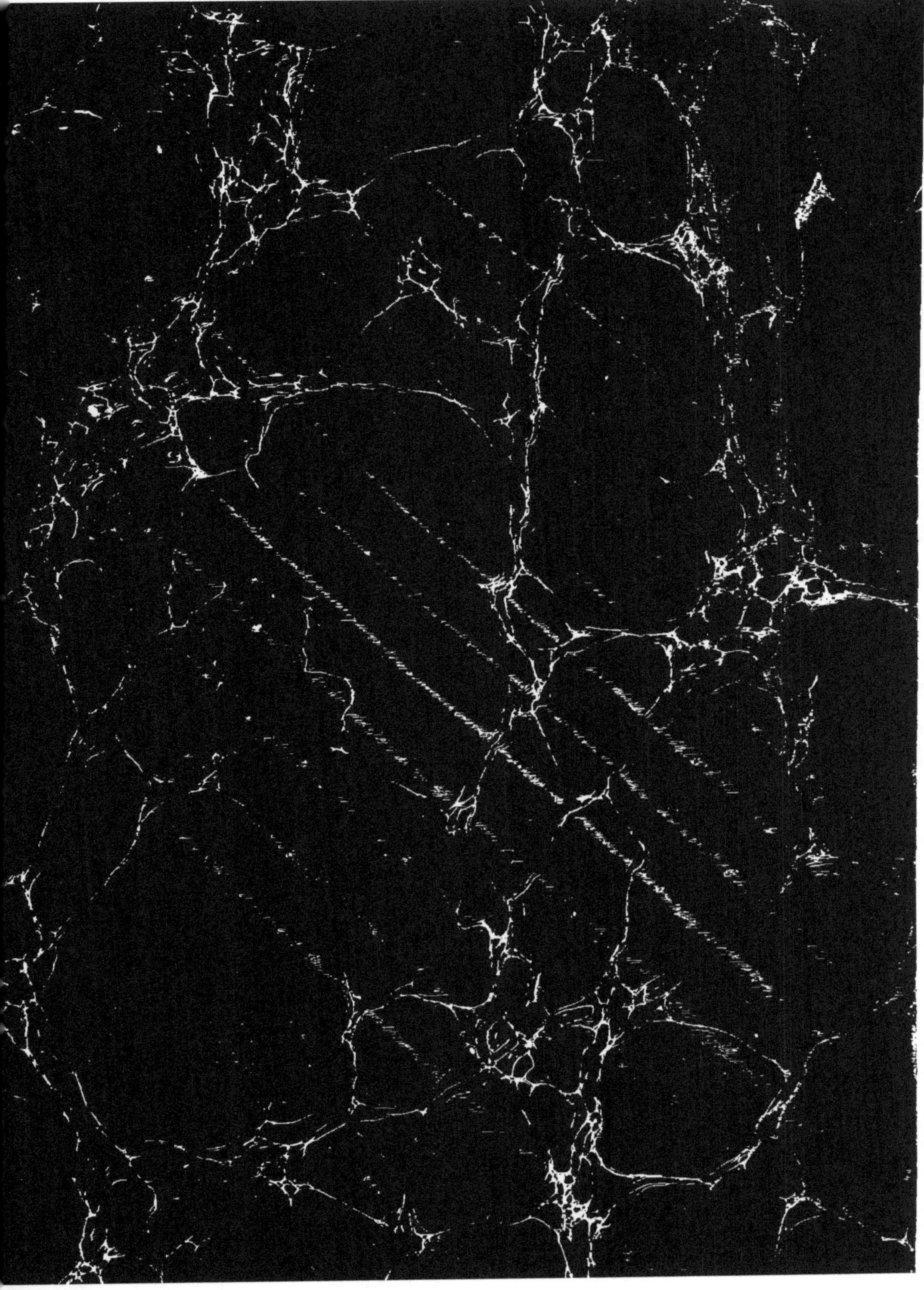

LA TERREUR

Extrait du Correspondant

PARIS. — IMP. SIMON RAÇON ET COMP., RUE D'ERFURTH, 1.

LA TERREUR

ÉTUDE CRITIQUE

SUR L'HISTOIRE DE LA RÉVOLUTION FRANÇAISE

PAR

H. WALLON

MEMBRE DE L'INSTITUT

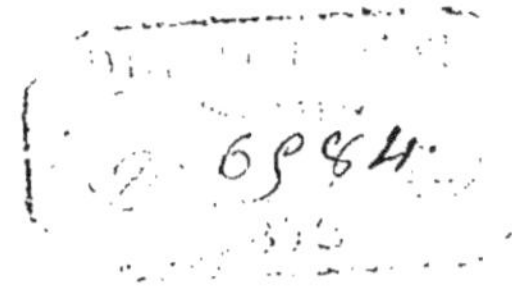

PARIS

LIBRAIRIE DE CHARLES DOUNIOL, ÉDITEUR

29, RUE DE TOURNON, 29

1870

LA TERREUR[1]

I

LES PRÉLIMINAIRES DE LA TERREUR

LE 20 JUIN, LE 10 AOUT, LES JOURNÉES DE SEPTEMBRE 1792, LE 21 JANVIER,
LE 31 MAI 1793

I

L'histoire de la Révolution française a toujours, et à juste raison,
le don d'attirer et de retenir à soi l'attention publique. Ce n'est pas
seulement une grande époque, et comme une ère nouvelle dans
notre histoire : c'est un cercle où nous roulons depuis quatre-vingts
ans, et dont nous avons déjà parcouru pour la seconde fois toutes
les étapes. Sans nier les différences, et tout en constatant le progrès,
n'est-ce pas la royauté de 1789 qui a reparu avec la Restauration, et

[1] *Histoire de la Terreur*, 1792-1794, d'après les documents authentiques et
des pièces inédites, par M. Mortimer-Ternaux. 7 vol. in-8 (1861-1869). — *La
Révolution*, par M. Edgar Quinet, 2 vol. in-8 (1865). — *Histoire de la Révolution
française*, par Th. Carlyle ; traduit de l'anglais par M. Jules Roche, 3 vol.
in-12 (1867). — *Histoire de la société française pendant la Révolution*, par Edmond
et Jules de Goncourt, 1 vol. in-12 (1864). — *Le Vandalisme révolutionnaire*,
par Eugène Despois, 1 vol. in-12 (1868). — *La Démagogie en 1793 à Paris* ou
Histoire jour par jour de l'année 1793, par C.-A. Dauban, 1 vol. in-8 (1868).
— *Paris en 1794 et en 1795, histoire de la rue, du club, de la famine*, composée d'après les documents inédits, particulièrement les rapports de police et les
registres du Comité de salut public, par C.-A. Dauban, 1 vol. in-8 (1869). — *Mémoires du comte Beugnot*, 2 vol. in-8 (1866). — *Le Tribunal révolutionnaire de
Paris*, ouvrage composé d'après les documents originaux conservés aux archives,
par Émile Campardon, 2 vol. in-8 (1866).

la monarchie constitutionnelle de 1791 avec la charte de 1830? puis
une nouvelle République, et, sans autre intermédiaire que le fantôme d'une prétendue Terreur, un second Dix-huit brumaire suivi
d'une nouvelle forme du Consulat et de l'Empire. Sommes-nous
enfin fixés? Pour en être assurés, le mieux n'est pas tant de l'écrire
dans une charte. Les peuples semblent, en effet, ne s'engager à
toujours que parce qu'ils savent bien qu'un jour ou l'autre les événements les peuvent dégager. Le moyen le plus sûr d'asseoir enfin nos
destinées et de changer en progrès véritable ce perpétuel tournoie-
ment, c'est d'étudier à fond les causes réelles de cette instabilité;
c'est d'apprendre par un sérieux examen pourquoi chacune de ces
formes, après un succès éphémère, a péri. Ainsi l'histoire sincère de
notre Révolution est une nécessité politique de premier ordre, et il
faut souhaiter qu'elle nous soit exposée, non dans ces récits brillants
et passionnés qui tranchent tout selon l'esprit d'un parti, ni dans ces
livres plus impartiaux en apparence, qui acceptent tout, excusent
tout comme par une cause nécessaire; mais dans des tableaux également éloignés de l'indifférence et de la passion, du dénigrement et
de la complaisance: car si le dénigrement fausse parfois le passé,
la complaisance aveugle le présent et ne trompe après tout que ceux
qui ont le plus d'intérêt à voir les choses dans toute leur vérité.

Cette éducation de l'esprit public sur les vicissitudes de notre Révolution a été commencée de bonne heure. Après l'achèvement de ce
que j'appellerai le premier cycle, dès la Restauration, deux ouvrages
avaient paru, également remarquables, dans leur étendue fort différente, par la largeur de la composition, la fermeté du trait ou la clarté
du détail. Mais depuis, la Révolution a poursuivi sa marche: un cycle
nouveau s'est accompli, et bien des pièces inconnues ont été mises au
jour. Parmi les jugements portés alors, quels sont ceux qui n'ont
fait que s'affermir, quels sont ceux qu'il conviendrait de modifier?
C'est une question que je voudrais voir les deux éminents historiens
se poser à eux-mêmes, question qu'ils résoudraient mieux que personne dans une suprême révision de leurs œuvres; et on doit souhaiter que des livres qui ont conquis leur place dans notre littérature,
ne passent pas à la postérité sans lui transmettre la sentence défini-
tive que leurs auteurs, mûris par la pratique des affaires et instruits
par nos dernières révolutions, doivent porter aujourd'hui sur les
phases diverses de cette histoire.

En attendant, de nouveaux ouvrages paraissent tous les jours: les
uns embrassant tout l'ensemble de la Révolution (nous n'avons pas
besoin de rappeler les livres de MM. Louis Blanc et Michelet), les autres
se bornant à quelque point capital de cette période, qu'ils se proposent
d'étudier de plus près. L'époque la plus dramatique de toutes est celle

de la *Terreur*, et c'est aussi le sujet traité dans le plus considérable des ouvrages, cités en tête de cette étude : *Histoire de la Terreur* (1792-1794), *d'après les documents authentiques et des pièces inédites.* L'auteur, M. Mortimer-Ternaux, est un homme de la génération de 1830. Après avoir traversé les assemblées de la dernière République, fort de son expérience et songeant aussi à l'avenir, il a mis à profit les loisirs que lui faisait le coup d'État pour revenir sur cette sanglante époque de notre Révolution.

M. Mortimer-Ternaux commence son histoire au 20 juin 1792, et le dernier volume qui ait paru, le VIIe, s'arrête à la chute des Girondins.

Si l'on prenait son titre à la lettre, on pourrait dire qu'au moment où nous laisse ce volume, le sujet est à peine abordé : car la période de la Terreur dans notre Révolution est celle qui va de la chute des Girondins à la chute de Robespierre, du 31 mai 1793 au 9 thermidor (27 juillet) 1794, et c'est l'excéder de beaucoup que de remonter à une époque où Louis XVI était encore sur le trône.

Je comprends toutefois que M. Mortimer-Ternaux n'ait pas pu se renfermer dans les bornes rigoureusement historiques de son sujet. Elles appartiennent de droit à la Terreur, ces journées de septembre les plus hideuses qui aient jamais souillé l'histoire, où la Commune voulut « faire peur aux royalistes, » et où des bandes de massacreurs consommèrent leur attentat en présence de l'Assemblée muette et de la population de Paris consternée. Or, si l'on remonte au 2 septembre, comment ne point aller jusqu'au 10 août ? Nous voilà bien près du 20 juin ; et les hommes du temps ont été bien au delà : « La Terreur, dit Malouet dans ses *Mémoires*, la Terreur dont les républicains purs ne proclamèrent le règne qu'en 1793, date pour tout homme impartial du 14 juillet, et je serais en droit de la faire remonter plus haut. »

Toutefois, mon sentiment est que dans un livre intitulé *Histoire de la Terreur*, ces antécédents doivent être traités par forme d'introduction et d'une façon plus sommaire ; ou, si l'on a eu, comme M. Mortimer-Ternaux, la bonne fortune de recueillir sur ces faits préliminaires des documents nouveaux, il convient de prendre un titre mieux approprié aux développements du livre. Pour ma part j'aimerais mieux étendre le titre que d'abréger le livre. Je prends donc l'ouvrage tel qu'il est sans plus de chicane, et je crois que le lecteur fera comme moi et qu'il aura raison.

II

Une idée fausse domine trop souvent dans les jugements de l'histoire. On est tenté de croire que ce qui arrive ne pouvait point ne pas arriver ; et quand le résultat définitif est bon, tout ce qui l'amène ou, le précédant, paraît l'amener (car le plus souvent on s'y trompe), obtient, quelque blâme qui s'y attache, plus d'indulgence de notre part. Ainsi le régime moderne est incontestablement préférable à l'ancien régime, et l'on ne peut que bénir à ce titre la Révolution qui a fait ce changement. Mais devons-nous accepter comme un acheminement nécessaire vers ce but, toutes les phases de la Révolution ? C'est ce que l'on a fait trop généralement, et c'est contre quoi je m'élève. Il ne faut pas croire à ces nécessités du mal. Sans doute il y a une loi fatale qui, de l'acte, fait sortir les conséquences ; mais il y a en présence de cette fatalité la volonté de l'homme qui peut toujours lutter contre ces conséquences, les corriger souvent, et quelquefois les annuler. La résistance intempestive de la cour aux justes demandes des états généraux précipita le mouvement de la Révolution vers une lutte ouverte. Une meilleure conduite de la cour, admettant la victoire de l'Assemblée sur les points acquis, n'aurait-elle pu faire que sa propre défaite sur ces points ne tournât pas en désastre pour elle? La royauté devait-elle fatalement courir de faute en faute jusqu'à sa chute, et les Assemblées marcher de violence en violence jusqu'à ce gouffre où s'engloutirent avec les partis, vainqueurs un jour, vaincus le lendemain, toutes nos libertés? Voilà ce que je n'admets point, quoi qu'il en soit des faits accomplis. Si, comme tant de sages esprits le voulurent, on eût arrêté la Révolution dans la voie des excès et des violences, elle eût pris un autre cours; et rien ne dit qu'on ne serait pas arrivé au même terme par un chemin plus sûr et moins sanglant, ni que le résultat n'en eût pas été plus durable. Je ne l'affirme pas, mais ce que j'affirme, c'est qu'on ne peut pas le nier davantage. Ce serait désespérer de la raison humaine que de prétendre que le bien ne puisse être obtenu sans des moyens réprouvés par la morale. Dire que la Révolution ne pouvait s'accomplir sans la Terreur, c'est déshonorer la Révolution.

Ce sentiment est bien celui qui anime M. Mortimer-Ternaux dans son histoire. Il n'a rien de cette tendance qui porte un auteur à prendre par le côté le plus favorable le sujet dont il fait son étude. Il ne voit pas dans la Terreur une crise douloureuse mais nécessaire au salut de la France : il y voit la ruine de nos libertés naissantes, l'écueil où la Révolution dès les premiers pas vint échouer ; et pour qu'on ne s'y trompe pas, il le dit au début de son livre :

« Il faut flétrir les crimes ; mais il faut aussi et surtout flétrir les doctrines et les systèmes qui tendent à les justifier. Combien d'écrivains sans oser prendre la défense des bourreaux, n'ont-ils pas balbutié en leur faveur les mots vagues de *raison d'État*, de *nécessité fatale*, de *salut public*, prétextes commodes, qu'ont invoqués tous les ambitieux, princes ou démagogues! La France, a-t-on dit souvent, a été sauvée par la Terreur. C'est le contraire qui est vrai. La France avait en elle une telle force de vitalité, qu'elle fut sauvée malgré la Terreur. Quand une grande nation, quand surtout la nation française est saisie d'un généreux et irrésistible enthousiasme, elle ne regarde plus qui la mène, elle ne voit que le drapeau de la patrie, et par un élan sublime lui assure là victoire... En 1792, la nation est soumise à l'action constante de deux courants contraires : l'un, né de l'amour de la patrie et de l'enthousiasme de la liberté, fait voler aux armes toute la jeunesse de nos villes et de nos campagnes, la précipite vers nos frontières menacées ou déjà envahies, enfante ces héros qui étonnèrent l'Europe par vingt-cinq ans de victoires ; l'autre qui procède de la bassesse, de la haine et de la vengeance accumulées dans les âmes avilies, met en fermentation les passions mauvaises, surexcite les imaginations faibles et pusillanimes, éveille les appétits les plus féroces, engendre les assassins de septembre, les tricoteuses des Jacobins et les furies de la guillotine. Dans un intérêt de parti facile à comprendre, certains écrivains n'ont pas voulu distinguer l'action de ces deux courants, si différents dans leurs origines et dans leurs effets. Ils ont prétendu qu'une pensée identique avait poussé les mêmes hommes aux bureaux d'enrôlement et au guichet de l'Abbaye, et que les égorgements en masse, qui ensanglantèrent les pavés de la capitale, avaient été exécutés par ceux-là mêmes qui coururent l'instant d'après arrêter les progrès des Prussiens aux défilés de l'Argonne. Non, pour l'honneur du nom français, les hommes qui, au glas funèbre du tocsin de septembre et à la voix des décemvirs de la Commune, se précipitèrent vers les prisons, ne furent pas ceux qui sauvèrent la France quinze jours plus tard sur le plateau de Valmy ; les bourreaux ne se firent point soldats. Si quelques-uns de ces misérables essayèrent un instant de cacher leur honte dans les rangs des volontaires parisiens, ils furent bientôt reconnus, signalés, et les vrais soldats de la liberté les chassèrent de leurs rangs, comme indignes d'affronter à leurs côtés la mort des braves. » (T. I, p. 4-7.)

Cette page nous donne, avec le jugement de M. M. Ternaux sur la Terreur, tout l'esprit de son histoire. M. Ternaux est un ami de la liberté : il poursuit donc sans ménagement ses deux ennemis, la démagogie et le despotisme ; la démagogie plus funeste encore à la liberté que le despotisme, parce qu'elle l'étouffe en affectant de l'embrasser, et qu'abattue elle-même, elle l'entraîne encore dans sa chute. Les terroristes de 93 ont prétendu agir au nom de la liberté ; mais la liberté n'est pas leur complice ; elle est leur victime et la plus sacrifiée ; car c'est elle qui est restée responsable des violences sous lesquelles elle-même la première a succombé.

L'ouvrage de M. M. Ternaux se divise, pour chaque tome, en deux parties : l'exposition et les pièces justificatives ; et chaque volume pourrait se désigner par une date : le premier volume, c'est le 20 juin 1792, ou l'émeute aux Tuileries ; le deuxième, le 10 août, ou la chute de la royauté ; le troisième, les journées de septembre, ou les massacres dans les prisons ; le quatrième, le 21 septembre, ou l'ouverture de la Convention et l'avénement de la République ; le cinquième le 21 janvier 1793, ou la mort du roi ; le sixième nous donne les suites de cette date funèbre, la coalition européenne et l'insurrection de la Vendée ; le septième, le 31 mai, ou la chute des Girondins.

Dans le premier volume, pour nous transporter tout d'abord sur la place publique, au foyer même des révolutions qui se préparent, l'auteur commence par nous décrire deux fêtes où les Jacobins et les constitutionnels semblèrent vouloir essayer à l'envi de leur crédit auprès de la population parisienne : la fête de la Liberté et la fête de la Loi. La première en faveur des Suisses de Châteauvieux condamnés au bagne, au nombre de 40, à la suite de l'insurrection militaire de Nancy :

> Ces héros que jadis sur un banc des galères
> Assit un arrêt outrageant,
> Et qui n'ont égorgé que très-peu de nos frères
> Et volé que très-peu d'argent.
>
> ANDRÉ CHÉNIER.

La seconde en l'honneur de Simonneau, maire d'Étampes, tué dans une émeute pour avoir refusé de taxer le blé contrairement à la loi. Par l'effet même de cette double démonstration on pouvait voir déjà de quel côté se portaient les sympathies de la foule. L'image du « martyr de la loi » fut bien pâle à côté de ces singuliers coryphées de la liberté, de ces affranchis du bagne, promenant comme en triomphe, avec le cortége de toutes les autorités, cette galère qui fit dire au poëte dans une invocation sublime d'ironie :

> O vous enfants d'Eudoxe, et d'Hipparque, et d'Euclide,
> C'est par vous que les blonds cheveux
> Qui tombèrent du front d'une reine timide

> Sont tressés en célestes feux ;
> Par vous l'heureux vaisseau des premiers Argonautes
> Flotte encor dans l'azur des airs :
> Faites gémir Atlas sous de plus nobles hôtes,
> Comme eux dominateurs des mers ;
> Que la nuit de leurs noms embellisse ses voiles,
> Et que le nocher aux abois
> Invoque en leur galère, ornement des étoiles,
> Les Suisses de Collot-d'Herbois !

L'émeute grondait : et le ministère girondin allait lui livrer le roi sans défense, par le décret qui supprimait la garde constitutionnelle. Il faisait plus : il voulait forcer sa conscience en lui faisant proscrire les prêtres qui refusaient de prendre part au schisme de la nouvelle Église ; et après l'avoir désarmé, il allait l'assiéger dans son palais même, en établissant un camp de 20,000 fédérés sous les murs de Paris. Le roi sanctionna le décret qui licenciait sa garde ; mais il renvoya ce ministère qui ne travaillait qu'à saper son pouvoir, et il opposa son *veto* au décret contre les prêtres non assermentés, ainsi qu'au décret sur le camp des 20,000 fédérés. Ce fut le signal de l'insurrection, elle ne se fit pas attendre : la déclaration du *veto* a pour lendemain la journée du 20 juin. L'émeute, préparée de longue main par Santerre, favorisée par le maire Pétion, est accueillie, bon gré mal gré, par l'Assemblée, et elle envahit les Tuileries, défilant avec mille outrages devant le roi qu'elle a coiffé du bonnet rouge : *Ecce homo !* Journée fatale d'ailleurs pour l'Assemblée encore plus que pour le roi lui-même. Au témoignage de M. Mortimer-Ternaux nous pouvons joindre ici celui de M. Edgar Quinet, qui a fait pour la Révolution ce que Machiavel a fait pour le despotisme : car son livre de la *Révolution*, en bien, en mal aussi quelquefois, a des parties dignes d'être rapprochées du livre du *Prince :* « Louis XVI, dit-il, se refusa à aucune concession devant les piques. La multitude ne put lui arracher une seule parole de soumission. Huit mille hommes en armes amassés autour de lui, et toute l'éloquence du boucher Legendre, soutenue de ce cortége, n'obtinrent pas une promesse ni une espérance en ce qui touchait les décrets. A ce moment on eût pu voir que la monarchie reparaîtrait debout, et que le peuple s'écoulerait comme l'onde. Jamais Louis XVI ne fut plus roi que ce jour-là. Qui fut en réalité le vainqueur ? Celui qui refusa de céder. Et quel fut le vaincu ? Le peuple, qui ne put dompter une volonté royale et n'osa pourtant se faire roi. Telle fut cette journée du 20 juin, journée plus fatale à la République qu'à la royauté, et où la Révolution parut avoir la force aveugle d'un élément plutôt que la puissance d'un dessein réfléchi. Si l'on abaissa encore d'un degré la royauté, d'autre part, par ce premier essai des armes dans le sein des lois et de l'Assemblée, on frappa la République avant qu'elle ne fût née, et l'on prépara l'avortement de la Révolution. Il n'y eut plus de lieu sacré pour abriter la liberté ; elle perdit ce jour-là son sanctuaire... On a toujours dit que le plus beau spectacle est celui d'une âme qui résiste à la violence d'un monde. Qui a donné ce spectacle, si ce n'est Louis XVI, seul sans autre abri que quatre grenadiers dans l'embrasure d'une fenêtre, tenant tête à un peuple entier prêt à l'écraser? Ou ce que nous avons répété toute notre vie de la majesté de l'âme aux prises avec le plus fort n'est qu'un mot, ou il faut savoir reconnaître que Louis XVI fut ce jour-là plus grand que ce monde déchaîné contre lui et qui ne put lui arracher un désaveu. » (X, 1, t. I, p. 538.)

Triomphe moral qui devait demeurer stérile ! Sans doute au lendemain du 20 juin, une vive réaction éclate dans toute la France, et jusque dans l'Assemblée même, contre cette première insulte à l'autorité royale. Lafayette toujours prêt à se mettre en péril pour la défense du droit opprimé, quitte son armée et vient à l'Assemblée offrir le secours de ses soldats contre le retour de l'émeute. Mais ni l'Assemblée ni la cour ne tiennent à combattre ainsi l'émeute : l'Assemblée a déjà trop de sympathie pour les mouvements populaires, et la cour a toujours trop de défiance contre le premier général de la garde nationale de Paris. Lafayette n'a réussi qu'à se compromettre lui-même. La dernière heure de la monarchie va sonner.

L'appendice qui termine ce volume contient, entre autres documents curieux, une note sur la constitution civile du clergé ; — une autre sur l'organisation municipale, départementale et militaire de Paris, chose si importante à bien connaître pour suivre les mouvements dont l'impulsion va venir de la Commune ; — le programme de la fête du 15 août 1792 : « L'ordre et la marche de l'entrée triomphante des martyrs de la liberté du régiment de Châteauvieux dans la ville de Paris ; » — le retour de Varennes, raconté par Pétion, et qui est entièrement écrit de sa main. Il faut cette garantie d'authenticité pour ne pas attribuer à quelqu'un de ses plus mortels ennemis des pages où il n'a pas craint de révéler les infamies dont son âme se repaissait devant la jeune et touchante madame Élisabeth, dans cette voiture qui ramenait à Paris la famille royale captive. « Quel Tacite, quel Shakespeare, dit M. Quinet, eût jamais deviné ces choses monstrueuses, et qu'est-ce que la nature humaine qui peut renfermer ces gouffres? Dans ces regards désolés, dans ces mains suppliantes, dans ces sanglots étouffés, Pétion ne voyait que les marques d'un amour subit et impudique pour sa personne!... Non-seulement voilà de quelles pensées Pétion était occupé, mais il a osé les écrire, et les

écrire en longues pages. Qu'était-ce donc que Pétion ? » (VII, 5, t. I,
p. 274, 275.)

Aux faits mis en lumière dans cet appendice, il faut ajouter la libé-
ration et bientôt le triomphe des assassins du maire d'Étampes, Simonneau, triste contre-partie de la fête dans laquelle on avait voulu
honorer la mort du « martyr de la loi ; » — les récompenses nationales
accordées aux promoteurs de la journée du 20 juin 1792, et, par
exemple, la remise de 50,000 livres environ que le général-brasseur
Santerre devait au trésor pour la fabrication de ses bières, remise
accordée sous prétexte que « le peuple avait consommé la plus grande
partie de ces bières à l'occasion des mouvements auxquels la Révolution a donné lieu ; » — les états de services de Santerre, rédigés par
lui-même, et l'humble lettre par laquelle il sollicite du Premier Con-
sul sa rentrée dans les cadres, ou au moins un traitement de réforme,
demande que Bonaparte accueillit sur le dernier point.

Sur la journée du 20 juin, les pièces officielles avaient été généralement imprimées à la suite de l'arrêté du directoire de département, en date du 6 juillet 1792, et dans quelques autres recueils.
M. Mortimer-Ternaux les classe, et il les complète en publiant quelques pièces inédites, notamment un rapport d'Alexandre, qui commandait le bataillon de Saint-Marcel, et un extrait du rapport de
Santerre, l'autre coryphée de la journée. Il y a joint aussi, dans une
autre note, plusieurs pièces inédites du même Alexandre, de Pétion
et de quelques autres, sur les suites de cette journée ; et il termine ce
volume par plusieurs lettres également inédites de Lafayette (1789-
1790), saisies par les administrateurs du district de Romans parmi
les papiers de Latour-Maubourg, à qui elles étaient adressées.

III

La journée du 20 juin avait été un péril pour l'Assemblée autant
que pour le roi. Tous pouvoirs réguliers sont solidaires devant l'é-
meute. Une fois encore on put espérer qu'ils allaient marcher de
concert. Le 7 juillet, à la voix d'un député, Lamourette, évêque
constitutionnel de Lyon, les partis dans l'Assemblée parurent vouloir
répudier pour toujours ce qui les divisait. Sur cette proposition :
« Que ceux qui abjurent et exècrent la République et les deux chambres se lèvent !... » tout le monde se leva, la gauche se mêla à la
droite ; il n'y avait plus ni royalistes, ni Girondins, ni Montagnards.
Le roi lui-même, invité à se rendre au sein de l'Assemblée, y fut reçu
avec enthousiasme : — ce fut le *baiser-Lamourette !* Dès le lendemain,

les divisions reparurent à propos de Pétion, l'homme des Girondins, accusé, avec trop de fondement, de n'avoir rien fait pour empêcher le mouvement populaire où il avait vu comme une protestation contre la chute de son parti. Pétion, suspendu par le roi, est rétabli par l'Assemblée. Il triomphe à la fête de la fédération de 1792, « traînant, pour ainsi dire, Louis XVI derrière son char. » Mais la deuxième place est trop encore pour la royauté. On prélude à sa chute en attaquant dans l'Assemblée, avec l'appui des tribunes et de l'émeute qui gronde à la porte (21 juillet), le dernier défenseur redoutable de l'ordre constitutionnel, Lafayette; on y prépare les voies en retranchant du jardin des Tuileries, réservé au roi, la terrasse des Feuillants, pour l'attribuer comme dépendance extérieure à l'Assemblée législative, établie dans le manége. Les Jacobins sont à leur poste et travaillent les sections, avec le concours secret de Danton et de Robespierre, et la connivence de Pétion : pour donner le change à l'Assemblée, le maire de Paris vient lui parler des projets de rassemblements qu'il a découverts et qu'il déjoue! Et des auxiliaires vont venir. Les Marseillais, partis le 2 juillet pour la fête de la fédération, arrivent le 29, trop tard pour la fête, mais à temps encore pour la lutte : Marseillais, venus de Marseille, en effet, mais recrutés d'émeutiers de toute autre provenance sur la route; « vrais batailleurs de guerre civile, faits au sang, très-endurcis, » comme dit M. Michelet. Ce n'est point pour eux que Rouget de Lisle fit le chant sublime qui a retenu leur nom, Rouget, qui a toujours désavoué le 10 août, et qui eut grand'peine à se soustraire lui-même aux ordres d'arrestation de la Terreur[1]. On avait songé à profiter de l'entrée des Marseillais pour entraîner le peuple jusqu'aux Tuileries. Le coup manqua ; mais la chose en fut peu retardée, et le manifeste insensé du duc de Brunswick, qui fut publié en ce temps, ne fit que fournir une occasion, dont au reste on ne croyait pas avoir besoin.

La journée du 10 août, cette journée suprême de l'ancienne monarchie, de la monarchie nouvelle fondée, avec le concours du dernier de nos anciens rois, sur les bases de 1789, a été dès le temps même l'objet des témoignages les plus opposés, et se trouve aujourd'hui encore en butte aux appréciations les plus contradictoires. M. Mortimer-Ternaux ne l'a pas étudiée sans amour et sans haine ; il ne l'a pas racontée avec indifférence. Il aime la liberté, il déteste le despotisme, et il voit commencer une ère qui, sous le faux nom de liberté, va inaugurer le plus dur despotisme. Mais sa droiture d'es-

---

[1] Voy. au musée des Archives le mandat d'arrêt lancé contre lui par le Comité de salut public. Le nom de Carnot s'y trouve avec ceux de Saint-Just et de Robespierre.

prit sait maîtriser ses émotions, et les nombreux documents qu'il a
réunis et comparés lui permettent d'écarter plus d'une opinion té-
mérairement soutenue, comme aussi d'appuyer sur des preuves irré-
fragables le jugement qu'il a porté.

« L'histoire de la journée du 10 août 1792, dit-il, a été tellement
obscurcie dans ses moindres détails, tellement enfouie sous plusieurs
alluvions de mensonges, pour nous servir de l'heureuse et pittoresque expression de M. Michelet, qu'il faut, avant tout, débarrasser la
route des erreurs accréditées depuis soixante-dix ans, des faux ma-
tériels glissés comme autant de piéges dans chaque document officiel. On possède mille récits, complets jusqu'à la minutie, de tel ou
tel fait de l'histoire de France, qui, considéré en ses causes et en ses
résultats, n'est digne que d'une mention très-brève. Mais si certains
incidents de la nuit du 9 au 10 août ont été cent fois racontés, on est
resté dans la plus complète ignorance sur la manière dont, au sein
des sections et à l'Hôtel de Ville, s'est préparé et consommé le renversement de la plus vieille monarchie de l'Europe moderne. Les
seuls documents que les historiens aient consultés jusqu'à présent
sont tronqués, mutilés, falsifiés à plaisir ; et cependant le mensonge
n'a pas été si bien ourdi que la vérité ne perce à travers le tissu serré
du linceul dans lequel les vainqueurs avaient voulu l'ensevelir à
jamais. Cette unanimité des sections se levant comme un seul
homme pour renverser la monarchie constitutionnelle, nous verrons
qu'elle n'a jamais existé ; cette liste de trois cents prétendus « délé-
« gués du peuple en insurrection, » dont on a si souvent parlé, nous
verrons qu'elle est fausse ; ces pleins pouvoirs, « remis par le peu-
« ple » entre les mains de ses sauveurs, nous verrons comment ils
furent obtenus, et par qui ils furent donnés. A ces descriptions de
luttes gigantesques, où l'on nous représente des masses profondes
montant héroïquement à l'assaut des Tuileries, nous opposerons
purement et simplement le chiffre des morts et des blessés. Alors,
à travers les expressions ambiguës, les réticences calculées, les exagérations emphatiques des procès-verbaux officiels, chacun pourra
lire couramment ce que nous avons eu tant de peine à déchiffrer, se
convaincre de la monstrueuse usurpation des uns, de la coupable
connivence des autres, de l'imprévoyance de ceux-ci, de la lâcheté
de ceux-là. » (T. I, p. 213.)

La journée du 10 août est déjà l'avénement de la République.
C'est la seule sur l'excellence de laquelle s'accordent les homme.
qui vont se disputer le pouvoir : et plusieurs pourtant hésitèrent au
moment de la faire ; ou bien encore, tout en souhaitant qu'elle se fît
curent la prudence d'y rester étrangers. Les Girondins en furen
comme surpris ; les chefs de la Montagne se tinrent dans l'ombre

« Où était Robespierre? dit M. Quinet. Les recherches les plus patientes n'ont pu retrouver ses traces : il douta du succès, et refusa
d'entrer dans un projet dont il ne prévoyait que désastres. » (X, 5, t. I,
p. 355 et 376.) « Il ne se montra que le 12. Marat aussi » alors seulement « sortit de son souterrain. Comme il avait eu peur, ajoute
M. Quinet, ses fureurs s'en augmentèrent ; il ne devait se rassurer
que par les tueries de septembre. » (*Ibid.*, p. 376.) Danton lui-même
parut vouloir se dérober. « Quand je le vois, dit M. Quinet, dans la
nuit du 10 août, si peu empressé jusqu'à minuit, se laisser harceler
et presque enlever par les impatients, et, après de courtes absences,
rentrer, se coucher et dormir, j'ai peine à reconnaître en lui l'activité d'un chef qui a tous les fils dans sa main. Il paraît céder au tor-
rent plutôt que commander ; à moins que l'on n'aime mieux reconnaître dans ce sommeil tranquille la confiance d'un chef qui, ayant
tout préparé, se repose d'avance dans la victoire. » (*Ibid.*, p. 356.)

Quant à Pétion, écoutons encore M. E. Quinet : « Pétion, l'insurrection dans le cœur, partagé entre ses devoirs de maire de Paris et
ses vœux pour les révolutionnaires, eût voulu disparaître pendant le
temps de la lutte. Il avait lui-même donné aux insurgés l'idée am-
biguë de le tenir prisonnier dans son hôtel, pour lui ôter toute occasion d'agir. Mais dans les premières heures ce projet n'avait pu être
exécuté ; il avait conservé, en dépit de lui, une liberté dont il craignait d'user dans un sens ou dans un autre, et il ne savait comment
perdre, sans être aperçu, ces heures où allait se décider le sort du
roi et de la Révolution. Pétion croit d'abord plus sage de se rapprocher de celui qui, à ce moment, lui semble le plus fort. Vers dix heures du soir il se rend aux Tuileries, se montre au roi et lui parle,
pour constater sa présence. « Il paraît, dit le roi, qu'il y a beaucoup
« de mouvement. — Oui, dit Pétion, la fermentation est grande... »
Et il s'éloigne. Les regards le perçaient de tous côtés : il s'y dérobe.
Descendu dans le jardin, il s'y promène jusqu'à l'approche du jour,
écoutant le tocsin, le rappel, la générale, cherchant et se faisant, lui
maire de Paris, la solitude au milieu de la ville soulevée. Et dans
une situation si étrange, il se montrait calme et presque impassible.
De quelque côté que tournât la fortune, il se croyait sans reproche,
parce qu'il manquait à ses amis aussi bien qu'à ses ennemis. Quand
le jour commença à paraître, sa contenance devint plus difficile : il
se mit à marcher à grands pas sous les arbres des allées, qui le cou-
vraient mal contre les soupçons du Château. Il eût voulu s'échapper,
surtout depuis que le tocsin, toujours croissant, l'avertissait que la
victoire pourrait bien rester aux sections. Mais les sentinelles le re-
poussent des portes. Dans cette anxiété, sûr de trouver la mort s'il
rentre au Château, c'est lui qui inspire à la Législative l'ordre de le

mander à la barre. Elle l'envoie chercher par un huissier accompagné de deux porte-flambeaux. Pétion se voit délivré; il traverse l'Assemblée et réussit enfin à se faire consigner chez lui par les sections.
Ce dénoûment, but de toutes ses pensées, il se hâte de le publier avec
un étonnement joué qui, à la distance où nous sommes, paraît le
comble du comique mêlé à la tragédie nocturne dont le dernier acte
allait s'achever. » (*Ibid.*, p. 360.)

Ce que M. Quinet conclut de là, c'est que les chefs de partis ne furent pour rien, ou presque pour rien, dans ce mouvement. Ce fut,
selon lui, « la journée de l'instinct. » (P. 354.) Selon M. Mortimer-
Ternaux, ce fut « une journée de surprise, » et M. Quinet n'y con-
tredit guère : « Une seule chose est certaine. Vers minuit, par des
rues séparées, et de tous les points de Paris, arrivent à l'Hôtel de
Ville quatre-vingt-deux hommes, presque tous inconnus. A ce nom,
déjà redoutable, commissaires des sections, les factionnaires les
laissent entrer. Ils venaient d'être élus, à cette heure tardive, préci-
pitamment, par vingt-six sections de Paris. On dit que dans plusieurs
des quartiers ils n'avaient été choisis que par un petit nombre, et
au dernier moment : ce qui confirme que les résolutions les plus au-
dacieuses se prennent dans la nuit, et n'appartiennent jamais qu'à
quelques-uns. » (P. 357.)

Avouons pourtant qu'une révolution ainsi résolue (et M. Mortimer-
Ternaux démontre par les procès-verbaux des sections qu'il en fut
ainsi) peut difficilement passer pour l'œuvre de la nation. Tout dans
l'exécution répond à ces prémisses, et M. Quinet n'a fait que confir-
mer ce que M. Mortimer-Ternaux avait prouvé par le rapprochement
des documents officiels. Les intrus viennent pacifiquement s'établir
dans une chambre voisine de celle où siége le conseil de la Commune
qu'ils veulent mettre à la porte. D'abord ils sont comme à ses ordres;
puis, quand le tocsin se fait entendre, « timide, incertain, souvent
interrompu, et bientôt plus hardi, » leur audace croît « et la contenance des municipaux baisse. » Les deux conseils sont encore côte à
côte, et le premier se sert du second, du conseil légal, pour donner
des ordres, commander aux troupes mêmes du Château et « désor-
ganiser la défense. » C'est ainsi qu'il fait retirer l'artillerie, placée au
Pont-Neuf pour empêcher la jonction des insurgés des deux rives de
la Seine : l'ordre est signé du nom du secrétaire-greffier Royer-Col-
lard. C'est ainsi encore qu'ils font venir des Tuileries à l'Hôtel de Ville
le commandant en chef de la garde nationale, Mandat. Mandat, régulièrement appelé, cède avec répugnance, mais enfin obéit. La
Commune officielle, qui l'a convoqué, le renvoie auprès du roi ; mais
alors il est entraîné devant la commune insurrectionnelle, qui veut
arracher de lui l'ordre de retirer du château la moitié des troupes,

et sur son refus il est envoyé en prison. C'était déjà la mort : il est
assassiné sur les marches de l'Hôtel de Ville.

La journée du 10 août, qui commence par l'assassinat de Mandat,
appelé des Tuileries en trahison, finira par le massacre des Suisses,
assaillis dans leur retraite, quand, sur le vœu de l'Assemblée et sur
l'ordre du roi, ils auront renoncé à la défense. Il m'est impossible de
me passionner pour la victoire remportée par les assaillants dans l'intervalle; je renvoie à l'exposition simple et ferme de M. Quinet et au
récit plus ému de M. Mortimer-Ternaux. Les deux auteurs sont d'accord pour le fond, quoique si opposés par les tendances. M. Quinet
pouvait être bref comme un homme qui trouve son autorité dans l'é-
loignement où il se tient de toutes les exagérations de son parti ;
M. Mortimer-Ternaux devait donner ses preuves, et il le fait, dans
son texte comme dans son appendice, avec une abondance qui ne
laisse rien à désirer. Je renvoie particulièrement à lui ceux qui voudraient persister à croire que l'insurrection du 10 août fut un événement provoqué par la cour, dans la pensée d'en finir une bonne
fois avec la révolution par une journée décisive ; ils y verront si c'est
elle qui avait préparé, comme il eût été raisonnable de le supposer en
ce cas, cette journée, et comment une minorité factieuse, usurpant
le rôle du peuple, sut imposer à l'Assemblée, comme un fait accompli, une chose que l'Assemblée, en recevant dans son sein le malheureux roi, venait de s'engager d'honneur à repousser comme un attentat[1]. Mais le roi, qui s'était refusé jusqu'au dernier moment à employer la force, fut censé avoir livré de lui-même et perdu la bataille.
Ceux qui restèrent des Suisses attaqués et massacrés dans leur retraite furent traités comme assassins, et Louis XVI sera atteint et
convaincu lui même d'être l'assassin de son peuple. C'est le langage
de toutes les révolutions à l'égard des rois qu'elles ont renversés.

Parmi les pièces justificatives de ce volume, signalons tout d'abord
la dernière, qui est une note bibliographique énumérant les documents sur le 10 août : 1° documents écrits et publiés peu après l'é-
vénement; 2° documents écrits à l'époque, mais publiés postérieurement; 3° documents écrits à l'époque, et publiés pour la première
fois par M. M. Ternaux dans son histoire. Au nombre de ceux qu'il a
compris lui-même dans son appendice, nous indiquerons en particulier l'adresse des sections demandant la déchéance de Louis XVI
(n° vi); — les extraits des registres des sections de Paris pendant les

[1] « Je suis venu ici, avait dit Louis XVI, pour éviter un grand crime; je pense
que je ne saurais être mieux en sûreté qu'au milieu de vous. » Vergniaud, qui présidait, répond : « Vous pouvez, Sire, compter sur la fermeté de l'Assemblée nationale ; ses membres ont juré de mourir en soutenant les droits du peuple et les autorités constituées. » (M. Ternaux, la Terreur, t. II, p. 505.)

premiers jours d'août (n° viii) ; — le résumé général des délibérations
des quarante-huit sections de Paris, à l'occasion de l'insurrection du
10 août (n° ix), avec la liste exacte des commissaires des sections qui
siégèrent à l'Hôtel de Ville le 10 août, avant neuf heures du matin
(n° xi) ; — le rapport courageux que le citoyen Leroux, un des membres du conseil général de la Commune, envoyé aux Tuileries, fait au
maire de Paris sur les événements dont il a été témoin : rapport écrit
par lui au milieu des massacres de septembre, sous le coup des égorgeurs qui le recherchaient lui-même, et qu'il flétrit (n° xiii) ; — une
notice sur le bataillon des Filles-Saint-Thomas qui fut de service aux
Tuileries dans la nuit du 10 août, et dont treize membres, officiers
ou soldats, furent envoyés à l'échafaud comme convaincus d'avoir
participé au complot « qui a existé entre Capet, sa femme et les ennemis de la République, tendant à allumer la guerre civile en armant
les citoyens les uns contre les autres, en portant atteinte à la liberté
du peuple, etc.» (t. II, p. 483); — et une note sur les morts et blessés
du 10 août, dont on a porté le chiffre jusqu'à cinq mille. Les moyens
de contrôle pourtant ne manquaient pas. Une enquête minutieuse
fut faite dans le temps même ; chaque section fut invitée à y procéder, et M.￾M. Ternaux a cité entre autres la réponse assez naïve du
président de la section de Guillaume-Tell : « Citoyens, la caisse a
été battue dans toute la section pour savoir s'il y avait des citoyens
morts à la journée du 10 août. Personne ne s'est encore présenté
jusqu'à ce jour. Salut et fraternité ! » Toutes ces enquêtes réunies,
tous les chiffres additionnés, M. Mortimer-Ternaux arrive à établir
qu'il y eut dans le peuple de Paris cinquante tués et trente-quatre
blessés grièvement ; parmi les Marseillais, vingt-deux tués et quatorze blessés, et dans le bataillon de Brest deux tués et cinq blessés.
Les Suisses eurent six à sept cents hommes tués, mais ce ne fut pas
dans le combat.

IV

L'Assemblée législative, en livrant la royauté, s'était frappée elle-
même. Quoique la chute de Louis XVI et la suspension du pouvoir
royal semblât remettre toute l'autorité entre ses mains, elle n'est plus
qu'un fantôme : toute puissance appartient désormais à la Convention, qui n'est pas encore, et à la Commune révolutionnaire, qui
est là ; et Robespierre le lui fit bien voir, Robespierre que l'on n'a-
vait vu nulle part, ni la veille, ni le jour, ni le lendemain du combat,
mais qui reparaît quand la victoire est bien assurée. Il le lui signi-
fia assez clairement lorsqu'il vint, au nom de la Commune, réclamer

contre la formation du nouveau conseil départemental, qui eût gêné les maîtres de l'Hôtel de Ville dans leur action. « Quand le peuple, dit-il, a sauvé la patrie, quand vous avez ordonné une Convention nationale qui doit vous remplacer, qu'avez-vous autre chose à faire qu'à satisfaire son vœu? Craignez-vous de vous reposer sur la sagesse du peuple, qui veille sur le salut de la patrie qui ne peut être sauvée que par lui? Conservez-nous les moyens de sauver la liberté : c'est ainsi que vous partagerez la gloire des héros conjurés pour le bonheur de l'humanité ; c'est ainsi que, près de finir votre carrière, vous emporterez avec vous les bénédictions d'un peuple libre. »·(T. III, p. 25.)

L'Assemblée législative n'avait plus de force que pour créer, sous la pression de l'Hôtel de Ville, des armes à la Terreur, comme le jour où, malgré les protestations de quelques hommes énergiques, elle instituait le tribunal du 17 août pour juger sans appel tous les complices, c'est-à-dire les vaincus du 10 août, et les conspirateurs, c'est-à-dire les amis du roi et de la constitution contre lesquels on avait conspiré : digne précurseur du tribunal révolutionnaire qui devait être établi un peu plus tard.

Il n'y eut quelque résistance à cette pression que dans les provinces; car les provinces, même coupées en départements, ne s'étaient pas encore habituées à recevoir, sans mot dire, les révolutions de Paris : « A Metz, dit M. Mortimer-Ternaux, qui en a recueilli quelques traces dans le *Moniteur* (et en fouillant les archives on en trouverait d'autres, sans parler de celles qui ont dû être effacées), à Metz le conseil général de la Moselle délibéra pendant plusieurs jours sur la question de savoir si les décrets rendus, les 10 et 11 août, par l'Assemblée législative, pouvaient être promulgués avant d'avoir été revêtus des formes prescrites par la constitution, c'est-à-dire, signés du roi, qu'ils suspendaient, et de ses ministres qu'ils remplaçaient. A Nancy, à Rouen, les corps constitués ne se montrèrent pas moins hésitants. A Amiens, le conseil général de la Somme déclara, le 12 août, qu'il ne reconnaissait aucun caractère officiel aux divers actes qui lui avaient été envoyés au nom du président de l'Assemblée. A Strasbourg, le maire Dietrich, une grande partie du conseil général de la commune et le conseil général du département montrèrent la plus grande répugnance à exécuter les décrets de l'Assemblée. Le conseil général du Haut-Rhin lança une adresse ainsi conçue : « La patrie est dans le plus grand danger ; mais Louis XVI est bon et juste, il recouvrera la confiance publique. Nous maintiendrons la royauté et défendrons l'Assemblée nationale et le roi constitutionnel. L'ennemi est à nos portes. Ayez du calme, du courage. Ralliez-vous autour de nous. » (T. III, p. 44-45.) Mais cela fut noyé dans la masse

des adresses d'adhésions qui encombrèrent le bureau du président
de l'Assemblée législative. « Nous avons pris la peine, dit M. M. Ternaux, de secouer la poussière qui couvre, depuis soixante-dix ans,
ces volumineux dossiers, de parcourir les dithyrambes en prose et
en vers que la révolution du 10 août sut inspirer à la verve jacobine.
Nous avons pu les comparer à ceux qui furent adressés à la Convention, le lendemain de la victoire successive de chacune des factions
qui, pendant les deux années de la Terreur, traversèrent le pouvoir
pour aboutir à l'échafaud, et nous avons été édifiés ! Toujours la
même exécration pour le tyran abattu, la même adoration pour
l'homme vertueux qui apparaît et va régénérer le monde ; toujours,
pour exprimer la même adoration, la même phraséologie niaise et
redondante. Quand, pendant quelques heures, on a respiré cette atmosphère de bassesse et de servilité, on éprouve d'effroyables nausées,
on est dégoûté pour jamais de ces fleurs de rhétorique politique que
chaque soleil levant fait éclore, que l'éclat de chaque établissement
nouveau fait épanouir, que récoltent, pour les offrir à n'importe
quel vainqueur, les adorateurs du fait accompli. » (T. III,
p. 87-88.)

Il y eut un homme qui résista aussi au 10 août, et qui tenta de
le combattre avec les pouvoirs dont on ne l'avait pas laissé user pour
le prévenir : c'est l'homme qui depuis 1789 avait toujours si loyale-
ment cherché à détourner la cour de ses fautes et la Révolution de
ses écarts, l'ami sincère de la liberté, Lafayette. « Nous avons, dit
M. Mortimer-Ternaux, souvent entendu des partisans dévoués de la
liberté blâmer le général Lafayette d'avoir voulu opposer quelque
résistance aux décrets que les commissaires de la Législative avaient
été chargés de lui porter. Un tel reproche implique forcément le
dogme de l'obéissance passive, non plus aux ordres d'un gouvernement régulièrement établi, et auquel on a prêté serment (ce que
nous ne pourrions même admettre qu'avec certaines restrictions),
mais aux ordres d'un gouvernement quelconque, sans qu'il y ait
lieu d'apprécier la nature des ordres ou la qualité de ceux qui les
ont signés. » L'auteur établit le droit et le devoir du fonctionnaire en
pareil cas, et s'expliquant sans réticence sur cette théorie du succès
qui a fait le droit de toutes nos Révolutions : « Le 10 août, ajoute-t-il,
fut une surprise. Cette vérité pourrait être contestée, si ce fait restait
isolé dans l'histoire de nos Révolutions, si depuis nous n'avions pas
été les témoins et les victimes de plusieurs surprises semblables,
dont les conséquences ont été aussi durables et souvent aussi funestes que celles du 10 août 1792. Mais celle-ci était la première que la
nation eût à subir. On pouvait donc espérer qu'elle ne l'accepterait
pas C'est cette espérance qui dicta la conduite de Lafayette. Il ne sa-

vait pas tout ce qu'on peut faire supporter aux Français, quand on sait les tromper d'abord, les terrifier ensuite. Sa tentative de résistance avorta, mais il eut droit et raison de la faire. » (T. III, p. 54-56.)

Lafayette avait vainement compté sur la réaction des honnêtes gens en France contre la révolution du 10 août, et sur l'excitation de son exemple. Il ne fut suivi que par les conseils du district de Sedan et du département des Ardennes, et ne trouva partout ailleurs qu'hésitation ou division, même parmi ses soldats. C'en était fait, il partit renonçant à la guerre civile, en présence de la guerre du dehors ; et il alla expier dans les prisons de l'Autriche cette impuissante tentative en faveur de la constitution désormais anéantie.

M. Quinet aussi ne le laisse point partir sans rendre hommage à son noble caractère :

« Malgré tout, dit-il, Lafayette en dépit de tant de démentis donnés par la fortune, a conservé sa grandeur, et cela vient sans doute, de ce qu'au milieu de passions furieuses il réserva une si large part de lui-même à la pitié... Cet honneur lui restera ; dans les temps nouveaux, il donne l'idée d'une nature d'hommes que l'on n'avait pas encore vus dans notre histoire, l'humanité au-dessus de la passion politique, le respect du droit d'autrui, l'horreur de la violence, la protection du faible, le culte de la liberté jusqu'à la superstition, et dans un militaire le mépris ou l'aversion du plus fort.»

Mais l'exilé n'est-il pas trop dur envers sa patrie quand il ajoute :

«Aussi Lafayette semble-t-il n'être pas Français ; ses traits comme son caractère sont d'une autre race. » (X, 3, t. I, p. 347.)

L'Assemblée législative triompha donc de Lafayette : mais elle n'en fut que plus dominée par la Commune. Cela explique sans l'excuser l'incroyable attitude qu'elle garda pendant les journées de septembre.

V

Les journées de septembre font assurément la page la plus néfaste de nos annales. Pour celles-là l'horreur en est telle qu'en les flétrissant il ne leur faut même pas chercher l'ombre d'une excuse. La situation de la France était grave sans doute : les fautes accumulées et de la Constituante et de l'Assemblée législative avaient jeté des germes de guerre à l'intérieur, et la révolution du 10 août donnait plus de force que jamais à nos ennemis du dehors : « Les dangers étaient immenses, dit M. Ternaux, mais ce n'était point en foulant aux pieds toutes les lois divines et humaines que l'on devait les conjurer. Un peuple n'est vraiment digne de la liberté que lorsqu'il sait envisager de sang-froid les périls qui le menacent et lorsqu'il trouve assez de force en lui-même pour maîtriser les tumultueuses inspirations de la peur. » (T. III, p. 117-120).

Il importe d'ailleurs de le bien établir : les massacres de septembre ne furent pas le résultat d'une effervescence populaire excitée par la double influence de la peur et de la vengeance. A-t-on vu dans ces jours le peuple de Paris se répandre dans les rues comme aux jours de grandes émotions nationales? Il reste chez soi, et ce fut son crime! S'il était sorti, il aurait eu horreur, il aurait fait justice de ces assassinats. Ces massacres furent un guet-apens prémédité et exécuté par un petit nombre de scélérats qui voulaient s'imposer et se maintenir au pouvoir par la terreur. C'est à cette fin (il n'y a que trop lieu de le croire) que le 28 août, Danton enlève à l'Assemblée le décret relatif aux visites domiciliaires; qu'au moyen de ce décret on arrête les suspects les 29, 30 et 31 ; que l'on en remplit les prisons pour les vider comme on sait, « les nettoyer » selon l'auteur de l'*Histoire des Montagnards*, les 2 et 3 septembre et jours suivants. Les membres de la Commune insurrectionnelle de Paris allaient être mis à la porte non-seulement comme usurpateurs, mais comme voleurs, quand ils se jetèrent dans cet épouvantable assassinat : « Oui, dit M. M. Ternaux, c'est mentir à l'histoire, c'est trahir la sainte cause de l'humanité, c'est déserter les intérêts les plus manifestes de la démocratie, c'est calomnier le peuple, que de prendre pour lui quelques centaines de misérables, n'ayant de français que le nom, d'humain que la figure, allant lâchement chercher une à une leurs victimes dans les cachots de l'Abbaye ou de la Force, les immolant à la face du soleil avec tous les raffinements d'une froide cruauté, et insultant par d'ignobles ricanements à leur trop lente agonie. Le peuple, le vrai peuple, celui que composent les ouvriers laborieux et honnêtes, au cœur ardent, à la fibre patriotique, les jeunes bourgeois aux aspirations généreuses, au courage indomptable, ne se mêla pas un instant aux scélérats recrutés par Maillard dans les bouges de la capitale. Pendant que les sicaires du comité de surveillance établissaient dans les prisons, suivant l'énergique expression de Vergniaud, une boucherie de chair humaine, le peuple, le vrai peuple, était tout entier au Champ de Mars ou devant les estrades d'enrôlement; il offrait le plus pur de son sang pour la défense de la patrie ; il aurait eu honte de verser celui de malheureux sans défense. » (T. III, p. 185, 186.)

Nous renvoyons à M. M. Ternaux pour le récit de ces journées, sur lesquelles on ne peut pas jeter un voile, puisque des hommes qui pourtant (il l'ont montré, quand le retour de la république les a portés au pouvoir) n'étaient en aucune sorte « des buveurs de sang, » n'ont pas craint d'y voir « un grand acte de justice populaire[1]. M. M. Ternaux a eu, entre autres choses, pour composer son récit, le dossier des poursuites dirigés en l'an IV contre les septembriseurs, dossier que lui a fourni le greffe criminel de la Cour impériale de Paris, et le discours du président du tribunal criminel Gohier, depuis membre du Directoire, discours prononcé pour résumer les débats devant le jury. Il montre quels furent les principaux agents du massacre : au premier rang, Maillard, un des héros de la Bastille, et les Marseillais, ces héros du 10 août, qui n'ont guère brillé que dans ces journées. « Nous ne voudrions calomnier personne, dit M. M. Ternaux, pas même ces fameux Marseillais qui, du reste, pour la plupart, n'avaient de marseillais que le nom. Mais on se demande comment ce bataillon, qui s'était formé dès les premiers jours de juin, put rester à Paris plus de deux mois, du 29 juillet à la fin de septembre, lorsque huit jours de marche le séparaient à peine des avant-postes de l'armée prussienne. Nous ne pourrions expliquer ce mystère, si nos recherches ne nous avaient fait découvrir plusieurs documents complétement inédits, qui nous apprennent à quoi s'occupaient ces prétendus défenseurs de la patrie. Ils se faisaient allouer des indemnités sous toutes sortes de titres et sur toutes sortes de caisses. Non contents de la somme que Choudieu leur fit accorder dans la séance du 10 août (voy. la p. 363 du t. II), pour solde et frais de voyage, et du prêt de trente sols par jour, qu'ils touchaient, ils se firent compter le 12 août, trois mille livres par la Commune, sur la caisse dite de la fédération. Ils obtinrent le 21 août, du ministre de la guerre et du Conseil exécutif le prix des armes qu'ils avaient, disaient-ils, perdues dans la journée du 10. On comprend difficilement que des vainqueurs perdent leurs armes dans un combat qui n'a duré que trois quarts d'heure. Mais les Marseillais du 10 août étaient des héros d'un genre tout spécial ; car lorsque, après être restés deux mois à Paris, s'y être gorgés de vols et de sang, avoir joué un rôle très-actif dans les visites domiciliaires du 29 août, et dans les massacres de septembre, ils songèrent à quitter la capitale, ils n'eurent pas la moindre idée d'aller retrouver à Valmy, les braves qui défendaient le sol sacré de la France. Ils tournèrent le dos au danger et demandèrent à retourner à Marseille. Le pouvoir exécutif les supplia de se rendre au moins à l'armée du Midi ; les Marseillais consentirent très-probablement à recevoir l'étape, mais nous n'avons pu savoir s'ils rejoignirent jamais cette armée ; dès qu'ils ont quitté Paris, on perd complétement leurs traces. Comme

---

[1] A. Marrast et Dupont de Bussac, *Fastes de la Révolution*, p. 342.

nous n'avançons rien, ajoute M. Mortimer-Ternaux, que les preuves
en main, on trouvera à la fin de ce volume les pièces authentiques
qui justifient toutes nos assertions. » (T. III, p. 126.)

L'auteur suit les *travailleurs*, selon l'expression officielle, sur les
principaux théâtres de leurs exploits : à l'Abbaye, aux Carmes, à la
Conciergerie, au Châtelet, à la Force, gardant au milieu de l'horreur
de semblables scènes son impartialité d'historien : « Nous n'avons,
dit-il, fait entrer dans ce lugubre récit que des faits constatés par
des témoins oculaires dignes de foi, par des documents authentiques irrécusables, notamment par la procédure dirigée en l'an IV
contre les septembriseurs. Tous les épisodes que la légende, l'imagination, l'esprit dè parti, ont pu inventer, amplifier, dénaturer, ont
été par nous soigneusement écartés. La simple vérité est cent fois
plus terrible. » (T. III, p. 254.)

Ce qu'il y a de plus monstrueux dans ces massacres, c'est qu'on
n'y voit pas une fureur qui enivre et emporte ; c'est une besogne qui
s'exécute, c'est un égorgement à froid, régulier, méthodique, exécuté sous l'œil de l'administration. M. Mortimer-Ternaux a fait ressortir ce caractère dans les épisodes variés qu'il a décrits. M. Michelet l'avait déjà montré dans des tableaux où il ne fut jamais mieux
inspiré. M. Quinet en a rendu toute l'horrible vérité dans cette rapide esquisse, tracée de main de maître : « Ainsi préparés, dit-il,
les massacres s'exécutèrent administrativement. Ce fut partout la
même discipline dans le carnage. Le 2 septembre, les quatre voitures remplies de prêtres, parties de la mairie et laissées tout ouvertes,
servirent à allécher les égorgeurs. Quand ce premier sang fut versé,
la soif s'alluma. Les portes des prisons s'ouvrent d'elles-mêmes. Nul
besoin de les forcer. Les guichetiers, avertis, s'empressent ; ils allu-
ment des torches, ils conduisent eux-mêmes une poignée de meurtriers ; ceux-ci se jettent sur les prisonniers qu'ils rencontrent d'a-
bord. Cela fut accordé à la première fureur, à l'Abbaye et aux Carmes. Mais presque aussitôt un simulacre de tribunal se forme aux
vestibules des prisons ; les registres d'écrou sont apportés. Un
homme en écharpe préside ; il se trouve autour de lui des inconnus
qui se disent les juges. Maillard, de Versailles, reparaît pour prési-
der à l'Abbaye. Les prisonniers sont amenés, l'un après l'autre, es-
cortés par des gardes. Ils comparaissent un moment ; les tueurs, les
bras retroussés, à côté des juges, attendent, pressent la sentence.
Sur un signe de M. le Président, suivi de ces mots : « à la Force ou
« à l'Abbaye, » le prisonnier est livré aux égorgeurs qui s'entassent
à la porte. Il se croit sauvé, il tombe massacré. D'abord ils tuèrent
d'un seul coup de sabre, de coutelas, de pique ou de bûche ; puis ils
voulurent savourer le meurtre, et il y eut, entre les bourreaux et les

victimes, une certaine émulation. Les premiers cherchaient les
moyens de tuer lentement et de faire sentir la mort ; les autres cherchaient, par l'exemple, les moyens de s'attirer la mort la plus rapide. Cependant, on avait apporté des bancs pour assister en specta-
teurs au carnage. Quand la fatigue commença, les meurtriers se re-
posèrent. Ils eurent faim, ils mangèrent tranquillement. Ils se firent
fournir du vin, qu'ils burent avec sobriété, craignant par-dessus tout
de ne pouvoir continuer leur tâche. Le nom qu'ils se donnaient était
celui d'ouvriers, et ils savaient le compte des victimes qu'ils avaient
à livrer. La fureur ne les empêchait pas de penser au salaire, quand
ils auraient fourni l'ouvrage. De temps en temps, pris de scrupules,
ils allaient demander à l'autorité la permission de prendre les souliers de ceux qu'ils avaient tués ; l'autorité ne manquait pas de la
leur accorder comme la chose la plus juste. Car, à deux pas des
égorgeurs, au milieu de la vapeur du sang, siégeaient quelquefois
des administrateurs ; ils continuaient imperturbablement à expédier
les affaires civiles dans ces bureaux d'égorgements. Tels furent les
massacres à l'Abbaye, aux Carmes, à la Force, à la Conciergerie, à
Bicêtre, dans les huit prisons de Paris. Après ce que l'on pouvait encore appeler la surprise de la première heure, ils recommencent le
lendemain avec plus de sécurité, puis le surlendemain, pendant
quatre jours. Ou plutôt il n'y eut aucun intervalle ; la seule différence du jour à la nuit, c'est qu'on illuminait les cours pendant la
nuit, pour voir clair dans cet abattoir. Car jamais les égorgeurs ne
cherchèrent à se cacher dans les ténèbres. Au contraire, ils allu-
maient des lampions près des cadavres, pour que l'on vît à la fois
l'ouvrage et l'ouvrier. » (X, 8, t. I, p. 382, 383).

Il ne tint pas aux gardiens du Temple que le roi et toute la famille
royale n'eussent ce jour-là le sort de tous les autres détenus des
prisons. Quand la populace, portant au bout d'une pique la tête de
la princesse de Lamballe, voulut se donner le plaisir d'en offrir le
spectacle à la reine, et vint hurler sous la tour du Temple, les commissaires de garde écrivirent à l'Assemblée : « L'asile de Louis XVI
est menacé. La résistance serait impolitique, dangereuse, *injuste*
peut-être... » Ils ne demandaient pas mieux que l'Assemblée les aidât
à calmer l'effervescence, mais ils regardaient comme impolitique,
injuste peut-être, de résister par la force aux volontés du *peuple souverain !*

Mais ce ne furent pas seulement les amis du roi et de la constitution, ce ne furent pas seulement les nobles, les prêtres, les suspects
de naissance ou d'état, qui furent égorgés ; ce ne furent pas seulement ceux qu'on avait pour cela entassés dans les prisons, ce furent
même des prisonniers vulgaires, des hommes qui auraient pu s'at-

tendre aux sympathies de cette troupe homicide, des malfaiteurs, des
condamnés! La tour Saint-Bernard, près du pont de la Tournelle,
renfermait soixante-quinze condamnés aux galères : soixante-douze
furent appelés les uns après les autres dans le préau et égorgés.
Était-ce fureur? était-ce la recherche d'une implacable égalité dans
l'œuvre de cette prétendue justice? Mais alors, pourquoi immoler
aussi de pauvres enfants? Il y avait, dans la prison de Bicêtre, des
enfants du peuple, la plupart apprentis, enfermés pour quelques lé-
gers délits, quelques-uns en forme de correction, par leurs parents
ou par leurs maîtres; ils furent, au nombre de quarante-trois, dont
on peut voir les noms, l'âge et la profession dans la note de
M. M. Ternaux (t. III, p. 295), égorgés à coups de pique, ou assommés à coups de bûche par les massacreurs, les 3 et 4 septembre.
« Les assommeurs nous le disaient et nous l'avons pu voir par nous-
mêmes, dit un témoin oculaire, les pauvres enfants étaient bien
plus difficiles à achever que les hommes faits; vous comprenez, à cet
âge la vie tient si bien! »
  Après cela, faut-il s'étonner que les massacreurs, revenant de Bicêtre, se soient arrêtés à la Salpêtrière, qui ne renfermait que des
femmes? Ici le viol se mêle au meurtre, et, parmi ces excès, plus
d'une victime put échapper à la mort; mais il y en eut encore trente-
cinq dont le décès fut constaté par les registres.
  Tel fut ce hideux massacre qui, commencé le 2 septembre, se continua le 3, le 4, et jusqu'au 5 et même au 6. Que faisait pendant ce
temps-là l'autorité? Le comité de surveillance agissait et veillait à
l'œuvre ; il faisait payer les travailleurs : ils ont donné leurs noms.
Le conseil de la Commune, et l'Assemblée législative elle-même,
surent tout (on en peut voir la preuve dans leurs procès-verbaux)
et n'empêchèrent rien. « Chose lamentable! dit M. Quinet, dans
cette durée de quatre jours et de quatre nuits, pas une résolution de l'Assemblée législative, pas un commandement, pas un seul
décret, excepté pour l'abbé Sicard, après quarante-huit heures de
supplications et d'agonie Encore ce décret fut-il retenu longtemps
et annulé par la Commune. » (X, 8, t. I, p. 384.) Mais il y a dans la
Convention et dans la Commune des hommes plus particulièrement
coupables du sang versé. M. M. Ternaux les nomme : « Les coupables furent Marat, Danton, Robespierre, Manuel, Billaud-Varennes,
Panis, Sergent, Fabre d'Églantine, Camille Desmoulins, et une douzaine d'autres individus plus obscurs, membres du comité de surveillance, ou seulement du conseil général de la Commune. » (T. III,
p. 188.) Et il le prouve pour chacun de ceux qu'il a nommés : Marat;
la preuve en est superflue ; c'était son rêve, c'était son cri depuis trois
ans! Danton : M. Quinet lui-même n'essaye pas de l'absoudre, il ne

veut que subordonner son rôle : « Danton aussi, dit-il, se soumit à
Marat ; car, on a beau dire que l'on trouve partout l'influence de
Danton dans les journées de septembre, le vrai est qu'il n'a nulle
part l'initiative de la conception. Il obéit, il sert, il ferme honteuse-
ment les yeux, il laisse couler et tarir le sang. Il en garde aux mains
une tache éternelle; mais ce n'est pas sa pensée qui s'exécute. Il a
peur, lui aussi, de n'être plus le grand tribun, l'Atlas de la Révolution, si quelqu'un le dépasse un seul moment en audace. Il suit mi-
sérablement et de loin. Il n'est pas le souverain, ni même le courti-
san de ces journées, il n'en est que l'esclave ; un autre que lui règne
et se délecte dans cet enfer. Au moment où le signal va être donné
par le canon d'alarme et par le tocsin de Bonne-Nouvelle, Danton se
réfugie au Champ de Mars, parmi les volontaires qui courent aux
armées. Il se cache sous les drapeaux ; il fuit les meurtres auxquels
il prête son nom et son autorité. Présent et absent, il a beau fuir ;
il ne se dérobera pas à l'avenir. » (X, 8, t. I, p. 381.) Pour ce qui est
de Robespierre : « Entre Danton, dit M. Louis Blanc, concourant aux
massacres parce qu'il les approuve, et Robespierre ne les empêchant
pas, quoiqu'il les déplore, je n'hésite pas à déclarer que le plus coupable c'est Robespierre[1]. »

Les Girondins furent absolument étrangers au crime. Mais que
faisait le 2 septembre celui qu'ils avaient alors au ministère, Roland, le ministre de l'intérieur ? Il donnait à dîner. « L'événement
du jour, dit madame Roland dans ses Mémoires (elle appelle cela
l'événement du jour !), l'événement du jour faisait le sujet de la conversation. Clootz prétendit prouver que c'était une mesure indispensable et salutaire ; il débita beaucoup de lieux communs sur les
droits des peuples, la justice de leur vengeance et l'utilité dont elle
était pour le bonheur de l'espèce. Il parla longtemps et très-haut,
mangea davantage et *ennuya* plus d'un auditeur. Parmi les convives
était aussi un membre du comité civil de la section des Quatre-Na-
tions, Delaconté. Il avait signé toute la journée les fameux bons de
vin et de victuailles exigés par les travailleurs des prisons, et il s'é-
tait chargé d'en proposer le remboursement au ministre de l'intérieur ; Roland lui répondit tranquillement qu'il n'avait pas de fonds
pour de semblables objets. » — « Ainsi, ajoute M. M. Ternaux, de
l'aveu même de la maîtresse de la maison, chez le ministre de l'intérieur on dînait à son aise, on discutait froidement sur l'événement
du jour, on débattait la question de savoir si la dépense faite pour
le salaire des travailleurs de l'Abbaye devait être payé sur telle ou
telle caisse. » (T. III, p. 305, 306.)

____

[1] Cité par M. Ternaux, t. III, p. 180.

Quant à l'attitude de Paris pendant ces massacres, elle a été fort bien expliquée par M. Ternaux (t. III, p. 186), et M. Quinet en donne la même raison dans un chapitre spécial : *Pourquoi Paris resta inerte :* « Pour glacer la pitié, il avait suffi que les massacres eussent une apparence de coup d'État. Les tueurs, tranquillement assis à la porte des greffes et jouant leur rôle de juges, les municipaux qui venaient inspecter l'ouvrage, les écharpes mêlées à la tuerie, les assassins qui travaillaient à la corvée des meurtres et gagnaient leur journée, cette assurance dans le sang, tout cela donnait l'idée d'une mesure administrative exécutée au nom de l'autorité. Il n'en fallut pas davantage pour ôter aux meilleurs la pensée de s'opposer à un carnage officiel. Les assassins ne furent qu'une poignée ; tout le reste trembla. » (X, 9, t. I, p. 386.)

Les massacres n'allaient point se borner à Paris : pour se justifier, ils devaient s'ériger en système ; ils devaient donc s'étendre partout où il y avait des nobles, des prêtres, des aristocrates, en un mot des suspects, et par conséquent couvrir la France. « Le 3 septembre au soir, dit M. M. Ternaux, tous les courriers de la poste, tous les commissaires pris dans le sein de la Commune et expédiés avec des passe-ports du pouvoir exécutif pour activer l'enrôlement des volontaires, emportèrent une circulaire imprimée, au bas de laquelle on lisait les noms des membres du comité de surveillance. Cette circulaire, après quelques phrases banales sur les conspirations royalistes et sur le dévouement patriotique de la ville de Paris, contenait ce qui suit :

« La Commune de Paris se hâte d'informer ses frères de tous les départements qu'une partie des conspirateurs féroces, détenus dans les prisons, a été mise à mort par le peuple ; actes de justice qui lui ont paru indispensables pour retenir par la terreur les légions des traîtres cachés dans ses murs, au moment où il allait marcher à l'ennemi ; et sans doute la nation entière, après la longue suite de trahisons qui l'ont conduite sur les bords de l'abîme, s'empressera d'adopter ce moyen si nécessaire de salut public, et tous les Français s'écrieront comme les Parisiens : « Nous mar-« chons à l'ennemi, mais nous ne laissons pas derrière nous des brigands « pour égorger nos femmes et nos enfants. » (T. III, p. 308.)

« Et Danton, dit M. Quinet, laisse partir cette invitation au carnage sous le sceau du ministre de la justice ! » (X, 9, t. I, p. 389.) C'est un fait qui lui fut plus d'une fois imputé dans les discussions de la Convention sur les massacres de septembre, et il n'y a jamais répondu.

M. M. Ternaux consacre un livre entier à ces massacres de province, excités par les émissaires ou les émules de Marat. Massacres de Meaux, de Reims, de Lyon, de Versailles : j'en passe, et combien d'autres que lui-même n'a pas racontés ! Quel que soit l'intérêt de son récit, les pièces qu'il a publiées en ont — je ne crains pas de le dire — pour le lecteur sérieux encore bien davantage ; car il y a là comme un reflet direct des choses elles-mêmes. Citons en particulier une note qui réunit divers extraits des registres des sections parisiennes pendant les premières journées de septembre ; une autre, sur Maillard et sa bande, qui montre à quel misérable on a osé donner le nom de « grand justicier du peuple ; » la note sur madame de Lamballe ; les pièces qui établissent les malversations du comité de surveillance de la Commune de Paris (n° xvii) ; celles qui prouvent la préméditation des massacres et leur caractère officiel en relatant le salaire publiquement payé aux massacreurs (n° xviii) ; la vente des effets des victimes consacrée à payer les bourreaux, comme en témoigne cette mention inscrite au bas d'une de ces pièces : « Il a été remis au citoyen Maillard deux cent soixante-cinq livres pour frais faits à l'Abbaye » (n° xix) ; les rapports de l'état-major de la garde nationale, remarquables surtout par leur mutisme. Pour plusieurs légions on n'y lit que ces mots : « Rien de nouveau. » Le 3, le secrétaire ajoute : « Une foule de gens armés s'est portée cette nuit dans les prisons et a fait justice des malveillants de la journée du 10. » Et il ajoute : « Rien autre. » Pour les cinq jours, il termine son rapport par cette mention : « Patrouilles et rondes faites *exactement* dans la légion ci-dessus. » — Je ne leur en fais pas compliment. — On trouvera une discussion précise du nombre des morts par prison dans la note xxi, *Statistique des massacres de septembre.* L'auteur arrive au nombre de 1,368 et croit que le chiffre réel ne peut pas être inférieur, ni excéder celui de 1,458, donné par M. Granier de Cassagnac. On lira avec un vif intérêt, dans la note xxiv, les lettres écrites par les prisonniers d'Orléans durant leur voyage à Versailles, où ils trouvèrent la mort ; et, avec un tout autre sentiment, les pièces relatives à Fournier l'Américain, celui qui avait eu mission de les conduire, et qui les mena à la boucherie (n°ˢ xxv et xxvi). Pour clore ce sujet, l'auteur, devançant un peu les temps, résume dans une dernière note le procès des assassins de septembre (n° xxvii). C'est le complément du récit de ces journées examinées dans le détail, le compte particulier des hommes qui ont trempé leurs mains dans le massacre. Mais les plus grands coupables n'y sont pas. Pour ceux-là, c'est l'histoire elle-même qui a instruit leur procès ; et le jugement qu'elle a rendu contre leur mémoire ne sera jamais aboli.

VI

Les suites des journées de septembre se retrouvent encore dans
le quatrième volume de M. M. Ternaux. Mais le principal sujet, c'est
l'ouverture de la Convention et la proclamation de la République
avec les événements qui précèdent et qui suivent : aux frontières, la
campagne de l'Argonne et la journée de Valmy qui fait reculer l'armée austro-prussienne ; au dedans, le commencement de la lutte
entre les Girondins et les Montagnards.

L'effroi du massacre pesa pendant quelques jours sur Paris et le
retint dans la stupeur. Après un pareil attentat, il semblait que l'on
pût tout oser. Le brigandage s'abattit sur la ville ; des bandes de
voleurs dévalisaient les passants en plein jour. Ce brigandage se fit
même patriote : « Des hommes apostés proclamaient tout haut que
les bijoux étaient devenus inutiles, que chacun était tenu de déposer
ceux qu'il possédait sur l'autel de la patrie, afin qu'ils fussent fon-
dus, transformés en numéraire et employés à couvrir les frais de la
défense nationale. Survenaient d'autres individus porteurs de ba-
lances qui, mettant aussitôt en pratique les théories de leurs affidés,
pesaient gravement les objets dont ils s'emparaient et en délivraient
un reçu aux victimes. Ces méfaits ne se passaient pas seulement dans
les quartiers que leur renom aristocratique exposait à être le théâtre
de pareils actes de civisme. Les dépouillés n'étaient pas toujours ces
suspects bien mis contre lesquels, suivant la morale maratiste, tout
pouvait être permis, puisqu'ils étaient présumés désirer le triomphe
des ennemis de la patrie. Les collecteurs de cet impôt somptuaire
d'un nouveau genre opéraient sur le boulevard du Temple et à la
halle, sur les ouvriers comme sur les messieurs, sur les marchandes
de légumes ou de poisson comme sur leurs pratiques ; aux barrières, sur les laitières et sur les maraîchers. La saisie se pratiquait
avec une telle brutalité que plusieurs femmes eurent les oreilles ar-
rachées parce qu'elles ne livraient pas assez vite leurs boucles d'or
ou d'argent. » (T. IV, p. 3, 4.)

Ce fut alors que se fit le vol fameux du garde-meuble. Quand on
volait les passants en plein jour dans la rue, c'était bien le moins
que l'on dévalisât aussi un peu l'État.

Cette honteuse influence de la terreur produite par les massacres
est surtout sensible dans la presse. La presse qui, chez un peuple libre,
doit, la première, faire justice des grands crimes publics, était restée
lâchement muette ou bassement approbative : c'était accepter la

complicité de l'attentat. Les journaux qui parlent commentent avec
plus ou moins d'entraînement, selon leur humeur, la pensée de Danton.
A les entendre, on conspirait dans les prisons : si le peuple n'eût pas,
le 2 septembre, égorgé les prisonniers, les prisonniers sortaient et
égorgeaient le peuple ! Nous renvoyons à la revue que M. M. Ternaux
a présentée des opinions ou des récits des différents journaux dans
une note de ce volume. Il y ajoute quelques jugements plus moder-
nes. On est surpris de voir Napoléon à Sainte Hélène tout en condamnant, comme on peut bien le penser, cet épouvantable forfait,
lui donner l'excuse ou le prétexte accrédité par les Montagnards avec
lesquels il était lié alors : « Peut-être, dit-il, cet événement influa-t-il
alors sur le salut de la France. Qui doute que dans les derniers
temps, lorsque les étrangers approchaient, si on eût renouvelé de
telles horreurs sur leurs amis, ils eussent jamais dominé la France ?
Mais nous ne le pouvions, nous étions devenus légitimes, la durée de
l'autorité, nos victoires, nos traités, le rétablissement de nos mœurs
avaient fait de nous un gouvernement régulier ; nous ne pouvions
nous charger des mêmes fureurs ni du même odieux que la multitude ; pour moi, je ne pouvais ni ne voulais être un roi de la *Jac-
querie*[1] ! »

Si ces paroles ont été dites, si elles ont été recueillies comme elles
ont été prononcées, c'est une preuve de plus du péril qu'il y a quelquefois à fixer par l'écriture et à transmettre, comme le jugement
d'un homme, à la postérité, une pensée qui, dans la conversation, a
pu lui traverser l'esprit. Il y a du reste, au fond de la pensée, moins
de complaisance pour le moyen que de mépris pour la multitude. Ce n'est pas ainsi qu'ont jugé l'œuvre de septembre les hommes
qui ont toujours mis avant toute chose le souci de la liberté. Sachons
gré à M. M. Ternaux de finir sa note en citant les nobles paroles de
madame de Staël, de Chateaubriand, de Lamartine et de M. Michelet. « Un peuple, dit Lamartine, qu'on aurait besoin d'enivrer de
sang pour le pousser à défendre sa patrie serait un peuple de scélérats et non de héros... On ne sert pas les causes que l'on déshonore. »

La peur qu'inspira d'abord (il en coûte de le constater) l'odieux
massacre, se fit aussi sentir dans les élections de Paris pour la Convention. Le suffrage était à deux degrés : le vote à haute voix en
présence du peuple (et l'on sait ce que, dans un lieu resserré, ce mot
peut vouloir dire) est imposé par Robespierre et ses amis ; et pour
que le peuple ait sa tribune, le siége du corps électoral est transféré
de la grande salle de l'évêché à la salle des Jacobins. C'est le 2 sep-

[1] *Mémorial de Sainte-Hélène*, t. VI, p. 93 (éd. 1823).

tembre, au moment où la bande de Maillard *travaillait* à l'Abbaye et
aux Carmes, que les électeurs commençaient leurs opérations ; c'est
le 3 que se fait la translation devant la haie de cadavres que les égorgeurs de la Conciergerie et du Châtelet ont entassés déjà au Pont-
au-Change. C'est le 4 que Collot-d'Herbois et Robespierre sont nommés, par acclamation, président et vice-président ; Marat, Santerre et
Carra, secrétaires. Le 5, Robespierre, Danton, Collot-d'Herbois, Manuel, Billaud-Varennes sont élus députés. Avec un tel bureau et dans
un tel lieu, la même force d'intimidation assurait, pour le reste,
l'avantage au parti des massacreurs.

Toutes les élections ne se firent pas ainsi, sans doute. En quelques
districts de la France, elles commencèrent encore par une messe du
Saint-Esprit ou finirent par un *Te Deum !* Et puis l'ordre des massacres n'avait pas été accueilli partout ; et là même où il fut exécuté,
il ne tarda pas à être suivi d'une forte réaction. La *Gironde* s'éleva
contre la *Montagne.* La *Plaine* reçut le plus grand nombre des élus,
gens trop faciles à se laisser dominer et qui suivirent d'abord la Gironde. Mais dès l'ouverture de la nouvelle Assemblée, il était trop
visible que le pouvoir serait aux violents.

Au moment où la Convention inaugurait son avénement en proclamant la chute de la royauté, la France échappait à l'invasion. Dumouriez, tourné dans ses retranchements après les brillants débuts
de sa campagne de l'Argonne, était venu prendre hardiment position
sur les derrières de l'ennemi. Cette résolution, qui montrait tant de
confiance en soi, tant de sécurité pour Paris même, laissé à découvert, étonna les Prussiens ; et, dans ces circonstances, la bataille de
Valmy, quoique réduite à un échange de coups de canon, devait être
décisive. Elle montrait aux Prussiens combien il serait périlleux de
continuer une marche sur Paris ayant de telles troupes derrière soi,
et devant, l'inconnu ! Ils se retirèrent à grand'peine et fort maltrai-
tés : sanglant démenti à la proclamation insultante de Brunswick.

L'Assemblée qui avait proclamé la République devait avoir à cœur
de rétablir l'ordre dans la nation. Celle qui venait de finir avait déjà
tenté d'arracher la capitale à cet état sauvage où elle était tombée à
la suite des journées de septembre. L'Assemblée nouvelle avait plus
de force, et la Gironde, qui la dominait, pouvait s'appuyer, contre
l'émeute, de l'horreur inspirée par les massacres des prisons. Mais
il y eut peu d'ensemble dans la conduite de ce brillant parti, plus
formé aux luttes oratoires que préparé à prendre la place du pouvoir
qu'il avait renversé. On vit la Convention, comme un navire sans
gouvernail, flotter à tous les vents dans les directions les plus diverses, voter avec enthousiasme les résolutions les plus graves et les
retirer le lendemain. « Chaque jour, dit M. Mortimer-Ternaux, des

motions contradictoires, intempestives, sans application immédiate,
étaient lancées au hasard, suivant le caprice de l'initiative individuelle. Elles étaient soutenues ou combattues tour à tour par des ora-
teurs siégeant sur les mêmes bancs, professant d'ordinaire les mêmes
opinions; les Girondins faisaient souvent assaut de popularité avec
les plus ardents Montagnards. » (T. IV, p. 291.)

Ce manque d'ensemble et de direction du parti girondin se manifesta dans les circonstances où il fallait le plus de circonspection
pour s'engager et de résolution pour aboutir. La Gironde était en présence d'une minorité compacte et audacieuse qui avait ses affidés
dans toute la France par les Jacobins, et son appui dans Paris, par
la Commune insurrectionnelle du 10 août, à laquelle obéissait toute
la force armée de l'émeute. Il ne fallait s'attaquer à ses chefs qu'à
coup sûr et ne proposer des mesures défensives qu'avec la volonté et
l'assurance de les faire décréter. Or, le plus souvent, on vit les plus
ardents de ses membres se lancer dans ces sortes d'attaques sans
s'assurer qu'ils seraient suivis et soutenus jusqu'au bout, ou proposer les motions les plus radicales sans préparation et sans concert :
imprudence qui mécontentait le parti même, laissait la majorité in-
décise et donnait aux habiles l'occasion d'intervenir comme média-
teurs, de faire agréer une fausse conciliation et d'avancer, par l'a-
vortement de ces tentatives, le triomphe du parti attaqué.

C'est ce que l'on vit lorsque, à plusieurs reprises, des accusations
furent portées contre Marat, fou enragé que l'Assemblée d'abord
semblait vouloir ne pas prendre au sérieux, bête venimeuse dont
chacun se détourne avec dégoût et que personne n'ose écraser du
pied ; qui triomphe de cette horreur, et seul entre tous ces triompha-
teurs de quelques jours finira, grâce au couteau de Charlotte Corday,
sans avoir été renversé et mourra le dieu de la multitude. C'est ce
que l'on vit encore dans l'accusation de Louvet contre Robespierre
qui, lui, s'appelle légion, qui ose même joindre à sa défense celle
des journées de septembre, les justifiant au nom de la patrie en
sang, du bonheur commun et de la « *sensibilité*[1] ; » et il les plaçait
sous la sauvegarde de la municipalité parisienne qui, de son aveu,
dirigeait tout : en telle sorte que quand l'accusation est écartée par

---

[1] « Réservez vos larmes pour cent mille patriotes immolés par la tyrannie, pour
les fils des citoyens massacrés au berceau et dans les bras de leurs mères ; consolez-
vous en assurant le bonheur de votre pays et en préparant celui du monde. La
sensibilité qui gémit presque exclusivement pour les ennemis de la liberté m'est
suspecte; cessez d'agiter sous nos yeux la robe sanglante du tyran, ou je croirai
que vous voulez remettre Rome dans les fers. En lisant ces tableaux pathétiques
du désastre des Lamballe, des Montmorin, des Lessart, n'avez-vous pas cru entendre
le manifeste de Brunswick ou de Condé? » (T. IV, p. 532.)

l'*ordre du jour*, ce n'est pas seulement le tribun, c'est l'assassinat qui a obtenu un bill d'indemnité, que dis-je? une apologie au sein de l'Assemblée même !

« Il ne faut pas se dissimuler, dit hautement Collot-d'Herbois le soir même de cette journée (5 novembre) à la tribune du club Saint-Honoré, que la terrible affaire du 2 septembre est le grand article du *Credo* de notre liberté... Sans cette journée, la Révolution ne se serait jamais accomplie... Sans le 2 septembre, il n'y aurait pas de liberté, il n'y aurait pas de Convention. » Et le cauteleux Barère, aperçu dans la salle et invité à s'expliquer, est amené à dire que s'il avait pu achever son discours, il aurait exprimé à peu près la même opinion que Collot-d'Herbois. Il aurait seulement mis « des cyprès dans les couronnes; » il se serait écrié : « Cette journée, dont il ne faudrait plus parler si on ne veut pas faire le procès à la Révolution, présente aux yeux de l'homme vulgaire un crime, car il y a eu violation des lois ; mais, aux yeux de l'homme d'État, elle présente deux grands effets : 1° de faire disparaître ces conspirateurs que le glaive de la loi ne pouvait pas atteindre ; 2° d'anéantir tous les projets désastreux enfantés par l'hydre du feuillantisme, du royalisme et de l'aristocratie, qui levait sa tête hideuse derrière les remparts de Verdun et de Longwy .. » (T. IV, p. 341.)

C'est bien là l'homme aux deux morales (mais qui en a deux en a-t-il une?). Fabre d'Églantine fut plus catégorique. Il reproche à Robespierre d'avoir essayé de distinguer le 2 septembre du 10 août. « Il faut le déclarer hautement, dit-il, ce sont les mêmes hommes qui ont pris les Tuileries, qui ont enfoncé les prisons de l'Abbaye, celles d'Orléans et de Versailles. » Ainsi, dit M. Mortimer-Ternaux, dans le délire de leur joie, les Jacobins déclaraient que le triomphe de Robespierre était la glorification des journées de septembre. Ils étaient dans le vrai, et c'était à la Convention à s'imputer de n'avoir pas compris les conséquences que l'on tirerait de son vote. » (T. IV, p. 342.)

Il en fut des mesures contre les choses comme des attaques contre les personnes. Les Girondins voient clairement le péril. Barbaroux montrait à l'Assemblée l'anarchie régnant par toute la France, la désorganisation gagnant de jour en jour et la Convention se déshonorant à la face de l'Europe, si elle laissait la démagogie parisienne retenir le pays tout entier dans ce chaos : « Si dans ce moment, s'écriait-il, le tocsin sonnait, quel moyen auriez-vous pour ramener l'ordre ou prévenir les attentats? Le pouvoir exécutif? Il est sans force, et peut-être encore exposé à des mandats d'amener. Le département? On ne reconnaît plus son autorité. La Commune? Elle est composée en majeure partie d'hommes que vous devez poursuivre. Le commandant général? On l'accuse d'avoir des liaisons avec les triumvirs. La force publique? Il n'en existe point. Les bons citoyens? Ils n'osent se lever. Les méchants? Oui, ceux-là vous entourent, et c'est Catilina qui les commande. » (T. IV, p. 280.)

Et, séance tenante, il proposait quatre projets de décrets. Par ces décrets, où le remède était énergiquement appliqué au mal, il reconnaissait Paris pour siège de l'Assemblée souveraine, mais en même temps il le déclarait déchu de ce droit, s'il s'en rendait indigne par des tentatives de violence (I). Il donnait à la Convention une garde prise dans la nation tout entière pour se défendre (II), et le glaive de la justice pour frapper les conspirateurs (III). Il supprimait la rivale audacieuse qui se maintenait à l'Hôtel de Ville en face de la Convention, et il l'empêchait de renaître en la frappant dans ses origines mêmes : la permanence des sections de Paris (IV). Le système était hardi, complet et décisif ; mais le jeune Girondin n'en avait même pas fait part à ses amis. « Il avait voulu se réserver la gloire d'être l'unique auteur des mesures qui, pensait-il, devaient assurer le salut de l'empire. L'Assemblée n'était nullement préparée à entendre, encore moins à voter de pareilles propositions. Elle est surprise et comme abasourdie. Les timides interrogent les audacieux du regard. Ceux-ci font signe que l'orateur n'a pas daigné les mettre dans la confidence, qu'ils n'ont pu se concerter pour avoir une opinion raisonnée sur un ensemble de projets combinés dans une seule tête et produits inopinément au milieu d'un débat si irritant. Personne ne se sent d'humeur à soutenir la discussion sur le terrain nouveau où l'a placée Barbaroux. » (T. IV, p. 282.)

Une chose était à reprendre dans les propositions de Barbaroux : c'était de donner à la Convention les moyens de se défendre contre les coups de main de la multitude. La nation avait tout intérêt à garder ses représentants contre ce prétendu peuple. Déjà il avait été question de créer à Paris une garde départementale, et si les démagogues en avaient pris peur, s'ils avaient remué contre ce projet le levier des pétitions dans la population parisienne, plusieurs sections avaient protesté contre cette démarche, et les départements offraient leur concours à l'envi : témoin ce bataillon de Marseillais qui étaient venus au camp formé sous Paris au moment de l'invasion, et que Barbaroux présentait le 21 octobre à l'Assemblée. « Nous venions, disait l'orateur, des bords de la Méditerranée, offrir notre sang à nos frères de Paris, menacés par les soldats des despotes ; mais les jours de péril sont passés, et les seuls ennemis qui nous restent à combattre ici sont les agitateurs, avides de tribunat et de dictature. Nous vous offrons nos bras contre eux... Citoyens représentants, vous appartenez aux quatre-vingt-trois départements. Vous êtes donc à nous

comme aux citoyens de Paris, et le service militaire auprès de vous,
auprès des établissements publics, est un droit commun à tous les
soldats de la patrie, dont nous vous demandons l'exercice. Nous savons
que certains hommes disent aux Parisiens que cette réclamation est
une injure, comme s'il était injurieux pour eux de reconnaître que
nous sommes leurs frères et que nous avons les mêmes droits. Nous
savons encore qu'on leur répète que la Convention nationale veut
établir autour d'elle une garde prétorienne. Un seul mot répond à
cette calomnie : Nous y serons ! Les enfants de Marseille savent obéir
comme ils savent se battre ; ils haïssent les dictateurs comme les
rois, et vous pouvez compter sur eux pour le maintien de vos lois
contre les hommes qui n'en voudraient aucune ». (T. IV, p. 268.)

On ne fit rien alors, mais le péril allait croissant et les moyens de
le conjurer ne manquaient pas encore. Une pétition des nouveaux
Marseillais et autres fédérés du camp de Paris contre les agitateurs,
et d'autre part une pétition des sections contre le camp de Paris,
devenu, à leur avis, inutile, avaient été également envoyées aux
quatre-vingt-trois départements ; et ces deux adresses n'avaient fait
que stimuler le zèle d'autres fédérés à venir défendre la Convention
au sein de la capitale. Pour les éloigner, la Montagne prétexta le
besoin des frontières ; et à cette fin l'on mit en avant un député fort
peu suspect, officier du génie, Letourneur, qui en fit la proposition à
l'Assemblée. Mais les Girondins ne se laissèrent pas prendre à ce
piége. Buzot représenta l'iniquité de la résolution : les fédérés
n'avaient quitté leurs familles que pour un service temporaire. Barbaroux et d'autres remontrèrent que Paris n'avait pas moins que les
frontières besoin d'être protégé. Barère lui-même, flairant les dispositions de l'Assemblée, parla contre le projet. On vote la question
préalable, et quelques jours après, le 16 novembre, on décide « que
tous les volontaires venus au secours de Paris resteront provisoirement dans l'état où ils sont. » C'était une victoire pour les Girondins ;
il ne s'agissait plus que d'en tirer les conséquences. Que firent-ils ?
Rien. Ainsi ils se montraient impuissants contre leurs adversaires et
inhabiles à tirer parti de leurs avantages ; demeurant sans défense
quand ils avaient à supporter, comme maîtres du pouvoir exécutif,
la responsabilité de tous les embarras créés par le contre-coup de la
Révolution : renchérissement des subsistances, rareté du numéraire.
Mais ce pouvoir qu'ils exerçaient, de qui le tenaient-ils eux-mêmes ?
De l'insurrection populaire. Et quelle chance pouvaient-ils avoir de
le fixer et de le retenir contre l'effort d'une autre insurrection ? Il
eût fallu pouvoir s'arrêter sur cette pente qui avait mené au 10 août.
Ils se perdaient quand, au lieu de marcher avec résolution au rétablissement de l'ordre public par toutes les voies de droit et de justice,

ils donnèrent eux-mêmes, par une déplorable condescendance, la main aux violents, et sacrifièrent le droit et l'équité à ce qu'ils crurent la politique dans le procès de Louis XVI. La condamnation de Louis XVI, dont les Girondins sont responsables, loin de les sauver entraîna leur chute. Elle détacha d'eux tous les honnêtes gens qui les auraient soutenus dans une lutte contre les terroristes ; elle ne leur gagna pas la Montagne ; elle fit la Montagne, au contraire, maîtresse de la situation ; elle menait droit au triomphe de l'émeute dans la journée du 31 mai, qui par leur proscription inaugura, sans contestation désormais, le règne de la Terreur.

Parmi les pièces justificatives de ce volume, signalons la note sur les commissaires du pouvoir exécutif et de la Commune, où l'on verra avec quelle audace la Commune de Paris osait donner des ordres et exercer son despotisme jusqu'au fond des départements; on y verra aussi avec quelle fermeté les magistrats de Quimper surent résister à un suppôt de Marat ; il est vrai qu'il leur en coûta la vie ; — des détails statistiques sur la Convention ; — un certain nombre de lettres inédites de Dumouriez, de Beurnonville et de Westermann sur la campagne de l'Argonne ; — et surtout l'appendice sur les vierges de Verdun, qui confirme sur tous les points et rend plus touchantes encore par la publication de pièces nouvelles, les péripéties de ce drame émouvant, où l'on vit cinq innocentes jeunes filles comprises parmi les trente-trois victimes qui furent envoyées à l'échafaud à la suite de la prise de Verdun. Déjà, en 1854, M. Cuvillier-Fleury avait vengé leur mémoire par une réponse à une note de l'*Almanach du Peuple* où un grand artiste (il aurait eu tout autre chose à faire!) versait le ridicule sur ces jeunes filles et sur ceux qui avaient donné des larmes à leur mémoire. Il n'était pas inutile d'y revenir, puisque treize ans plus tard M. Villiaumé, dans son *Histoire de la Révolution française* (t. III, p. 252, édit. de 1864), se vante d'avoir, par le résumé qu'il a fait de ce lugubre épisode, fait disparaître *la fable des vierges de Verdun.* M. Mortimer-Ternaux a des paroles sévères mais justes sur cette façon d'écrire l'histoire. « Il est des hommes, dit-il, qui par esprit de parti nieraient la lumière du soleil. On ne peut faire justice de ces aveugles qu'en les citant au tribunal de la publicité. » (T. IV, p. 504.)

VII

Je me suis trop longtemps arrêté à ce qui précède, pour suivre, par une analyse plus exacte, l'exposition de M. Mortimer-Ternaux dans ses trois derniers volumes. Ces volumes offrent pourtant un intérêt qui croît à mesure que le sujet marche vers ses grandes crises.

C'est, au tome V, le procès de Louis XVI, procès où la Révolution croyait trouver sa consommation et son salut, et où elle devait trouver sa perte : « Les révolutionnaires, » dit M. Quinet, dont il est bon d'opposer l'autorité aux préjugés de son parti, « s'étaient créé à eux-mêmes d'immenses difficultés en arrêtant Louis XVI à Varennes, et en forçant de régner celui qui fuyait le trône. Ils s'en créèrent de nouvelles et infiniment plus grandes par le procès qu'ils lui intentèrent. Ici, toutes leurs vues furent trompées ; car, sans ajouter une seule force à la Révolution, ils déchaînèrent le monde contre elle... La raison d'État toute seule, si l'on eût pu l'écouter, eût dit que jamais une dynastie n'a été extirpée par le supplice d'un seul de ses membres. Au contraire, l'immense pitié qui s'élève ne tarde pas à ramener le plus proche descendant ; la condamnation à mort d'un roi n'a jamais servi qu'à relever la royauté. Jacques II, Charles X ne sont pas revenus de l'exil ; mais Charles Ier, Louis XVI sont revenus de l'échafaud sous les figures de Charles II et de Louis XVIII.... Quand les conventionnels mirent Louis XVI à mort, la monarchie leur échappa ; sur tous les trônes d'Europe on sentit plus d'horreur que de crainte. Il en sortit une guerre implacable, interminable, qui renaissait d'elle-même. Pour la soutenir on se redonna un maître, c'est-à-dire on revint au système qu'on avait juré d'anéantir. »(XII, 2, t. I, p. 425.)

M. Mortimer-Ternaux, laissant à d'autres le soin de raconter la vie douloureuse de la famille royale au Temple, expose avec le plus grand détail les préliminaires et les péripéties du procès du roi dans la Convention. Il montre par quelle habile et perfide manœuvre fut déçue l'intention des Girondins, qui, en condamnant le roi, eussent pourtant voulu le sauver, et à quoi tint sa condamnation, même dans les circonstances les plus défavorables. « La majorité, long-temps suspendue, dit aussi M. Quinet, enfin de vingt-six voix seulement pour la condamnation à mort, prouve assez que ce n'est pas la nécessité qui parla dans ce jugement. Quelles petites circonstances eussent suffi pour le changer ! Il y eut là des hasards qui empêchent de prendre ce vote pour celui de la fatalité même. Le défenseur De Sèze eut raison, en constatant l'imperceptible majorité, de demander si le salut de vingt-cinq millions d'hommes dépendait de cinq voix ? S'ils eussent connu l'avenir prochain, ils eussent pu demander encore si, parmi ces voix qui prétendaient tuer la royauté, il était juste de compter celle du duc d'Otrante, du comte Sieyès et de tant d'autres comtes ou barons sans-culottes qui allaient, le lendemain, relever et aggraver la royauté. Ces voix-là peuvent-elles être acceptées par

la postérité? Non pas, certes ! Elles sont aujourd'hui à la décharge
de Louis XVI. La nature crie, quand, après les paroles brisées de Malesherbes, il faut entendre le discours limé de Saint-Just et le faus-
set implacable de Robespierre. A qui donc peut servir un pareil procès qu'à la victime ? » (T. I, p. 429.)

Je renvoie à M. Mortimer-Ternaux pour le récit détaillé des derniers
moments du roi. Mais ici, pour la même raison que tout à l'heure,
je citerai encore de préférence M. Quinet dans ces pages qui l'ho-
norent :

« .... La nuit fut mêlée de prières et de moments de sommeil. Un
peu avant le jour, vers six heures, le roi entendit la messe et com-
munia. Il ne fit pas avertir la reine, ayant pris déjà congé des affec-
tions terrestres. Santerre le pressait, la foule attendait. Louis XVI
entra encore une fois dans la tourelle où il avait coutume de chercher, de trouver la paix et la résignation. Il en sortit armé contre la
mort, puis il dit : Partons ! Il traversa Paris dans le fond d'une voiture fermée, les yeux attachés sur les prières des agonisants et sur
les psaumes. Le silence était profond autour de lui. On ne voyait que
des haies de baïonnettes, comme si la ville se fût gardée elle-même
contre ce mourant. Quand il arriva au pied de l'échafaud, sa lecture
n'était pas finie. Il l'acheva paisiblement sans se hâter : il ferma le
livre ; puis il descendit de voiture, s'abandonna au bourreau. Comme
on s'apprêtait à lui lier les mains, le roi se retrouva dans Louis Capet et s'indigna. Il voulut résister ; mais sur un signe de son confesseur, le roi céda ; il ne resta que le chrétien : «Je pardonne à mes
ennemis.... » Tous les tambours de Santerre n'ont pu étouffer ces
paroles ni les empêcher de retentir dans la postérité. Louis XVI,
seul, a parlé de pardon, du haut de cet échafaud où tous les autres
devaient apporter des pensées de vengeance et de désespoir. Par là,
il semble régner encore sur ceux qui vont le suivre dans la mort
avec les passions et les fureurs de la terre. Lui seul paraît en être
détaché, déjà posséder le ciel, quand les autres se disputent, jusque
sous le couteau, des lambeaux de partis déchirés. Sanson eut beau
montrer au peuple la tête de Louis XVI, la tourner à tous les bouts
de l'horizon , il n'avait décapité qu'un homme, non un système ; et
à qui devait profiter ce spectacle ? La monarchie y perdit moins que
la république. — A quoi a servi le supplice de Louis XVI? continue
M. Quinet, les premiers résultats furent la guerre avec l'Angleterre,
l'Espagne, la Hollande, c'est-à-dire avec l'Europe entière ; la Vendée
soulevée et irréconciliable ; la France en péril de mort, la nécessité
d'une énergie surhumaine, la terreur suivie de l'épuisement de la
révolution, le royalisme renaissant, et, déjà chez quelques-uns, le
despotisme acclamé au fond du cœur.... « Nous jetons à l'Europe,

avait dit Danton, pour gant de bataille, la tête d'un roi. » Paroles
plutôt faites pour l'épopée que pour l'histoire ; car il n'y eut d'engagés que les chefs ; les autres devaient échapper par l'obscurité ou
par le trop grand nombre. La guerre fut rendue plus implacable. On
augmenta les forces de l'ennemi, en augmentant ses haines. On se
créa de nouveaux dangers ; il fallut se créer de nouvelles forces :
armées, assignats, Comité du salut public, tribunal révolutionnaire.
L'énergie s'accrut, le péril aussi, en sorte que le résultat fut ou nul
ou funeste. » (XII, 2, t. I, p. 431.)

Le sixième volume de M. Mortimer-Ternaux expose les premières
suites de la mort de Louis XVI, tant au dehors qu'à l'intérieur : la
coalition européenne et l'insurrection de la Vendée ; l'invasion de la
Hollande, et bientôt nos frontières découvertes par la défaite suivie
de la défection et de la fuite de Dumouriez. Peut-être trouvera-t-on
ici un peu trop de détails sur la guerre extérieure. Étant donné ce
titre, *la Terreur*, il semble que l'auteur aurait pu se réduire aux
grands traits, à ce qui fait le mieux ressortir l'action mutuelle des
choses du dedans et de celles du dehors, les unes sur les autres. Mais
pour tout ce qui peut mettre en lumière cette influence réciproque,
il ne faut rien négliger. Il était indispensable, en effet, de montrer
si, comme on l'a prétendu, les périls du dehors ont été la cause des
violences de l'intérieur, et jusqu'à quel point les mesures de violences
prises à Paris ont aidé au succès de nos armes. Ce qu'il y a de certain, quand on a lu le livre de M. Mortimer-Ternaux, c'est que ce sont
les excès des Jacobins qui ont compromis les résultats des victoires
de Dumouriez en Belgique, préparé sa défaite, et l'on peut dire sa
défection aussi. Ce qui n'a pas été moins bien établi, nous le verrons
plus loin, c'est que la Terreur n'a été pour rien dans les succès de la
campagne de 1794.

Le tome VII nous ramène aux plus graves affaires de l'intérieur :
la transformation du Comité de défense générale en Comité de salut
public, ou la dictature, soutenue par Barère et Marat, votée malgré
les Girondins ; le triomphe de Marat, le dernier débat entre la Gironde et la Montagne sur le terrain du projet de constitution girondin, le soulèvement du 31 mai et la révolution consommée le 2 juin
par le décret arraché à l'Assemblée contre la Gironde... « Le 2 juin,
dit M. M. Ternaux en terminant ce volume, fut donc un véritable
coup d'État dirigé contre la représentation nationale. L'école ultra-
révolutionnaire, qui croit que la fin justifie les moyens, l'a glorifié ;
l'école fataliste, qui proclame la légitimité du fait accompli, l'a enre-
gistré sans protestation... Comment, des écrivains qui ont la prétention d'aimer et de servir la liberté, n'ont-ils pas vu qu'en se refusant
à condamner les fauteurs de cette journée, ils absolvaient, par cela

même, tous les coups d'État dont les dates néfastes sont inscrites dans nos annales?» (t. VII, p. 426.) Et sans rien dissimuler des fautes des Girondins, il montre que cette violence, pas plus que les autres, n'a sauvé la France.

Mais tous les amis de la Révolution n'ont pas épousé, à cet égard, les passions, les haines et les préjugés des Jacobins : « On avait vu à Rome, dit M. Quinet, après un beau et grave récit de ces journées, les assemblées, les curies, les comices, le sénat, envahis par des bandes armées, délibérer sous les piques. Cette irruption de la force avait marqué les derniers jours des constitutions libres. La république française commence le 31 mai comme avait fini la république romaine, que l'on croyait imiter. Cette journée était-elle inévitable? Ce que je puis affirmer, après une expérience de quatre-vingts années, c'est par ce chemin qu'on va à l'esclavage. » (XIII, 2, t. II, p. 13.)

Cela ne se fit pas attendre : « Après le 31 mai, ajoute-t-il un peu plus loin, on est replongé dans l'ancien tempérament politique de la France. Plus de tribune, plus de presse, le silence partout, excepté au tribunal révolutionnaire. La Convention avait peine à se reconnaître. Plus de discussion sur aucun sujet, le côté droit dispersé, les Montagnards eux-mêmes frappés de stupeur. Ils avouaient qu'un pouvoir invisible arrêtait la parole sur leurs lèvres. Les vainqueurs semblaient aussi consternés que les vaincus. Cette grande Assemblée, réduite à un simulacre d'elle-même, subordonnée à la Commune, aux clubs, se prépara à obéir avec autant de violence qu'elle en avait mis à commander. Quelle souveraineté que celle qui consistait pour la majorité à craindre, à trembler, à se taire, à paraître ordonner ce qu'on redoutait le plus! Maîtresse et esclave, hardie à accepter toutes les fantaisies d'abord de la foule, puis bientôt de quelques-uns, enfin d'un seul, elle abdique dans le Comité de salut public. » (XIII, 3, t. II, p. 16.) Et il en montre les conséquences immédiates : « Abolir la liberté, dit-il, sous le prétexte qu'on l'établira plus tard, est le lieu commun de toute l'histoire de France. Ce fut aussi celui de la Révolution ; et il est certain qu'on s'épargnait une grande difficulté. Mais les temps ont prouvé que c'était ajourner la Révolution elle-même. Il nous appartient de le dire, cette voie était mauvaise, elle a préparé la servitude. La liberté, écrasée avec tant de fureur, ne devait plus reparaître que mutilée pour s'évanouir encore. Tel fut le principal, le plus incontestable résultat du 31 mai. Le second fut de déchirer la France. Une partie des provinces cessèrent de voir dans la Convention décimée l'autorité suprême. Elles refusèrent de respecter l'Assemblée qui n'avait pas su se respecter, et qui s'était livrée. D'où les révoltes du Calvados, de Lyon, de Marseille, de Bordeaux, de Toulon, la moitié du territoire soulevée contre l'autre. Pour ramener les provinces sous le joug, il fallut des forces immenses. On dompta, il est vrai, la révolte ; mais dans cet effort prodigieux, la Révolution usa la Révolution. » (XIII, 3, t. II, p. 18.)

Pourquoi faut-il qu'un homme qui par la hauteur de sa raison s'élève si résolûment au-dessus des préjugés de son parti, soit lui-même dominé par un préjugé qui l'aveugle sur les conséquences les plus immédiates du grand principe dont il soutient la cause? Quelle est la première des libertés? la liberté de conscience assurément ; et la liberté des cultes en est la suite. M. Quinet le proclame. Il l'appelle « un principe magnanime, et qu'il faudrait être insensé pour ne pas accepter. » Il l'accepte donc? Point partout et toujours : grave restriction en matière de principe ! Il blâme l'Assemblée constituante de ne pas l'avoir écrit en tête de la Déclaration des droits de l'homme (VI, 1, t. I, p. 195) ; et il regrette que la Convention l'ait adopté dans la constitution de 1793 : contradiction dans les termes qui se résout par la considération du résultat. Par là, en effet, la Constituante semblait ménager le catholicisme et la Convention ne le supprimait pas[1]. Or M. Quinet le hait, et il faut que tout cède à cette haine. La haine du prêtre obscurcit en lui le sens du moraliste et de l'historien. Il y sacrifiera donc ce principe « magnanime » de la liberté de conscience. Il le sacrifie à ce qu'il croit le salut de la Révolution ; car si la Révolution a péri, c'est, selon lui, parce qu'elle n'a pas su faire ce sacrifice. « Il n'y a, » dit-il dans un chapitre où son livre de la *Révolution* rappelle le mieux le livre du *Prince*, chapitre que les disciples les plus avancés de l'école de Proudhon, ne désavoueraient pas, « il n'y a que deux moyens de rendre une révolution irrévocable. Le premier est de changer l'ordre moral, la religion ; le second est de changer l'ordre matériel, la propriété. Les révolutions qui font ces deux choses sont certaines de vivre. Le premier moyen est pour elles plus assuré que le second. Quant à celles qui n'emploient ni l'un ni l'autre, elles sont écrites sur le sable ; le premier flot les emporte. » (VI, 9, t. I, p. 225.)

Il s'appuie des exemples des révolutions religieuses du passé : « Si Luther et Calvin, dit-il, se fussent contentés d'établir la liberté des cultes sans rien ajouter, il n'y aurait jamais eu l'ombre d'une révolution religieuse au seizième siècle. Qu'ont-ils donc fait? Le voici. Après avoir condamné les anciennes institutions religieuses, ils en ont admis d'autres sur lesquelles ils ont bâti des sociétés nouvelles ;

---

[1] « La constitution de 1793 étala un principe magnanime nécessaire, inévitable; mais, dans l'état vrai des choses, ce principe renfermait la contre-révolution. » (XVI. 2. t. II, p. 137.)

et c'est après que les peuples ont contracté ce tempérament nouveau, que la porte a été rouverte *plus tard* à l'ancien culte, qui, par la désuétude, avait cessé de se faire craindre. Telle est la loi des grandes révolutions religieuses qui se sont établies dans le monde. » (V, 6, t. I, p. 151.) Et plus loin : « L'évidence aurait dû éclater sur ce point et montrer que le travail prodigieux que l'on tentait pour dépayser la nation française serait aisément chose illusoire, tant que la forme du passé et les tours de Notre-Dame se montreraient partout à l'horizon. Après un peu de temps, on ne manquerait pas de s'y rallier ; tous les systèmes de régénération sociale iraient se perdre dans cette ombre. » (XVI, 1, t. II, p. 134.)

Aussi son parti est-il bien arrêté sur la conduite que la Révolution devait tenir. Citant Vergniaud, qui dans la discussion de la constitution de 1793, s'opposait à la déclaration de la liberté des cultes : « Ce jour-là, dit-il, 19 avril 1793, Vergniaud et ses amis dépassèrent de vingt coudées les Jacobins, ou plutôt ils se montrèrent les seuls révolutionnaires. En concluant à l'abolition de la religion ancienne, ils prouvèrent que l'expérience des dernières années n'avait pas été perdue pour eux, et, qu'au moment de tout renouveler, il ne s'agissait pas de consacrer le culte de la contre-révolution et de s'y ancrer de nouveau. » (*Ibid.*, p. 135.)

L'Église, pour la Révolution, c'est à ses yeux l'ennemi, et il lui applique la loi romaine des XII tables : *adversus hostem æterna auctoritas ;* éternel sophisme à l'usage de tous les despotismes. Avant de donner la liberté, il faut, dit-on, réduire au silence, il faut supprimer l'adversaire, même par la force. Mais si vous ne le pouvez vaincre par la raison, vous avouez que sur ce terrain, il est plus fort que vous. L'Église n'a pas été anéantie par la Révolution, et M. Quinet ne s'en console pas. Il accuse d'impuissance la Convention, et la Terreur de tolérance ! « L'erreur des chefs de la Révolution, dit-il, a été de s'imaginer qu'une ancienne religion disparaît de la terre par la seule indifférence, par la désuétude ou par la discussion. *Il n'est même rien de plus vain que de croire que la force ne peut rien contre des idées.* Si donc on se place un moment dans le système des terroristes, on voit que, puisqu'ils étaient décidés à n'épargner ni fureurs, ni horreurs, ni exterminations, mais bien plutôt à les déchaîner toutes sans merci, on voit, dis-je, que dans ce système, *il n'y avait point d'inconvénient pour eux* à prendre corps à corps l'ancien ordre spirituel, et qu'il n'était point déraisonnable d'espérer réussir par les mêmes moyens qui avaient réussi tant de fois aux chrétiens et aux musulmans. Au lieu de cela, le terrorisme révolutionnaire proclamant la liberté de l'ennemi de la Révolution, allait droit à l'absurde. » (XVI, 11, t. II, p. 175.) — « Emprunter, dit-il encore, le système de Dracon et de Lycurgue pour *fonder la tolérance envers des ennemis*, c'était déterrer un glaive antique pour s'en frapper soi-même. » (XVI, 12, t. II, p. 179.)

Mais quoi? La Terreur n'a-t-elle usé de ce glaive que contre soi? Déporter les prêtres non assermentés et les guillotiner s'ils osaient reparaître, enlever les églises au culte orthodoxe, le poursuivre jusque dans les réduits où il se cachait, expulser, guillotiner les religieuses, guillotiner de simples laïques pour cause de fanatisme, c'est-à-dire d'attachement à la foi catholique : voilà ce qu'elle a fait ; et que pouvait-elle faire davantage? « Ils frappaient les corps et ne touchaient point à l'âme, dit M. Quinet. Ils tyrannisaient les prêtres et consacraient leur culte. » (XVI, 12, t. II, p. 179.) Où voit-il cette consécration de leur culte? Est-ce quand Hébert et ses pareils intronisaient sur les autels de Notre-Dame la Raison sous la forme sensible d'une comédienne? ou quand, après le supplice du père Duchesne, Robespierre célébrait la fête de l'Être suprême avec quelque changement dans la décoration? M. Quinet ne cache point sa sympathie pour l'apostasie du malheureux Gobel, l'évêque constitutionnel de Paris ; il en a même pour les *brise-images* : « Gobel avait donné le signal. En dépit de la prudence des Jacobins, on revit ces mêmes ravageurs d'églises et de monastères, ces brise-images, ces déprédateurs de reliquaires *qui avaient tant aidé à la Réforme du seizième siècle...* » (XVI, 3, t. II, p. 142.) « Qui peut dire, ajoute-t-il, ce qui serait arrivé si les révolutionnaires du Comité et de l'Assemblée eussent prêté leur force aux iconoclastes? Où allait le renversement et que serait-il sorti de cette poussière? Mais les terroristes eurent peur des ravageurs de monastères que la Réforme avait vus sans trouble et même avec joie. Le mouvement qui se produisait partout contre l'ancien culte, l'effort de la France pour en sortir était la Révolution même. Le grand Comité de salut public n'imagina rien de mieux que de défendre solennellement cette entreprise. Malheur à qui désobéissait!... De là vous pouvez dire que les forces vives de la Révolution furent employées à mettre à néant la Révolution, etc.[1]. »

Il eût donc fallu laisser toute licence au marteau. Pour la hache, M. Quinet ne la réclame nulle part ; il la repousse, au contraire, fort énergiquement en maint endroit. Et pourtant elle était la conclusion du système. Vous voulez en finir avec l'Église; mais que faire des prêtres qui bravent la proscription et des fidèles qui les accueil-

---

[1] XVI, 4, t. II, p. 146. « Au lieu d'attaquer l'obstacle permanent de la Révolution, dit-il encore à propos de la réaction de Robespierre contre les brise-images, il prend l'obstacle pour l'appui... Il en est venu à voir une conspiration de l'étranger dans ce qui était l'esprit même de la Révolution. » (XVI, 5, t. II, p. 156, 157.)

lent et ne reconnaissent pas d'autres ministres de leur culte ? Depuis Néron jusqu'à Robespierre, on n'a pas connu d'autre expédient. M. Quinet le sait bien, sans doute ; mais cela l'a-t-il arrêté ? Lisez son chapitre intitulé : *Que serait-il arrivé si la Révolution française eût employé dans la religion les moyens de la Révolution d'Angleterre?* « Quand Henri VIII, dit-il, a enlevé l'Angleterre à la papauté, il touchait encore au moyen âge ; il avait à lutter contre les forces toutes vives du passé, et pourtant il réussit à transporter en peu d'années son peuple d'un rivage sur un autre... » (XVI, 9, t. II, p. 168.) Il trouve qu'en France la révolution religieuse était bien plus préparée et, revenant sur une idée qu'il a exprimée déjà, il s'étonne que les terroristes, qui ont tant fait, ne l'aient pas accomplie : « Tout ce que les terroristes avaient pu provoquer contre eux de haines, de malédictions, était déjà déchaîné ; *ils n'avaient rien de pis à attendre.* » M. Quinet ne le ferait pas, sans doute ; mais il regrette que les terroristes ne l'aient pas fait : un peu plus de sang versé, un peu plus d'exécration, à ce degré-là, ne lui paraît pas une affaire.

Pourquoi ne l'ont-ils pas fait ? M. Quinet dit, avec raison, que ce n'est pas faute d'audace. Ajoutons que ce n'est pas faute de bonne volonté non plus. L'auteur se trompe dans le rapprochement qu'il fait de la France en 1793 avec les pays qui, au seizième siècle, embrassèrent ou plus justement, selon sa propre déclaration, subirent la Réforme. Il y avait autre chose que le bras séculier dans l'établissement violent du protestantisme dans ces contrées : c'était une Église qui, avec l'aide de l'autorité des princes, attaquait l'Église, et elle pouvait, l'ayant vaincue, prendre sa place ; en 1793, ce n'est pas une religion, c'est l'État qui s'attaquait à la religion. M. Quinet le sait encore ; ce n'est pas en cela qu'il se trompe. Son illusion est de croire que l'État, en s'attaquant à l'Église, ait pu avec succès lui substituer une autre religion. Or cela fut tenté, et par le père Duchesne et par Robespierre, sous la double forme du matérialisme et du déisme ; et ce fut après l'échec de ce culte, dont Robespierre s'était fait le président, sinon le grand-prêtre, que l'impuissance de la Révolution à triompher de l'Église se manifesta par un redoublement de fièvre sanguinaire dans le régime de la Terreur. Si M. Quinet regrette que l'on n'ait pas eu recours, pour opérer la substitution qu'il eût voulue, à quelque secte de la réforme ; s'il blâme à cet égard le défaut d'initiative et la pusillanimité des protestants, félicitons-les, nous, au contraire, de n'avoir pas cherché à s'imposer à la France par les moyens que la Terreur eût mis à leur service. Mais cela n'eût abouti qu'à leur faire partager l'exécration que la Terreur a recueillie. Nous appliquerons à ce système de rénovation religieuse de la France par les armes de la Terreur, que M. Quinet semble patronner ici, ce qu'il a dit si bien de la rénovation politique tentée par ce régime. Quand on a commencé d'en user, il faut sous peine de mort en user sans cesse; mais cela a une fin pourtant, et à quoi arrive-t-on? A produire une réaction violente. On en a usé, quoi qu'il en dise, autant que possible contre l'Église catholique ; et à quoi est-on arrivé? Il nous le dira lui-même : « A la nouvelle de l'affranchissement des consciences, quarante mille communes, c'est-à-dire la France entière est revenue à l'esprit du moyen âge. » (XX, 7, t. II, p. 392.) — C'est sa façon ordinaire d'appeler la foi catholique. — Et il le déplore. Mais quoi? Fallait-il donc retenir plus longtemps la conscience *asservie?* Pour accomplir la révolution que rêve M. Quinet, il n'eût pas suffi de faire comme il le dit table rase du passé de la France[1] ; il eût fallu faire table rase de la France. Pour proclamer enfin le « magnanime, le nécessaire, l'inévitable » principe de la liberté de conscience, on aurait dû au préalable transformer le pays en désert. Admettons même qu'on eût triomphé plus tôt : il n'en est pas moins vrai que des générations entières eussent subi violence dans leur foi, et c'est là le plus dur despotisme. Quand M. Quinet prône ce système, il adore ce qu'il a brûlé avec tant d'éclat sous le nom de moyen âge. La liberté ne comporte ni ces *distinguo*, ni ces atermoiements et ces remises. En regrettant, comme il l'a fait, qu'on n'ait pas ajourné la liberté de conscience, M. Quinet l'a reniée : ce sera son châtiment.

M. Mortimer-Ternaux nous avait amené au seuil de la Terreur ; M. Quinet nous l'a fait franchir sur un point. Les autres ouvrages dont il me reste à rendre compte, vont nous introduire au cœur même du sujet.

[1] XVI, 2, t. II, p. 137.

UNE THÉORIE DE LA TERREUR

LA GUILLOTINE. — LA SOCIÉTÉ FRANÇAISE SOUS LA TERREUR. — LE VANDALISME
RÉVOLUTIONNAIRE.

On peut quelquefois juger tout un livre sur son titre ; et après
tout, le titre est une enseigne plus ou moins parlante selon l'humeur
de l'écrivain. La période que M. Mortimer-Ternaux raconte sous le
nom de la Terreur, l'Anglais Carlyle dans son *Histoire de la Révolution française*, l'intitule *la Guillotine*. L'enseigne ici est un tableau
de la couleur la plus tranchée, il faudrait dire la plus tranchante,
pour prendre un peu du style de l'auteur. On peut déjà deviner le
ton de cette histoire ; jamais l'écrivain n'a donné plus libre carrière à
son étrange et impétueuse imagination. C'est une histoire tour à tour
philosophique et pittoresque, mais de la plus haute fantaisie. Carlyle s'attache beaucoup moins à raconter qu'à peindre : à peindre le
sujet non pas dans toute son étendue, mais par scènes, et il a des
tableaux touchés avec vigueur : je citerai dans le genre tragique, les
journées de septembre (p. 55 et suiv.), et le 9 thermidor (p. 365),
drame en cinq actes ; dans le genre comique, la fête païenne célé-
brée le 10 août 1793, autour des statues de la Nature et de la Liberté
(p. 238). Ne cherchez donc pas dans ce livre une exposition où les
faits s'enchaînent et s'expliquent. Le plus souvent si vous ne savez
l'histoire, vous n'y comprendrez rien ; si vous la savez, vous risque-
rez de la désapprendre : singulier livre où ce qui est l'essence même
du genre historique paraît être le moindre souci de l'auteur. Arrive-
t-il à la fameuse campagne de Dumouriez : — « Ces volte-face, dit-
il, et ces mouvements dans la région de l'Argonne qui sont minu-
tieusement ordonnés par Dumouriez lui-même et plus intéressants
pour nous que les plus belles parties d'échecs de Philidor, lecteurs,
passons-les tous sous silence, et hâtons-nous de remarquer deux
choses : » — une de ces deux choses, c'est « la présence dans ce jeu
de guerre de l'Argonne d'un certain mortel appartenant à cette
classe appelée immortelle ; » ce qui l'amène à nous dire qu' « on a
remarqué qu'anciennement, lorsque les dieux apparaissaient aux

hommes, c'était rarement dans leur forme naturelle, reconnaissable : « C'est ainsi, ajoute-t-il, que les vachers d'Admète donnent à Apollon un manteau de peau de chèvre, une coupe de lait (c'est heureux qu'ils ne le frappent pas avec leur aiguillon[1]), ne songeant pas qu'il est le dieu du soleil. » Après ce préambule, il nous donne enfin le nom de ce mortel : « Johann Wolfgang von Gœthe, le ministre de Herzog Weimar : » traduisez du duc de Weimar ; et pour tout récit de la campagne, il nous fait la description pathologique, selon Gœthe, de la fièvre du canon. Avouons, qu'il est utile d'avoir lu au préalable le récit de M. Thiers.

Les faits sont ainsi pour l'historien anglais le prétexte de réflexions ou de boutades qui peuvent quelquefois trouver leur place chez un romancier un peu excentrique : mais un essai d'explication des événements? chimère ! Il vous proposera bien des formules générales ; il vous renverra à la chimie pour vous faire comprendre comment dans la Convention, après la mort du roi, le nombre de partis étant de sept cent quarante-neuf, autant que de députés, mais chaque individu ayant en même temps une nature individuelle et une nature moutonnière, il se fera « des dissolutions, des précipités, des mouvements désordonnés et incessants d'attraction et de réaction, jusqu'à ce que, enfin l'élément dominant se dégage et que cette sauvage alchimie s'organise de nouveau. » (P. 154.) « Mais du reste, ajoute-t-il, que personne ne demande à l'histoire par quelle cause et quel effet les choses procéderont à l'avenir. Cette lutte entre la Montagne et la Gironde, et ce qui suivra, est la lutte entre le fanatisme et les miracles : cherchez-y donc des causes et des effets !... Quand l'histoire pourra tracer philosophiquement la conflagration d'un brûlot enflammé, qu'elle tente cette autre tâche. » (P. 159.)

Soit, mais au moins peut-on rechercher qui a préparé l'incendie et qui a mis le feu aux poudres ; et cette enquête ne conduirait pas nécessairement à ces conclusions :« L'histoire n'a qu'une seule chose à faire, les plaindre tous, car ils en ont eu tous de dures à supporter. Lui-même, l'incorruptible au teint couleur vert de mer (Robespierre) obtiendra quelque pitié ; on aura pour lui quelque tendresse humaine, bien qu'il en coûte quelque effort ! » Pitié pour tous les malheureux sans doute : mais réservons notre tendresse pour les victimes et n'épargnons pas notre aversion aux bourreaux, ou qu'on supprime toute moralité de l'histoire.

L'auteur n'a-t-il aucun souci de la moralité, et dans son histoire ne vise-t-il qu'au pittoresque? Loin de là, c'est le type même des choses qu'il voudrait saisir et figurer à grands traits ; et s'il dédaigne

---

[1] Parenthèse de l'auteur.

cette recherche des causes secondes, c'est qu'il entend remonter à une cause supérieure. Tout le mouvement de la Révolution lui paraît dériver de deux forces : fanatisme et fatalisme. Qu'on juge de son système et de sa manière par une ou deux citations :

« Un homme, une fois lancé la tête première dans le républicanisme ou dans un autre transcendantalisme, luttant et faisant du fanatisme au milieu d'une nation qui lui ressemble, se trouve, pour ainsi dire, enveloppé d'une atmosphère de transcendantalisme et de délire ; son propre individu se perd dans quelque chose qui n'est pas lui, mais dans une chose étrangère bien qu'inséparable de lui. Il est étrange de penser à cela, que le vêtement de l'homme semble couvrir le même homme ; et pourtant l'homme n'est pas là, sa volonté n'y est pas, ni la source de ce qu'il fera et projettera ; à la place de l'homme et de sa volonté, il y a un fanatisme et un fatalisme incarnés sous ses traits. Ce pauvre fanatisme incarné poursuit sa route ; nul ne peut le secourir, et lui-même moins que tout autre... La volonté agit, libre et asservie en même temps, dans un continuel entraînement : le mouvement des libres esprits humains devient un tourbillon furieux de fatalisme aveugle comme les vents ; et la Montagne et la Gironde, quand elles reviennent à elles-mêmes, sont tout étonnées de voir où cela les a jetées et renversées. Telle est la façon merveilleuse dont l'homme peut agir sur l'homme ; c'est la conscience et l'inconscience fondues mystérieusement dans notre existence mystérieuse ; c'est la nécessité sans borne enveloppant le libre arbitre. » (P. 161.) — Souhaitons autre chose au gouvernement des nations.

« Expliquer d'une manière satisfaisante la marche de ce gouvernement révolutionnaire, dit-il encore, n'est pas notre tâche. Nul mortel ne peut l'expliquer... Ainsi qu'on l'a dit plusieurs fois, ce gouvernement révolutionnaire n'est pas un gouvernement qui a conscience de lui-même, mais un gouvernement aveugle, fatal. Chaque homme plongé dans une atmosphère de folie fanatique et révolutionnaire avance, poussé, poussant, et est devenu une force brute et aveugle : nul repos pour lui, si ce n'est dans la tombe ! » (P. 326.)

On peut d'après cela conjecturer comment, dans le cours de son histoire, il jugera les hommes et les choses. Il ne dissimule aucun des crimes de la Terreur : l'odieuse dérision du tribunal révolutionnaire ; les fournées de Fouquier-Tinville, les exécutions d'Arras avec accompagnement d'orchestre ; les fusillades de Lyon, les noyades de Nantes, hommes et femmes liés nus deux à deux et jetés à l'eau, ce qu'on appelait les mariages républicains ; tout cela est décrit en des pages où l'on sent, je le reconnais, l'amour du pittoresque avant tout, mais aussi une juste horreur de semblables atrocités [1]; et pourtant, tout cela est accepté, presque absous. On a fait dire à Richelieu : « Quand une fois j'ai pris une résolution, je vais droit à mon but, je renverse tout, je fauche tout, et ensuite je couvre tout de ma robe rouge. » L'auteur croit aussi que l'on en a fini avec ces attentats, quand il les a couverts de ses formules : « La chose est irrévocable, » dit-il, après avoir répété l'exclamation d'horreur qui s'éleva en Europe, qui s'élève justement encore, il le reconnaît, contre les journées de septembre ; « la chose est irrévocable : chose à comprendre, parmi d'autres qui figurent très-tristement dans nos annales terrestres, qui cependant n'en sera pas effacée ; car l'homme, comme on l'a observé, a le transcendantalisme en lui, se tenant, ainsi qu'il le fait, pauvre créature, toujours dans le confluent de l'infini, — mystère à lui-même et aux autres, au centre de deux éternités, de trois immensités, — dans l'intersection de la lumière primitive et de l'obscurité éternelle ! Bien que le monde où nous habitons ne soit pas celui de Satan, il y a toujours sa place (sous terre, proprement dit), et en tout temps il y monte. L'espèce humaine peut très-bien pousser des cris et des anathèmes autant que possible. Il y a des actions tellement fortes, qu'il n'y a pas d'exclamations assez puissantes pour elles. Jetez des cris : eux, ils ont agi. » (P. 57-58.)

Et après la Terreur : « Prud'homme, dit-il, ce triste et bruyant imprimeur, cet habile journaliste, qui est encore un journaliste jacobin, deviendra un renégat et publiera des volumes énormes sur ce sujet, *Les crimes de la Révolution*, ajoutant d'innombrables mensonges, comme si la vérité n'était pas suffisante. Quant à nous, nous trouvons qu'il est plus édifiant de savoir une bonne fois que cette république et cette tigresse nationale est un phénomène primitif, un fait de la nature parmi les formules, dans une époque de formules, et d'étudier, en intervenant le moins possible, comment ce fait naturel se comportera parmi les formules : car elles sont en partie naturelles, en partie fausses et supposées. Mais le fait, tout le monde doit le remarquer, est un fait naturel et sincère, le plus sincère des faits, terrible dans sa sincérité comme la mort. Tout ce qui est sincère comme lui peut le regarder en face et le braver ; mais ce qui ne l'est pas ? » (P. 293.)

Quant aux hommes, s'il ne les condamne pas, il ne laisse pas que de vouloir les caractériser : car dans ce terrible jeu de marionnettes, si les personnages sont mus par une force qui n'est pas en eux, ils n'en sont pas moins d'humeur et d'allures fort diverses ; et c'est là ce qui met de la variété dans la marche fatale de l'action.

---

[1] Voy. le chapitre qui porte ce titre significatif, *Destruction*, p. 282-290.

Les Girondins pour lui sont des pédants, presque des jésuites : « Au fait, dit-il, une chose nous frappe chez ces pauvres Girondins, c'est leur malheureux aveuglement, et la fatale pauvreté de caractère qui en est cause. Ils sont comme étrangers au peuple qu'ils voudraient gouverner, à la chose pour laquelle ils sont venus travailler. Les formules, la philosophie, l'honorabilité, ce qui a été écrit dans les livres et adopté par les classes instruites, cette pâle copie de la nature est tout ce que la nature, quoi qu'elle fasse, peut révéler à ces hommes. Ainsi ils pérorent et dissertent, et ils en appellent aux amis de la loi, quand la question n'est pas entre la loi et l'illégalité, mais entre la vie et la mort. Pédants de la révolution, sinon ses jésuites ! Leur formalisme est grand ; grand aussi est leur égoïsme. A les en croire, la France, se soulevant pour combattre l'Autriche, a été soulevée seulement par le complot du 10 mars pour massacrer vingt-deux d'entre eux ! Cette révolution prodige, se développant dans ses proportions épouvantables par ses propres lois et celles de la nature, non par les lois de la formule, est devenue inintelligible, incroyable, comme une impossibilité, « le vaste chaos d'un rêve. » Une république basée sur ce qu'ils appellent vertus, sur ce que nous appelons bienséance et respectabilité, voilà ce qu'ils veulent avoir et rien de plus. » (P. 182.) Et quand il arrive à la lutte suprême des Girondins et des Montagnards : « Bien sombre et bien confuse est cette lutte de mort, cette lutte de six semaines ; le formalisme furieux contre la réalité frénétique ; le patriotisme, l'égoïsme, l'orgueil, la colère, la vanité, l'espérance et le désespoir, tous surexcités jusqu'à la folie ; la frénésie et la frénésie se heurtent, semblables à de sombres et bruyants tourbillons… Le Girondin est fort, comme la formule et la respectabilité établie : est-ce que soixante-douze départements, ou beaucoup de têtes respectables de départements ne se déclarent pas pour nous ?… La Montagne, de son côté, est forte comme la réalité et l'audace. Pour la réalité de la Montagne est-il rien d'impossible ? Elle fera un nouveau 10 août s'il le faut ; oui ! et même un 2 septembre. » (P. 200.) A ce langage, on peut prévoir qu'il se résignera fort bien à la chute des Girondins au 2 juin 1793. « C'étaient, dit-il, des hommes de mérite, cultivés par la philosophie, de conduite honorable ; on ne peut les blâmer de n'avoir été que des pédants, et de n'avoir pas eu plus d'intelligence ; ils ne furent pas blâmables, mais très-malheureux. » (P. 215.)

Il ne plaint pas beaucoup plus les Soixante-treize qui seront jetés en prison, menacés de la mort, pour avoir protesté secrètement contre ce « *suprema dies* du 2 juin. » « Voilà ce qu'on recueille, dit-il froidement, quand on fomente la guerre civile. » (p. 236.) Périssent donc les Vingt-deux ! Quoi que l'on pense des Girondins, il n'y a point d'histoire qui ne nous émeuve au simple récit de leur mort ; mais il faut se borner à nous peindre les victimes : on gâte tout à vouloir y montrer son esprit, comme dans ce passage : « Au pied de l'échafaud, ils font encore entendre, avec des variations appropriées au moment, l'hymne de la *Marseillaise. Représentez-vous bien cette scène de musique.* Ceux qui vivent encore continuent à chanter ; le chœur s'affaiblit rapidement : le couperet de Samson est rapide, une tête par minute à peu près. Le chœur s'affaiblit, le chœur a cessé. » (P. 262.) Ce n'est que la parodie du fameux vers des *Templiers* de Raynouard :

> Mais il n'était plus temps... les chants avaient cessé.

Du reste on ne peut pas dire que l'auteur ait plus de complaisance pour les adversaires des Girondins, pour l'homme au teint vert de mer (Robespierre), pour ce souverain de la conscience publique appelé Marat ; pour les « Jacobins femelles, » pour les sans-culottes et pour leur système de gouvernement qui a son emblème dans la guillotine[1] ; et il enterrera sans trop de regret, ce me semble, « le corps du sans-culottisme, » après tout le reste, dans son chapitre intitulé « Les harengs grillés. »

Quand on aime tant les formules, on tombe facilement dans le paradoxe : on y tombe d'autant plus aisément qu'on a, en réalité, moins de principes que de formules, qu'on prétend plus à l'intuition qu'à la logique, et que l'on procède beaucoup moins en dialecticien qu'en manière de voyant. Comment excuser cette phrase singulière où l'auteur comprend dans le même entraînement les égorgeurs forçant les prisons, et les soldats courant à la frontière : « La France exécute sa valse du désert avec un tourbillon de 25 millions d'hommes (comme le fait le Sahara, lorsque les vents s'éveillent en s'agitant) vers les mairies, *les prisons d'aristocrates* et les salles des comités d'élection ; vers Brunswick et les frontières, vers un nouveau chapitre de l'histoire universelle. » (P. 64.) De même, est-ce bien excuser Paris, je ne dis pas d'avoir fait les massacres de septembre, mais de les avoir soufferts, que de dire : « Quiconque dans Paris a le cœur d'affronter la mort trouve qu'il est plus urgent de combattre les Prussiens que de lutter contre les assassins des aristocrates? » (P. 54.) Et n'est-ce pas pousser le sentiment moral, qui réprouve la guerre. jusqu'à l'immoralité, que de rapprocher de l'égorgeur le soldat, comme il le fait dans cette page : « Oui, au lieu de crier davantage,

---

[1] « La guillotine, par sa promptitude, donne une idée de l'activité générale de la République. Le cliquetis de cet énorme couperet s'élevant et retombant dans une horrible systole-dyastole, est une partie de cet énorme mouvement vital et de la pulsation du système des sans-culottes. » (P. 254.)

il serait peut-être édifiant de remarquer d'un autre côté quelle chose étrange c'est que les mœurs, les usages, et avec quelle justesse la valeur, le courage d'un homme est appelé sa moralité. Voyez le cruel massacre, qu'on pourrait appeler l'un des enfants les plus authentiques de l'abîme ; donnez-lui seulement les usages, il devient la guerre avec les lois de la guerre ; il est dès lors suffisamment moral, et des individus vêtus de rouge en portent les instruments pendus à leur côté, non sans un air d'orgueil, que vous ne devez blâmer en aucun façon. Et pourtant tant qu'il n'est vêtu que d'un drap brun et grossier, et que la révolution moins fréquente que la guerre, ne s'est pas encore fait ses lois de révolution, seuls les individus vêtus d'un drap brun et grossier sont immoraux. O crieurs bien-aimés, hommes imbéciles, mes frères, fermons nos larges bouches, cessons de crier, et commençons à réfléchir. » (P. 63.)

Si l'auteur avait un peu plus réfléchi, il se serait tu ici, et il aurait cherché une meilleure occasion de crier contre la guerre. De même quand il a dit de la fin de Marat et de Charlotte Corday : « Ainsi furent en contact et périrent l'une et l'autre la plus belle et la plus sale des créatures : » n'est-ce pas une profanation que de les unir ainsi dans la mort : « O vous, infortuné couple qui vous êtes éteint mutuellement, la Belle et le Repoussant, dormez profondément dans le sein de la Mère qui vous porta tous deux ! » (P. 226.) Et après le tableau qu'il nous a fait lui-même de la Terreur, que dire de cette comparaison entre l'époque de Turgot et celle de Marat à l'avantage du temps de Marat : « Quand l'histoire, portant ses regards en arrière, les jette sur la France d'autrefois, sur l'époque de Turgot, par exemple, qu'elle y voit le servage muet s'approcher en tremblant du palais de son roi, étaler ses millions de visages livides, de corps hideux, épuisés et couverts de haillons, présenter, sous ces hiéroglyphes sinistres, ses suppliques et ses doléances, et n'obtenir, pour toute réponse, que de nouveaux gibets de quarante pieds de haut ; l'histoire, alors, avoue avec douleur qu'on ne peut citer une période où les 25 millions de Français aient en général *moins* souffert que pendant cette période appelée le règne de la Terreur ! Mais ce ne furent pas les millions de muets qui souffrirent, ce furent les milliers de parleurs, ce furent des centaines et des unités, qui criaient et publiaient, et faisaient retentir le monde de leurs plaintes autant qu'ils le pouvaient et le devaient ; c'est là la grande singularité de cette époque. » (P. 409.) Il semble que l'auteur n'ait vu la Révolution qu'à Paris ou dans quelques grandes villes, et se figure que le reste de la France, que tous ceux qui n'ont pas été guillotinés jouissaient de l'âge d'or ! A-t-il donc si vite oublié ce qu'il dit ailleurs des populations mourant de faim parmi les milliards d'assignats sous le ré-

gime du *maximum?* ou croit-il que cela n'existait qu'à Paris? Si
l'auteur n'était étranger, il aurait pu avoir à cet égard d'autres informations que par les livres. Je le demande à tous les hommes de
ma génération, nés au fond des provinces. Quel est celui qui ne tienne
de ses parents l'impression qu'ils avaient gardée et des misères et
des tortures de ce despotisme sanglant, mille fois pire que tous les
régimes de servage? Voyait-on, au temps de Turgot, la mort suspendue sur les têtes pour un cri de pitié poussé en face de l'échafaud?

Ce goût de l'excentricité qui jette l'auteur dans des propositions
si paradoxales et des images si souvent risquées, ne peut pas manquer de se produire dans toutes les allures de son style. Danton, « le
charnu Danton, Titan égaré, » est un « avaleur de formules avec un
gosier plus large encore que Mirabeau. » (P. 62.) Bonaparte est donné
à deviner dans « cet officier monosyllabique d'artillerie. » (P. 389.)
L'auteur sait être burlesque jusque dans l'attendrissement, comme
quand il dit de la mort de Louis XVI : « Un roi mourant par une telle
violence frappe fortement l'imagination ; il faut bien qu'il en soit
ainsi. Et au fond ce n'est pas le roi qui meurt, mais bien l'homme.
La royauté est un vêtement ; la grande perte est celle de la peau. »
(P. 141.)

Le mauvais goût a quelquefois chez lui les apparences d'un mauvais sentiment. Il dit des émigrés, page 322 : « Le ci-devant seigneur,
au palais délicat, deviendra un excellent cuisinier de restaurant à
Hambourg ; la ci-devant madame, dont le goût était exquis pour la
toilette, réussira à Londres comme marchande de modes. Dans
Newgate-street, vous rencontrez monsieur le marquis, une planche
de sapin sur l'épaule, la doloire et le rabot sous le bras, il s'est fait
menuisier, il faut vivre. » (P. 322.)

Il sait plaisanter avec les choses les plus hideuses : « Nous ne men-
tionnerons plus, dit-il près de finir l'histoire de la Terreur, qu'une
chose ou plutôt deux autres choses : les perruques blondes et la tannerie de Meudon. On parle beaucoup de ces perruques blondes : ô
lecteur, elles proviennent de têtes de femmes guillotinées. Ainsi, le
toupet d'une duchesse peut servir à couvrir le péricrane d'un cor-
donnier. Elle soulève encore plus le cœur cette tannerie de Meudon,
mentionnée parmi les autres prodiges de la tannerie. A Meudon, dit
Montgaillard avec beaucoup de calme, il y avait une tannerie de
peaux humaines, de celles des guillotinés qui valaient la peine
d'être écorchés. On en faisait d'excellentes peaux pour des culottes
et autres usages[1]. » L'auteur dit avec raison que l'on trouverait diffi-

---

[1] P. 324. Le texte de Montgaillard (*Histoire de France depuis la fin du règne de
Louis XVI,* etc , t. IV, p. 290, note) se ressent un peu d'avoir passé par les mains
de Carlyle.

cilement un cannibalisme aussi épouvantable : et pour reprendre le ton du morceau il ajoute : « C'est un cannibalisme industriel, paisible, presque élégant ! » Il est mauvais plaisant ; il est quelquefois trivial : « Le cruel Billaut ne garde pas le silence, si vous l'excitez. Non plus le cruel Jean Bon, une sorte de jésuite également ; ne l'écrivez pas comme cela se voit dans beaucoup de dictionnaires : *Jambon.* » (P. 128.) Je ne parle pas de ses titres : *Culottisme et sans-culottisme* (p. 160) ; on sait ce que sont les *sans-culottes* : c'est Carlyle qui a imaginé de mettre en regard le parti *culotté.* Après cela, le traducteur aurait pu se dispenser de suivre le langage britannique dans sa pruderie en parlant d'hommes *sans indispensables.* La pruderie n'est pas le caractère de la langue de son auteur.

Carlyle dans son exposition, s'identifie volontiers avec la France. « Il dit *notre* révolution ; il s'écrie : *notre* frontière, *nos* braves soldats. » Mais il est Anglais et l'on en voit la marque lorsqu'il parle de ces deux feux : l'un comparable à l'embrasement des broussailles ou de l'herbe sèche ; l'autre au feu du charbon ou même à celui du coke, difficile à allumer, impossible à éteindre : « Le rapide feu gaulois, nous pouvons le remarquer encore, et le remarquer, non-seulement dans les Pichegru, mais dans d'innombrables Voltaire, Racine, Laplace même, — car un homme, qu'il se batte, qu'il chante, qu'il pense, sera toujours le même homme, — est admirable pour faire cuire des œufs. Mais le feu de charbon teutonique, ainsi qu'on le voit dans les Luther, les Leibnitz, les Shakespeare, est préférable pour fondre les métaux. Qu'elle est heureuse notre Europe d'avoir les deux espèces » (p. 390) ; — et l'Angleterre, de fondre les métaux, quand la France ne peut que cuire des œufs !

On peut le voir encore à la façon dont il traite la tradition populaire sur la fin du *Vengeur :* « Lecteur ! Mendez, Pinto, Munchhausen, Cagliostro, Pzalmanazar, ont été grands ; mais ils ne sont pas les plus grands. O Barère, Barère, Anacréon de la guillotine ! L'histoire, curieuse, pour être fidèle, doit, dans une nouvelle édition, redemander « qu'est devenu *le Vengeur?* » que doit-on croire de son glorieux suicide? et avec son pinceau impitoyable, elle trace une large bande noire, une bande injurieuse, sur toi Barère, et sur lui ! Hélas ! hélas ! *le Vengeur,* après avoir lutté vaillamment, a sombré comme tout autre navire, tandis que son commandant et plus de deux cents hommes d'équipage s'échappaient avec joie sur des bateaux anglais ; et cette grande action héroïque, cet exploit immortel, n'est plus qu'un énorme mensonge héroïque, qui n'existe nulle part, si ce n'est à l'état de mensonge, dans le cerveau de Barère ! Telle est la vérité. Toute cette histoire a été fondée comme le monde même, sur le néant. Prouvée par le rapport de la Convention, par des décrets

solennels de la Convention et le « *modèle en bois du Vengeur*, »
crue, pleurée, chantée par tout le peuple français jusqu'à cette époque, on peut la regarder comme le chef-d'œuvre de Barère, comme
le plus prodigieux, le plus héroïque échantillon de blague qui ait été
produit depuis plusieurs siècles, par aucun homme, aucune nation.
C'est à ce titre seul qu'il doit être désormais mémorable. » (P. 318.)
— *Le Vengeur* n'a pas sombré volontairement, et ceux de ses marins
qui ont pu échapper à la mort n'ont pas refusé la vie ; mais le vaisseau, avec plus de la moitié de l'équipage, a péri après un glorieux
combat (13 prairial, an II), et le dernier cri des mourants a été :
Vive la République ! Voyez le rapport du brave capitaine Renaudin[1].
Sans autoriser les paroles emphatiques de Barère, qui pouvait être
de bonne foi, ne sachant rien que par de vagues rumeurs, il permet
de faire justice des paroles injurieuses de Carlyle, qui, ayant pu
avoir toutes les pièces sous les yeux, n'a pas la même excuse.

En somme, on aborde ce livre par curiosité, on y avance comme
piqué au jeu ; mais on ne va pas jusqu'au bout sans fatigue. En le
lisant, on éprouve moins d'émotion que d'étourdissement ; et quand
on le pose, on ne peut s'empêcher de dire : Voilà beaucoup d'esprit
bien mal employé !

II

Un autre livre qui, chez nous cette fois, vise au pittoresque, sans
d'ailleurs prétendre aux grandes théories, c'est l'*Histoire de la Société
française pendant la Révolution* de MM. Edmond et Jules de Goncourt.
Les deux auteurs n'ont point à étudier dans leurs causes et à retra-
cer dans leur suite les événements de la Révolution. Ils peuvent, ils
doivent même par leur titre fouiller plus curieusement et s'attacher
à mettre plus en lumière certains recoins de ce grand sujet. C'est
comme une collection de tableaux de genre, dont le mérite du reste
est plus dans la multiplicité du détail que dans l'ordonnance de la
composition : et l'on conçoit qu'ils aient pu se mettre à deux pour
les faire. Ils auraient été vingt, que la moisson n'eût été que plus
abondante et le livre mieux rempli.

On trouvera donc ici, en autant de tableaux distincts, l'histoire de
la Révolution française dans les salons où elle commence, dans la
rue où elle s'achève, dans les théâtres, dans les cafés, dans les maisons de jeu, et même dans d'autres lieux encore ; l'influence qu'elle
exerça sur la littérature, sur l'art et jusque sur la mode. La littéra-

---

[1] Ce rapport a été reproduit par M. Jal, *Dictionnaire critique de biographie et
d'histoire*, art. *Vengeur*.

ture cesse d'être philosophique, elle est toute à l'action. Ce qui domine dans la presse du temps ce sont les journaux, les pamphlets, les caricatures, toutes choses qui ne visent point à la postérité, qui se bornent au présent; mais le présent est gros d'avenir : et qui peut calculer les effets produits sur la marche de la Révolution par ces simples feuilles qui pénètrent dans tous les foyers, qui happent le passant dans la rue et se disputent le privilège de faire l'opinion publique? La Révolution est là tout entière, avec son esprit généreux, ses grandes aspirations, son courage, mais aussi avec ses violences, ses convoitises, son écume, sa bave sanglante, ses obscénités.

Il n'est pas besoin de citer les *Révolutions de France et de Brabant*, de Camille Desmoulins ; *le Patriote français*, de Brissot, etc., qui poussent au mouvement et seront emportés. On connaît aussi, on ne connaît que trop l'action terrible de *l'Ami du Peuple* (Marat) et les colères du *Père Duchesne* (Hébert) : les fumées du sang leur montent à la tête; et parmi ceux qui savent les braver, quelle audace et quel mépris de la mort n'a-t-il pas fallu à la *Feuille du matin*, le dernier survivant des journaux royalistes, pour publier, en mars 1793, cette version, à l'ordre du jour, des commandements de Dieu :

> V. Tout bon Français égorgeras
> Ou le pendras pareillement. .
> X. Bien d'autrui ne convoiteras,
> Mais le prendras ouvertement.

Quant aux pamphlets, un catalogue exact de tous ceux qui parurent alors, serait la révélation la plus curieuse de l'état des esprits; car, là aussi, se livre la bataille : *Ah ! ça n'ira pas! — Le Parchemin en culotte ; — La botte de foin ou Mort tragique du sieur Foulon; — Les demoiselles du Palais-Royal aux états généraux; — L'autorité de Rabelais dans la révolution présente et dans la constitution civile du clergé*, etc. Je passe les caricatures, sorte de pamphlets qui parlent aux yeux : on en verra quelques échantillons cités par nos deux auteurs. C'est au coin de la rue Saint-Jacques et de la rue des Mathurins, à la maison Basset (on ne les chercherait plus là aujourd'hui), qu'on en trouvait la grande exhibition; et des gens ne manquaient pas pour en faire le commentaire aux plus novices. « C'est le journal de ceux qui ne savent pas lire; c'est l'école du peuple » (p. 254) : triste école où l'on n'apprendra guère ni le bien, ni le vrai, ni le beau !

Au milieu de tous ces détails, on peut suivre la Révolution, qui s'accomplit dans la société même : la joie infinie et l'immense soulagement que l'on ressentit aux premiers jours de l'Assemblée constituante, à l'avénement de la liberté et de l'égalité dans la nation

française; quand les priviléges sont abolis et les abus séculaires déra-
cinés : plus de dîmes, plus de corvées , plus de garennes, plus de
maîtrises ni de jurandes; plus de bourgeois ni de nobles, plus de
glèbe ni de châteaux ; plus de robe ni d'épée, mais tous une même
chose devant la loi !

Il y eut bien quelque confusion dans cette transformation, faite
en une nuit, à coups de décrets, d'une société qui était le produit
des siècles. Ce n'est pas seulement l'homme qui se sent l'égal de
l'homme dans toutes les conditions; c'est le valet qui, en tant que
valet, se veut faire l'égal de son maître, et prétendra, jusque dans la
maison où il sert , être tout, comme étant du tiers état [1]. Il y eut
dans cette joie du plus grand nombre, des déboires aussi pour
quelques-uns. Plusieurs ne sentirent que l'amertume du sacrifice
qu'ils devaient subir sans avoir eu la satisfaction de le décréter eux-
mêmes ; et il y avait dans ces regrets quelque chose de légitime. On
ne répudie pas sans douleur toutes les traditions de sa famille. On
n'efface pas sans qu'il en coûte les insignes de ses aïeux. Le marquis
de Mirabeau lui-même ne se résigna pas à se voir appelé dans les
journaux Riquetti. « Avec votre Riquetti, s'écria-t-il en s'adressant
à la tribune des journalistes, vous avez désorienté l'Europe pendant
trois jours. » Parole de bon sens; mais les journalistes n'auraient-ils
pas pu répondre : « Avec vos noms de terre, depuis des siècles vous
désorientez l'histoire ! » Quelle étude ne faut-il pas pour suivre sous
ces noms, achetés souvent avec quelques arpents de terrain, les rapports qui unissent les fils aux pères et les frères entre eux, et quelquefois le même homme à soi-même? Du reste, aux uns comme aux
autres, on peut dire que l'esprit égalitaire s'était ici arrêté à moitié
chemin. Ce ne sont pas seulement les titres : les noms même de famille créent une aristocratie. Pour avoir l'égalité véritable, il aurait
fallu en revenir à s'appeler Pierre, Jacques ou Thomas. La société
athénienne, par exemple, avec ses noms individuels distingués des
semblables par le simple nom du père, nom individuel aussi, n'est-
il pas bien autrement démocratique que la société romaine, avec
ses triples noms de personne, de *gens* et de branche dans la *gens?*
Et aujourd'hui, jusque parmi les démocrates et devant le suffrage
universel, combien qui n'ont été ou ne seront quelque chose qu'en
vertu d'un nom rendu célèbre par un père ou par un aïeul? Con-
cluons que ce n'était pas la peine d'en faire un crime aux aristocrates.

Avec cette joie de l'affranchissement, il fallait bien s'attendre aux
misères que, dans les premiers jours, devait entraîner la liberté. On
ne déplace pas impunément une société tout entière de ses bases,

---

[1] Voy. une scène comique racontée page 77.

même quand il s'agit de la mieux asseoir ; on ne change pas sans péril le régime des impôts et les conditions du travail. Mais les peuples ne se représentent pas sous cette forme les commencements naturels d'une ère de régénération, vantée comme une ère de bonheur. Comment croire que des mesures dirigées contre les riches tournent contre les pauvres ; que la suppression de certains droits fiscaux puisse amener le renchérissement des denrées et la misère? Et cela arrivera pourtant, si ces mesures effrayent l'argent et l'empêchent de circuler ; si cette suppression de droits tarit les ressources du trésor et que cet appauvrissement du trésor altère le crédit, et par suite entrave ou paralyse entièrement l'industrie et le commerce. La misère engendre le soupçon, le soupçon pousse à la violence, et la violence, en faisant l'affaire de quelques démagogues, précipitera le pays de révolution en révolution, ou, si l'on veut, de journée en journée, dans l'abîme de la Terreur.

Le régime de 1793, nous avons eu l'occasion de le dire déjà, c'est le renversement complet des principes de 1789. Ce seront, si l'on veut, de sanglantes représailles de l'ancien régime; mais enfin c'est la suppression de la liberté, de l'égalité même, au profit de la plèbe la plus infime, ou plutôt de ceux qui la mènent en semblant la servir. En ce temps-là l'élite de la société se trouve dans les prisons, et l'on est envoyé à l'échafaud, à titre d'aristocrate, sur son simple nom de famille. MM. de Goncourt ont des pages fort curieuses sur la société dans les prisons. C'est là que se retrouve encore ce qui reste de la politesse dans la nation, et ce serait un contraste piquant s'il n'était si lugubre que de voir tant de distinction, d'innocence et de vertu dans la maison du crime, tant de scélératesse dans la demeure du pouvoir. Les deux auteurs font une peinture fort colorée de ces renversements de conditions et de tout l'ordre moral, à commencer par les plus poignantes insultes, par les plus grandes douleurs, par les tortures journalières de la famille royale dans le Temple : « Ces femmes, dit-il, qui n'ont plus de larmes, ce résigné qui regarde indifféremment, avec une lunette, les travaux de maçonnerie qui scellent sa dernière prison, il faut qu'ils aient les crachats, la fange, les calomnies, leur chemin de la guillotine. Et de toute la France, tournée vers le Temple, il s'élève des voix confuses, des cris, des ricanements, une clameur quotidienne, obstinée, sans miséricorde et sans trêve. Il semble, à y prêter l'oreille, entendre un de ces chants de mort de Peaux-Rouges insultant au vaincu avant de le martyriser, et qui, avant de tuer le corps, crucifient le cœur. » (P. 278.) — « Il faut à la Révolution qu'ils meurent ; il faut aux révolutionnaires qu'ils souffrent. Et quand l'ennemi a été repoussé, quand la guillotine s'impatiente d'attendre, ne croyez pas que la satiété se soit faite dans

le public ou que la pudeur vienne aux insulteurs. Celui-là dit le ménage au Temple s'injuriant, se battant, se soufrletant, et le roi trai-
tant la reine de g.... et de p..... Oui, on les torture, on les promène
sur la claie des pamphlets ignobles, aux veilles même de ces jours
que la mort promise fait sacrés ; et, pendant que les geôliers dessi-
nent sur les murs, pour les enfants de ce père et de cette mère :
« M. *Veto crachant dans le sac,* » d'autres geôliers, peut-être, jettent
dans la chambre du roi cette notification populaire de l'arrêt de mort
qu'ils attendent: « *Charles libre.* Tes sujets vont à la guillotine. —
« *Louis l'esclave.* O ciel ! Quoi ! Laporte, Durosoy, Royou... — *Charles*
« *libre....* Viennent de te servir de courriers ainsi qu'à Madame. —
« *Louis l'esclave.* O ciel ! voyez-vous, monsieur Charles, vous êtes
« cause que ma femme vient de s'évanouir ! — *Charles libre.* Eh
« bien ! f...-lui une jatte d'eau par la figure, elle reviendra. » (P. 278-
281.)

MM. de Goncourt rendent, par des traits saisissants, la physionomie
hideuse des tribunes dans la scène du jugement du roi. Mais l'auguste victime avait été précédée et allait être suivie de bien d'autres.
Les deux écrivains dépeignent bien l'abrutissement où la vue journalière des exécutions avait jeté la populace, l'ironie mêlée à la
cruauté dans ces cris sauvages qui faisaient appel à son goût pour le
sang :«La liste des gagnants à la loterie de sainte Guillotine.» (P. 322.)

Ajoutons-y, comme un échantillon de la littérature née de cette
boue sanglante, le « Compte rendu aux sans-culottes de la Républi-
« que française, par très-haute, très-puissante et très-expéditive
« dame Guillotine, dame du Carrousel, de la place de la Révolution,
« de la Grève et autres lieux ; contenant le nom et le surnom de
« ceux à qui elle a accordé des passe-ports pour l'autre monde, le lieu
« de leur naissance, leurs âge et qualités, le jour de leur jugement,
« depuis son établissement au mois de juillet 1792, jusqu'à ce jour,
« rédigé et présenté aux amis de ses prouesses, par le citoyen Tisset,
« n° 13, rue de la Barillerie, coopérateur des succès de la République
« française. De l'imprimerie du Calculateur patriote, Au corps sans
« tête. »

Dans la préface, la Guillotine (c'est elle qui parle) exprime ses
regrets et ses vœux : « Pourquoi faut-il, dit-elle, que cette canaille-là
n'ait qu'une tête ? Je leur en aurais souhaité dix ; car, convenons-en,
cette soustraction est trop tôt faite pour eux. » Les bulletins de
chaque jour ne suffisent pas à ses triomphes. Elle voudrait se rendre
le monde entier tributaire ; et les têtes les plus sacrées sont celles
qu'elle convoite le plus : « Ah ! dit-elle, qu'une tiare dans le panier
ferait un merveilleux effet, et que la tête du Saint-Père ajouterait à
mes lauriers ! L'idée de ne pouvoir en jouir m'attriste. Ah ! si Sa

Sainteté prétendue et le sacré collége des cardinaux voulaient s'éloigner de Rome et venir faire un tour à Paris, comme je les saluerais de bonne grâce, et que j'aurais de satisfaction à en faire *subito* des saint Denis, des saint Jean-Baptiste, des saint Firmin! » Mais elle n'a pas seulement des vœux pour l'avenir ; elle a des regrets pour le passé : « Que n'ai-je été de tous les temps et de tous les siècles?... J'aurais guilloliné ce brave M. saint Louis, qui se fit sanctifier à force de forfaits et de bêtises ; dès lors, un saint de moins dans la ménagerie céleste. J'aurais sabré la plus grande partie de ses successeurs, sans mettre de côté Louis XII, Henri IV... Les Bathilde, les Clotilde, les reine Blanche auraient aussi dansé la Carmagnole ! »

La Révolution était-elle donc un retour à la barbarie? MM. de Goncourt ne paraissent pas éloignés de le croire : et pour ce qui est du régime de la Terreur, ils ont bien raison. Mais il ne faudrait pas étendre à toutes les choses de ce temps ce jugement radical ; et à cet égard on peut leur opposer les faits que M. Despois a réunis dans son livre du *Vandalisme révolutionnaire*.

III

Les hommes de 1789 aspiraient au progrès en toute chose, et leurs idées avaient été recueillies dans l'Assemblée législative et dans la Convention. Au milieu même des déchirements politiques, ce travail de réorganisation se poursuivait activement, et la Convention avait trouvé dans son sein ou au dehors des hommes capables de le mener à bonne fin. Carnot savait *organiser* la victoire par d'autres moyens que ceux que la Terreur mettait à son service. Cambon fut sans égal dans l'administration des finances, sous le régime financier le plus désastreux ; Condorcet, Daunou, Lakanal, Grégoire, travaillaient avec un zèle infatigable au rétablissement de l'instruction publique à tous ses degrés, depuis l'enseignement primaire jusqu'à l'Institut ; et dès le temps de la Terreur, la loi de l'Instruction primaire fut décrétée (29 frimaire an II, 19 décembre 1793). Monge, Fourcroy secondaient l'ingénieur Lamblardie dans la création de l'École polytechnique, création votée le 11 mars 1794, sous le nom d'École centrale des travaux publics, et réalisée par la loi du 28 septembre suivant. Un mois après (30 octobre) était fondée l'École normale, avec Lagrange, Laplace, Monge, Haüy, Daubenton, Berthollet, Laharpe, Volney, Bernardin de Saint-Pierre pour maîtres. Le 10 juin 1793, s'était ouvert le Muséum d'histoire naturelle, avec douze chaires inaugurées par des savants dont les noms sont restés dans la science : Daubenton,

Fourcroy, Brongniart, Jussieu, et bientôt Geoffroy Saint-Hilaire. Un peu plus tard (25 juin 1795) était créé le Bureau des longitudes, qui avait pour géomètres Lagrange et Laplace ; pour astronomes, Lalande, Cassini, Méchin, Delambre ; comme navigateurs, Borda et Bougainville ; comme géographe, Buache.

La Révolution ne suscita pas, sans doute, ces hommes éminents, mais elle les employa. (Joignons-leur Lavoisier, qu'elle envoya à l'échafaud.) Les sciences, on le voit, ne comptèrent jamais de plus grands noms. Quant aux beaux-arts, ils voyaient à la crête même de la Montagne un des plus puissants chefs d'école, Louis David, qui voulait mourir avec Marat, boire la ciguë avec Robespierre, et qui vécut assez pour fournir des dessins au trône impérial et peindre, dans une page admirable, la cérémonie du couronnement.

David n'avait pas sauvé son académie, loin de là ! et l'on peut voir dans l'ouvrage de MM. de Goncourt comment opérait le jury qu'il lui fit substituer pour le jugement des prix de Rome. Mais le musée du Louvre, décrété par l'Assemblée constituante, s'ouvrit au public le 8 novembre 1793 ; et dès la Convention, à tort ou à droit, il s'enrichit du fruit de nos victoires : l'influence de ces grands maîtres, exposés sous les yeux du public, se joignit assurément à celle de David, dans l'éducation des grands peintres que son école nous a donnés. Quant aux autres académies, si l'Académie française et l'Académie des inscriptions et belles-lettres ne furent pas mieux traitées que de simples corporations, l'Académie des sciences survécut au moins dans ses réunions ordinaires et dans ses indemnités : on avait trop besoin de son concours. C'est à elle que l'Assemblée constituante avait confié le soin d'établir l'unité des poids et mesures, chose réclamée depuis plus de deux siècles par nos anciens états généraux ; et le 1er août 1793, Arbogast (c'est un conventionnel) apportait à la tribune le résultat des travaux de l'Académie : un système qui, rapportant toutes les mesures à une unité de longueur prise dans la nature, présentait l'avantage d'être conservé toujours le même, et de pouvoir être adopté par toutes les nations.

On n'en peut dire malheureusement autant du calendrier nouveau dont l'Académie des sciences avait été chargée aussi, et dont le soin avait été remis à Lalande. Tandis que, par le système métrique, la Convention offrait aux nations une base sur laquelle toutes pouvaient s'unir, elle supprimait par son calendrier un accord existant, accord qui n'est pas moins nécessaire aux relations de la vie sociale ; elle rompait non-seulement avec le passé, mais avec le présent ; elle s'isolait dans le monde : car elle ne pouvait pas avoir la prétention de faire adopter au monde l'ère de la République française, et son intention n'était pas de conquérir l'univers pour le lui imposer. La dénomination même des mois nouveaux, dont l'inventeur, Fabre d'Églantine, vante avec tant de complaisance la convenance aux saisons et l'heureuse harmonie, était à peine exacte dans ses rapports avec le climat aux deux extrémités de la France. Qu'est-ce donc, s'il eût fallu compter ainsi, je ne dis pas aux antipodes, mais simplement aux deux extrémités de l'Europe, de la Suède à l'Espagne?

Pour nous résumer, on ne peut donc pas nier que la Convention n'ait poursuivi le progrès dans tout le champ de l'intelligence ; et pour ce qui est des sciences, elle a fait beaucoup, et elle a été admirablement secondée. Aux services qu'elle a rendus à la science, on peut ajouter l'établissement du Conservatoire des Arts et Métiers ; à ceux qu'elle en a tirés, l'établissement du premier télégraphe ; le salpêtre extrait du sol en quantité suffisante pour fournir de la poudre dans les proportions énormes que les circonstances exigeaient : vrai miracle de la chimie ! — et quand Lavoisier, condamné par le tribunal révolutionnaire, demandait un délai de quinze jours pour achever une expérience utile à la République, le président lui faisait cette fière réponse : « La République n'a pas besoin de chimistes! « A part cette exception, les sciences donc n'eurent pas à se plaindre[1] ; mais quant aux lettres, il faut renoncer à vanter ce temps-là. Il ne suffit pas, pour susciter une littérature, de consacrer la propriété littéraire; il ne suffit pas, pour l'encourager, de créer des pensions. Les lettres veulent la liberté : et c'est, on en conviendra, ce qui a manqué le plus à la République. Vous n'y trouverez que la licence, pâture malsaine qu'un gouvernement qui se réserve le domaine de la politique jette au peuple pour tâcher d'assouvir de plus légitimes besoins.

Le journalisme se traîne dans le sang et la boue. Ceux qui, partisans même de la Révolution, avaient osé lutter contre ses excès, avaient été envoyés à l'échafaud. Le dernier souffle de la libre pensée s'était exhalé dans ce cri vengeur du *Vieux Cordelier*, évoquant la sanglante image du despotisme ombrageux, flétri par Tacite. Le théâtre ne sort des frivolités ou des platitudes que pour se faire complice de la Terreur, en bafouant ceux qu'elle veut perdre ou ceux qu'elle tue[2]. Talma lui-même ne peut sauver la tragédie. Toute trace de goût se perd : dès la fin de 1790, selon Kotzebue, on voyait

---

[1] « On les a vus jusqu'ici, dit un auteur peu suspect d'amour pour la Révolution, ne fleurir que sous des gouvernements tranquilles et périr dans les dissensions civiles Le despotisme révolutionnaire leur donne maintenant une influence politique, il s'en sert pour inspirer de la confiance au peuple, pour préparer des victoires et gagner des batailles. » (L'abbé de Montgaillard, *Histoire de France depuis la fin du règne de Louis XVI jusqu'à l'année* 1825. Paris, 1827, t. IV, p. 288.)

[2] Voy. MM. de Goncourt, *la Société française pendant la Révolution*, p. 292.

au théâtre de Monsieur, dans *le Procès de Socrate*, des pipes sur la
cheminée de la prison du philosophe athénien. (MM. de Goncourt,
p. 301.) Et quel refuge pour l'esprit français quand les derniers salons tenus ouverts par ceux-là même que la Révolution avait passionnés, deviennent suspects à la rue et se ferment pour n'être plus
souillés par la carmagnole de Marat? « Alors, disent un peu rudement nos deux auteurs, la richesse est crime; la pauvreté, devoir;
la misère, prudence. La sans-culotterie règne sans partage, un peu
de paille dans ses sabots, de l'eau-de-vie dans sa cruche, un trognon
de pain pour se repaître; et pour blasphémer le souper de l'ancien
régime, sacré par l'esprit de la vieille société française, elle assied
dans les boues des rues les *soupers fraternels !* » (P. 360.)

Le régime nouveau préparait-il au moins dans les générations
naissantes un meilleur avenir à la France? On devait l'espérer. L'instruction était devenue, de par la loi, obligatoire; et un rapport de
Grégoire (9 pluviôse, an II, 28 janvier 1794) avait ouvert un concours pour la composition des livres élémentaires destinés aux écoles
nationales. Mais ce qui domine dans cette littérature classique, c'est
bien moins la pensée d'enseigner à l'enfant ses devoirs que de lui
apprendre ses droits : il en faut faire tout de suite un citoyen.

Ce sont tout d'abord, des A, B, C patriotiques. Après le premier as-
semblage de lettres, on lui donne à lire la Déclaration des droits de
l'homme : LE PEU-PLE FRAN-ÇAIS CON-VAIN-CU, etc. ; on lui met entre les
mains des catéchismes républicains où, à cette question : «Qui es-tu?»
il doit répondre

> Homme libre et pensant, né pour haïr les rois,

et trois autres vers sur ce ton; des syllabaires, où le citoyen Piat, instituteur, définissait ainsi, par la bouche d'un enfant, les *sans-culotti-
des* : « C'est le nom le plus analogue au rassemblement des diverses
portions du peuple français, qui viendront de toutes les parties de la
République célébrer, à cette époque, la liberté et l'égalité.» (P. 276.)

Les sans-culottes, voilà le type national, proposé aux enfants. Il s'a-
gissait, par l'éducation, d'en faire des sans-culottes. On s'y prenait
à point !

Quant à la religion, à quelle dose la faisait-on entrer dans cette
éducation obligatoire, lorsqu'elle était ce que l'on sait dans l'État?
La liberté des cultes était proclamée ; mais en réalité qui voulait être
catholique devait l'être à la façon dont l'entendait l'État : sorte de
culte officiel, imposé ainsi à des populations dont il blessait les
croyances par des gens qui n'y croyaient même pas. D'ailleurs on
sait ce qui en arriva sous la Terreur : quelle honteuse abjuration
de ces faux prêtres, quelle profanation des lieux saints, quelle rage

de destruction ou de mutilation, non-seulement à Paris, mais dans
toute la France ! Et à ce propos je demanderai à M. Despois, pourquoi, par une sorte de défi, il emprunte à Grégoire le titre de ses rapports sur le *Vandalisme*, pour le mettre en tête d'un livre où il veut
exposer tout autre chose ? Brûler les archives, afin d'y détruire les
titres de la noblesse, piller les bibliothèques, lacérer les livres pour
crime de priviléges ou d'armoiries, jeter au feu les tableaux, sac-
cager les églises, briser les autels et les images des saints, n'est-ce
pas là ce qui s'appelle du vandalisme ? — Oui ? — Et cela s'est-il fait
sous la Révolution ? — Grégoire l'atteste[1], M. Despois ne le nie point,
ni M. Louis Blanc : et comment ne l'avoueraient-il pas ? S'ils se tai-
saient, les pierres le crieraient, comme dit l'Évangile : *Si hi tacuerint,
lapides clamabunt*[2]. Nos cathédrales en témoignent par tous leurs
porches mutilés et outragés.

Laissez donc à Grégoire son titre, vous contentant du vôtre : « Fon-
dations littéraires, scientifiques et artistiques de la Convention ; » et
ne croyez pas en y accolant les mots *Vandalisme révolutionnaire*,
donner le change sur leur valeur et leur réalité. Il y a eu un vandalisme révolutionnaire. En vain alléguerez-vous le décret de la Convention qui institue les archives nationales ; celui qui défend d'appliquer
aux livres l'ordre de destruction rendu contre les emblèmes de la
royauté ; qui punit de deux ans de fer « quiconque dégraderait les
monuments des arts dépendants des propriétés nationales[3]. » Cela
fait honneur à la Convention et prouve qu'elle a réagi contre le vandalisme. Mais cela prouve-t-il qu'il n'y ait pas eu de vandalisme, ou
qu'on n'ait pas le droit de l'imputer à la Révolution ? Non, il faut
laisser au mot *Révolution* toute sa portée, et ne pas le réserver arbitrairement à l'idéal que l'on se forme. Il y a la révolution de 1789
qui sort des entrailles de la nation et procède par les résolutions
des représentants du peuple ; et il y a les révolutions du 10 août,
du 31 mai qui procèdent par l'émeute et s'imposent violemment aux
assemblées elles-mêmes. C'est de cette source que le mouvement
iconoclaste est sorti, et comme le 10 août, comme le 31 mai, il a le
droit de se dire révolutionnaire. J'en prends à témoin M. Quinet, et
je renvoie au chapitre où, parlant de ces ravages réprimés par Ro-

---

[1] *Rapport sur les destructions opérées par le vandalisme et sur les moyens de les
réprimer*, par Grégoire (séance du 14 fructidor, l'an II de la République une et indivisible), réimprimé à Caen, 1867. Voy. les exemples qu'il en cite p. 44 et
suiv.; et lui-même déclare qu'il y en eut mille autres. Il les attribue, il est vrai, à
l'aristocratie et à la contre-révolution qui veut nous *barbariser*. C'était donc bien un
retour à la barbarie.

[2] Luc, xix, 40.

[3] M. Despois ne parle pas des institutions judiciaires de la Convention : tribunal
révolutionnaire, loi du 22 prairial, an II, etc. Mais cela ne peut pas s'appeler du
vandalisme : ce serait faire injure aux Vandales. Nous en parlerons ailleurs.

bespierre, il a choisi ce titre significatif : *Les Révolutionnaires ont peur de la Révolution !*

Dans ce naufrage des principes religieux, avec cette éducation de l'école et de la place publique, que pouvait-on attendre de la vie privée ? Ici encore (je ne parle pas de la nation entière, grâce à Dieu ! mais de ceux qui étaient emportés dans ce mouvement), ici encore, il y avait eu de grandes idées de régénération et de grandes ruines. On avait voulu faire entrer la liberté dans la famille, la liberté dans le mariage. Le mariage n'était plus qu'un contrat toujours résiliable par le divorce : « Jeunes époux, disait Chaumette, c'est sur les autels de la liberté que se rallument pour vous les flambeaux de l'hymen. Le mariage n'est plus un joug, une chaîne ; il n'est plus que ce qu'il doit être, l'accomplissement des grands desseins de la nature, l'acquit d'une dette agréable que doit tout citoyen à la patrie. » Mais les enfants qui naissaient de ces unions, les parents ne leur devaient-ils rien ? Et l'État ne leur retirait-il point ce que la nature leur avait donné, quand il leur ôtait, par le divorce, la vie de famille ? C'est un point sur lequel les partisans du divorce ont encore à s'expliquer aujourd'hui.

MM. de Goncourt terminent leur ouvrage par la chose dont Carlyle avait fait le titre de son volume, et qui est en effet, l'Alpha et l'Oméga de la Terreur : la Guillotine ; invention d'un médecin philanthrope ! Des pendus, laissés pour morts et rappelés à la vie, ont pu dire ce qu'ils ont souffert ; l'excellent Guillotin n'avait pas peur d'être démenti, quand il disait en vantant sa machine : « Avec ma machine je vous fais sauter la tête d'un coup d'œil et vous ne souffrez pas. » Proposée à ce titre à l'Assemblée constituante et adoptée par l'Assemblée législative, elle ne justifia que trop, sous la Convention, le sentiment de ceux qui la repoussaient comme devant habituer le peuple au sang versé. Elle allait servir, surtout par sa célérité, aux hécatombes de la Terreur : encore fut-elle quelquefois délaissée pour des moyens plus sommaires et plus prompts, les fusillades, les noyades ; mais elle n'en est pas moins la plus haute expression de ce régime que la conscience publique a flétri et qu'aucun sophisme historique ne réhabilitera.

En louant MM. de Goncourt de la variété de leurs recherches et du sentiment général qui les inspire, je ne laisserai pas de les critiquer aussi. Ils puisent volontiers dans les pamphlets du temps : c'est une source légitime ; mais il faut prendre garde de se laisser trop aller à leur esprit. Il y a dans ce livre des portraits qui sont de vraies caricatures : « Au milieu de tous, une femme au visage léonin, empourpré, bourgeonné, à la lèvre aride, va, vient, brusque de corps et d'idée, le geste mâle, jetant avec une voix de garçon une phrase robuste et enflée. » (P. 6.) — Quelle est cette femme? madame de Staël! Bailly n'est pas mieux traité : « De cette *robinocratie*, — c'est le sobriquet royaliste, — si naïvement gonflée en son triomphe, et qui se laisse si facilement éblouir par ces pompes subites, — M. Bailly est le typ · le plus complet ; le pauvre homme est de tous celui qui apporte à oublier son passé d'hier le plus de ridicule et la meilleure bonne foi. Adieu, globes, astrolabes, sphères et les temples de Clio! Maire de Paris, Sylvain Bailly! Ce n'est plus ce même Bailly qui, il y a quelques jours, allait de Paris à Passy, les mains dans ses poches, un parapluie sous le bras, les yeux élevés aux astres. Il n'écrit plus, il ne lit plus; il dédaigne jetons, fauteuil académique ; il siége en sa chaise curule ; il donne audience, ce roi d'Yvetot de la bonne ville, le roi Sylvain, comme dit le *Veni Creator*, etc.» (P. 82.)

Je blâme aussi l'affectation des auteurs à jeter dans leur récit une foule de noms et de faits, la plupart peu connus, sans rien qui les explique. On se rend inintelligible, à force de vouloir paraître familier soi-même avec les hommes et avec les choses du temps: c'est une fatigue pour le lecteur qui s'instruit mal et s'amuse peu à ce grand étalage. Enfin je trouve encore ici la recherche du pittoresque poussant aux plus grandes hardiesses dans l'accouplement des mots ou le choix des figures. Le *Ça ira* est « l'alleluia du sang » (p. 55); les spectacles populaires qui répandent parmi la jeunesse la fièvre des combats, « des tyrtéides de poudre et de sacré-chien où le peuple trempe sa lèvre ardente, vaudevilles qui sont vigiles des batailles » (p. 202); les petits théâtres, « spectacles des boulevards condamnés à garder à la porte les tréteaux de la parade, comme des affranchis leurs anneaux d'esclave aux pieds » (p. 92), image aussi fausse que brillante. Qui a jamais entendu parler d'affranchis portant la chaîne au pied? On nous décrira tantôt les « fournées androgynes de 93 » (p. 105), tantôt un appartement qui était « une récréation de l'œil et une complicité charmeresse du non-chaloir. » (P. 88.) Le trivial n'est pas dédaigné, comme quand on nous montre un seul commerce grandissant, « le commerce de la *gueule* » (p. 116); et cela ne me paraît pas racheté par l'afféterie de certaines expressions et par les recherches du néologisme : «l'irrespect, » etc. Il y a là un étrange mépris de la langue ou une bien grande estime de soi-même. C'est tout un peuple qui crée les mots nouveaux ; ils sont parlés avant d'être écrits. Hors de là, le droit de créer des mots n'appartient que par exception aux grands maîtres ; et ce sont eux qui en usent le moins. Être original par des mots forgés ou des phrases contrefaites, c'est une chose qui est à la portée de tous; mais être original en parlant la langue de tout le monde, c'est là le signe du vrai talent, et la seule originalité qui s'impose au public.

PARIS EN 1793 ET EN 1794

LA RUE, LE CLUB, LA FAMINE.

I

Nous avons vu la Terreur décrite à un point de vue tout idéaliste, ou dans un esprit d'observation, mais de part et d'autre avec le goût prédominant du pittoresque, par un étranger et par deux Français, l'historien anglais Carlyle et MM. de Goncourt. Les ouvrages de M. Dauban sont d'un tout autre caractère. M. Dauban, auteur d'une histoire contemporaine, où, pour le dire en passant, il enseigne à nos élèves que le régime parlementaire est fini en France, et qu'au Mexique l empire de Maximilien durera, n'est pas exposé ici a ces remaniements de clichés, auxquels doivent se résigner ceux qui ont accepté la tâche ingrate d'écrire pour nos lycées une histoire qui est encore en train de se faire. Les deux ouvrages que nous avons nommés en tête de cette étude : *la Démagogie en 1793 à Paris*, et *Paris en* 1794 sont des sujets parfaitement clos, qu'il a traités avec des pièces originales et qu'il peut juger sans risquer d'avoir à se démentir. Dans la première de ces deux publications il a pris pour base un ouvrage intitulé : *les Souvenirs de l'histoire, ou le Diurnal de la Révolution de France, pour l'an de grâce* 1797. L'auteur, nommé Beaulieu, un des suspects emprisonnés par la Terreur et mis en liberté par le 9 thermidor, a eu l'idée de composer une sorte d'almanach pour l'an 1797, où chaque jour a pour éphémérides ce qui est arrivé le jour correspondant en 1793 : idée assez bizarre, mais qui nous vaut, pour cette année, l'histoire journalière la plus récente que nous en ayons ; car les journaux sont des matériaux pour l'histoire, plutôt qu'une histoire. Et c'est un récit qu'on peut lire avec le plus vif intérêt, sous cette forme fragmentaire de *diurnal*. En effet, depuis le commencement de la Révolution et surtout depuis le 20 juin 1792, les événements qui sont de nature à changer la face du pays, se succèdent avec une rapidité vertigineuse (10 août, 2, 3 et 4 septembre, 21 septembre, 21 janvier 1793, 31 mai, 2 juin, etc.) ; et il n'est pas inutile de suivre, jour par jour, le mouvement qui mène de l'un à l'autre.

M. Dauban ne s'est pas borné à publier ces souvenirs. Il y a joint, en forme de commentaire, avec ses propres observations, des documents du temps : extraits de journaux, de brochures ou d'actes officiels, qui se rapportent à l'événement du jour, et complètent ou modifient l'appréciation du narrateur ; en telle sorte que ce livre, texte et glose, se compose presque entièrement de morceaux rares ou inédits, recueillis et mis en ordre par un commentateur intelligent.

Parmi les pièces curieuses qui font partie de ces commentaires, citons, sur l'évasion de Pétion, le rapport de ce bon gendarme qui, l'ayant quitté un moment pour quelque nécessité « pressante, » pour « un besoin naturel, » comme il le déclare, et ne le trouvant plus au retour, se plaint que Pétion « a *abusé de sa confiance.* » (P. 254.) Au nombre des documents historiques, il faut aussi compter quelques gravures du temps reproduites avec une grande fidélité. Citons en particulier la double image du Mariage et du Divorce : le Mariage, célébré dans un temple païen par un pontife en robe de chambre, devant la statue de l'Hyménée, qui tient de chaque main une couronne ; le Divorce accompli aux pieds de quelque divinité libertine (je veux dire de l'affranchissement) : les deux époux se tirent la révérence devant l'officier municipal tout ahuri. Citons aussi la figure de Marie-Antoinette allant au supplice, dessinée à la plume par David. La main du peintre qui a su idéaliser l'horrible face de Marat mourant, est resté insensible, implacable, insultante presque, devant cette reine, fille des Césars, qu'il regardait d'une fenêtre, passant sur le tombereau des condamnés !

Quant à l'esprit qui a présidé au choix des pièces et au commentaire, on peut s'en faire une idée par la préface. Elle s'adresse, en forme de dédicace, à un enthousiaste de la Révolution, grand partisan de Robespierre. L'auteur partage l'enthousiasme de son ami pour la Révolution, et il respecte ses sentiments à l'égard de Robespierre ; mais il lui fait l'honneur de croire, qu'après tout, il déteste ce que nous détestons dans la Terreur ; et il est plein d'énergie contre ce régime dont Robespierre reste pour nous et pour tous, à quelques exceptions près, le véritable représentant. Il n'est pas fataliste, il n'admet pas qu'il n'y ait eu de possible que ce qui a été ; et par les conséquences des faits accomplis, il croit pouvoir juger qu'il y avait là quelquefois tout autre chose à faire. « L'histoire, dit-il, ne nous montre pas ce qui serait advenu dans le cas où le sang n'aurait pas été versé au 2 septembre, où la vie de Louis XVI aurait été épargnée, où la représentation nationale n'aurait pas été décimée par l'attentat, suivi de tant d'autres que son succès a encouragés, du 2 juin, et dans le cas où la Terreur n'eût pas substitué une vie contre nature à la vie normale d'un grand peuple : —

mais à la suite de tant d'expédients que les gouvernements d'alors
ont déclarés nécessaires, nous voyons : la confiance anéantie, la disette succédant à la prospérité, les classes armées contre les classes,
tous les défenseurs de la liberté, depuis Barnave jusqu'à Marat, tom-
bant sous le couteau, l'inertie s'emparant d'un corps dont le mouvement vital ne se manifeste plus que sur un point, comme le batte-
ment du pouls sous le doigt du médecin, et la haine de cet état de
choses pénétrant les couches campagnardes, par infiltrations rapides,
jusque dans les dernières profondeurs. Voilà, vous ne le contesterez
pas, l'état matériel et moral du pays à la fin du siècle dernier ; voilà
les fruits qu'a laissés ce *summum* de la politique, ce dernier mot
d'une science digne des Borgia, la DOCTRINE DU SALUT PUBLIC, le *per fas
et nefas* appliqué au prétendu salut du peuple. » (P. III-IV.)

Il rend hommage aux caractères fortement trempés, aux grandes
âmes de la Révolution ; et prenant leur œuvre, il en fait deux parts :
« l'une qu'ils jugeaient immortelle et qui le sera, car le temps en
fera de plus en plus une vérité : elle constitue ce qu'on appelle les
principes de 1789 ; l'autre, qu'ils jugeaient éphémère, transitoire,
et qui est en partie restée ; elle se compose d'expédients au moyen
desquels l'application de ces principes a été faussée, esquivée ou
ajournée. Au nom du salut public, ils n'ont pas seulement inondé
de sang les échafauds, ils ont garrotté le corps social, ils ont rendu le
jeu des articulations difficile, ils ont si étroitement asservi les membres à la volonté qui doit les diriger, que le mouvement de la vie s'est
trouvé gêné, paralysé ; ils ont broyé l'individu sous une meule, la centralisation. » (P. VII.) Il montre quelles espérances 89 avait données et comment 93 les a détruites : vers la fin du règne de Louis XVI,
la vie nationale éclatant avec énergie par toute la France, pro-
duisant les cahiers de 1789 et les hommes de la Constituante,
Bordeaux, Marseille, toutes les grandes villes, marchant à l'égal
de Paris. Au bout de trois ans, le jacobinisme parisien a prévalu, frappant la province à la tête par la proscription des Girondins,
la comprimant dans le réseau des sociétés affiliées par tous les
moyens de la terreur, la réduisant à se taire et à se désintéresser de
l'action, et à subir désormais sans résistance toute révolution accomplie dans Paris.

Nous en avons vu, nous en voyons encore les conséquences. Les
campagnes que la Révolution a le plus servies en les soustrayant pour
toujours à la dîme et à la corvée, en sont venues à la redouter, je
ne dis pas jusque dans la République, mais jusque dans la liberté :
car le souvenir qu'ils en ont gardé ne leur rappelle plus que la Terreur ; et M. Dauban cite à ce propos une curieuse anecdote. Quand
M. Vatel s'en vint à Saint-Émilion pour se rendre compte des cir-

constances de la mort de Buzot, de Pétion et de Barbaroux, son enquête répandit le trouble parmi la population : « *Est-ce qu'on va rétablir ça? lui disaient les vieillards. Est-ce que nous allons revenir au temps du mauvais papier et de la grande épouvante?* » — « C'est là, ajoute l'auteur, tout ce qu'ils ont retenu de la Révolution : la guillotine et le mauvais papier. Ils ne connaissent de l'histoire que celle qui a été faite chez eux et par eux ; c'est pourquoi ils ne connaissent que la Révolution et l'Empire; l'Empire, par les vanteries des soldats, enfants de la charrue, revenus vainqueurs, de toutes les capitales de l'Europe ; la Révolution par la disette, les réquisitions, les mises hors la loi, la guillotine et le mauvais papier. Étranger à tout raisonnement, leur esprit est resté frappé de la terrible opposition entre les mots et les faits, qui a été le malheur de la République ; et ainsi, la sublime formule de la Révolution : liberté, égalité, fraternité, résonne encore à leurs oreilles comme le tocsin de la guerre civile. » (P. xii.)

II

Le second ouvrage de M. Dauban était intitulé : *Paris en 1794 et en 1795, histoire de la rue, du club, de la prison.* Mais la prison sous la Terreur, c'est tout un monde! L'auteur a reconnu l'impossibilité de comprendre un pareil sujet avec les deux premiers dans un même volume, et, après l'avoir inscrit à sa première page, il l'a effacé de son titre : *Histoire de la rue, du club, de la famine.* Voilà le sujet auquel il s'est réduit, et il y a trouvé de quoi remplir très-largement son livre.

J'avoue pourtant que j'ai été un peu trompé par ce titre. A voir ces trois noms en saillie, je m'attendais à trouver dans l'ouvrage une composition véritable, un tableau de la rue, une histoire des clubs, etc. Ce ne sont que des matériaux pour les faire : des ordres du jour d'Hanriot, des rapports de police disposés chronologiquement dans un cadre qui nous rappelle d'ailleurs la suite des événements. Tout en regrettant que M. Dauban n'en ait pas tiré cette exposition, qu'il était préparé à faire mieux que personne, je ne dois pas moins reconnaître que ce livre, tel qu'il nous l'a donné, offre le plus grand intérêt. Si l'on rencontre bien du fatras dans ces pièces dont les auteurs ne se piquent pas plus de style que d'orthographe, on a d'autre part la satisfaction d'y découvrir mille traits curieux et de se faire par soi-même, fût-ce d'une main moins habile, ce tableau qu'on y venait chercher tout fait.

La devise de la Révolution sous la Terreur c'est « Liberté, Égalité,

Fraternité ou la Mort. » La liberté a été le premier cri du peuple en
1789, mais elle est suspendue au nom du salut public ; l'égalité, le
premier effet de la liberté obtenue ; mais elle est sacrifiée elle-même,
malgré le signe menteur du niveau, dans le mouvement qui tend à
ravaler toute supériorité de rang, de fortune, de mérite[1]. Quant à
la fraternité, n'en parlons plus, si ce n'est pour rappeler le mot
d'Euripide : « Les guerres de frères sont terribles : Χαλεποὶ πόλεμοι
γὰρ ἀδελφῶν[2]. » Que reste-t-il donc de la devise? — la Mort; et un
autre mot peut y être ajouté pour tenir lieu des autres : la Faim. La
famine, comme la mort, est à l'ordre du jour dans ces années fatales : c'est la force qui remue la rue, et qui donne aux clubs, dans
les jours d'insurrection, ses plus redoutables auxiliaires.

Tous les rapports de police, qui font connaître jour par jour l'état
de Paris, nous retracent les effets de la famine. On avait cru la
conjurer par la loi du *maximum*. Les objets augmentant de valeur
par la dépréciation des assignats substitués à l'argent, on avait voulu
fixer une limite à leur prix ; mais cela n'avait eu d'autre résultat
que de faire prendre aux denrées elles-mêmes la même route qu'à
l'argent : elles se dérobaient autant que possible à ces ventes rui-
neuses, et ainsi la loi servait à faire la disette au milieu même d'une
année favorable. Loi de violence qui provoquait la fraude et la violence. Les *observateurs* de la police nous content cette lutte qui s'établit partout entre le vendeur et l'acheteur. « L'autre jour, dit un de
ces agents, rue de la Montagne-Sainte-Geneviève, presque toute
occupée par des bouchers, une femme se présenta chez l'un d'eux,
faisant partie de la foule qu' (qui) assiégeait son étal. Lorsque son
tour vint d'être servie, elle demanda ce qu'il lui fallait de viande,
et, calculant à quelle somme s'en élevait la quantité sur le pied du
maximum, elle remet cette somme au boucher et lui demanda si c'é-
tait son compte. « Non, dit l'homme. — Eh bien, répliqua la femme,
« si ce n'est pas le tien, c'est celui de la loi ; » et là-dessus elle
se retira, malgré les cris du marchand de viande, qui fut bien obligé
de (d'en) prendre son parti ; ce qui prouve que les nombreuses et
criantes infractions à la loi du maximum viennent bien plus de la
faiblesse des acheteurs que de la friponnerie et de l'audace des ven-
deurs, et que les uns ne doivent pas paraître moins coupables que
les autres aux yeux de la loi. » (P. 58.)

---

[1] « Un individu, dit Saint-Just à la Convention après la chute des Girondins, ne
doit être ni vertueux ni célèbre devant vous. Un peuple libre et une assemblée nationale ne sont faits pour admirer personne. La Révolution avait créé un patriciat
de renommée. » — « Prodige d'épouvante ! ajoute M. Quinet ; la tête de Méduse
avait parlé. » (*La Révolution*, XIII, 2, t. II, p. 14.)

[2] Eurip., *Fragm. ex incert. trag.*, 92, t. VII, p. 495. Glasg., 1821.

Qu'arrivait-il de là? Les bouchers de Paris s'arrangeaient pour aller vendre leur viande au dehors (p. 190), et les marchands du dehors s'abstenaient de venir à Paris. Ils n'y étaient guère encouragés. Quelquefois, à l'approche des barrières, ils rencontraient des groupes qui prenaient d'assaut leur voiture avec ou sans l'application de la loi du maximum : « A six heures du matin, il est arrivé plusieurs voitures qui apportaient des provisions. Des femmes les ont arrêtées et se sont emparées du beurre qu'elles contenaient. Une d'elles, en montant sur les roues, a été renversée par un mouvement de la voiture... Quelques-unes ont été renversées, foulées aux pieds et emportées à demi mortes. Une partie du beurre a été vendue au *maximum*, le reste n'a pas été payé. » « Nous ne reviendrons plus, » disait une paysanne qui avait ainsi perdu le prix de onze demi-livres de de beurre (p. 173) [1]. — « Voici une nouvelle manœuvre qu'emploient les ennemis de la République » [car ce sont les ennemis de la République qui font tout cela] « pour que cette grande commune manque de denrées de première nécessité. Le croirait-on? des hommes, des enfants vont au-devant des laitières qui apportent leur lait à Paris, les traitent d'aristocrates, de p... et de g... et leur jettent des pierres lorsqu'elles ne veulent pas leur donner du lait. Ces brigandages se commettent surtout à la barrière de Vaugirard. » (P. 227.) Ennemis de la République ou sans-culottes : les laitières se le tenaient pour dit, et ne revenaient qu'à bonne enseigne. Quelquefois les autorités municipales de province se mettaient elles-mêmes de la partie. On accusait à la Convention la municipalité de Pont-Sainte-Maxence d'avoir fait arrêter du beurre et des œufs envoyés à Paris. « Quand on nous enverra du sucre de Paris, avait dit le maire, nous verrons alors si nous leur ferons passer nos œufs et notre beurre. » (P. 199.)

Malgré tout cela, il arrivait bien encore quelque chose à Paris, mais si peu pour tant de bouches! Et alors nouvelles scènes : on se battait à la porte des marchands. « Dans la distribution des moindres denrées, c'est la force qui décide, et plusieurs femmes ce matin ont failli à perdre la vie pour obtenir un quarteron de beurre [2]. » Et l'agent conclut : « Des hommes, salariés sans doute par de riches accapareurs, se glissent dans les rassemblements » (p. 144); car comment accuser la loi? Les invisibles *accapareurs* ont seuls fait tout le mal. Les femmes étaient les plus âpres dans ces rassemblements journa-

---

[1] « On a saisi ce matin à Chaillot, dit un autre, une femme de campagne qui s'en allait frappant à toutes les portes des riches, les paniers de son cheval chargés de navets et de légumes en apparence, mais qui recouvraient des œufs et du beurre... *le beurre dont on fait un dieu!* » (P. 251.)

[2] C'est le cas de répéter ce que disait l'autre agent : « le beurre dont on fait un dieu! »

liers où elles devaient disputer les choses les plus nécessaires à la
vie de leurs enfants ; et le chef de la force armée de Paris, Hanriot,
cherchait vainement à leur faire entendre raison dans ses ordres du
jour en forme de suppliques ridicules : « Mes frères d'armes, disait-il
à sa troupe, il se fait toujours un nombrenx rassemblement près le
charbon. Cette denrée n'est pas d'aussi grande utilité que le bois,
le pain et la viande. Comme nous avons suffisamment d'autres denrées, je vous prie, au nom du salut de la patrie, d'inviter les bonnes
citoyennes de se priver pendant quelques jours de cette denrée ;
toutes les mères de famille, toutes celles qui sont vertueuses doivent
faire ce petit sacrifice... Femmes respectables, femmes de républicains, conservez votre première médiocrité, » etc. (P. 382.)

Passe donc pour le charbon, quoiqu'il ne soit pas aussi facile de
s'en passer qu'a l'air de le croire le naïf et stupide Hanriot. Mais le
pain ! Les femmes exaspérées allaient jusqu'à maudire tout haut le
régime fraternel qui les faisait mourir de faim, et elles fermaient
la bouche à la police, qui en fait l'aveu dans ses rapports : « Les précautions prises par les autorités constituées pour procurer des subsistances à chaque individu sont très-sages ; mais les rassemblements
qu'elles autorisent aux portes sont très-pernicieux à la chose publique.
Les propos que tiennent les femmes rassemblées ne tendent pas moins
qu'à la révolte et à l'insurrection ; s'approcher d'elles pour leur
parler, c'est s'exposer aux outrages les plus sanglants. J'ai cherché
à en remuer quelques-unes qui disaient tout haut : « *Vive l'ancien
« régime !* Nous avions de tout en abondance ! » Après m'avoir ri au
nez, elles m'ont dit que je n'étais qu'un aristocrate. » (P. 202.)
Vive l'ancien régime ! Mais c'était engager une lutte à mort avec le
régime qui guillotinait. C'est ce que savait bien, c'est ce qu'exprimait
une autre, quand elle disait « que si cela durait encore quelque temps
elle se ferait guillotiner ; que s'il y avait cinquante femmes comme
elle, cela ne durerait point longtemps. » (P. 171.)

Que faisait le gouvernement ? Il fortifiait la loi du *maximum* par
de nouvelles rigueurs. Il était question de l'étendre des marchands
aux ouvriers. Les garçons maçons et charpentiers avaient voulu
faire augmenter leur journée, et menaçaient de se mettre en grève :
« On crie de tous côtés, dit l'homme de la police, contre cette tyrannie des ouvriers ; on espère, on attend, que le prix de leurs
journées sera taxé dans le nouveau *maximum*, dont toutes les dispositions, dit-on, seraient illusoires, si la main-d'œuvre, qui est une
marchandise comme une autre, et qui fait la base nécessaire du prix
de tous les autres objets, n'était comprise dans ces dispositions et
réduite à un taux proportionnel. » (P. 149.) Qui donc aurait échappé
au joug du *maximum* ? ceux qui ne faisaient rien, ceux qui recevaient

40 sous par jour pour aller aux assemblées de section faire de la
politique, ou qui avec cet argent couraient les cabarets : car si on
mangeait peu, on buvait bien. C'est encore la police qui le constate :
« J'ai couru la nuit, je veux dire très-tard, les cabarets. Le peuple
n'était occupé qu'à boire et à chanter l'hymne des Marseillais. Tout
m'a paru*t* très-tranquille, malgré les hurlements des marchands. »
(P. 128.) — Infâmes marchands !

Plus infâmes aussi les accapareurs ! Mais où étaient-ils ? Il y avait
des commissaires pour les chercher, des « commissaires aux accaparements » ; c'était une fonction, et il fallait bien qu'ils la justifias-
sent. Aussi n'avait-on pas grand'chose à faire pour être censé accapareur : « Au faubourg Antoine, les commissaires aux accaparements
ont saisi chez un particulier trente-six œufs, lesquels ont été distribués un à un. Ce citoyen a été envoyé en prison, et les femmes ont
beaucoup murmuré contre cet emprisonnement. Dans le même faubourg, un citoyen a fait venir un petit cochon de six lieues de Paris et
l'a tué ensuite ; trois heures après le cochon a été saisi par les commissaires et distribué au peuple, sans que le propriétaire ait pu en
avoir un morceau, et lequel a été mis en prison, au grand étonnement
de tout le monde qui a vu cela. » (P. 245.) Le commissaire qui parle
ainsi n'était pas, lui, aux accaparements ; il constate les murmures des
femmes, l'étonnement de la foule : c'est que dans ces limites tout le
monde était à la merci de cette sorte de commissaires. Mais on n'en
criait pas moins contre les accapareurs, et contre ces hommes qui,
disait-on, ne se bornaient pas à accaparer pour eux, mais qui jetaient
les viandes à l'eau et le pain aux latrines pour affamer le peuple.
Hanriot a une proclamation en ce sens-là : « Républicains, aidez-
moi et faites-moi connaître quels sont les *assassins civils* qui ont
jeté de la volaille à la rivière. » (P. 159.) C'était le langage du *Père
Duchesne* contre ceux qu'il voulait perdre (p. 180-181) ; et c'est par
là aussi qu'on le perdit.

Ce fut une bien frappante application de la maxime : « Souffre
la loi que tu as faite, *Patere legem quam ipse fecisti,* » un exemple
terrible des retours de la faveur populaire, que cette chute d'Hébert
et de ses pareils. Robespierre menait tout, sans doute : c'est Saint-
Just qui se chargea du rapport à la Convention, rapport où, sans
nommer personne, il faisait entendre les grondements de l'orage[1].

---

[1] Voy. le rapport en date du 8 ventôse (26 février 1794). C'est là qu'il dit : « Ce
que doit être une République, c'est la destruction de tout ce qui lui est opposé. »
Et flattant les appétits de la multitude : « Les propriétés des patriotes sont sacrées,
mais les biens des conspirateurs sont pour tous les malheureux. Les malheureux
sont les puissances de la terre. Ils ont le droit de parler en maître aux gouvernements qui les négligent. » (Dauban, p. 95 et suiv.)

Pour ruiner une telle popularité, il avait fallu trouver un point d'appui dans le peuple. Les calomnies des agents du Comité obtiennent foi partout. Hébert qui n'était tout simplement qu'un scélérat, devient un grand conspirateur, qui s'entend avec Pitt et Cobourg. (P. 177.) Chose plus grave, car c'était une conspiration contre la vie de chacun, Hébert, qui sans doute s'était arrangé de manière à ne pas mourir de faim, devient un accapareur : « On a fait courir le bruit qu'un commissaire de police avait trouvé chez Hébert près de cent livres de petit salé, et que, malgré les réclamations du père Duchesne, il l'avait fait distribuer devant la porte de la maison même, à raison de quinze sous la livre. » (P. 181.) Cela refroidit déjà le peuple sur cette feuille du *Père Duchesne*, tant goûtée jadis : « On se plaignait au palais Égalité (Palais-Royal) des journaux du citoyen Hébert, dans lesquels il se sert des termes les plus durs à l'oreille et des plus indécents *pour les mœurs qui les entendent crier ou qui les lisent.* » (*Ibid.*) Les crieurs mêmes de son journal se permettaient de crier contre lui : « Voilà, disaient-ils, la grande colère du père Duchesne, parce qu'il ne peut pas mettre du vin dans sa soupe. » (P. 184.) On accusait son luxe, le luxe de sa femme. Un homme de la police recueillait dans la rue ce fragment de conversation : « Qui était-il avant la Révolution? un homme à gage. Comment s'est-il élevé? par l'intrigue. Qui lui a donné le brillant qui l'environne? l'intrigue. Qui a donné à sa femme ce ton, ce luxe, cette insolence qu'elle manifeste aux yeux des sans-culottes, qu'elle suivait jadis pas à pas dans les rues, et que maintenant elle éclabousse avec son espèce de phaëton? l'intrigue[1]. » (P. 193.)

Hébert est donc arrêté avec Vincent, Momoro, etc.; Vincent, qui s'était trouvé un jour de décadi à un dîner « où, dans un temps de disette, il y avoit beaucoup de viande de boucherie de toute nature. » (P. 249.) Dès ce moment c'est un déchaînement général. Le club des Cordeliers a beau voiler la déclaration des Droits de l'Homme et décerner aux membres détenus les certificats du civisme le plus pur (p. 234), ils sont déjà condamnés dans le peuple : « Que Camille Desmouslins, disait-on dans un groupe, avait raison de dire qu'ils étaient les agents de Pitt ! C'est Hébert qui est cause de la disette dans laquelle nous nous trouvons, en excitant le peuple, à force de crier contre les accapareurs [ici on est dans le vrai], à s'emparer de tout ce qui entrait dans Paris... Qu'ils périssent, ces scé-

---

[1] « On racontait que sa femme, Marie-Marguerite-Françoise Goupil, une ancienne religieuse. dont l'arrestation avait été ordonnée, portait, au moment où on vint la saisir, plus de 6,000 francs de dentelles sur la tête. » (Campardon, *Histoire du tribunal révolutionnaire*, t. 1, p. 248.)

lérats ! » (P. 235.) Et Billaud-Varenne racontait aux Jacobins comment le complot devait s'exécuter : « Une fausse patrouille devait se porter d'abord à l'Abbaye, y massacrer la garde et délivrer tous les prisonniers ; après les avoir armés, on devait se porter dans toutes les prisons et maisons d'arrestation. Plusieurs victimes y étaient déjà désignées ; le reste se portait à la Convention et aux Jacobins ; on en égorgeait tous les membres. Après cette expédition, on allait piller la trésorerie nationale, on en distribuait l'argent aux conjurés et au peuple, et on proclamait un régent. » (P. 237.)

Quelles étaient les preuves de ce futur attentat ? Il s'agissait bien de preuves ! Hébert en avait-il jamais demandé contre ceux qu'il envoyait à la mort ? La Convention avait parlé : « D'après la nouvelle découverte de cette trahison, disait-on dans un cabaret de la Courtille, nous devons avoir tous la plus grande confiance dans la Convention : car, f....., elle n'épargne personne ! » (P. 245.) Dans la cour du palais, en attendant une fournée de dix-sept, on causait de cette arrestation nouvelle : « Les femmes disoient que plus elles avoient aimé le père Duchesne, plus elles l'avoient en horreur. Très-peu disoient que peut-être il n'étoit pas coupable. On plaisantoit même sur la *grande colère du père Duchesne* dans sa prison. On peut croire, ajoute l'agent de police, que le peuple verra tranquillement le procès de ces hommes qui avoient obtenu sa confiance. » (P. 246.)

Plusieurs ne demandaient pas tant de cérémonies : « Et celui-là aussi est donc un traître, » disaient « quelques sans-culottes mâles et femelles » (c'est l'expression de l'agent) en entendant crier dans un des faubourgs son arrestation : « Allons vite qu'on « le mène à la guillotine. » (P. 147.) Dans les tribunes mêmes des Cordeliers où quelques jours auparavant il trouvait encore tant de fanatiques, on se taisait ou même on murmurait impunément contre lui et contre ses compagnons de captivité : « Les habituées des tribunes, celles qui occupent les premiers bancs, ne disoient rien. Elles ne parloient plus d'arracher les détenus à leurs fers. Les autres personnes qui composoient les tribunes disoient hautement que le père Duchesne et les autres étoient des scélérats qui méritoient la guillotine. On se réjouissoit d'avance du moment où on le verroit passer. Ces démonstrations de joie sont communes à tout le peuple de Paris ; dans les marchés, au coin des rues, partout on tient le même langage. On regrette qu'il n'y ait pas de supplice plus rigoureux que la guillotine. On dit qu'il en faudroit inventer un qui les fît longtemps souffrir. » (P. 251.) On y mêlait au moins l'amertume de cette ironie sanglante dont le père Duchesne avait usé envers ses victimes : « Il *fume* véritablement sa *pipe* aujourd'hui, disent les uns.

— Il en aura une à sa bouche, disent les autres, en allant à la guillotine ; il çaura mieux qu'un autre *jouer à la main chaude, mettre sa tête à la fenêtre et cracher dans le sac.* — Savez-vous, dit un troisième, quel étoit le fond de sa façon de penser ? Quand il étoit *bougrement en colère,* c'est que le complot alloit bien, et quand il étoit *en grande joie,* c'est qu'il y avoit quelque chose qui clochoit. — Quand il montera à l'échafaud, disent quelques autres, des citoyens seront chargés de crier à ses oreilles : « Il est bien content aujour- « d'hui le père Duchesne, de voir que l'on purge les aristocrates, etc.» (P. 270.)

On le rapprochait d'un empoisonneur fameux qui avait été roué pour ses forfaits : « Derüe a empoisonné et massacré, disoit-on hier au jardin des Thuileries ; le père Duchesne, en arrêtant les subsistances, a déjà fait mourir quantité de bons citoyens, et beaucoup d'autres ont été empoisonnés par les boissons. Mais, ajoutait-on, Derüe a subi un châtiment proportionné à ses crimes, au lieu que le père Duchesne mourra de la mort la plus douce. » (P. 272.)

La trahison, comme on le voit, ne tenait que la moindre place dans cette fureur du peuple contre son ancienne idole. Les rapports de police ne cessent de le constater : « Il paroit, disait un de ces agents, que le peuple n'est pas généralement instruit des vrais motifs des arrestations d'Hébert et consorts. On disoit à la Halle que c'étoit pour avoir accaparé un compagnon de Saint-Antoine tout entier [euphémisme de la police], et un pot de 25 livres de beurre de Bretagne ; on répandoit aussi que Chaumette avoit été arrêté pour la même raison ; mais on n'en vouoit pas moins le père Duchesne à la guillotine d'un consentement unanime[1]. » (P. 253.)

Et le jour du jugement : « Dans tous les groupes, ajoute un autre rapport, on ne parloit que des subsistances et c'étoit à Hébert et à sa clique qu'on en attribuoit la rareté. On ne s'occupe, on ne parle que de ce qui se passe au tribunal révolutionnaire. Hébert occupe aujourd'hui le fauteuil ; il est président de vingt et un conspirateurs qui vont être jugés avec lui. Il a paru extrêmement abattu... » Enfin quand on l'exécuta : « La joie du peuple, dit l'homme de la police, étoit universelle en voyant conduire à l'échafaud les conspirateurs. C'étoit partout les mêmes démonstrations. Un sans-culotte sautoit en disant : « J'illuminerois ce soir mes croisées, « si la chandelle n'étoit pas si rare... » Pendant qu'on guillotinoit les dix-sept conjurés, on est resté muet ; mais lorsque le tour d'Hébert

---

[1] L'accusation d'affamer le peuple figurait d'ailleurs en tête et de l'acte d'accusation et du discours du président. (Voy. ces textes dans Campardon, *le Tribunal révolutionnaire,* t. I, p. 256 et 240.)

est venu, on a vu paraître une nuée de chapeaux et tout le monde a
crié : *Vive la République !* Voilà, continue notre homme, une grande
leçon pour les gens en place que l'ambition dévore ; les intrigants auront beau faire, les Comités de salut public et de sûreté générale
viendront à bout de les découvrir, et *Ça ira.* » (P. 298.)

Ça ira bientôt pour Chaumette : « Oh ! pour celui-là, s'écriait
tout un chœur de femmes, j'irai le voir guillotiner. C'est un fripon
qui, avec ses beaux discours, voulait affamer tout Paris. » (P. 299.)
Ça ira pour Hanriot aussi, au jour suprême du 9 thermidor ; et ce
n'était pas un retour des esprits vers les Girondins que ces hommes
avaient envoyés à l'échafaud. Pendant que le peuple se réjouissait
de l'arrestation d'Hébert, il se plaignait qu'on laissât encore vivre
ces députés, détenus au Luxembourg et ailleurs pour avoir signé, au
nombre de soixante-treize, une protestation secrète contre l'expulsion
de leurs collègues de la Gironde. C'était trop longtemps les nourrir.
« On disoit qu'ils mangeoient le bien de la nation ! » (P. 250.) Mais
tous les députés, les uns après les autres, devenaient responsables
de cette famine, comme étant au pouvoir : « On se plaît, dit le rapport, à répéter, avec un sourire d'aristocrate, ces mots : *Ils y passeront tous, les scélérats.* » (P. 302.) Plus tard encore, après le 9 thermidor, dans les grandes émeutes populaires qui, par deux fois, faillirent
renverser la Convention, la faim fut le levier qui souleva les masses.
Au 12 germinal et au 1er prairial an III, l'insurrection se fit au
cri : *Du pain ! du pain !* — et aussi : *Du pain et la Constitution
de* 1793 ! (P. 55.) On se rejetait sur cette Constitution que les
Montagnards avaient faite, mais qu'ils s'étaient bien gardés d'appliquer !

III

En regard de cette misère causée presque nécessairement par la
Révolution et qui réagit si puissamment sur elle, les rapports de la
rue nous y signalent bien d'autres maux encore : les Champs-Élysées
abandonnés non-seulement aux voleurs et aux filous, mais encore à
des hommes sans pudeur, insultant toutes les femmes qui y passent
(p. 71) ; la débauche si hideuse quand elle se produit sous les
traits de l'enfance (p. 82) ; de nouveaux genres de vol, créés par les
circonstances : le vol au suspect, par exemple. « Des individus en
pantalon » (on ne les soupçonnera pas d'être des sans-culottes) se
présentent dans les maisons, demandent à parler en particulier au
maître du logis, lui font savoir que malgré toute l'estime dont il
jouit, il est désigné comme suspect ; que cette nuit... L'homme se
trouble et pour détourner l'orage il offre de l'argent, des bijoux. A

défaut d'argent ces chevaliers d'industrie acceptaient des billets au porteur. (P. 211, 212). On volait jusque dans les tribunaux : un agent raconte l'histoire d'un coupeur de bourses et ajoute : «Presque tous les jours il arrive de pareilles choses. » (P. 25.) Mais quoi? la troupe instituée pour maintenir l'ordre public, la bande d'Hanriot donnait l'exemple de dévaliser les passants et de battre les magistrats. C'est Hanriot lui-même qui nous l'apprend dans ses ordres du jour, qui sont le type du genre : « Le service des barrières s'est assez bien fait cette nuit. J'invite mes frères d'armes à ne s'emparer d'aucune denrée quelconque ; cette petite privation [il appelle cela une privation, ne pas voler !] fera taire les malveillants, qui cherchent sans cesse l'occasion de nous humilier. » (P. 255.) Et encore : « Mes frères d'armes, je vous renouvelle l'invitation qui vous a été faite relative à vos rondes et patrouilles de nuit. Quelques-uns de vous se comportent avec indécence envers les magistrats et les fonctionnaires publics : vous les arrêtez d'une manière inhumaine qui vous déshonore. Ne sont-ils pas vos pères? etc.[1] » (P. 405.)

Le titre de la rue comporte bien des choses. Il comporte par exemple les chanteurs en plein vent qui nous valent ce curieux rapport de Perrière : « Je suis enfin satisfait, et je vois partout des instituteurs, chansonniers ou prosateurs, qui répandent avec zèle l'amour de la République et le sentiment de la morale, sans laquelle, disent-ils eux-mêmes, l'homme est pire que la brute, et vu l'étendue de ses facultés naturelles et l'emportement de ses passions, plus dangereux cent fois que les tigres et les lions. Seulement j'ai toujours à me plaindre de ce chansonnier dissolu dans son air autant que dans sa doctrine, secondé d'une femme digne de lui, ayant pour enseigne sur sa toile un régiment d'amazones qui sont le sujet d'une chanson fort

---

[1] Selon un bruit public recueilli par un agent de la police, il y aurait eu de bien autres abus de pouvoir. On trafiquait des mandats d'arrêt signés en blanc. Dans un spectacle, un personnage de la pièce qui était « nanti de lettres de cachet dont il est censé faire usage pour satisfaire ses plaisirs, etc., etc., donna lieu à deux jeunes citoyens et à une citoyenne, tous trois bien couverts, d'assurer que dans le moment présent les Comités de salut public et de sûreté générale avaient des agents toujours bien fournis d'ordres en blanc et signés des membres de ces deux Comités, avec lesquels ils arrêtoient qui bon leur sembloit et que souvent ils vendoient au dernier enchérisseur. Des citoyens prétendirent que cela ne se pouvoit pas ; mais ils assurèrent en connoître plusieurs, et dirent que, s'il falloit le prouver, ils n'iroient peut-être pas loin, ce qui fit beaucoup de sensation. Un citoyen ajouta qu'il y avoit quelque tems qu'un de ces scélérats avoit été condamné à vingt ans de fers pour faux témoignages, et qu'il lui avoit vu plusieurs ordres en blanc, avec lesquels il trafiquoit; j'ai fait l'impossible pour suivre ces deux citoyens, mais il ne me fut pas possible, vu la foule immense qui étoit au spectacle... » (P. 63.) — C'est vraiment dommage! Il eût été curieux d'éclaircir ce point-là. Si par hasard il était vrai, pourquoi donc avait-on démoli la Bastille ?

ordurière qu'il débite avec beaucoup d'autres du même genre. Il faut que cet homme soit soutenu ; oserait-il sans cela faire, avec ses confrères, une aussi honteuse disparate ? Peut-être a-t-on pensé, ajoute notre observateur se ravisant, que sans ses soins, le caractère français deviendrait trop sévère. » (P. 168.)

A l'histoire de la rue appartient aussi tout autre chose que des chansons : la guillotine : « le glaive national » comme disent quelquefois les *observateurs* de la police ; « sainte Guillotine », comme l'appellent ses fidèles de la place de la Révolution. On peut voir par les rapports de police quelle cruauté cette habitude de voir couler le sang avait inspirée à la populace. « Le palais est toujours rempli de monde, » dit un agent du nom de Pourvoyeur (nom de sinistre augure), et la place de la Révolution. Le peuple n'est point ébloui de la fermeté apparente des coupables ; il dit qu'il voit périr le dernier tranquillement et se plaint que cela va lentement.»(P. 166.) Un seul échafaud ne suffisait pas à cette soif de sang : « Le peuple dit que ce n'est pas assez d'une guillotine, qu'il en faudrai quatre dans Paris,» rapporte ce même Pourvoyeur. (P. 196.)

Il ne faisait pas bon de discuter sur la justice de ces exécutions ou de témoigner quelque pitié : « Un citoyen disoit qu'il ne concevoit pas le tribunal révolutionnaire, vu, disoit-il, la religieuse qui vient de perdre la vie ne la [le] méritoit pas ; elle ne méritoit tout au plus qu'à être déportée. Mais plusieurs lui ayant demandé si il croyoit les juges capable de condamner quelqu'un à mort sans qu'il le mérite, il a répondu que c'étoit suivant l'interrogatoire qu'il avoit entendu le matin envers cette religieuse, et il est parti en finissant ces mots. Je l'ai suivi, dit l'agent, jusque sur le boulevard du Temple, où il est descendu par un escalier dérobé. » (P. 219.) — Bien lui en prit. — « Cette après-midy, rapporte encore Pourvoyeur, sur la place de la Révolution, tandis que l'on guillotinait plusieurs particuliers, une citoyenne dit : Quelle horreur ! Plusieurs citoyens qui l'entendirent cherchèrent querelle à cette citoyenne sur le mot qu'elle venait de dire. — Que prétendés-vous dire par là ? Est-ce que vous êtes fachez que l'on punissent ces conspirateurs ? — Non, dit-elle ; mais je voulais dire qu'il était étonnant que depuis que l'on guillotine, comment cela ne corrigeat pas les autres.» (P. 137.)

Ce n'étaient pas seulement des nobles et des riches ; c'étaient des pauvres, des gens du peuple, que fauchait le terrible couteau[1] ; et

---

[1] « C'est, dit l'auteur du *Diurnal* publié par M. Dauban dans son précédent volume, c'est un pauvre laboureur, un artisan qui a regretté l'usage de la messe, qui s'est opposé à ce qu'on ferme les portes de son église, ou bien celui qui a gémi sur le défaut de circulation, sur la réquisition des grains, qui lui a enlevé sa récolte et l'a obligé de jeûner. » (*Paris en* 1793, p. 421.)

cette multitude s'indignait, contre qui ? contre les juges ? non, contre les victimes : « Le peuple disait en voyant monté à l'échafaud des
paysans : Comment ces scélérats se sont-ils laissé corrompre ? Si
c'était des nobles ou des riches, l'on ne s'étonneraient pas qui fussent des contre-révolutionnaires ; mais dans cette classe, l'on doit
s'attendre à trouver des patriotes. La loi est juste, disaient-on. Elle
frappe indistinctement le riche comme le pauvre. L'on applaudit
toujours à tous les jugements du tribunal révolutionnaire.» (*Ibid.*)

Disons, du reste, que ces agents font injure au peuple quand ils
lui rapportent le sentiment dont ils ont recueilli l'expression au
pied de l'échafaud. Le peuple de Paris n'était pas plus dans cette populace altérée de sang, que la Révolution française n'est tout entière
dans la Terreur. La masse de la population, on peut le dire, fuyait,
abhorrait ces spectacles ; elle n'est coupable que de les avoir tolérés.
On demandait (c'est un rapport de police qui le constate) « que la
charrette du bourreau ait une route invariable dont les faibles puissent s'écarter. » (P. 176.) — L'agent de police est un fort par état. —
« J'insiste, dit le même agent, sur l'avis que je présentai hier de donner à la charrette du bourreau une route invariable ; premièrement,
parce que c'était le sentiment de plusieurs personnes bien intention-
nées qui s'étonnaient que cette route, autrefois fixe, variât actuellement de la rue Saint-Honoré aux quais, et des quais à la rue Saint-
Honoré. En second lieu, parce que les aristocrates, habiles à profiter de tout, se servent des accidents tels que celui que j'ai rapporté
hier pour appeler adroitement l'attention du peuple sur le nombre
des exécutions et l'apitoyer, s'il est possible, sur le sort même de
ses ennemis, en lui rendant odieux ceux qui préparent son triomphe. On ne peut plus sortir, disaient-ils, qu'on ne rencontre la guillotine ou ceux qu'on y conduit ; les enfants deviendront cruels, et il
est à craindre que les femmes enceintes n'amènent des fruits mar-
qués au col ou immobiles comme des statues, par suite des impressions fâcheuses qu'elles éprouvent à la vue ou à la rencontre de ces
tristes objets. — Le peuple répond ordinairement à ces discours, où
il ne voit que de la bonne foi et de l'humanité, par un air de médi-
tation profonde qui peut produire des idées et des sentiments très-
contraires à ceux qu'il doit avoir. » (P. 183.)

Les boutiques se fermaient sur le passage du funèbre cortége.
Après la loi du 22 prairial, qui, en dispensant le tribunal d'entendre
les témoins et de laisser aux accusés un défenseur, donna une si
formidable accélération aux jugements, il fallut, pour ne pas ruiner
le commerce des quartiers riches, transférer le lieu de l'exécution
de la place de la Révolution à la barrière du Trône, — du Trône-Ren-
versé, comme on disait alors. — Robespierre seul et ses compagnons

du 9 thermidor retrouvèrent les honneurs de la place de la Révolution.

Le chapitre de la guillotine serait tout un livre, si l'on voulait reproduire les scènes émouvantes dont l'échafaud fut le théâtre ; mais il faudrait reprendre le drame de plus haut. Il faudrait parler des dénonciations et des arrestations, de la prison, du jugement. Le tribunal, c'est l'objet de tout un ouvrage, en deux volumes, de M. Campardon, auquel nous aurons à revenir ; la prison a été réservée, nous l'avons dit, par M. Dauban, pour une publication spéciale ; et il sera par-là ramené à la guillotine, car c'est où la prison menait tout droit. La guillotine est comme au rond-point où aboutissent toutes les avenues de la Révolution. On la voit de partout, on y vient de partout.

L'auteur n'a pas laissé de produire différentes pièces relatives à ces sujets.

Les dénonciations : non-seulement d'aristocrates, mais de « frères et amis ; » car l'envie des places les travaillait, et c'était un moyen si facile de les rendre vacantes ! « L'envie d'avoir des places, dit l'*observateur* Charmont, fait qu'ils se dénoncent les uns après les autres, de manière qu'à chaque assemblée il y a des disputes interminables, et les assemblées n'ont produit aucun bon résultat ; et dans les autres sections, c'est aussi de même. On assure que si l'on n'eût point salarié les comités révolutionnaires, ainsi que d'autres places, les citoyens ne seroient pas aussi acharnés à se dénoncer, et qu'aussi l'action révolutionnaire n'auroit pas eu le degré de force qu'elle a. » (P. 141.) Les registres du Comité de salut public sont remplis de dénonciations ; elles sont suivies de l'ordre d'arrestation de la main de Robespierre ; en voici un exemple : « Michel, ci-devant cocher d'Antoinette, est toujours directeur en chef des charrois établis à Bercy. » —Robespierre écrit : « Faire arrêter Michel. » (P. 374 ; cf. p. 409 et suiv.) Il y avait tant de dénonciations qu'on cessait de les payer ; et ceux qui les recevaient étaient accusés de mettre l'argent dans leur poche : « Pourquoi n'as-tu pas dénoncé cet abus ? disait un citoyen à un autre. —Pardieu ! dit-il, bel encouragement ; les comités révolutionnaires reçoivent vos dénonciations, et quand vous allez pour réclamer la récompense accordée par la loi, on vous menace de vous faire mettre en prison ; est-ce les deniers de la République que ces messieurs veulent ménager par une économie contraire à ses décrets, ou les leurs propres qu'ils veulent augmenter ? » (P. 167.)

L'emprisonnement : quoique le sujet soit expressément réservé, M. Dauban donne une lettre écrite de prison aux administrateurs de la police, par ce pauvre baron de Trenck, venu en France comme proscrit par les rois, et guillotiné comme baron par la République. (P. 457.)

Le tribunal enfin : nous en voyons ici déjà quelque chose par cette lettre du citoyen Payan, agent national de la Commune de Paris sous Robespierre, à un de ses amis nommé juré : « Il est bon de t'obser-ser d'abord que les commissions chargées de punir les conspirateurs n'ont absolument aucun rapport avec les tribunaux de l'ancien régime, ni même avec ceux du nouveau. Il ne doit y exister aucune forme ; la conscience du juge est là et les remplace… Tous les hommes qui n'ont pas été pour la Révolution ont été par cela même contre elle, puisqu'ils n'ont rien fait pour la patrie… Tout homme qui échappe à la justice nationale est un scélérat qui fera un jour périr des républicains que vous devez sauver. On répète sans cesse aux juges : « Prenez garde ! sauvez l'innocence ! » Et moi je leur dis au nom de la patrie : « Tremblez de sauver un coupable ! » Tu as une grande mission à remplir : *Oublie que la nature te fit homme sensible.* Rappelle-toi que la patrie t'a fait juge des ennemis… Choisis entre l'amour du peuple et sa haine. Si tu n'as pas la force et la fermeté nécessaires pour punir les conspirateurs, la nature ne t'a pas destiné à être libre. » (P. 505.)

Nous retrouvons encore le tribunal révolutionnaire avec le juré Vilate, qui s'appelait Sempronius Gracchus (quel Gracque !) — on peut voir plusieurs traits de lui dans ce livre, p. 424 et suiv.; — et aussi avec son collègue, le menuisier Trinchard, qui invitait sa femme à le venir voir condamner les membres des parlements de Paris et de Toulouse, au nombre de vingt-quatre, par ce billet tout plein de prévenances :

« Si tu nest pas toute seulle et que le compagnion soit à travalier tu peus, ma chaire amie, venir voir juger 24 messieurs tous si deven président ou conselier au parlement de Paris et de Toulouse. Je t'ainvite à prendre quelque choge aven de venir parcheque nous naurons pas fini de 3 hurres. Je tembrasse ma chaire amie et épouge. Ton mari, Trinchard. » (P. 504.)

Quant aux scènes qui suivaient ces jugements, M. Dauban n'a pu résister à la tentation d'en reproduire une, sous ce titre bien justifié : *les Chrétiens devant l'échafaud* (p. 430) : c'est la mort de la maréchale de Noailles, de la duchesse d'Ayen, sa belle-fille, et de la vicomtesse de Noailles, fille de la duchesse d'Ayen, trois généreuses et nobles femmes, plus nobles encore par l'âme que par le sang, qui, à la veille du jugement, n'ont eu qu'un seul désir : rencontrer, sur le chemin du supplice, la main d'un prêtre qui les bénit, et, ce vœu satisfait, ne pensent plus à la mort que pour y préparer, comme elles, leurs compagnons d'infortune. Que l'on nous permette de reproduire au moins la fin du beau récit emprunté par l'auteur aux

Mémoires de la marquise de Montagu[1] ; ce sont les paroles mêmes du prêtre courageux qui les assista au péril de sa vie : « Madame la maréchale de Noailles, ayant mis pied à terre, s'assit à cause de son grand âge[2] sur un banc de bois, tout près de l'instrument du supplice. Elle avait les yeux baissés et l'air fort calme, malgré les injures que quelques forcenés ne craignaient pas de lui adresser dans un pareil moment. Elle monta la troisième sur l'autel du sacrifice. Je n'avais pas oublié de faire pour elle, dit l'abbé Carrichon, ce que j'avais fait pour son beau-frère et sa belle-sœur Mouchy. Six dames furent ensuite immolées ; puis vint le tour de la duchesse d'Ayen. Elle était dans l'attitude d'une dévotion simple, noble, résignée, tout occupée du sacrifice qu'elle offrait à Dieu ; en un mot, telle qu'elle était quand elle avait le bonheur d'approcher de la table sainte. Quelle impression j'en reçus ! Elle est ineffaçable. Je me la représente souvent dans cette attitude. Elle avait encouragé par ses discours ceux qui l'avaient précédée ; elle servit de modèle aux autres. Quand elle fut sur l'échafaud, le bourreau lui arracha son bonnet, qu'une épingle retenait encore à ses cheveux ; la douleur qu'elle en éprouva se peignit aussitôt sur ses traits, mais s'effaça à l'instant pour faire place à la plus angélique douceur. Sa fille eut le bonheur d'être sacrifiée aussitôt après elle. Comme sa mère, elle exhortait avant de mourir les compagnons de son supplice et s'était attachée particulièrement à un jeune homme qu'elle avait ouï blasphémer. Elle avait déjà le pied sur le sanglant escalier lorsqu'elle se tourna encore une fois vers lui et lui dit, d'un ton et avec des regards suppliants : « En grâce, dites pardon ! » — Divine parole, mouvement sublime ! N'est-ce pas un ange, l'ange de la miséricorde apportant au blasphémateur lui-même l'inspiration du repentir et la grâce du salut ? Mais que dis-je ? et combien cette image amoindrit la grandeur de la scène ! Ce n'est pas un ange, c'est une simple femme. Cette jeune femme, cette jeune mère, au pied de l'échafaud, où sa grand'mère vient d'être immolée, où sa mère la précède, où le bourreau l'attend, ne songe qu'à sauver une âme ; et, déjà sur ces marches sanglantes, elle se retourne vers le jeune malheureux pour tirer de son cœur le mot qui ouvre le ciel : « *En grâce, dites pardon !* »

M. Dauban ne va pas plus loin dans ce genre de citations. Mais il nous permet de voir combien il y aurait à dire ici en nous donnant « le bilan du meurtre juridique en 1794, » les condamnations qui précèdent et qui suivent, en cette année fatale, la loi du 22 prairial.

[1] « Ces Mémoires, dit M. Dauban, dont la rédaction est une œuvre moderne, ont été composés sur des documents authentiques parmi lesquels se trouve le récit du P. Carrichon. » (P. 450.)

[2] Elle avait plus de soixante-dix ans.

(P. 403.) Il y joint un document qui peut achever d'en faire pénétrer l'impression dans nos esprits ; c'est un extrait d'une publication de M. L. Laraze, relatif aux cimetières des suppliciés. On avait beau brûler les cadavres en les enterrant dans des couches de chaux vive : la voix du sang versé criait vers le ciel, comme dit l'Écriture. La terre abreuvée de ce sang se refusait à le boire davantage, et il s'élevait de ces mares corrompues des exhalaisons qui menaçaient de la peste la ville coupable au moins d'avoir souffert ces odieuses héca tombes. On peut voir les moyens proposés par l'architecte de la Commune, p. 415-420. Le seul efficace fut la fin de la Terreur.

IV

Je suis resté trop longtemps dans « la rue » pour avoir le temps d'introduire le lecteur dans le club. M. Dauban a reproduit quelques scènes importantes du club des Cordeliers vers le temps de l'arrestation d'Hébert, et aussi du club des Jacobins ; mais, quoique le club figure dans le titre de son livre, ce n'est pas avec le peu qu'il en a dit qu'on pourrait montrer, dans toute sa puissance, ce grand foyer de révolution. L'histoire du club, d'ailleurs, est intimement liée à celle des assemblées ; il y a entre les deux choses des rapports étroits d'action et de réaction ; elles sont emportées ensemble dans le mouvement de l'histoire générale. Et le club n'était pas seulement dans le lieu affecté à ses réunions périodiques ; il était aussi dans les sections. Ce sont les Jacobins qui, forts de leur cohésion et de leur discipline, imposaient, si peu qu'ils fussent, leur opinion à tous les autres ; et ils se vantaient tout haut de leur procédé, qui ne s'est pas perdu dans les réunions populaires : « L'un, qui était de la section des Piques, disait que quelquefois ils ne se trouvaient à l'assemblée générale que dix membres de la société, mais qu'ils suffisaient pour faire trembler le reste de l'assemblée. Lorsqu'un citoyen de la section, ajoutait-il, fait une proposition qui ne nous convient pas, nous nous levons tous et nous crions que c'est un intrigant et un signataire [1] ; c'est ainsi que nous imposons silence à ceux qui ne sont pas dans le sens de notre société. » (P. 307.)

Ce sont les plus pures doctrines des sans-culottes qui étaient prêchées dans quelques sections, et la police y applaudit : « Blandin,

---

[1] Chaque temps a son mot qui suffit pour perdre un homme dans l'esprit de la foule : *réac, aristo, clérical,* etc. Les *signataires* étaient ceux qui *auraient pu signer* la protestation secrète des soixante-treize députés contre l'arrestation des Girondins.

dit l'auteur du rapport, a donc continué son discours, qui m'a paru respirer le plus pur patriotisme, et bien fait pour faire aimer la vertu et pour faire détester les rois et le fanatisme. Cette phrase surtout a été vivement applaudie, aux cris de *Vive la Republique !* « Il « faut que les biens des patriotes soient respectés, et ceux des gens « riches aristocrates donnés aux pauvres. Un égoïste, un royaliste, « ne peuvent avoir de propriété dans une république. » (P. 204.)

Le livre de M. Dauban renferme beaucoup d'autres traits qui ne se classent pas aussi facilement sous le triple sous-titre qu'il lui a donné. Les gens de police, dans leurs rapports, disent tout ce qu'ils voient et ne se préoccupent pas de faire un livre. Mais ces rapports n'en sont que plus curieux dans leur variété. On y verra comment se faisaient, dans les sections, les dons volontaires pour la patrie : « Il a été arrêté que si d'icy au 10 courant, les riches ne se montraient pas en frères pour la collecte, leur nom seroit affiché (*applaudissements*) (p. 85) ; » — les moyens employés pour faire paraître plus avantageusement l'objet donné : la section de Bondy devait offrir un cavalier au ministre de la guerre ; mais les commissaires le trouvaient bien petit « vu qu'il n'avait que 5 pieds 3 pouces juste » (*brouhaha et bruit*); toutefois, comme il était au fait du cheval, et qu'on le savoit ardent républicain, il fut arrêté qu'on le présenterait armé, équipé et monté au ministre, attendu « qu'un homme à cheval gagne beaucoup ; » mais comme on le pouvait faire descendre, il fut décidé que le cavalier « pourroit mettre un jeu de cartes sous ses bas pour paraître plus grand. » (P. 135.) — Vertu, tu n'es qu'un nom ! — On y verra aussi l'ardeur patriotique avec laquelle on achetait les biens confisqués : « Partout l'enthousiasme républicain anime les enchères et toutes se font aux cris de *Vive la République ! Vive la Montagne !* » (P. 129.) — Et l'audace de certains émigrés qui osaient reparaître à Paris en se cachant sous l'habillement de l'homme du peuple, se faisant cochers de fiacre, etc. La police les devinait quelquefois, car il leur restait sous leur déguisement une distinction dont ils ne parvenaient pas, dont ils ne se résignaient pas peut-être à se défaire (voy. p. 162).

L'auteur, du reste, ne se tient pas si rigoureusement dans son Paris, qu'il n'en sorte pour jeter un coup d'œil sur la guerre de Vendée et sur la guerre du dehors : — on en parlait dans les rues de Paris : c'est son excuse ou son prétexte. — Il cite ce compte rendu de Laplanche sur sa mission en Vendée : « Partout j'ai fait disparaître les prêtres comme autant de vers rongeurs et les fléaux de la société. Avec les prêtres ont disparu les cloches et les ustensiles de leur métier... Sur des cadavres amoncelés et des ruines fumantes, la Vendée s'écroule et la République est debout » (p. 52); et ce rapport de Collot-d'Herbois

sur les mesures d'extermination, dont il espère un complet résultat :
« Les mesures vigoureuses que Carrier recommande, eussent depuis longtemps exterminé ce malheureux fléau, si on en eût fait
plus tôt usage ; elles ne seront plus reculées, et j'annonce avec sûreté à la société que les précautions de la force la plus terrible sont
prises par le Comité de salut public, et vont incessamment frapper à
mort le dernier rejeton de la Vendée. » (P. 75, 76.)

Quant aux ennemis du dehors, on peut juger du système de Robespierre, de Saint-Just et des autres, lorsque l'on voit après le
9 thermidor l'ordre donné de faire quartier aux prisonniers. Le
contraire avait été ordonné en effet en ce qui touche les Anglais, et
logiquement cela pouvait s'étendre aux autres. La Révolution française devait être universelle. Ceux qui combattaient les armées de
la France étaient donc des ennemis de la Révolution. Ces ennemis-là
quand on les guillotinait à Paris, on pouvait bien les fusiller à la
frontière !

Mais le sujet principal est Paris et les rues de Paris. C'est le vrai
champ d'exploration de la police ; et s'il est curieux de saisir au vol
les impressions fugitives de la Révolution dans un propos échangé
entre les passants, dans les bruits de la foule recueillis par les *observateurs*, il ne l'est pas moins de suivre la police dans ce travail :
car l'agent sait joindre ses réflexions à ses observations. Il ne se
borne pas à rapporter, il raisonne, il gourmande, il admire : «Les
rues de la Courtille, dit Perrière, à la date du 21 ventôse (11 mars
1794), regorgeaient des flots d'un peuple joyeux et proprement vêtu ;
partout on entendait le bruit de la danse et des instruments. Ainsi
(quoique je ne réponde pas du nombre des malheureux qui pouvaient être restés gîtants dans leur grenier) les sinistres-projets des
méchants sont confondus, et c'est en chantant la *Carmagnole* et tous
les airs chéris de la liberté, que le peuple soutient son carême républicain [ce carême-là paraît bien être une continuation du car-
naval]... Et ce tableau n'était pas particulier à la Courtille, il s'applique à toutes les grandes rues des faubourgs. D'un autre côté, on
rencontre des enfants de cinq ans, vrais petits sans-culottes, qui se
faisaient la guerre à coups de pierres, en soutenant leur ardeur
guerrière de la chanson : « La liberté dans nos foyers... » O France,
quel peuple tu es, et quel peuple tu promets ! » (P. 211.)

Voyez encore le morceau intitulé par le rapporteur lui-même :
« *Honte des sociétés et surtout d'une société telle que la nôtre.* » (P. 209.)

Mais ce qui passe tout en fait de déclamation, ce sont les ordres
du jour d'Hanriot, vrai type du général sans-culotte, pratiquant en
conscience la maxime de la démagogie : « Je suis le chef, donc je

dois suivre. » On se rappelle les plaisanteries et les caricatures de 1830 sur les rapports des officiers et des soldats dans la garde nationale. Y eut-il jamais aucune charge égale à la réalité que nous offre Hanriot dans ses proclamations à ses frères d'armes? Tantôt il leur prêche la vertu : « Hier, mes frères d'armes, les ouvriers des ports n'ont pas donné l'exemple des privations que nous autres pauvres démocrates sans-culottes avons contractées dès le berceau. Ils exigent pour leur journée un salaire trop fort... Vivons honnêtement, vêtissons-nous décemment et proprement, soyons sobres, n'abandonnons pas nos vertus et notre probité : ce sont nos seules richesses ; elles sont impérissables. Fuyons l'usure ; ne prenons pas les vices des tyrans, que nous avons terrassés ; soyons toujours aux yeux de l'univers ce que nous avons toujours été ! » (P. 354.) Tantôt il flatte sournoisement leurs convoitises : « Depuis peu, il se passe encore quelques intrigues ; je suis bien aise de prévenir mes frères d'armes que toutes les places sont à la disposition du gouvernement : le gouvernement actuel qui est révolutionnaire, qui a des intentions pures, qui veut le bien de tous, a la nomination de toutes les places. Il va jusque dans les greniers chercher les hommes vertueux ; il dit aux pauvres et purs sans-culottes : « Venez occuper cette place, la « patrie vous y appelle : sauvez-la, aimez-la, c'est votre mère à tous. » (P. 345.) Et comme il leur vante les douceurs de l'*Hôtel des Haricots* d'alors, établi rue du Bouloi, « presque établi contre mon gré, » a-t-il soin de dire (voy. p. 357). Mais tout s'efface à côté de cet ordre général, où, s'adressant tour à tour et aux citoyennes qui font queue chez les fournisseurs, et à ses frères d'armes chargés d'y faire la police, il s'écrie : « Vertueuses républicaines, au nom de la patrie qui est notre mère commune, dispensez donc les hommes armés de fer d'aller près de vous. La raison a-t-elle besoin d'armes pour vous régler dans vos petits besoins? N'êtes-vous plus ce que vous étiez vous-mêmes? Je vous ai vues si sages et si dignes de vous-mêmes! Vous qui avez tant de franchise et qui aimez la patrie, ne ferez-vous rien pour elle? Et vous, mes frères d'armes, lorsque vous êtes armés, lorsque vous êtes présents aux différentes distributions, mettez vos armes dans un coin ; qu'un de vous les garde; et puis allez près de nos concitoyennes, rangez-les six par six : que chacune d'elles se souvienne de la compagne qui l'avoisine, que chacune aille à son tour prendre la petite portion qui lui revient, avec décence, sans propos et sans injures. Je vous ai vues si bonnes et si justes dans nos dernières fêtes républicaines ; je vous ai vues dans ces amusements proscrire d'auprès de vous le vice et tendre la main à la vertu : que ne faites-vous toujours de même! Souvenez-vous que vous êtes la moitié de la société, et que vous devez un exemple de morale que les hommes sensibles ont droit d'attendre de vous. » (P. 421.) Et dire que c'était là le successeur de la Fayette ; que ce général de carrefour, digne de parader sur les tréteaux de la foire, ceignait l'écharpe des Kléber, des Moncey, des Marceau !

J'ai dit que ce livre était surtout composé de rapports de police, et cela est vrai pour toute l'année 1794, c'est-à-dire pour la plus grande partie de l'ouvrage ; car l'année 1795, qui figure dans le titre, n'occupe dans le livre que 50 pages environ sur 600. Ce sont ou des rapports particuliers émanant directement des observateurs jusqu'à la mort de Danton ; ou, depuis, des rapports généraux, rédigés, sur les notes qu'ils ont fournies, soit par la police municipale, soit par l'agent national du district. J'ai donné de nombreux échantillons de cette littérature. Elle ne brille point par le style, mais les parties les plus incultes, les plus originales aussi, les rapports mêmes des agents, ont des qualités qu'on ne trouve pas toujours dans les documents historiques : je ne dis pas seulement cette sagacité dans l'observation (c'est le propre de la police à toute époque), mais ce qui est le signe du temps, la plus entière sincérité. Les *observateurs*, comme on les appelle, disent simplement tout ce qu'ils ont vu ou entendu. S'a-git-il d'un ministre, s'agit-il d'un membre des Comités, ils le disent absolument comme de tout autre. Je me figure qu'aujourd'hui si, dans le peuple, on proférait par hasard sur quelque haut person-nage des paroles malsonnantes, les *observateurs* auraient, sinon l'oreil-le plus dure, au moins la langue plus circonspecte et la plume moins déliée. Nos agents de la République ne se gênent pas ; ils répètent ce que l'on dit de tous : et, qu'on ne l'oublie pas, la loi des suspects est pour tout le monde ! « Plusieurs citoyennes, dit le citoyen Rolin, au Palais de Justice, dont il paraît que les maris et les enfants sont aux frontières, se plaignoient qu'elles ne pouvoient obtenir de secours du ministre de l'intérieur ; elles ajoutoient que plusieurs fois elles furent rebutées par le portier et que le ministre lui-même ne les avoit pas mieux reçu ; que cependant elles savoient à n'en point dou-ter qu'il aimoit le sexe féminin, mais que probablement le costume républicain dont elles faisoient usage n'étoit point celui qui lui plai-soit le plus. » (P. 258.)

Ailleurs c'est le ministre de la guerre sur lequel retombent, dit un autre rapporteur, toutes les imprécations (p. 271) ; c'est Santerre, c'est Hanriot lui-même, Hanriot, le chef de la milice nationale, qui sont impliqués par le peuple dans la conspiration d'Hébert : « Dans différents caffés on disoit qu'il y avoit des ordres donnés pour arrê-ter le général Santerre. On a dit de même que le commandant géné-ral de la garde nationale parisienne étoit compromis dans l'affaire d'Hébert. Ce bruit s'accrédite dans le peuple[1]. » (P. 276 et p. 300.) On reproduit contre Hanriot ces accusations de grandes dépenses de table, qui, plus que le soupçon d'intelligence avec Pitt et Cobourg, ont servi à perdre Hébert : « Des bruits cour parmie les citoiens quanriot (qu'Hanriot) et ses aide de camps dépencoit beaucoup et qu'il fecois des repas superflus. On évallue un de ces repas à cinq cen livre entre cinq qu'ils étoient ; plusieurs disent que les assignats ne lui coutoient guère à gagner. » (P. 208.)

Celui-là ne se recommande point par l'orthographe. Cela du reste n'empêche pas que dans leurs rapports, nos agents ne se permettent quelques excursions hors du champ de leurs observations quotidiennes. Quelques-uns font de l'histoire, plusieurs de la morale, tous de la politique : car ils se sentent, avant tout, citoyens. Par exemple, en histoire leur mémoire n'est pas très-sûre : ils placent sous la Ligue « les bouchers connus alors sous le nom de *Cabotins* (cabochiens) ou plutôt de *Maillotins* (p. 249) ;» leur morale est celle des hommes *sensibles* (jamais il n'y en eut tant que parmi les sans-culottes, à commencer par le jeune et farouche Saint-Just) : « Les Athéniens condamnèrent un enfant à mort pour avoir crevé les yeux à une pie, et cependant ils ne ménagaient pas plus que nous leurs aristocrates ; mais il y a quelque chose de si affreux à mutiler, à lacérer l'être innocent, qu'un tel spectacle doit être ôté de dessous les yeux de l'hôme que l'on veut conserver juste et humain. Dérobez-nous la mort des animaux et rendez toujours décente celle des criminels, car aucune considération ne peut autoriser à blesser l'humanité ; et si les crimes multipliés *demandoient des supplices plus compliqués*, il faudroit le dérober à la vue du peuple, qui pourtant devroit être informé qu'on le fait subir aux criminels, affin que cette connoissance servît à détourner de leur exemple ceux qui seroient tentés de les imiter, etc.» (P. 248.)

L'ouvrage de M. Dauban, malgré ce qu'il y a joint d'indications personnelles, laisse encore beaucoup à faire à qui viendra y puiser. Ce n'est pas, je l'ai dit, une composition, c'est un recueil, et j'ai voulu par de nombreuses citations en montrer l'intérêt. On y voit la Révolution dans la rue, jour par jour et sur des témoignages qui ne sont pas suspects d'hostilité. Je dois avouer pourtant que la voie est un peu obstruée pour le lecteur ; et, parmi les choses qu'on y rencontre, tout n'a pas la même importance, ni la même nouveauté, dans la deuxième partie surtout. J'y trouve encore des pièces qui

---

[1] Hanriot faillit être compris en effet, ainsi que Pache, dans le procès d'Hébert. Au rapport de Fouquier-Tinville, c'est le président Dumas qui étouffa les dénonciations et empêcha qu'on n'y donnât suite. (Voy. le mémoire de Fouquier-Tinville dans Campardon, *le Tribunal révolutionnaire*, t. II, p. 280-283.)

sont parfaitement à leur place : les rapports de police sur la rareté
des subsistances, sur les troubles de la rue, et quelques extraits de
journaux qui prouvent que, même au milieu des plus grandes
misères, cette pointe de l'esprit français reste toujours acérée contre un régime oppresseur : voyez la lettre d'un marchand au *Cour-
rier républicain* sur son associé *Gouvernement* (p. 587). Mais pourquoi ces notes sur la politique de Robespierre empruntées à un
ouvrage qu'on peut avoir tout aussi bien que le livre de M. Dauban,
puisqu'il a paru en 1835 (p. 452-461)? pourquoi ces morceaux déta-
chés de Saint-Just, de Barère (p. 461-472)? Comment, puisque cela
peut éclairer le sujet, ne donner qu'à la fin, à la page 493, le tableau
des quarante-huit sections de Paris, et, à la page 497, « la disposition des locaux qu'occupaient, aux Tuileries, les Comités de salut
public et de sûreté générale? » La place en était à la suite des détails
analogues, page 6 et suivantes, tirés de l'*Almanach national*. Dans la
liste des noms de ville changés par la Convention, liste extraite du
même almanach, je signalerai à l'auteur une étrange faute d'impression : « Quimper (Finistère) — Montagne-sur-Oder. » — Lisez « sur-
Odet, » ce qui n'est pas la même chose. Quelle qu'ait été la foi de la
Convention dans la puissance de ses décrets, elle n'allait pas jusqu'à
transporter si loin les montagnes.

Un mot encore sur l'introduction. J'y trouve un rapprochement
très-juste entre la démagogie à Athènes et la démagogie à Paris.
Mais était-ce la peine d'avoir un paragraphe entier sur Athènes en
426 avant Jésus-Christ, et un autre pour analyser la pièce des *Chevaliers* d'Aristophane? Aristophane nous est-il donc si peu connu?
Quelques mots suffisaient. C'est trop d'antiquité pour une préface à
un ouvrage intitulé *Paris en* 1794. L'antiquité obsède plus qu'il ne
convient M. Dauban, et elle l'a mal servi ; témoin cette dernière
allégorie : « On lit dans l'histoire de l'antique Orient que des seigneurs ayant tué leur roi se disputèrent à qui prendrait sa place. Il
fut convenu que le premier d'entre eux qui verrait le lever du soleil
serait roi. Ils se hâtèrent de se rendre tous à l'endroit le plus élevé
de la campagne voisine. En ce moment le soleil se couchait dans un
abîme d'or et de pourpre. Les seigneurs, le voyant disparaître, passèrent la nuit *l'œil fixé sur le point où s'était montrée la dernière
clarté;* un d'entre eux, cependant, s'était mis à l'écart et regardait
obstinément la partie du ciel opposée. C'est là qu'il vit briller la
première étincelle du jour naissant auquel ses compagnons tour-
naient le dos. Il l'emporta sur eux, comme le progrès doit toujours
l'emporter sur la routine. » (P. xix.) Qu'est-ce que le progrès et la
routine ont à faire ici ? Et sérieusement l'auteur croit-il qu'il y ait
eu à une époque quelconque des gens assez malavisés pour demeurer

toute une nuit les yeux fixés sur le lieu où ils ont vu le soleil dispa-
rai*re*, dans l'attente de l'y voir se lever le lendemain ? Ils savaient
bien, ces seigneurs tyriens, que le soleil se lèverait au côté opposé :
c'est là, si l'on veut, sa routine, et on ne saurait qu'y faire. Ce n'est
donc pas du côté où ils l'avaient perdu de vue qu'ils regardèrent. Un
seul, sur le conseil de son esclave, se tourna vers l'Occident, et il n'y
vit pas lever le soleil; mais il y vit le premier ses rayons éclairant le
sommet des édifices qui y étaint opposées ; lisez Justin : *Expectantibus
aliis ut ipsum solem aspicerent, hic primus omnibus fulgorem solis in
summo fastigio civitatis ostendit* (Just., XVIII, 3). Il aurait donc mieux
valu nous dire, sans figure, de chercher vers l'Amérique les premiers rayonnements de la liberté.

IV

LES PRISONS DE PARIS

I

Avant de parler de la Justice révolutionnaire (si l'on peut, sans profanation, donner le nom de justice à ce qu'on appelait plus jus-tement, dans le temps même, les *assassinats* de la Terreur), il faut bien dire quelque chose des lieux où elle amassait ceux qu'elle livrait par fournées à ses commissaires et à ses juges : les prisons. En attendant les documents nouveaux que promet M. Dauban, on a dès à présent le moyen de s'en faire une idée par divers témoignages publiés depuis la fin du dernier siècle jusqu'à nos jours. Dès la chute de Robespierre, plus d'un détenu, mis en liberté, avait pu faire connaître le régime des maisons où il avait vécu dans l'attente d'une mort prochaine. Dès l'an III (1795), l'*Almanach des prisons* contenait plusieurs récits qui furent reproduits et complétés par d'autres relations dans un recueil plus étendu, l'*Histoire des prisons de Paris et des départements, contenant des mémoires rares et précieux, ouvrage dédié à tous ceux qui ont été détenus comme suspects, rédigé et publié par P.-J.-B. Nougaret.* Paris, l'an V (juin 1797). 4 vol. in-12 ; et c'est de là que plusieurs de ces morceaux ont passé dans les *Mémoires sur les prisons* qui font partie de la *Collection des Mémoires relatifs à la Révolution française*[2]. Madame Roland, dans la dernière partie de ses *Mémoires*, qu'elle écrivit en prison[3]; Beaulieu, dans le cinquième

---

[1] Ces pages et celles qui vont suivre étaient composées avant les désastres de la dernière guerre et ces scènes lugubres de l'insurrection qui, un moment, leur ont donné un intérêt tout actuel. Nous les publions telles qu'elles étaient écrites.

[2] Baudouin frères, libraires-éditeurs. Paris, 1823.

[3] *Notices historiques sur la Révolution.* 2 vol. in-8 ; dans la *Collection des mémoires sur la Révolution française.* Paris, 1821. — M. Dauban en a donné une nouvelle édition plus complète (Paris, 1864) en restituant le titre, *Appel à l'impartiale postérité*, que madame Roland avait donné.

volume de ses *Essais historiques sur les causes et les effets de la Révolution française*[1], et la comtesse de Bohm, née de Girardin, dans un livre qui porte ce titre un peu trop général : *les Prisons en 1793*[2], ont parlé de leur emprisonnement : la première, à l'Abbaye et à Sainte-Pélagie (elle n'eut pas le temps de les poursuivre à la Conciergerie) ; le second, à la Conciergerie et au Luxembourg ; la troisième, au Plessis. Plus récemment, les *Mémoires du comte Beugnot* ont fourni de nouveaux détails sur la Conciergerie et sur la Force, où il a été successivement enfermé ; et un ouvrage, non plus un récit de détenu, mais un travail d'érudit, vient de paraître sur les Carmes[3].

Quelque intérêt que puissent avoir les documents encore inédits, on aura toujours dans ces récits particuliers et dans ces pièces les grands traits du sujet.

On sait déjà comme les prisons avaient été remplies et vidées aux journées de septembre. Le vide ne tarda pas à se combler de nouveau, et de nombreux suspects eurent à franchir ces guichets encore teints du sang de leurs prédécesseurs.

A la date du 17 mars 1793, il y avait, selon le rapport du citoyen Grandpré, inspecteur des prisons, neuf cent cinquante détenus dans les prisons : trois cent vingt à l'hôtel de la Force, quarante-quatre à Sainte-Pélagie, deux cent six à Bicêtre, trois cent quatre-vingts à la Conciergerie.

Et le nombre devait rapidement s'en accroître. Chaque journée de la Révolution désignait toute une catégorie de victimes ; après les royalistes (les chevaliers du poignard et les conspirateurs du 10 août, comme on disait) ce furent les modérés et les feuillants ; puis les

---

[1] Paris, 1801. 6 vol. in-8.

[2] Paris, 1820. 1 vol. in-8.

[3] *Le couvent des Carmes et le séminaire Saint-Sulpice pendant la Terreur*, par Alexandre Sorel. Paris, Didier, 1864. 1 vol. in-12. — Depuis que cet article est composé, l'ouvrage de M. Dauban a paru sous ce titre : *les Prisons de Paris sous la Révolution, d'après les relations des contemporains, avec des notes et une introduction.* Paris, 1870. 1 vol. in-8. J'y ai vainement cherché ces pièces d'archives que j'en attendais. L'auteur s'est borné à reproduire dans leur teneur ou par extrait les récits déjà publiés dans les recueils que je viens de citer. Mais cette reproduction dans un même volume est commode, et les notices que M. Dauban y a jointes doivent faire rechercher cette publication. Je regrette pourtant que l'auteur n'y ait pas donné, comme M. Sorel, pour les Carmes, un aperçu des livres d'écrou qu'il a eus entre les mains : c'est là le fond de toute histoire d'une prison ; et il le pouvait faire puisqu'il a été admis à consulter les archives de la préfecture de police, faveur que j'ai sollicitée et que M. le préfet de police, dans une lettre en date du 20 avril dernier (1870), s'est déclaré dans l'impossibilité de m'accorder.

fédéralistes et les brissotins; puis à peu près tout le monde, quand parut la loi qui fut la charte de la Terreur, la loi du 17 septembre 1793, dite *loi des suspects*.

Tous les suspects devaient être immédiatement mis en état d'arrestation (art. 1). Seront réputés suspects, ajoutait la loi :

1° Ceux qui, soit par leur conduite, soit par leurs relations, soit par leurs propos ou leurs écrits, se sont montrés partisans de la tyrannie, du fédéralisme, ou ennemis de la liberté ;

2° Ceux qui ne pourront pas justifier de leurs moyens d'existence et de l'acquit de leurs droits civiques ;

3° Ceux à qui il a été refusé des certificats de civisme ;

4° Les fonctionnaires publics suspendus de leurs fonctions par la Convention nationale ou par les commissaires, et non réintégrés ;

5° Ceux des ci-devant nobles, ensemble les maris, les femmes, pères, mères, fils ou filles, frères ou sœurs et agents d'émigrés, qui n'ont pas constamment manifesté leur attachement à la Révolution ;

6° Ceux qui ont émigré dans l'intervalle du 1er juillet 1789 à la publication de la loi du 8 avril 1792, *quoiqu'ils soient rentrés en France dans le délai fixé par cette loi ou précédemment.* (Art. 2.)

Les comités de surveillance [1], établis d'après la loi du 21 mars précédent, étaient chargés de dresser la liste des suspects et de les faire arrêter (art. 3) ; dans la huitaine on les devait transférer dans les prisons départementales, où ils étaient gardés à leurs frais (art. 5-8). Les tribunaux civils et criminels pouvaient retenir en état d'arrestation comme suspects ceux qui seraient acquittés pour quelque délit (art. 10) [2] ; et, comme si cela ne suffisait pas, Chaumette, commentant la loi, proposa dans le conseil de la Commune (10 octobre 1793) de reconnaître comme suspects :

1° Ceux qui, dans les assemblées du peuple, arrêtent son énergie par des discours astucieux, des cris turbulents et des murmures ;

2° Ceux qui, plus prudents, parlent mystérieusement des malheurs de la République, s'apitoient sur le sort du peuple et sont toujours prêts à répandre de mauvaises nouvelles avec une douleur affectée ;

3° Ceux qui ont changé de conduite et de langage selon les événements ;

---

[1] Comités établis sur la proposition de Jean de Bry (21 mars 1793) pour surveiller les étrangers et qui devinrent les agents les plus terribles du Comité de Salut Public, sous le nom de Comités révolutionnaires. (*Moniteur* du samedi 23 mars 1793).

[2] *Moniteur* du 19 septembre 1793, p. 4.

qui, muets sur les crimes des royalistes, des fédéralistes, déclament avec
emphase contre les fautes légères des patriotes et affectent, pour paraître
républicains, une austérité, une sévérité étudiées, qui se démentent dès
qu'il s'agit d'un modéré ou d'un aristocrate ;

4° Ceux qui plaignent les fermiers et marchands avides, contre lesquels la
loi est obligée de prendre des mesures ;

5° Ceux qui ayant toujours les mots de liberté, république et patrie sur
les lèvres, fréquentent les ci-devant nobles, les prêtres contre-révolutionnaires, les aristocrates, les feuillants, les modérés, et s'intéressent à leur
sort.

Et sept autres articles semblables, entre lesquels nous ne signale-
rons plus que celui-ci :

8° Ceux qui n'ayant rien fait contre la liberté n'ont aussi rien fait pour elle.

Ce qui débarrassait l'accusateur public de la nécessité de faire la
preuve du délit. « Et le Conseil général, dit Beaulieu, qui reproduit
ces articles dans son journal, couvrit d'applaudissements cette atrocité et en ordonna l'impression[1]. » C'est sur ce texte et d'après cette
règle que les comités révolutionnaires allaient procéder.

On n'avait pas attendu jusque-là pour opérer les arrestations les
plus arbitraires. Le Comité de Salut public avait fait emprisonner,
comme suspects, les acteurs du Théâtre-Français pour ce vers de *Pa-
méla*, dont les applaudissements de la salle avaient fait une insulte
aux vainqueurs des Girondins :

> Le parti qui triomphe est toujours légitime.

On arrêtait ceux qui n'avaient pas de passe-ports ; on arrêtait ceux
qui en demandaient, s'ils y mettaient un peu trop d'empressement.
Un père de famille, remis du jour au lendemain, ayant montré quelque impatience : « Ce citoyen, dit un membre du Comité, est trop
pressé de quitter Paris pour qu'il n'y ait pas quelque chose contre
lui. Il m'est suspect. Je suis d'avis que nous le f..... en prison[2]. » Et
il y resta dix mois, trop heureux d'en sortir ! Mais depuis la loi, les
arrestations furent en quelque sorte à l'ordre du jour. On arrêtait
comme fanatiques ceux qui tenaient à leur religion. On arrêtait les
riches surtout : on forçait tous les citoyens à afficher sur leur porte
leurs noms, leur âge, leur profession, leurs moyens d'existence, afin

[1] Beaulieu, *Essais*, t. V, p. 276 ; cf. Dauban, *la Démagogie en 1793 à Paris*,
p. 456. — Le conseil général de Paris arrêta le 16 octobre que tout marchand, établi
depuis un an, qui quitterait le commerce, serait réputé suspect et arrêté comme tel.
[2] *Hist. des prisons*, t. IV, p. 249.

de choisir plus aisément les victimes et de s'épargner la peine de les
découvrir; et l'âge n'était pas une excuse : « On nous annonce, dit
l'un de nos auteurs dans le journal de sa prison, une nouvelle pensionnaire : c'est la citoyenne Prévost, âgée de quatre-vingt-onze ans;
une fortune de cent mille livres de rente a fait présumer qu'elle
était en état de contre-révolution[1]. » On arrêtait aussi des pauvres
et même des sans-culottes incompris : « On m'accuse d'*incivisse*, disait l'un d'eux, moi qui ai voté pour la République *nulle* et *invisible*[2].»
Il y avait donc des suspects avant la loi qui les décréta; mais, depuis
la loi, ce seul fait d'être suspect fut un crime. «Suspect d'incivisme!
disait l'inspecteur de police Marino à un prisonnier, j'aimerais mieux
avoir volé et assassiné. » Et, au fait, c'était en ce temps-là moins
dangereux. On était emprisonné, on était guillotiné comme « sus-
pecté d'être suspect[3] ! »

Avec un tel régime, les prisons devaient bientôt ne plus suffire. En
laissant à part les deux prisons d'État, la Bastille et Vincennes, il y
en avait quatre sous l'ancienne monarchie : la Conciergerie, la Tournelle, le Grand-Châtelet, la Force, qui, en 1782, venait de remplacer le Fort-l'Évêque (rue Saint-Germain-l'Auxerrois) et le Petit-Châtelet (au sud du Petit-Pont, à l'entrée de la rue Saint-Jacques). Joignez-y
l'Abbaye, ou prison de Saint-Germain-des-Prés, devenue prison militaire, Saint-Lazare (faubourg Saint-Denis), ancienne léproserie, devenue maison de correction ; la Salpêtrière, Bicêtre et Charenton,
maisons d'un caractère spécial, moitié prison, moitié hôpitaux[4]. Il y
en eut trente et plus sous cette ère de liberté ; et il en aurait fallu
trois fois plus encore pour que les détenus y eussent l'espace nécessaire. Qu'eût-ce été si la Terreur n'avait pas eu les moyens que l'on
sait pour faire place aux nouveaux arrivants ! Des couvents, des colléges, des casernes, des maisons particulières, des hôtels, des palais
mêmes furent convertis en prison : les Madelonnettes et Sainte-Pélagie, les Carmes, de sanglante mémoire, Port-Royal, dit Port-Libre
(amère dérision de la fortune dans les changements de nom !) ; les
Anglaises de la rue Saint-Victor, de la rue de Lourcine, du faubourg
Saint-Antoine ; les Bénédictins anglais, rue de l'Observatoire, et les
Écossais, rue des Fossés-Saint-Victor ; la caserne des Petits-Pères et
l'ancienne caserne des Gardes françaises, rue de Sèvres ; la maison

---

[1] *Hist. des prisons*, t. IV, p. 247.
[2] *Ibid.*, t. IV, p. 274.
[3] *Mém. sur les prisons*, t. II, p. 208; *Hist. des prisons*, t. III, p. 88; t. IV, p. 270.
[4] Voy. Dulaure, *Hist. de Paris*, et Barthél. Maurice, *Hist. des prisons de la Seine*, ouvrages très-superficiels d'ailleurs et très-insuffisants.

des Oiseaux, même rue, et la maison Blanchard, à Picpus ; l'hôtel des Fermes et l'hôtel Talaru, le palais du Luxembourg.

Les *Madelonnettes* et *Sainte-Pélagie* étaient toutes préparées à devenir prisons. Ces deux maisons, fondées à l'origine pour servir d'asile à des filles repenties, avaient fini par recevoir aussi celles qui avaient besoin de repentir[1] ; fermées ou plutôt ouvertes comme couvents en 1790, elles avaient reçu leur destination nouvelle en 1793.
« Vous savez tous, dit un détenu de Sainte-Pélagie,

> Vous savez tous que de cette maison,
> Jadis couvent de nonnes habité,
> Ces derniers temps ont fait une prison :
> En un seul point elle a changé d'usage ;
> Pour des nonains, fille ou femme peu sage.
> Vous y verriez au moins deux cents reclus
> Dont la plupart ne péchèrent pas plus[2]. »

Aux Madelonnettes, les salles basses étaient déjà remplies de *pailleux*, c'est-à-dire de prisonniers couchant sur la paille, quand la loi du 17 septembre y envoya en masse les suspects.

La maison des *Carmes*, devenue, au contraire, prison par occasion, avait cessé de l'être après les massacres. Cette maison, dont les religieux, bien vus dans le quartier, avaient pu, jusqu'aux journées de septembre, vivre en communauté et ne pas même être inquiétés au milieu du massacre, avait été louée à un jardinier qui la sous-loua en grande partie au citoyen Langlois, ancien traiteur du lieu pendant l'incarcération des victimes. Langlois y transporta son matériel et ouvrit un bal champêtre dans le jardin même où les prêtres avaient été égorgés, — le bal des Tilleuls ! — On n'y dansa pas longtemps. A la fin de brumaire, an II (novembre 1793), le Comité de Salut public fit des Carmes, comme de plusieurs autres couvents que nous avons énumérés, et d'autres encore, une maison de détention. Langlois réclama ; mais il était accommodant : il accep-

[1] Sainte-Pélagie avait été fondée, vers la fin du dix-septième siècle, par Marie Donneau, veuve du sieur Beauharnais de Miramion, dans des dépendances de l'hospice de la Pitié, dont elle n'est séparée aujourd'hui que par une rue (rue du Battoir). Les bâtiments de l'ancien couvent subsistent dans la maison fort agrandie depuis la Restauration. — Les Madelonnettes avaient été établies, dès le règne de Louis XIII, rue des Fontaines (quartier du Temple). En 1629, on y avait mis, pour gouverner la maison, quatre religieuses de la Visitation. On y comptait trois classes de femmes : 1° les filles détenues, portant l'habit séculier ; 2° les filles éprouvées par la pénitence, formant la *congrégation* et portant habit gris; 3° les filles ayant fait preuve de conversion sincère et admises à prononcer des vœux (voy. Dulaure, *Hist. de Paris*, t. V, p. 364). Cette prison a été récemment démolie pour l'ouverture de la rue Turbigo, et remplacée par la grande prison bâtie rue de la Santé.

[2] *Mém. sur les prisons*, t. II, p. 492.

tait la résiliation de son bail, même sans indemnité pécuniaire ;
seulement, en rendant la maison, il demandait à y rester comme
geôlier, avec l'entreprise de la nourriture nécessaire aux détenus :
transformation patriotique où il ne laissait pas que de trouver son
avantage. Les prisonniers étaient des consommateurs forcés et qui
ne pouvaient pas marchander sur leur consommation. On le savait,
et on l'évinça révolutionnairement : la place fut donnée à un autre,
et, le 10 décembre, on commença à y renfermer les suspects.

Port-Libre, au 26 frimaire (16 décembre 1793), contenait deux
cents et quelques détenus, parmi lesquels vingt-sept fermiers généraux et vingt-sept receveurs généraux des finances, qu'un décret y
avait réunis pour qu'ils fussent plus à portée de se concerter dans la
reddition de leurs comptes. On trouva plus tard, pour plusieurs, une
manière fort sommaire de les apurer[1]. Quant au *Luxembourg*, on y
avait d'abord enfermé les députés accusés de fédéralisme, puis le
20 vendémiaire, an II (11 septembre 1793), des Anglais et des Anglaises ; ils furent suivis bientôt des suspects de la section de Gre-
nelle, et, dès lors, la population de la maison s'accrut rapidement.
Ce fut pour recevoir le trop-plein de la Conciergerie que le *Plessis*,
de collége devint prison, et se joignit pour le même service son voisin Louis-le-Grand. Et d'autres maisons, comme celle de Blanchard,
à Picpus, subirent, sous l'empire des mêmes nécessités, la même
transformation dans le cours de l'an II, dès les premiers mois de
1794.

Les autorités et les sections de Paris s'étaient empressées de seconder l'État dans l'application de la loi des suspects, en leur préparant des prisons. « Toute autorité ayant droit d'arrêter, dit Beaulieu,
avait une vaste chambre de dépôt près du lieu où elle était établie ;
la municipalité en avait une ; la Mairie ou le chef-lieu de la police,
une ; et chaque comité révolutionnaire, une[2]. » C'est comme cela
qu'il en compte jusqu'à soixante. « Chaque section de Paris, dit aussi
un de nos narrateurs, était jalouse d'avoir la sienne particulièrement à la disposition de son comité révolutionnaire[3]. La seule section du Bonnet-Rouge en avait deux parmi celles que nous avons
énumérées : l'ancienne caserne des *Gardes-Françaises* (20 septembre
1793) et la maison des *Oiseaux*, au coin de la rue de Sèvres et du
boulevard (fin de mars 1794)[4]. Les suspects, d'après le décret, on l'a
vu, devaient être gardés à leurs frais : on leur faisait payer même le

---

[1] *Mém. sur les prisons*, t. II, p. 94-95.
[2] *Essais historiques sur les causes et les effets de la Révolution française*, t. V,
p. 285.
[3] *Hist. des prisons*, t. III, p. 89.
[4] *Mém. sur les prisons*, t. II, p. 187-188.

chien de garde[1]; on leur faisait payer leur lit, leur chambre ou leur place dans la chambre commune, et c'était une assez bonne spéculation. Dans la caserne des Gardes-Françaises, rue de Sèvres, lieu humide et malsain, on payait de 20 sous à 12 livres par jour. Sur une recette de 300 livres, la section avait à dépenser 62 livres : bénéfice net, 238 livres par jour; et c'est en vue de cette opération financière qu'elle s'était agrandie, louant la maison des Oiseaux, qui lui coûtait, selon un autre récit, 2,400 livres de loyer, et lui en rapportait 150,000[2].

La section Lepelletier avait pour prison un hôtel. Au commencement de l'an II, le marquis de *Talaru*, dont l'hôtel était voisin de la Bibliothèque nationale, l'avait loué au restaurateur Gence, pour occuper tout à côté une habitation plus modeste. Gence songeait à en faire une maison garnie; mais réfléchissant qu'il n'arrivait plus d'étrangers dans Paris, il craignit d'avoir fait une mauvaise affaire ; et, comme d'autre part, il y avait beaucoup de suspects à loger, il offrit au comité révolutionnaire de la section Lepelletier de lui repasser son bail « pour cet usage patriotique. » De mauvaise, l'affaire devint très-bonne, non pour le propriétaire, qui, à son grand regret, y revint comme locataire : il l'avait loué 7,000 livres; il y paya une petite chambre 18 livres par jour, 6,570 livres par an : il est vrai qu'il n'y resta pas toute l'année ! Mais l'affaire fut bonne pour la section : « J'ai été moi huitième, dit l'auteur du récit, logé dans un beau salon, au rez-de-chaussée, donnant sur un jardin. Nous y payions chacun 4 francs de loyer par jour. Ainsi ce salon rapportait 320 livres de loyer par décade, 960 livres par mois, 10,520 livres par an : et tout l'hôtel était loué par son propriétaire 7,000 livres ! Que devenaient ces loyers concussionnaires et entre qui se partageait le gâteau ? Je n'ai jamais été du secret, dit notre détenu, et je ne puis vous en rien dire[3]. »

L'État lui-même, ou du moins ses agents, tiraient de ces prisons un assez joli bénéfice. A la Force, une chambre de 14 pieds carrés contenait huit personnes et était louée 22 livres par mois par chaque prisonnier : « O criminelle administration !» s'écrie un des députés incarcérés, « elle faisait payer de location 22 livres par mois à chaque prisonnier à qui elle ne fournissait que le toit, *propriété nationale ;* et de cette manière sur huit mille prisonniers qu'il y a eu dans Paris, c'était une recette de 176,000 livres qui entrait tous les mois dans les caisses de l'administration, elle qui mettait la dépense au

---

[1] Il coûta 240 francs aux détenus de Port-Libre. (*Mém. sur les prisons*, t. II, page 4.)

[2] *Mém. sur les prisons*, t. I, p. 216. Cf. t. II, p. 187.

[3] *Hist. des prisons*, t. I, p. 160.

compte du Trésor public [1]. » — « A la Conciergerie, un lit de sangle
se payait, selon un de nos auteurs, 25 livres par mois ; et il fallait
avoir un lit de sangle si l'on ne voulait, jeté sur la paille, être exposé aux rats et aux souris qui venaient dévorer jusqu'aux souliers
que l'on avait aux pieds [2]. » — « Il y a, dit un autre habitant du
même lieu, autant de lits dans une chambre qu'elle en peut contenir. On payait d'abord pour un lit 27 livres 12 sous le premier mois
et 22 livres 10 sous les mois suivants. On a réduit ce loyer à 15 livres
par mois. » Mais c'était 15 livres par nuit quand le nouvel arrivant
n'y demeurait pas davantage. « Dans les derniers temps de la tyrannie de Robespierre, lorsque le tribunal envoyait les victimes à la
mort, par charretées, quarante ou cinquante lits étaient occupés tous
les jours par de nouveaux hôtes qui payaient 15 livres pour une nuit,
ce qui donnait par mois un produit de 18 à 22,000 livres. Aussi,
ajoute-t-il, la Conciergerie est-elle le premier hôtel garni de Paris,
quant au produit [3]. »

II

LE LUXEMBOURG. — PORT-LIBRE. — L'HÔTEL TALARU.

Quoi qu'il en fût du prix du loyer, il y avait des différences notables entre les nouvelles prisons et les anciennes. Les nouvelles prisons étaient, nous l'avons dit, des maisons particulières, d'anciens
hôtels ou, plus généralement, d'anciens couvents, vidés à point par
le décret du 17 août 1792, pour faire place à d'autres reclus ; et le
temps n'avait pas permis de les convertir sitôt en véritables geôles.
« Ces maisons d'arrêt nouvellement instituées, dit un de nos auteurs,
le Luxembourg, le Port-Libre, les Carmes, les Bénédictins anglais,
Saint-Lazare, les Anglaises du faubourg Saint-Antoine, où d'heureux
détenus n'ont connu longtemps de chaînes que celles de l'amour, où
ils coulaient des jours délicieux au milieu des jardins, des vergers,
des berceaux et des présents de la nature, toutes ces maisons ne sont
que des prisons muscadines. O vous qui avez vécu dans ces maisons,
si vous voulez savoir ce que c'est que d'être en prison, tâchez de vous
faire mettre à la Conciergerie [4]. »
C'est voir les autres trop en beau, comme on se les figurait peut-

<hr>

[1] *Hist. des prisons*, t. I, p. 160.
[2] *L'Humanité méconnue* dans les *Mém. sur les prisons*, t. I, p. 157.
[3] *Hist. des prisons*, t. II, p. 16 ; cf. Beaulieu, *Essais*, etc., p. 290.
[4] *Hist. des prisons*, t. II, p. 27.

être dans les cachots de la Conciergerie ; mais il y a pourtant quelque vérité dans ce que notre anonyme dit de ces maisons ; et ceux qui les habitèrent — on les en peut croire — font un tableau qui n'a rien de bien terrible de la vie qu'ils y menaient dans les premiers temps. « En publiant la loi des suspects, dit Beaulieu, on eut soin d'abord de répandre dans le public, et d'énoncer dans le préambule de cet édit monstrueux, que les personnes dont le salut public ordonnait la reclusion seraient traitées avec tous les égards possibles, et pourraient être librement visitées par leurs parents et leurs amis. Elles jouirent effectivement de cette liberté pendant les premiers jours de leur détention ; et chacun, certain qu'il ne s'était rendu coupable d'aucune action contraire aux lois, tâchait d'oublier la tyrannie et les tyrans, pour chercher le plaisir jusque dans les guichets des prisons révolutionnaires. On jouait à toutes sortes de jeux, on faisait de la musique, et bonne chère autant qu'il était possible ; chacun s'arrangeait de manière, enfin, qu'il lui restât le moins de temps possible de réfléchir à la triste situation où il était réduit. Les prisons étaient devenues le rendez-vous de la bonne compagnie ; tous les honnêtes gens qui n'y étaient pas encore détenus y accouraient en foule : c'était là où l'urbanité française s'était réfugiée ; elle n'osait plus se montrer en public. On l'avait chassée jusque de dessus nos théâtres, avec les acteurs dont les talents pouvaient en rappeler le souvenir[1]. »

Le palais du *Luxembourg*, séjour aimé de la reine Marie de Médicis, qui l'avait fait bâtir et orner pour elle, n'avait pas pu, du jour au lendemain, ressembler à la Conciergerie ou à la Force. « A mesure qu'il arrivait de nouveaux pensionnaires, le sensible Benoît (c'est le concierge) les conduisait vers ceux qui, par leur profession, leur pays, leur caractère, leur section et leur âge, semblaient promettre au détenu une société plus agréable. Déjà se formaient les connaissances ; déjà les petits comités se resserraient dans un cercle plus étroit. L'amour avait le plus de part dans le choix des sociétés. Les Anglaises, moins vives, mais aussi tendres que les Françaises, se rangèrent à leur tour sous les drapeaux de la galanterie. Les petits vers, les couplets, le jeu, la médisance et la musique remplissaient les journées. Parfois cependant on était interrompu par la visite de municipaux qui n'étaient rien moins que damoiseaux[2]. » Et il en donne la preuve en citant des paroles de l'administrateur de police Marino, qu'on ne saurait reproduire. Il fallut le scandale de quelques aventures, « la pétulance de quelques dames, » pour faire prendre à

Beaulieu, *Essais*, etc., t. V, p. 520.
Mém. sur les prisons, t. II, p. 138.

l'administrateur de police le parti de séparer les deux sexes. Mais l'un et l'autre furent encore traités avec quelques égards. C'était pour ceux qu'on y amenait un singulier contraste entre la prison et la rue. Dans la rue, les insultes, les cris de mort : « A la guillotine ! » — « Ils arrivaient à demi morts au Luxembourg, où ils étaient tout étonnés de trouver un concierge humain et sensible qui prévenait leurs besoins et cherchait à deviner où il pourrait les placer pour qu'ils fussent plus avantageusement. Chaque arrivant était d'ordinaire conduit dans la chambre de ses cosectionnaires : il trouvait en eux des camarades, des amis et des frères. L'on vivait ensemble dans la plus étroite union ; chacun à son tour balayait la chambre, allait à l'eau, faisait la cuisine ; les frais étaient tous en commun, et chacun payait son écot qui, tout compris, n'excédait pas quarante sous par jour. Un citoyen était-il trop pauvre pour subvenir à sa subsistance ? le bon concierge prévenait presque toujours une demande qui pouvait l'humilier, et chargeait un prisonnier opulent d'y pourvoir [1]. »

Port-libre, rue de la Bourbe (aujourd'hui l'hospice de la Maternité), quoique bâti pour des religieuses, et non pour une reine, offrait des avantages qui le disputaient à ceux du Luxembourg. Il faut citer quelques morceaux des pages qu'un des prisonniers suspects, nommé Coittant, a écrites en tête de son journal :

« Les hommes, dit-il, habitaient ce qu'on appelle le grand bâtiment, composé de deux étages ayant chacun un grand corridor et trente-deux cellules, les unes ayant vue sur l'Observatoire et sur la rue d'Enfer, et les autres sur le cloître qui servait autrefois de cimetière.

« Au bout de chaque corridor, il y avait deux grands poêles chauffés.

« Il y avait en outre, un autre bâtiment, faisant face à la rue d'Enfer, et ayant vue sur la campagne ; il était élevé de trois étages, à chacun desquels il y avait trois grandes salles communes... Les femmes occupaient un bâtiment séparé par un guichet...

« Les riches étaient au corridor du premier, dans des cellules à deux lits ; et les sans-culottes au deuxième ; car on en avait beaucoup amené de la Force et autres prisons...

« Il y avait au fond du corridor du premier un grand foyer, qu'on appelait le salon, dans lequel on dressait six tables de seize couverts chacune, où dînaient les riches. On donnait trente sous par jour à ceux qui ne pouvaient pas se nourrir, et le pain à tous les prisonniers aux dépens des riches, qui donnaient chacun en raison de leurs facultés.

« Pour subvenir aux dépenses de la maison, on avait établi une administration intérieure qui était parfaitement organisée. Un trésorier faisait la collecte, et ordonnançait toutes les dépenses : bois, eau, lumière, poêle, tablettes dans les cellules, chaises et autres menus meubles. Tout s'achetait et se faisait aux dépens des riches...

[1] *Mém. sur les prisons*, t. II, p. 140.

« Le soir on se réunissait au salon, au milieu duquel on dressait une grande table; chacun apportait sa lumière, hommes et femmes.

« Les hommes se mettaient autour de la grande table : les uns lisaient, les autres écrivaient; c'était un véritable cabinet de littérature. On observait le plus grand silence; ceux qui se chauffaient ayant l'attention de parler bas.

« Les femmes se rangeaient autour d'une petite table, et y travaillaient aux ouvrages de leur sexe, les unes à broder, les autres à tricoter.

« Ensuite venait un petit souper ambigu; chacun s'empressait de mettre le couvert, et la gaieté remplaçant le silence faisait oublier qu'on était en prison.

« Effectivement, rien n'y ressemblait moins que cette maison. Point de grilles, point de verrous; les portes n'étaient fermées que par un loquet. De la bonne société, excellente compagnie, des égards, des attentions pour les femmes; on aurait dit qu'on n'était tous qu'une seule et même famille réunie dans un vaste château...

« Le nombre des citoyennes ayant augmenté en raison des arrestations, elles venaient au salon à sept heures du soir : alors les lecteurs levaient le siège; les femmes prenaient la place, y faisaient leurs petits ouvrages, surtout de la charpie, et les hommes conversaient avec elles. Puis à des jours déterminés, on variait les loisirs par de la musique, ou par la lecture de différents ouvrages. Vigée ne contribua pas peu à nous rendre le séjour de la prison moins horrible[1]. »

L'auteur aussi fut un de ceux qui surent le charmer, et il célèbre dans son journal le salon de Port-libre en des vers qui ne manquent pas de grâce. Vigée, dans sa *Nouvelle Chartreuse, ou ma détention au Port-libre*, est moins galant à l'endroit des personnes qui la partageaient avec lui; mais enfin, s'il n'en fait pas un paradis, il ne laisse pas que de dire :

> Je ne peindrai donc pas l'enfer
> Quand je ne suis qu'en purgatoire[2].

On faisait aussi des bouts-rimés que les amateurs se plaisaient à remplir. « Ce badinage amusa un instant, et il fut arrêté que ce seraient les femmes qui proposeraient les rimes, et qu'elles donneraient un

---

[1] *Mém. sur les prisons*, t. II, p. 2-6.

[2] *Hist. des prisons*, t. II, p. 104. — M. Dauban a donné à la suite du journal de Port-libre dans sa publication (p. 56) une pièce de vers intitulée : *Promenade du matin au préau de la maison de détention de Port-libre ci-devant Port-Royal*, par le citoyen Aymerie. L'auteur y peint sous les traits des Grâces, des nymphes et des divinités de l'Olympe, les beautés qu'il rencontre à Port-libre; mais sa femme aurait perdu le droit d'en être jalouse en lisant ces deux vers :

> Vingt fois le jour un jeune époux
> Soupire après sa compagne fidèle,

Et la note qui le nomme: « Le citoyen Aymerie. »

prix à celui qui les remplirait le mieux[1]. » Vigée, Laval-Montmorency, Chéron et l'auteur lui-même se disputaient le prix, et l'on peut voir dans le journal où leurs pièces sont reproduites qui, de Vigée ou de Laval-Montmorency, a mérité cette palme des bouts-rimés.

Si quelques personnes, continue l'auteur, dans son préambule, paraissaient n'être pas les amies de l'égalité, cette petite disparate s'effaçait par l'union qui régnait entre tous les détenus ; car la défense de communiquer ayant été levée dès le premier jour, tous les sans-culottes de la prison communiquèrent avec les autres prisonniers, assistèrent à nos concerts, à nos lectures, et n'étaient pas le moindre ornement du salon. Cependant à neuf heures, il fallait se rendre à l'appel. Chacun se retirait dans sa cellule, mais toujours dans l'espérance de se revoir le lendemain.

C'était avec une véritable peine qu'on entendait la malheureuse sonnette qui nous forçait de nous séparer, et surtout quand c'était au milieu d'une lecture ou d'un concert. Quelquefois le concierge nous donnait un quart d'heure de plus, et nous lui en témoignions notre gratitude.

Après avoir assisté à l'appel, on pouvait se réunir, soit au foyer, soit dans ses chambres. Les hommes ou les femmes qui avaient des connaissances logées dans les bâtiments extérieurs de la maison, avaient la faculté d'aller y passer le reste de la soirée, munis toutefois de cartes signées du concierge.

Ces petites jouissances rendaient moins dure la privation de la liberté...

Il y avait trois promenades : celle dite des Palissades, dont on parlera dans la suite, et dont on n'eut la jouissance qu'en prairial ; celle de la cour du Cloître, et celle de la cour de l'Acacia...

Celle de l'Acacia tirait son nom d'un grand et bel acacia[2], autour duquel on avait fait un banc de gazon. C'était le rendez-vous de la gaieté. On s'y retirait après l'appel et on y prenait le frais jusqu'à onze heures du soir. Ceux qui occupaient les bâtiments environnants pouvaient y passer la nuit, car on ne la fermait pas. Cependant tout se passait avec la plus grande décence, et jamais aucune anecdote scandaleuse n'a exercé la critique ni flatté la méchanceté[3].

Sauf la porte de sortie, les portes, dans cette maison, étaient, comme on le voit, assez peu rigoureusement closes. Dans la maison Blanchard, à Picpus, la porte de sortie elle-même ne fut pas toujours bien gardée, si l'on en juge par l'aventure de ce jeune homme mené dans un réduit très-humide, tout récemment réparé à neuf. « Quoi ! s'écria-t-il, c'est ici qu'on nous loge ? Il est impossible d'y demeurer ! » Il tâte les murs et dit du plus grand sang-froid : « Je n'y resterai pas, cela est certain : il y a de quoi mourir, avec ces

---

[1] *Mém. sur les prisons*, t. II, p. 41.
[2] Il existe encore dans la cour qui donne sur le boulevard actuel de Port-Royal.
[3] *Ibid.*, p. 6, 7 et 8.

plâtres! » Il dépose le manteau qu'il avait sur les épaules, prend la
porte et s'évade. On n'en a jamais entendu parler[1].

A la différence de la caserne des *Gardes-Françaises*, où les détenus
étaient exposés à des injures et à de mauvais traitements de toute sorte[2],
la deuxième maison d'arrêt de la section du Bonnet-Rouge, la maison
des *Oiseaux*, au coin de la rue de Sèvres et du boulevard, était, grâce
à sa position et à son jardin où l'on se promenait, moins prison que
beaucoup d'autres. On y était rançonné, mais la plupart étaient
riches; on s'y ennuyait, mais enfin, « la paix et la tranquillité qui régnaient en ce lieu » semblaient faire croire qu'on y était oublié. En
six mois, deux seuls prisonniers en avaient été tirés pour comparaître au tribunal. Deux jours encore, et la confiance des détenus aurait
été justifiée : les fournées commencèrent pour eux le 7 thermidor!

L'hôtel *Talaru* ne le cédait en rien à la maison des Oiseaux. « Je
trouvai en y entrant, dit notre auteur, un tout autre ordre de choses
que celui auquel je m'étais attendu. Je croyais toutes les maisons
d'arrêt, à cette époque, à peu près également resserrées, et traitées
avec la même rigueur. Je me figurais l'isolement et la gamelle partout. Ici, je trouvai non-seulement les communications des prisonniers entre eux parfaitement libres : tous se visitaient, circulaient de
chambre en chambre sans aucune difficulté; mais même les communications assez faciles avec le dehors. Je vis les uns recevoir leurs
femmes, leurs enfants; les autres, leurs amis, leurs maîtresses. La
société me parut agréable dans les deux sexes. On jouait sa partie,
on faisait bonne chère. Si ce n'était pas l'image de la liberté, c'était
celle au moins de l'égalité et de la fraternité, et je me dis : « A la
bonne heure! S'il faut bâtir ici des tabernacles, soit! Combien j'en
connais d'autres plus à plaindre que moi! L'art du contentement est
de regarder au-dessous de soi, et non au-dessus[3]. »

Notre prisonnier était, comme on le voit, philosophe, et il était
bon républicain : « On a, dit-il, plus de mérite que d'autres à aimer
la république, quand elle nous a valu tant de tribulations personnelles. » Ce qu'il regretta dans cet emprisonnement (le troisième
qu'il subit depuis la proclamation de sa chère république), c'était de
manquer le lendemain (20 prairial) la fête de l'Être-Suprême : non
qu'il se fût fait illusion sur le mode de sa célébration : « Ce mode,
dit-il, je l'avais d'avance jugé comme une cohue et une pantalon-
nade; » et il gémit de la dévastation qu'on avait opérée, pour la mieux
entourer de verdure, dans les jeunes plants des environs de Paris;

---

[1] *Hist. des prisons*, t. III, p. 204.
[2] *Mém. sur les prisons*, t. II, p. 218.
[3] *Hist. des prisons*, t. III, p. 92.

mais il l'approuve au nom des principes, et comme un démenti
donné par la Représentation nationale aux accusations des despotes
coalisés. Il ne fut donc pas de la fête, et il se consolait en faisant,
sur sa captivité, des couplets qui ne donnent pas une trop mauvaise
idée de sa cellule :

> Si les riches appartements
> Si le luxe de la dorure,
> Des glaces, des tableaux charmants
> Pouvaient adoucir ma clôture,
> A mon regret, à mon ennui,
> Je devrais imposer silence[1].

Là aussi, du reste, on savait lutter contre l'ennui. « Nous tuions le
temps présent, dit-il, et nous nous étourdissions sur l'avenir avec le
jeu, avec quelques exercices de corps, tels que le volant et le ballon,
avec la bonne chère, les bouts-rimés et la lecture. Je partageais surtout l'avant-dernière ressource avec un jeune homme fort aimable.
Hélas ! nous ne nous étions jusque-là douté, ni l'un ni l'autre, de
notre aptitude pour ce genre[2]. »

III

L'ABBAYE. — SAINTE-PÉLAGIE. — SAINT-LAZARE. — LES MADELONNETTES.

L'Abbaye, non pas l'ancienne habitation des moines, mais la vieille
prison de la justice abbatiale, avec ses cachots du moyen âge et son
appropriation plus moderne en prison militaire, faisait un entier contraste avec les salons ornés de glaces et de peintures de l'hôtel Talaru. Paris de l'Épinard, envoyé de Lille comme suspect ou criminel
d'État, et d'abord mis au secret, fait de toute cette maison, de son
geôlier, de ses guicheliers, de ses logements et de son régime un
tableau qui ne répond que trop bien à son titre un peu emphatique :
l'Humanité méconnue, etc. Il ne s'y fit un peu considérer, à ce qu'il
nous dit, que quand il eut jeté un ou deux guicheliers du haut en
bas de l'escalier[3].

C'est à l'Abbaye que madame Roland fut envoyée d'abord, quand
elle fut arrêtée (1er juin 1793), au lendemain de la révolution du 31
mai, la veille de l'arrestation des Girondins ; et elle en parle d'une
manière moins tragique : « Lorsque j'entrai, dit-elle, entre quatre

---

[1] *Ibid.*, p. 96.
[2] *Ibid.*, p. 99.
[3] *Mém. des prisons*, t. I, p. 139 et suiv.

murs assez sales, au milieu desquels était un grabat sans rideaux, que j'aperçus une fenêtre à double grille et que je fus frappée de cette odeur qu'une personne accoutumée à un appartement très-propre trouve toujours dans ceux qui ne le sont pas, je jugeai que c'était bien une prison qu'il s'agissait d'habiter... Cependant l'espace était assez grand, il y avait une cheminée; la couverture du lit était passable, on me donnait un oreiller; et, en appréciant les choses par comparaison, j'estimai que je n'étais pas mal[1]. » Elle y demeura vingt-quatre jours, visitée avec une extrême sollicitude par le citoyen Grandpré, que jadis elle avait fait nommer par son mari inspecteur des prisons[2], partageant ses loisirs forcés entre ses auteurs favoris; et tout en réclamant contre sa captivité, elle travaillait à se faire au régime des prisons : retranchant chaque jour quelque chose aux adoucissements qu'elle avait acceptés d'abord, non par économie, mais au profit des malheureux et sans dommage pour personne ; elle consacrait aux détenus à la paille ce qu'elle ne dépensait pas pour elle, et récompensait les gens de la maison des services qu'elle ne demandait pas[3]. Après elle, on vit à l'Abbaye une femme non moins célèbre, Charlotte Corday; puis Adam Lux, le jeune député de Mayence, son admirateur enthousiaste, qui proposa dans un écrit public de lui élever une statue avec cette inscription : *Plus grande que Brutus !* et qui ne put que mourir après elle; Biron, Clavières, que nous retrouverons à la Conciergerie, et Kellerman, l'homme de Valmy, que sauva le 9 thermidor.

Madame Roland sortit de l'Abbaye le 24 juin 1793; mais le même jour un nouveau mandat d'arrêt était lancé contre elle. A peine avait-elle franchi le seuil de sa demeure qu'elle fut reprise et envoyée cette fois à Sainte-Pélagie.

Sainte-Pélagie ne valait guère mieux que l'Abbaye. « Le corps de logis destiné aux femmes, dit madame Roland, est divisé en longs corridors fort étroits, de l'un des côtés desquels sont des petites cellules telles que j'ai décrit celle où je fus logée (six pieds de large sur douze de long). C'est là que, sous le même toit, sur la même ligne, séparée par un plâtrage, j'habite avec des filles perdues et des assassins. Chaque cellule est fermée par un gros verrou à clef, qu'un homme vient ouvrir tous les matins en regardant effrontément si

---

[1] *Mémoires*, t. II, p. 80.

[2] *Lettres inédites de madame Roland à Buzot*, publ. par M. Dauban, 1864, p. 21.

[3] *Mémoires*, t. II, p. 90; cf. *Lettres à Buzot*, p. 48. — « J'ai eu la fantaisie de me réduire au régime particulier qu'établit l'État pour les détenus. J'y trouvais le plaisir qu'on aime à avoir sur soi-même, dans la diminution de ses besoins, le moyen de faire du bien à ceux qui sont plus malheureux que soi. Mais les forces physiques n'égalent plus les autres chez moi, il m'a fallu abandonner mon entreprise. »

vous êtes debout ou couchée; alors leurs habitantes se réunissent dans les corridors, sur les escaliers, dans une petite cour ou dans une salle humide, digne réceptacle de cette écume du monde[1]. »

Le quartier des hommes n'était pas autrement disposé ; nous le connaissons par l'infortuné Roucher, poëte bucolique, ayant pris à cœur, en 1789, son titre de citoyen : ami de la Révolution, ennemi de ses excès, et à ce titre désigné pour être une de ses victimes. C'est par Sainte-Pélagie qu'il débuta, le 4 octobre 1793 (20 vendémiaire an II). Après huit jours de captivité, voici ce qu'il en disait dans la première lettre de son intéressante correspondance : « Habiter un espace de neuf pieds justes carrés, avoir pour tout meuble un lit de sangle, un matelas, un traversin, des draps, une sale couverture de laine, une chaise et une table ; être deux à deux sur un étroit espace, entendre à huit heures du soir les gros verrous, les grosses serrures se fermer sur vous, ne les entendre s'ouvrir que le lendemain matin après huit heures ; le reste du jour n'avoir pour exercer ses jambes qu'un corridor de cent pieds de long sur quatre de large, n'y respirer que par une fenêtre placée à l'une des extrémités et garnie de gros barreaux ; s'y heurter, s'y croiser contre cinquante compagnons d'infortune de tous les âges, qui n'ont pas tous le même courage, ni peut-être les mêmes raisons d'en avoir : tel est, en deux mots, le sort des citoyens qui, comme moi, ont voulu un gouvernement libre et le règne seul de la loi[2]. »

Ces cellules, ce triste corridor nous sont décrits de la même sorte par l'anonyme qui nous a déjà parlé de Sainte-Pélagie dans *l'Almanach* ou dans *l'Histoire des prisons*. Ce qui choqua le plus Roucher à Sainte-Pélagie, comme madame Roland à l'Abbaye, c'est la malpropreté de ces murs : « Ah! Sainte-Pélagie ! Sainte-Pélagie ! s'écriait-il dans une lettre à son ami Des..., vous êtes une sale demoiselle ! » On lui trouva pourtant une cellule à un lit dont il fait à sa femme une tout autre description ; il y put même recevoir et garder quelques jours avec lui son fils, le petit Émile, âgé de quatre à cinq ans; et le gracieux enfant faisait le charme de la petite société dont il partageait la demeure[3]. « Émile est toujours charmant; il plaît à tout le monde. Il faut que mon Émile se souvienne, pour le redire un jour à nos petits-enfants, qu'à l'âge de quatre ans et demi, il a vu à Sainte-Pélagie, prisonnier avec papa Roucher, d'Estaing, Biron et

---

[1] *Mém. de madame Roland*, t. II, p. 115-116.

[2] *Consolations de ma captivité*, ou *Correspondance de Roucher*, publiée par Guillois, son gendre, 1797, 2 vol. in-8, t. I, p. 2 ; cf. p. 5, *Lettre à sa femme*.

[3] *Corresp.*, t. I, p. 48. — « Je m'y trouve, dit-il, aussi bien qu'on peut se trouver en prison. Je suis pavé en pierres de taille, mes murs sont blancs comme la neige ; nul insecte, nulle ordure ; ma chambre ressemble à mon lit. » (*Ibid.*, p. 53.)

Robert[1]. » Ce n'était pas le régime de tout le monde ; mais là encore, et pour les plus mal traités, sous la triple garde des verrous, des guichetiers et des chiens, on trouvait moyen de former société. « C'est sous ce régime de fer, dit l'anonyme, que les prisonniers détenus au secret imaginèrent, pour charmer l'ennui dont ils étaient dévorés, de former entre eux une espèce de club dont ils avaient fixé la séance à huit heures du soir. Quoique les portes de chaque chambre fussent d'une épaisseur prodigieuse, on s'était néanmoins aperçu qu'il était possible de se faire entendre d'un bout du corridor à l'autre, en criant un peu haut. A l'aide de cette invention, on s'instruisait réciproquement, et avec ordre, de tout ce qu'on avait appris des porte-clefs dans le courant de la journée, et pour n'être pas compris, dans le cas où l'on serait entendu de quelques-uns d'entre eux ou des gendarmes qui étaient apostés sous les fenêtres, au lieu de dire : « J'ai appris telle chose, » on disait : « J'ai rêvé telle chose[2]. » — C'était bien l'enfance de l'argot, et si les gendarmes n'y entendaient rien, c'était l'enfance de la gendarmerie !

La maison de *Saint-Lazare*, de maison de correction devint maison de suspects, dans les premiers jours de 1794 (20 nivôse an II[3]), quand l'encombrement des prisons leur fit chercher des succursales.

Roucher y fut transféré le 31 janvier (10 pluviôse an II) avec quatre-vingts autres compagnons de captivité, et ses lettres nous peignent les angoisses où la brutalité des agents de la force publique savait encore jeter ceux mêmes qui n'avaient qu'à gagner à ces sortes de changements : le sommeil brusquement interrompu par les cris des guichetiers, le grincement des clefs et le bruit des verrous ; les prisonniers tirés des cellules, empilés le long des corridors, l'appel à la lueur des torches, le chargement sur les chariots et le départ comme pour la mort.

Au milieu de ces opérations qui prirent quatre ou cinq heures, le poëte, calme et maître de lui, traduisait pour sa fille ces vers si beaux et si touchants de Virgile :

> Qualis populea mœrens Philomela sub umbra
> Amissos queritur fœtus ;

et il pouvait les méditer douloureusement quand le funèbre convoi passa par la rue des Noyers, devant la maison où dormaient ses

---

[1] *Ibid.*, t. I, p. 58. — Le duc du Châtelet entra à Saint-Pélagie quelques jours plus tard (14 frimaire, an II). *Ibid.*, p. 67.

[2] *Hist. des prisons*, t. II, p. 126.

[3] *Mém. sur les prisons*, t. I, p. 223.

enfants et sa femme[1]. Il était petit jour quand ils arrivèrent à Saint-Lazare et, même à cette heure matinale, ils trouvèrent des gens pour les insulter. « Dans la rue Saint-Martin, dit Roucher écrivant à sa fille, une vieille revendeuse de fruits, accroupie contre une borne, nous a salués d'un mot que le genre de nos voitures lui a dû inspirer, aussi bien que la vue de nos gendarmes à cheval et tenant toujours leurs flambeaux allumés. « Qu'on les f... tous à « la guillotine, tous à la guillotine! — Grand merci, ma bonne, « il serait possible d'être patriote, républicaine, et pourtant moins « féroce[2]. » Mais dans la prison même, on avait fait quelques frais pour recevoir ces nouveaux habitants : les corridors qui régnaient dans toute la longueur de chaque étage avaient été nouvellement blanchis; et, parmi les chambres où l'on devait se loger à trois ou quatre, il est vrai, sinon à six ou sept, il y en avait qui n'étaient pas désagréables. « Chabroud, dit Roucher, s'était déjà emparé d'une chambre à trois, à grand air, à belle vue, donnant sur la cour intérieure, le jardin, la ville et la campagne. Je m'attache à lui. M... s'attache à nous; notre demeure est fixée. » Le régime, d'ailleurs, n'était pas très-rigoureux. « On t'a bien informé, ma chère Minette, écrit-il à sa fille : point de barreaux aux fenêtres, mais de belles et grandes croisées. Point de verroux aux portes, mais des serrures intérieures dont on a la libre disposition. Point d'heures fixes de retraite, mais liberté de voisiner toute la nuit dans le même corridor. Durant tout le jour, communication permise

---

[1] *Correspondance*, t. I, p. 266 et suiv. — Il parle aussi de la curiosité indifférente des passants à la vue du cortége. « En effet, n'est-ce pas une chose curieuse que quatre-vingts prisonniers, détenus comme suspects, conduits par cinq ou six gendarmes seulement, qui, sans fers, sans liens, se laissent ainsi mener, comme des agneaux, où l'on veut et comme l'on veut, sans se plaindre, sans nulle intention de s'échapper, dociles à la loi parce qu'elle est la loi, et la respectant dans ses rigueurs. » (*Ibid.*)

[2] *Correspondance*, t. I, p. 266. — Voyez aussi les lettres précédentes écrites au milieu du trouble de cette translation et du premier établissement à Saint-Lazare, p. 243 et suiv. — Pour accréditer dans le peuple les souhaits de la « bonne femme » et ôter aux détenus les sympathies mêmes des gens du quartier, on imagina de transférer, un peu après, à Saint-Lazare (25 pluviôse an II, 13 février 1794), en plein jour cette fois, des détenus de Bicêtre. De ce jour-là il devait être bien établi que Saint-Lazare était « une des grandes sentines de la République, » qu'il n'y avait là que des bandits sur lesquels chacun avait intérêt à veiller. Bien plus, les malfaiteurs de Bicêtre ayant commis des violences dans la maison, Hanriot accourut avec sa troupe, distribua des cartouches, signalant les détenus, suspects ou autres, comme des scélérats qui n'attendaient que la mort. Il fallut qu'on se décidât, sur les instances de Naudet, à renvoyer à Bicêtre ceux qu'on en avait tirés. (Voyez Roucher, *Correspond.*, t. I, p. 281-283, et *Mém. sur les prisons*, t. I, p. 226-228.)

entre tous les étages, et dans peu jouissance d'une grande et vaste cour qu'on bat en ce moment, et qu'on sable[1]. »

Une chose non moins précieuse pour les détenus que les aménagements nouveaux de la maison, c'était l'excellente nature du concierge, le citoyen Naudet, « homme d'un caractère très-doux et n'ayant d'un concierge que le nom effrayant. » — « L'humanité avec laquelle nous fûmes traités, tant par Naudet et sa femme que par ses porte-clefs, » dit un détenu, amené de la caserne des Gardes françaises, « l'empressement que mirent ses garçons à nous procurer les objets de première nécessité, nous firent croire que nous passions des Enfers aux Champs Élysées[2]. »

Les relations entre détenus étaient faciles et agréables. On s'y entretenait familièrement, on échangeait des compliments et des vers[3]. On se faisait visite, plus même qu'il ne convenait à Roucher, par exemple, dont la principale occupation, quand il laissait sa traduction des *Saisons* de Thompson, était de causer par lettres avec sa fille[4], de diriger son instruction en littérature, en botanique, et surtout de former, d'élever, de fortifier son cœur[5]. Il rassurait sa femme qui craignait de voir suspendre les relations épistolaires qu'elle gardait avec lui : « Rassure-toi, ma chère amie, lui disait-il, la loi qui suspend toutes communications avec l'extérieur ne frappe que sur les détenus prévenus de conspiration ; et, grâce à mes principes, jamais la calomnie elle-même ne pourrait me faire comprendre dans cette catégorie[6]. » Heureuse illusion ! Il obtenait de recevoir à demeure son petit Émile, qu'il faisait coucher près de lui sur un matelas mis en double entre les six feuilles de son paravent ; et le jeune enfant, « notre petit suspect, » comme l'ap-

---

[1] *Correspond.*, t. I, p. 266-267.

[2] *Mém. sur les prisons*, t. II, p. 223.

[3] Voy. *Corresp.*, t. I, p. 288 et suiv. ; t. II, p. 11 et suiv.

[4] « Avons-nous, ma chère Minette, me disait-il, la même manière de supporter le temps ? Moi je le compte par les lettres que tu m'écris. » (30 floréal, an II. T. II, p. 184.)

[5] « Chabroud me disait avant-hier qu'il commençait à se lasser. Pour moi, je m'applique à tenir toujours mon âme debout, et j'ai mon moyen pour y réussir. Ma chère Minette, devine, ce n'est pas la mer à boire. Est-ce que ton cœur ne t'a point déjà dit le mot de l'énigme ? Il te l'a dit, j'en suis sûr. Eh bien oui, je pense à toi, aux bons effets de ma captivité sur ton âme et sur ton esprit. Minette a trouvé la véritable richesse dans mon malheur, qui est aussi le sien. Elle se forme de jour en jour à l'école de l'infortune. » (6 prairial. T. II, p. 201.)

[6] 25 ventôse, an II. T. II, p. 40. — Sa correspondance fut suspendue alors pendant quinze jours.

pelle sa sœur, resta près de lui, choyé de tout le monde, jusqu'à la veille de l'éternelle séparation [1].

En d'autres lieux encore, l'humanité des geôliers sut adoucir la rigueur de la prison. Coittant, avant de passer à Port-Libre, qu'il nous a décrit, l'avait éprouvé aux Madelonnettes [2], son premier lieu de détention.

J'ai déjà rapproché les Madelonnettes de Sainte-Pélagie. Même origine, même transformation avant et depuis la République. Ces maisons n'étaient que trop bien disposées à devenir prisons. Dès le mois de septembre 1793, les suspects y affluèrent en tel nombre, que les derniers venus durent être relégués dans les chambres des pailleux, chambres qui ne le cédaient pas aux cellules de Sainte-Pélagie : c'étaient « des chambres de cinq pieds carrés, de neuf de haut, donnant sur les derrières, ayant chacune deux fenêtres de six petits carreaux et ornées de grilles bien solides. Dans chacune de ces chambres, se trouvaient douze crèches accolées trois ensemble ; chaque crèche avait un pied et demi de large sur six pieds de long, et était garnie d'une mauvaise paillasse toute chargée de vermine [3]. »

Le premier jour, les suspects avaient dû coucher sur cette paille ; mais le lendemain, on leur donna des matelas et, quelques jours après, leurs chambres furent décorées de tablettes et de petits meubles très-commodes.

C'est au concierge qu'ils devaient en grande partie ces allégements à leur sort. « Le concierge de cette maison, Vaubertrand fils, homme exact, mais sensible, dont le caractère, dit notre auteur, ne s'est jamais démenti pendant cent jours que je suis resté dans cette maison, cherchait toutes les occasions d'adoucir le sort des citoyens qui n'étaient que suspects. L'institution des crèches, inventées pour avilir l'espèce humaine, disparut par ses soins, et les objets de première nécessité furent distribués avec affabilité aux prisonniers [4]. »

---

[1] *Correspond.*, t. II, p. 225 et 300. — « Pendant que je laisse courir ainsi ma plume pour toi, ma chère fille, notre Émile est là à ma gauche, dormant profondément sur son matelas mis en double, entre les six feuilles de mon paravent disposées sur trois rangs. » (9 germinal. T. II, p. 45.) « Émile dort dans son cabinet à six feuilles. » (12 floréal. *Ibid.*, p. 138.)

[2] L'éditeur des *Mém. sur les prisons* aurait bien dû placer l'article des Madelonnettes, t. II, p. 202, avant celui de Port-libre, p. 1, qui n'en est que la suite. Il ne paraît pas s'en être aperçu.

[3] *Mém. sur les prisons*, t. II, p. 203.

[4] *Ibid.*, p. 203.

Mais c'est surtout la jeune femme du geôlier, belle, gracieuse, douce et affable, qui faisait leur consolation dans la prison. Quand elle les visitait, c'était comme un rayon de lumière qui éclairait leurs sombres réduits. Elle venait suivie de son enfant de quatre ans, gage innocent de sa pudeur. Dans une épître consacrée aux grâces et aux vertus de la mère, un prisonnier exprime la crainte que cette vue de la souffrance n'endurcisse l'enfant :

> Toi, dont le jeune cœur paroît doux et sensible,
> Qui joins cet heureux don au don de la beauté,
> Combien tu dois souffrir dans ce séjour horrible
> Et de notre destin plaindre la cruauté.
>
> . . . .
>
> Je vois avec regret ton fils suivant tes pas,
> S'accoutumer si jeune au tableau de nos peines,
> Et faire sans effroi dans ses joyeux ébats
> Ses jeux habituels de nos fers, de nos chaines.
> Ah ! crains de l'endurcir ; qu'il connaisse nos maux,
> Mais qu'il les plaigne aussi ; ton âme douce et bonne
> Saura former la sienne à chérir ses égaux,
> A plaindre le malheur, à n'affliger personne.

(Hist. des prisons, t. III, p. 155-156.)

Mais l'enfant avait appris lui-même de son père et de sa mère à aimer ces tristes captifs. « Notre petit ange, Vaubertrand fils, dit Coittant, nous donnait aussi des consolations. Voici la conversation qu'il eut un jour avec son aimable mère, femme aussi estimable que sensible, qui venait souvent examiner s'il ne nous manquait rien de ce que la loi nous accordait. Il y avait dans la maison un petit jardin où le concierge seul avait droit d'entrer. « — Nous ne voyons personne dans le jardin, dit l'enfant; allons « rendre visite à nos *pigeonniers* (c'est ainsi qu'il nous appelait). « — Eh bien! mon fils, allons-y. — Maman, il faut leur ouvrir les « portes; ils n'ont rien fait de mal; oh! je t'en assure, ils n'ont « rien fait. — Mais, mon fils, tu veux donc me faire guillotiner? « — Non, maman. — Mon ami, ce n'est pas moi qui ai les clefs, « ce sont les gardiens. — Oh bien! si tu veux, je vais les amuser, « et pendant ce temps tu les prendras, et nous leur ouvrirons les « portes. » Ainsi s'exprimait ce charmant enfant[1]. »

Même aux Madelonnettes, dans les premiers temps, les suspects ne furent pas traités autrement qu'ailleurs pour ce qui était de

---

Mém. sur les prisons, t. II, p. 212.

leurs rapports avec leurs parents, leurs amis du dehors; et dans
leur vie commune à l'intérieur, ils s'étaient fait comme une image
de la société avec ses privautés et aussi ses cérémonies. « Dans le
commun malheur, tout le monde fraternisait. Ceux qui jadis, dans
le monde, avaient joué les personnages les plus brillants, se trouvaient fort heureux de venir prendre leur café dans le passage
d'un étroit corridor qui servait de chauffoir commun, modestement
assis sur une mauvaise paillasse ou sur une pile de bûches. Quand
le petit ménage était fait, qu'on s'était seulement salué en allant
vider la fortune du pot de Champville[1] (artiste du Théâtre-Français)
et qu'on avait déjeuné, on voyait le ci-devant lieutenant de police,
perruque bien poudrée, souliers bien cirés, chapeau sous le bras,
se rendre chez les ci-devant ministres, la Tour-du-Pin, Saint-
Priest, le frère de l'ex-ministre, et puis chez Boulainvilliers; puis
enfin chez les ci-devant conseillers au parlement. De retour chez
lui, venaient à leur tour, Boulainvilliers, la Tour-du-Pin, les ex-
conseillers, en grande cérémonie, qui rendaient la visite : c'était là
l'occupation de la matinée[2]. »

Ce sont des habitudes que Beaulieu constate en général pour les
maisons de suspects. « La société, dit-il, avait transporté dans ces
maisons une partie de ses usages. On s'y tenait sur la réserve ; on
s'y traitait avec les égards habituels entre gens qui se fréquentent
sans se connaître. Souvent même on les affectait. M. de Nicolaï,
président de la chambre des comptes, détenu au Luxembourg,
ne passait jamais le seuil d'une porte où il rencontrait quelqu'un, sans un combat de politesse pour savoir qui passerait le
premier[3]. »

J'ai dit l'emploi de la matinée aux Madelonnettes. D'autres soins
remplissaient les loisirs de l'après-midi : « Pour nous distraire,
dit encore notre prisonnier, nous faisions de la musique. On
exécutait, tant bien que mal, des quatuors de Pleyel. Notre charmante concierge ne nous abandonnait pas et assistait régulièrement à ces petits concerts. C'était la seule femme que nous
voyions[4]. » Aussi les couplets, les bouts-rimés, ne lui étaient-ils

---

[1] Nous supprimons la note qui en donne l'explication.

[2] *Mém. sur les prisons*, t. II, p. 227, 228. — Je signalerai parmi les hôtes des
Madelonnettes et je saluerai en passant l'illustre antiquaire Quatremère de Quincy,
député de Paris à l'Assemblée législative en 1791, à qui j'ai eu l'honneur de succéder, quoique indigne, en 1850, à l'Académie des inscriptions et belles-lettres.

[3] *Essais*, etc., p. 318.

[4] *Mém. sur les prisons*, t. II, p. 221.

pas épargnés, et le père et l'aimable enfant y étaient aussi célébrés
avec elle :

> On voit l'amour et la beauté
> En voyant le fils et la mère :
> De même on voit l'humanité
> En voyant le fils et le père.
> Oh ! mes amis, qu'on est heureux
> De trouver en lui le bon frère,
> L'ami sincère et généreux,
> Qui souffre de notre misère [1].

IV

GEÔLIERS ET ADMINISTRATEURS DE POLICE.

Qui croirait que c'est là le portrait d'une famille de geôliers, et de
geôliers de la Terreur? Mais les geôliers que la Terreur trouva dans
les prisons furent assez généralement ainsi. Ils avaient été comme
subjugués par des prisonniers qui ressemblaient si peu aux autres ;
qui, du fond de leurs cachots, formaient un tel contraste avec ces
administrateurs de police dont le caprice brutal faisait la loi dans
les prisons. On peut joindre à Vaubertrand fils, des Madelonnettes,
Lavacquerie, de l'Abbaye, dont madame Roland dit que « c'est un
homme honnête, actif, obligeant, qui met dans ses fonctions tout ce
que la justice et l'humanité peuvent faire désirer [2]; » Bouchaud, ou
Bouchotte, de Sainte-Pélagie, qu'elle eut, immédiatement après, l'occasion de connaître, et dont elle dit qu'il fait ce qu'il peut [3] : « Un
homme né doux et humain, dit Roucher : il fait son devoir, mais il

---

[1] *Ibid.*, p. 222.

[2] *Mém. de madame Roland*, t. II, p. 76. — « Je dois à l'humanité de mes gardiens, dit-elle aussi dans sa première lettre à Buzot (22 juin), des facilités que je
cache pour ne pas les compromettre ; mais les bons procédés lient plus étroitement
que des chaînes de fer, et je pourrais me sauver que je ne le voudrais pas, pour
ne pas perdre l'honnête concierge qui emploie tous ses soins à adoucir ma captivité.
(*Lettres à Buzot*, p. 17, publiées par M. Dauban, 1864.)

[3] *Ibid.*, p. 132. — « Je trouve des gardiens honteux de m'y voir, qui cherchent
à me faire oublier ce que leur office a d'odieux. » (*Lettres à Buzot*, p. 30.)

en tempère la rigueur par la manière honnête dont il parle et agit[1]; »
aussi, en quittant Sainte-Pélagie pour Saint-Lazare, le poëte proscrit lui donna-t-il un témoignage public de son estime et de sa gratitude[2]. Richard, de la Conciergerie, et Lebeau, ou Bault, de la Force,
qui le remplaça pendant quelque temps à la Conciergerie où Riouffe
le connut aussi : « homme sensible, » nous dit-il[3]; Ferney, guiche-
tier-chef de la Force, dont nous aurons à reparler ; sans oublier ceux
que nous avons vus déjà dans les maisons converties en prisons de
suspects : le « sensible » Benoît, au Luxembourg, l'excellent Naudet, à Saint-Lazare, et sa femme, et ses porte-clefs mêmes[4].

Les femmes surtout s'étaient montrées touchées de tant de malheurs immérités. A presque tous les geôliers que nous avons nommés il faut associer les noms de leurs femmes. Toutes n'avaient pas
la grâce de la jeune Vaubertrand; presque toutes avaient sa bonté,
ses prévenances envers les détenus : « Vous pourrez, madame, demeurer ici tout le jour, dit la concierge de l'Abbaye, grosse personne
d'une bonne figure, en recevant madame Roland chez elle, et si je ne
pouvais vous faire préparer un local ce soir, parce que j'ai beaucoup
de monde, on dresserait un lit dans le salon. » — « A quoi elle ajouta,
dit madame Roland, quelques réflexions obligeantes sur les regrets
qu'elle éprouvait toutes les fois qu'elle voyait arriver des personnes
de son sexe[5]. » Et les paroles n'étaient pas démenties par les actes :
elle faisait mettre le couvert de madame Roland chez elle pour qu'elle
dînât en meilleur air[6]. A Sainte-Pélagie, où l'illustre prisonnière fut
d'abord mise en cellule, parmi des femmes qui pour la plupart, à cette
époque (avant la loi des suspects), étaient dignes du lieu, madame
Bouchaud l'invita à passer les journées dans son appartement ; puis,
voyant qu'elle n'en usait qu'avec discrétion, elle trouva moyen de la
faire sortir de sa cellule et de la loger « dans une jolie chambre à
cheminée, située au rez-de-chaussée, au-dessous de sa propre cham-

---

[1] *Consolations de ma captivité,* ou *Corresp. de Boucher* (7 juillet), t. I, p. 90.

[2] « Là, dit-il, j'aperçois le citoyen Bouchotte debout, triste, et nous regardant
passer : « Adieu citoyen concierge, grand merci du ton honnête et doux que vous
« avez toujours eu avec moi. » En lui parlant ainsi, je lui tends la main, il me
tend la sienne que je presse, et je suis mes compagnons. » *Corresp. de Boucher,*
t. I, p. 26.

[3] *Mém. sur les prisons,* t. I, p. 47.

[4] Avant de terminer ce récit, dit encore le prisonnier de l'hôtel Talaru, je ren-
drai justice aux gardiens à qui je fus confié pendant cinquante-trois jours. Ils n'é-
taient pas tous également recommandables ; mais, l'un portant l'autre, ils n'étaient
pas mauvais, et les beaux yeux d'une bouteille de vin ou d'un assignat les humani-
saient tout à fait. » (*Hist. des prisons,* t. III, p. 104.)

[5] *Mém. de madame Roland,* t. II, p. 76-77.

[6] *Ibid.,* p. 83.

bre[1].» — « Me voilà donc délivrée, s'écrie madame Roland, de l'affreux entourage qui faisait mon tourment, je n'aurai plus à passer deux fois le jour au milieu des femmes de mon voisinage pour m'éloigner d'elles pendant quelque temps. Je ne verrai plus le porte-clefs à sinistre figure ouvrir ma porte chaque matin et tirer le gros verrou sur moi comme sur une criminelle qu'il faut sévèrement garder. C'est la douce physionomie de madame Bouchaud qui se présente à moi ; c'est elle dont je sens à chaque instant les soins délicats. Il n'est pas jusqu'au jasmin apporté devant ma fenêtre, dont on garnit les grilles de ses branches flexibles, qui n'atteste ce désir dont elle est pénétrée. Je me regarde comme sa pensionnaire, j'oublie ma captivité[2]. » Cela dura jusqu'au jour où un administrateur de police brutal ordonna à la concierge de la faire remonter dans les corridors, au nom de l'égalité. Ce fut madame Roland qui dut consoler la concierge ; et celle-ci, du reste, continua à la faire descendre pendant le jour dans la pièce où elle avait ses livres et ses objets d'études[3].

Même dans l'antre de la Conciergerie, on ne trouve que des femmes compatissantes aux prisonniers : c'est d'abord la citoyenne Richard, qui se montra si respectueuse et si attentive pour Marie-Antoinette durant sa captivité, lui ménageant des mets plus délicats, lui apportant des fruits et des fleurs[4]; qui introduisait M. Hue jusqu'au-

---

[1] *Mém. de madame Roland*, t. II, p. 119.

[2] *Ibid.*, p. 119-120. Cf. *Lettres à Buzot*, p. 48. — « J'ai ici un meilleur air qu'à l'Abbaye et je passe quand je veux dans l'agréable appartement du concierge. C'est même là que je suis obligée d'aller recevoir le petit nombre de ceux qui peuvent me visiter ; mais il faut traverser pour cela une partie de la maison, sous l'œil des guichetiers et celui des vilaines femmes qui errent dans mon quartier. Je garde donc habituellement ma cellule, elle est large de manière à souffrir une chaise à côté de mon lit. C'est là que souvent à ma petite table je lis, je dessine et j'écris, » etc.

[3] *Ibid.*, p. 155.

[4] *Hist. des prisons*, t. IV, p. 205. — Voici une anecdote qui fait honneur à la femme Richard, et prouve aussi que, non-seulement dans les prisons, mais dans le peuple, dans les halles, il y avait, parmi les femmes, de la compassion pour cette royale infortune : « La reine, dit M. Hue, avait témoigné à la femme Richard l'envie de manger du melon. Cette femme qui prenait le plus grand soin de Sa Majesté et qui veillait à tous ses besoins, autant que cela était en son pouvoir, courut au marché le plus proche de la prison « Il me faut un excellent melon, dit-elle à une marchande qu'elle connaissait. — Je le devine, lui répondit celle-ci. Le melon que tu demandes avec tant d'empressement est, j'en suis sûre, pour notre malheureuse reine ; choisis, prend ce qu'il y a de plus beau. » Elle-même lui donne le meilleur. La dame Richard veut payer. — Garde ton argent, lui répliqua la marchande, et dis à la reine qu'il y en a beaucoup parmi nous qui gémissent... Elle allait en dire davantage, lorsque la concierge se retira, porta le melon à la reine et lui rendit compte de ce qui s'était passé. Sa Majesté fut attendrie. » — Hue, *Dernières années de Louis XVI*, p. 446, note. L'auteur dit qu'il tient l'anecdote de la dame Richard elle-même.

près d'elle pour qu'elle reçût des nouvelles de ses enfants et leur
en pût donner ; qui mérita que madame Élisabeth, dans sa correspondance avec Hue à ce sujet, la désignât sous le nom de *sensible* [1] ;
qui fut compromise pour la reine dans l'affaire de l'*œillet* [2], et entraîna son mari et son fils dans sa disgrâce ; et après qu'elle eût été
mise en prison (11 septembre), ce fut la citoyenne Bault ou Lebeau
que cet exemple n'intimida point : on prétend même que Bault, gardien de la Force, fut choisi pour remplacer Richard à la Conciergerie
par les manœuvres secrètes de Hue et de Cléry, en vue de la reine.
C'est à la femme Bault que l'on doit le récit le plus sympathique des
derniers moments de Marie-Antoinette à la Conciergerie [3], et c'est sa
servante, Rosalie Lamorlière, qui a transmis les détails les plus touchants sur la manière de vivre, le courage et la résignation de la
reine, dont elle fit avec une diligence pieuse le service jusqu'à l'heure
de la dernière *toilette* [4] (16 octobre).

Richard et sa femme revinrent à la Conciergerie (11 novembre
1793), n'ayant pu être convaincus de complicité avec les amis de la
reine ; Bault ou Lebeau et sa femme retournèrent probablement dès
lors à la Force, où nous les retrouverons ; et, de part et d'autre, les
prisonniers continuent de se louer de leur humanité [5]. La citoyenne
Richard en fut en quelque sorte victime. Deux années après la Terreur (messidor an IV, 1796), comme elle apportait un bouillon à un

---

[1] Hue, *Dern. années de Louis XVI*, p. 445, et la note de l'auteur. — Hue fut arrêté
lui-même, et conduit à la Force le 14 octobre 1793, deux jours avant la conclusion
fatale du procès de la reine. De là il fut transféré dans une maison de détention du
faubourg Saint-Antoine, d'où il tenta de s'évader, puis à Port-Libre, et enfin au
Luxembourg. Il n'en sortit qu'après treize mois de captivité. (*Ibid.*, p. 466, note.)

[2] Œillet offert à la reine par le chevalier de Rougeville, introduit à la Conciergerie comme simple curieux. L'œillet contenait un billet portant ces mots : « J'ai à
votre disposition des hommes et de l'argent, » billet qui fut saisi par le gendarme
dans les mains de la reine. Rougeville se sauva. La femme Richard et son fils furent
arrêtés et envoyés aux Madelonnettes comme complices de cette tentative. Voy. *Mémoires de Cléry*, appendice 5, p. 314, et Hue, *Dernières années de Louis XVI*, p. 448.

[3] Voyez ce récit à la suite des *Mémoires de Cléry*, dans les *Mémoires relatifs à la
Révolution française* (Paris, 1817).

[4] Déclaration publiée dans les *Mémoires secrets et universels des malheurs
et de la mort de la reine de France*, par Lafont d'Aussone (Paris, 1824), p. 528.
Voici un trait de ce récit qui se rapporte aux premiers temps du séjour de la reine
à la Conciergerie : « Un jour madame Richard amena dans le cachot son plus jeune
enfant, qui était blond, qui avait des yeux bleus fort agréables. La reine, en voyant
ce beau petit garçon, tressaillit visiblement. Elle le prit dans ses bras, le couvrit de
baisers et de caresses, et se mit à pleurer en nous parlant de M. le Dauphin, qui
était à peu près du même âge ; elle y pensait nuit et jour. Cette circonstance lui fit
un mal horrible. Madame Richard, quand nous fûmes remontés, me dit qu'elle se
garderait bien de ramener son fils dans le cachot » (p. 354).

[5] *Mém. sur les prisons*, t. II, p. 246, note ; *Mém. du comte Beugnot*.

vil criminel, condamné à vingt ans de fers, il se jeta sur elle et la tua [1].

Il ne faudrait pas s'exagérer pourtant et généraliser outre mesure les soulagements que les bons offices des concierges humains et « sensibles » apportaient en certains lieux aux prisonniers. Le régime des prisons restait communément au fond ce qu'il est toujours. C'est sur l'argent plus que sur tout autre chose qu'il fallait compter pour se procurer quelques adoucissements ou des objets de distraction, une nourriture un peu meilleure, un logement plus commode, des cartes, la permission de voir ses parents [2] : témoin, Port-Libre. L'Abbaye et Sainte-Pélagie, où madame Roland eut tant à se louer des concierges, ne faisaient pas exception. A l'Abbaye, Paris de l'Épinard se plaint fort qu'on lui ait pris 4 livres par jour pour ses repas, quand il aurait dû être nourri gratis [3]. Il est vrai que les repas gratis, là comme à Sainte-Pélagie, étaient difficilement supportables, au témoignage de madame Roland, qui avait voulu voir ce que c'était [4]. — « *As-tu des sonnettes ?* » c'était, d'après l'auteur que nous avons déjà cité, la première question qu'on adressait au prisonnier lorsqu'il entrait à Sainte-Pélagie ; « s'il répondait *oui*, on lui faisait apporter une cuvette et quelques plats fêlés, qu'il payait le triple de leur valeur ; mais si malheureusement il avait le gousset vide, on lui disait : — Ma foi, pays, tant pis pour toi ; mais ici on n'a rien pour rien. » Et l'on était obligé de vendre à vil prix une partie de ses effets pour obtenir les choses les plus strictement nécessaires [5]. Madame Roland aussi constate que, dans la petite cellule qu'elle y occupa d'abord, on lui demanda, pour un lit, 15 livres par mois, payables à l'avance, qu'il n'y avait dans sa cellule ni pot à l'eau ni autre vase, et que, pour en avoir, il fallait les acheter [6].

On ne trouvait pas ordinairement en ces lieux des commissionnaires comme celui de la maison Blanchard, à Picpus, qui « refusait presque toujours ce qu'on lui offrait pour ses commissions », qui disait même à ceux que la fortune mettait en état de reconnaître ses services : « Gardez, citoyens, ce que vous m'offrez ; un prisonnier n'a jamais trop d'argent. Ces petits services que je vous rends ne me coûtent rien ; c'est un plaisir que je me fais à moi-même et j'y trouve ma récompense [7]. » Et puis, il y avait au-dessus des concierges

---

[1] *Hist. des prisons,* t. II, p. 5.
[2] *Mém. sur les prisons,* t. II, p. 7.
[3] *Ibid.,* t. I, p. 151.
[4] *Mém. de madame Roland,* t. II, p. 90.
[5] *Hist. des prisons,* t. II, p. 124.
[6] *Mém. de madame Roland,* t. II, p. 111
[7] *Hist. des prisons,* t. III, p. 204.

les administrateurs de police ; et c'étaient généralement les agents
les plus stupides et les plus brutaux de la Terreur : personnages
ignorants, comme ce Dupommier, chargé de la surveillance de la
maison Blanchard, à Picpus [1] ; — ou bien encore sinistrement burlesques : et les prisonniers qui souffraient de leur humeur s'amusaient
aussi quelquefois de leurs ridicules. On en peut donner pour exemple ce Marino, l'un des bourreaux de Lyon, connu de tous les prisonniers pour le plus hardi scélérat, qui, du reste, n'attendit même
pas la fin du régime dont il était le digne satellite, pour être emprisonné lui-même et guillotiné avec plusieurs de sa bande (29 prairial,
an II) [2].

J'ai dit comme il insultait la société polie qu'il trouvait au Luxembourg. On l'y reçut un jour d'étrange sorte. Une douzaine de prisonniers occupaient une espèce d'entresol qui avait servi de grenier
à foin. « Comme l'on sut qu'il allait entrer, on ferma la fenêtre ; la
plupart se mettent à fumer ; le cuisinier de semaine, un torchon sale
devant lui, est chargé de recevoir l'administrateur, qui fait trois pas
en arrière, tout saisi par l'odeur combinée du charbon, de la fumée
des pipes et des haleines à l'ail ; on l'introduit, on offre à ses yeux
une méchante table fabriquée à la diable, sur laquelle était une cruche ébréchée, plus une bouteille qui servait de chandelier : il faut
sauter à la fenêtre pour ne pas étouffer ; il s'embarrasse dans des
matelas étendus par terre ; il chancelle, il tombe, on le relève ; on
l'invite à prendre sa part des pommes de terre qu'on faisait frire au
suif ; il s'attendrit et finit par faire cadeau à la chambrée d'une cuil-
ler en bois, et presque neuve, qui avait écumé le pot du vieux Sillery.
Les petits présents entretiennent l'amitié [3]. »

Sa première visite aux Madelonnettes avait produit un grand effet.

Le 8 octobre 1793, dit Coittant, il arrive avec une grotesque dignité, une allure insolente, un habit sale, chapeau gras, écharpe

---

[1] « Un jour, dit notre narrateur, il entre dans la chambre d'un prisonnier qu'il
trouve occupé à lire. « Qu'est-ce que tu fais là ? — Vous le voyez. — Ce n'est pas
« ainsi qu'il faut répondre. Qu'est-ce que tu fais là ? — Vous en êtes témoin, je lis.
« — Eh ! quelle est cette lecture ? — Tenez, voyez. » Il lui présente le livre. Dupommier, qui ne savait pas lire, lui dit avec colère : « Ton procédé est de la der-
« nière insolence ; songes à me répondre, f....., car sans cela je verrai ce que je
« dois faire. — Je ne pouvais mieux faire que de vous présenter ce livre ; et si vous
« ne savez pas lire, je vais vous apprendre quel en est le titre. — Oui f....., je
« veux le savoir tout de suite. Ces b......-là sont si insolents qu'on n'en viendra
« jamais à bout. — Puisqu'il faut vous le dire, c'est... — Eh bien, dis donc. —
« C'est *Montaigne*. — Oh ! puisque c'est de la Montagne, continue de lire ; voilà ce
« qu'il faut ; mais une autre fois ne sois pas si impertinent. Malpeste ! un livre fait
« par la Montagne ! Bravo, bravo ! » *Hist. des prisons*, t. III, p. 205.

[2] *Mém sur les prisons*, t. II, p. 83 et 116.

[3] *Ibid.*, p. 139.

pareille : on se précipite autour de lui; on lui présente des mémoires ; on cherche à exciter sa sensibilité. L'anthropophage administrateur donne à tout le monde des réponses évasives, et entre dans la chambre qui renfermait les citoyens de sa section. Il parcourt des yeux ses victimes (car c'était d'après ses dénonciations que ses co-sectionnaires avaient été arrêtés) ; il les contemple avec le souris du tigre et les accable de grossièretés. Avec un pareil brigand, on ne pouvait pas parler de sa liberté, on se contente de lui demander le jardin : — « Patience, bons citoyens, répond le Néron écharpé, on établit de belles maisons d'arrêt à Picpus, à Port-Libre, etc. » Et il termina sa visite, dit Coittant, en nous annonçant avec un visage rayonnant l'arrêté de la Commune qui nous défendait de communiquer au dehors : l'ordre fut exécuté sur-le-champ[1].»

Ce matamore pouvait pourtant être mâté. Il ne s'agissait que de savoir lui parler son langage. Dans cette même visite, un grand hussard à larges moustaches était venu lui présenter humblement sa requête et l'appelait avec respect : « Monsieur. »

« — Parle en républicain ; je tutoie tout le monde : point de *monsieur*, mais *citoyen*, et tutoie-moi.

« — Eh bien ! par le s... n... d'un Dieu, fais-moi sortir d'ici et donne-moi la liberté ! »

« Il sortit le troisième jour : on avait besoin d'hommes à moustaches[2]. »

Ce Marino vint une seconde fois aux Madelonnettes pour établir l'égalité dans la maison ; et, pour commencer, il voulait substituer, dans leurs logements respectifs, les pailleux aux suspects et les suspects aux pailleux ; mais les pailleux étaient des brigands, des voleurs : c'eût été appliquer trop à la lettre sa théorie sur la supériorité de ceux-ci à l'égard des autres. La fermeté du concierge Vaubertrand servit sans doute à le contenir sur ce point. Il se rabattit sur les tables, et prétendit y mettre largement en pratique la loi de l'Évangile qui oblige le riche à nourrir le pauvre. Par une sorte de réparation, ce fut au profit des prisonniers de sa section de la Montagne qu'il voulut l'appliquer. Il prit de Crosne, et l'amenant dans la chambre que ceux-ci occupaient, il lui dit :

« — Tiens, mon fils, voilà les hommes de ma section, il faut que tu en aies soin, entends-tu bien ?

« — Oui, citoyen.

« — Assis-toi là.

« — Oui, citoyen. »

[1] *Mémoires*, etc., p. 207, 208.
[2] *Ibid.*, p. 208.

Et, le flattant sur la joue :

« — Ah çà, tu payeras le fricot, entends-tu bien ?

« — Oui, citoyen.

« — La chambre, les frais, le vin ?

« — Oui, citoyen.

« — Tiens, voilà le président, en désignant Jousseron, il fera la carte de toute la dépense, entends-tu ?

« — Oui, citoyen.

« — Tu as de la fortune, ils n'en ont pas, c'est à toi à payer, entends-tu ?

« — Oui, citoyen.

« — N'y manque pas.

« — Non, citoyen.

« — Et tu leur donneras le gigot à l'ail, les pommes de terre et la salade ?

« — Oui, citoyen. »

Après ce colloque, il quitta de Crosne en lui donnant le petit soufflet sur la joue [1].

Mais les prisonniers de la section de la Montagne n'étaient pas des montagnards. Quoique en général peu fortunés, ils avaient de quoi se suffire, et ils résistèrent à toutes les instances de de Crosne, qui, naturellement généreux, tenait à exécuter de lui-même ce que Marino lui avait commandé.

Disons aussi que les geôliers humains ne réussirent pas tous à se maintenir avec de pareils administrateurs. Naudet fut destitué ; Benoît, envoyé au tribunal révolutionnaire, d'où il se tira on ne sait comment, dit un de nos récits. Blanchard, à Picpus, incarcéré aussi pour son trop de bonté, demeura incorrigible, et, rendu à ses fonctions, il ne montra pas moins de sollicitude envers les détenus dont il avait la garde. Mais il était bien rare que destitués ils revinssent à leurs fonctions ; et les administrateurs ne songeaient qu'à installer dans les prisons des geôliers à leur image ; comme Semé, établi par l'administrateur Bergot, son compagnon de débauches, à la place de Naudet, dans la maison de Saint-Lazare [2]; comme le féroce Guyard, qui remplaça Benoît au Luxembourg [3]; comme le concierge Bertrand, à la maison des Anglaises, ou cet Haly que l'on trouve successivement à Port-Libre et au Plessis [4]: le petit Haly, « petit despote, comme

---

[1] *Mém. sur les prisons*, t. II, p. 223, 224. — Cette anecdote est textuellement reproduite par Beaulieu (*Essais historiques sur les causes et les effets de la Révolution française*, t. V, p. 335).

[2] *Mém. sur les prisons*, t. I, p. 231.

[3] *Ibid.*, t. II, p. 167 et 487.

[4] Prud'homme, *Crimes de la Révolution*, t. V, p. 226; *Mém. sur les prisons*, t. II, p. 5 ; t. I, p. 175.

l'appelle Coittant, ancien montreur de bêtes féroces[1]. » Coittant dit
que « son cœur, au fond, était assez bon ; » mais on ne le voit guère
à ses paroles et même à ses actes, tels que lui-même les expose; et
au Plessis on jugeait tout autrement de son cœur. Il était de ceux qui
se faisaient souvent un plaisir d'ajouter par les brutalités de leur
despotisme aux misères des prisonniers. Et il fallait user à leur égard
de ménagements et de flatteries, car ils avaient, dans les maisons
les mieux situées, un moyen de vengeance : c'était de faire transférer dans les prisons plus dures : « Tais-toi, je te ferai mettre à Bicêtre, » disait Haly aux détenus de Port-Libre ; « apprends que je suis
le maître ici ; » et de fait, ajoute Coittant, il a tenu plus d'une fois
parole[2]. » — Du Plessis où on l'envoya comme geôlier, il ne pouvait
plus envoyer qu'à la Conciergerie, c'est-à-dire à l'échafaud.

IV

LA FORCE ET LE PLESSIS.

Bicêtre, la Force, le Plessis, la Conciergerie, étaient les plus dures
des prisons.

Bicêtre était la demeure des plus vils condamnés. Y envoyer des
suspects eût été dépasser toute mesure. Et puis surtout, on ne les
aurait pas eu si facilement sous la main.

La Force et le Plessis nous ont été décrits par un même prisonnier
qui eut le triste avantage d'en pouvoir faire la comparaison.

C'est un ancien soldat qui, le 12 septembre 1793, à la veille de la
loi des suspects, apprenant qu'une loi ordonnait à tous les militaires
démissionnaires de quitter Paris et de s'en éloigner à vingt lieues,
était venu au bureau de la guerre, pour s'assurer si le domicile dont
il pouvait faire preuve l'en exemptait, ou prendre ses passe-ports. Il y
tombe au milieu d'une foule de gendarmes, de suppôts de police,
de commis insolents. Il est bien mis, il a l'air martial, le regard
fier. Suspect! On l'entraîne dans une écurie, puis on le jette dans un
cachot ; après quoi on le mène avec quelques autres à la section du
Mont-Blanc. Là, ils sont visités, fouillés. Autres motifs de préven-
tion. Qui a de l'or doit le tenir de Pitt et Cobourg : conspirateur ! — des
assignats : contre-révolutionnaire ! — des bijoux : suspect ! — On saisit

[1] *Mém. sur les prisons,* t. II, p. 256 et 266.
[2] *Ibid.,* p. 5. — « Ce droit tant soit peu féodal, dit Coittant, fait trembler tous les
prisonniers, qui ont soin de mettre beaucoup de circonspection dans leurs demandes ou requêtes à M. le concierge. » (*Ibid.,* p. 51.)

les bijoux eux-mêmes comme suspects. On laissa pourtant à nos suspects un peu d'argent, et le président en prit occasion de leur adresser
un discours pathétique pour les engager à contribuer, selon leurs
facultés, au soulagement des autres détenus que la misère rendait
plus à plaindre. Puis on les envoya à la Mairie, entrepôt général de
tous ceux qui étaient arrêtés sans motifs énoncés.

Cela nous vaut une première description de la Mairie, je veux
dire de ses cachots[1]. On y était à la gêne : « sans lit, sans chaise,
rien que d'affreux matelas, où l'on faisait provision de ces compagnons parasites qui s'accommodent si bien des prisons et surtout
des prisonniers. Pour la nourriture, on pouvait se ménager quelques douceurs moyennant de l'argent. Le concierge en prêtait même
à qui pouvait lui rendre : petit commerce où il gagna beaucoup, plus
même qu'il ne devait, et qui finit par le mener à la guillotine.

Notre ancien militaire resta là huit jours oublié ; visité pourtant
quelquefois par des administrateurs qui faisaient mille questions et
n'écoutaient pas une réponse.

Enfin, sur un ordre de police, il fut mené à la Force par deux
gendarmes, « les plus insignes coquins qui jamais aient porté l'habit
bleu. » Ils s'informèrent d'abord s'il avait de l'argent. « D'autres
ont été plus pressés, leur dit-il, et ils ne m'ont rien laissé. » Ils le
lièrent alors et le traînèrent ainsi jusqu'au lieu de son nouveau
domicile, en l'assurant « qu'incessamment il voyagerait en sens
inverse. » Ils s'y connaissaient bien.

Il était sept heures du soir quand il arriva à la *Force*. Les guichetiers étaient à table, et ne crurent pas devoir se déranger pour un
simple suspect : « Qu'on le f..... à la souricière ! » articula une voix
forte. Il fallut aller à la souricière.

« La souricière, continue-t-il, est un cachot obscur et incommode
où l'on dépose les prisonniers jusqu'à leur comparution devant le
concierge. On est là livré à ses tristes réflexions. Un baquet au milieu,
un pot et de la paille aux deux coins, voilà tout le mobilier. Un
malheureux que j'y trouvai m'accueillit avec intérêt, me donna une
partie de sa litière. » — Lorsqu'au bout de quelques heures on lui
apporta du pain, il se réclama d'un détenu de sa connaissance,
arrivé de la Mairie la veille, et promit de payer honnêtement l'humanité de ceux qui lui procureraient un lit. Cela toucha le gardien.
Le citoyen Vallez[2], « monsieur grand, bien planté, ayant des façons

[1] C'est aujourd'hui le dépôt de la Préfecture de police. Cet hôtel, qui était celui du
premier président du Parlement, fut occupé par Pétion, deuxième maire de Paris,
et c'est depuis lors qu'on l'appelait la Mairie.

[2] Le citoyen Bault, ou Lebeau, que nous retrouverons dans d'autres récits comme
concierge de la Force, était à cette date à la Conciergerie (du 11 septembre au 21 novembre 1793).

tout à fait aimables, d'un ton vraiment imposant me dit de le suivre.
Je pris congé de mon compagnon, escorté de deux chiens monstrueux. Je fléchis la tête sous dix portes de fer et je traversai ces
cours fatales où tant de victimes innocentes avaient péri dans les
massacres des 2 et 3 septembre. On me signala, et je fus placé dans
le département de la police. Le chien de garde vint me flairer. Dès
lors je fus sous sa responsabilité, et vainement j'aurais cherché à
fuir. Je l'ai vu ramener par le poignet, et sans lui faire du mal, un
prisonnier qui s'était un moment soustrait à sa vigilance. »

Il n'y avait pourtant pas bien longtemps que cette maison était
une des fastueuses demeures de l'aristocratie. En 1754, Louis XV
l'avait achetée du duc de la Force pour en faire une école militaire ;
elle ne devint pas école militaire. En 1780, Louis XVI en fit une
prison civile, qui remplaça le Fort-l'Évêque et le Petit-Châtelet, et ne
tarda guère à recevoir son baptême de sang. Un bâtiment nouveau,
tout en pierre de taille et voûté à chacun de ses étages, s'éleva au milieu des jardins qui formèrent plusieurs cours plantées d'arbres[1].
Un autre hôtel, l'hôtel de Brienne, dont l'entrée était par la rue
Pavée-Saint-Antoine, avait déjà été distrait de l'hôtel de la Force.
En 1785, on en fit une prison de femmes, sous le nom de *Petite-
Force*, et ce fut encore le quartier des femmes sous le régime de la
Terreur[2].

Les femmes étaient donc entièrement séparées des hommes à la
Force ; et les journées s'écoulaient tristement. « Il fallait, dit notre
prisonnier, vaquer aux devoirs du ménage, faire nos lits, balayer,
assister aux différents appels, obéir à ces féroces geôliers, sourire à
leurs cruelles inepties, payer largement le plus léger de leurs services, et recevoir souvent leurs dégoûtantes accolades. »

La cour où notre prisonnier allait, pendant le jour, « respirer,
comme il dit, un peu d'air et beaucoup d'ennui, » était séparée par
un seul mur du département occupé par les femmes, c'est-à-dire de
la Petite-Force. Ce mur ne séparait pas seulement les hommes des
femmes ; il séparait les mères de leurs enfants. Une seule voie de
communication imparfaite leur était ouverte : un égout. « C'est là,
dit notre auteur, que se rendait tous les matins et chaque soir le petit
Foucaud, fils de la citoyenne Kolly, condamnée à mort et qui depuis
a subi son jugement[3]. Ce pieux enfant qui, à peine à son adolescence,
connaissait déjà toutes les misères de la vie, s'agenouillait devant

---

[1] La prison était divisée en six départements et comptait huit cours, dont quatre
très-spacieuses. Voy. Saint-Victor, *Tableau pittoresque de Paris*, t. II, p. 652.

[2] Dulaure, *Hist. de Paris*, t. IX, p. 272-275.

[3] Condamnée le 2 mai 1793, exécutée le 28 brumaire an II (18 novembre 1793).
Elle était grosse : on attendit qu'elle eût donné le jour à son enfant pour la mettre
à mort.

cet égout infect et la bouche collée sur le trou, échangeait les sentiments de son cœur contre ceux de sa mère. C'est là, que son plus jeune frère, âgé de trois ans, le seul compagnon de ses derniers moments, beau comme l'Amour, intéressant comme le malheur, venait lui dire : « Maman a moins pleuré cette nuit, un peu reposé, et « te souhaite le bonjour ; c'est Lolo qui t'aime bien, qui te dit cela. » Enfin, c'est par cet égout, que cette malheureuse mère allant à la mort, lui remit sa longue chevelure comme le seul héritage qu'elle pouvait lui laisser, en l'exhortant à faire réclamer son corps, ainsi que la loi le lui permettait, pour le réunir aux mânes de son époux et de son ami qui périrent le même jour [1]. »

Dans le temps que notre ancien militaire passa à la Force, il eut l'occasion d'y rencontrer encore plusieurs des plus notables entre ceux qui payèrent tribut à la loi des suspects et aux vicissitudes de la Révolution : « le ci-devant duc de Villeroi, le plus nul des hommes et le plus circonspect. Personne n'avait fait plus de dons à la nation : sommes immenses, équipages, il avait tout offert à son pays. Ses gens avaient l'ordre de ne le plus servir, de faire exactement leur service dans la garde nationale : à ces conditions, ils étaient par lui nourris, logés, vêtus. Il était riche, il faisait le bien, il fut à l'échafaud [2] ; » le banquier Van Deniver, fameux par ses richesses et sa probité ; le jeune Sombreuil, que sa jeunesse, tout entière aux plaisirs, ne sauva pas du sort des conspirateurs ; Achille Duchâtelet, jeune et vaillant soldat, mutilé dans les batailles, et qui n'échappa à la guillotine que par le poison ; Custine, fils du général, le baron de Trenck, etc. C'est de là que notre prisonnier vit partir Vergniaud et Valazé, transférés à la Conciergerie ; là qu'il vit venir le plus grand nombre des soixante-treize députés, tirés de la Convention sur appel nominal et mis en arrestation par le décret du 3 octobre 1793, pour avoir signé une protestation secrète contre l'incarcération de leurs collègues de la Gironde. L'un d'eux, le citoyen Blanqui, nous a raconté leur translation de la salle des séances dans un réduit infect, puis au corps de garde du pavillon national, de là à la Mairie, dans le dépôt que nous avons vu tout à l'heure, et de la Mairie à la Force ; et il ajoute quelques traits nouveaux au tableau fait de cette prison par le captif qui l'y avait précédé. Il y décrit le bâtiment neuf avec ses étages tous voûtés en pierre de taille jusqu'au plus haut [3]. Chaque

---

[1] *Mém. sur les prisons*, t. II, p. 246. — Kolly, fermier général, et François Beauvoir, son ami, avaient été exécutés le jour de leur condamnation (2 mai 1793).

[2] *Mém. sur les prisons*, t. II, p. 258.

[3] Il en compte six, y comprenant peut-être le rez-de-chaussée et les caves mêmes, qui peuvent être des logements pour les prisonniers. Dulaure n'en a signalé que quatre.

étage, dit-il, ne consiste qu'en un long salon, où sont placés le long
du mur des crèches ou bières, garnies de sac de paille, avec une
couverture sur chaque paire de sacs, sur lesquels il est impossible
de coucher à cause de leur forme cylindrique. Nous fûmes placés,
ajoute-t-il, au sixième étage avec une trentaine de malheureux qui y
étaient déjà... Nous étions sans lit, et il fallut bien nous accommoder
des sacs de paille qui ressemblaient bien plus à des tronçons de bois,
si mieux n'aimions passer une seconde nuit debout. Le salon ne
reçoit d'air que par de petites lucarnes ; le méphitisme effrayant, et
par surcroît d'horreur, un gros baquet, destiné aux besoins naturels
de la nuit, était placé à la tête du salon[1]. »

Cette partie de la prison, réservée aux prévenus de vols, d'assassinats, etc., ou à la détention provisoire des criminels déjà condamnés, était alors, comme aux Madelonnettes, occupée presque en totalité par des citoyens détenus en vertu de la fameuse loi du
17 septembre 1793. Notre conventionnel finit par y trouver cette
chambre de 14 pieds carrés, où ils étaient logés à huit à raison de
22 livres par mois chacun :

« Les lits se touchaient : la moitié du mien était même sous celui
de mon voisin, et deux autres collègues couchaient par terre faute
d'espace. Pour se mettre au lit, il fallait entrer par les pieds, et pour
rester dans la chambre, il fallait se tenir sur les lits ou en démonter
quatre ou cinq[2]... Pour y arriver, il fallait traverser une loge de
cochons, placée au pied de l'escalier. Ces animaux venaient nous
incommoder jusque dans notre gîte. Par les fenêtres, une autre loge
de cochons, et à l'autre extrémité les latrines communes.

« Parlerons-nous de l'infirmerie ? On n'obtenait d'y être transféré
que quand on était mourant. Et qu'était-ce que cette infirmerie ? un
véritable cimetière. Là deux et souvent trois malades occupaient le
même grabat, sans soins, sans ressource, sans consolation. Les maladies y étaient amalgamées de la manière la plus révoltante. La
fièvre lente y gisait à côté de la putride, à côté de l'aiguë. Les visites
des parents, des amis y étaient interdites. Rarement on y passait trois
jours, et jamais on n'en sortait vivant. Au risque de mourir dans les
bras les uns des autres, nous nous étions engagés à ne jamais per-
mettre qu'aucun de nous allât s'ensevelir dans le tombeau fétide de
l'infirmerie[3]. »

Il y avait, je l'ai dit, à la Force, deux cours qui pouvaient servir de

---

[1] *Hist. des prisons*, t. I, p. 158.

[2] « Le nombre de ceux enfermés à la Force était si considérable, dit un autre détenu, qu'on fut obligé de les joncher les uns sur les autres » (*Suppl. aux Mém. de
madame Roland*, t. II, p. 285).

[3] *Ibid.*, t. I, p. 157-165.

. promenade. Celle qui était ouverte à nos représentants se trouvait
encore remplie de pierres, de briques ou de décombres. Mais nos
détenus avaient à leur service des bras et du temps. Ils se mettent
donc à la déblayer ; ils disposent les briques en siéges avec dossiers,
en autels (ce n'était pas pour les saints) ; ils forment des terrasses
qu'ils plantent d'arbustes, de gazon et de fleurs. Un prisonnier avait,
à l'aide de son couteau, fait d'une pierre brute le buste de Linnée,
qui fut placé au centre. Mais ils avaient compté sans les maîtres de
la maison : « Pour avoir une idée des vexations inouïes qu'on ima-
ginait pour inquiéter les prisonniers, il est bon de dire que cet
arrangement ne fut pas plutôt achevé qu'un brutal, architecte ou
maître maçon, envoyé sans doute par nos persécuteurs, se présente
avec des manœuvres et fait main basse sur les autels, les siéges, les
fleurs, les arbustes et tout ce qu'il rencontre, sous le prétexte de
prendre des briques dont il dit avoir besoin, lui qui n'avait jamais
daigné en faire enlever une seule lorsqu'elles encombraient la promenade. Les prisonniers furent obligés de racheter leur ouvrage à
prix d'argent. Cette vexation fut renouvelée plus d'une fois[1]. » Et
cette prison n'avait pourtant pas un mauvais geôlier :

« Le concierge, dit Blanqui, était un bonhomme qui n'inquiétait
guère les prisonniers. Rarement on le voyait à l'intérieur et, quand
il y paraissait, il s'y comportait avec humanité, souvent avec douceur. » Mais cette douceur n'était pas sans faiblesse. « C'est peut-
être à son apathie, continue l'auteur, qu'il faut attribuer l'empire
que certains intrigants avaient usurpé dans les prisons[2]. »

Du reste, les guichetiers eux-mêmes n'étaient pas généralement
mauvais à la Force, au moins dans la partie que Blanqui et ses collègues habitèrent ; et Blanqui l'attribue à la bonne influence du gui-
chetier-chef : « Cet homme, vraiment au-dessus de son état, dit-il,
était d'une douceur surprenante. Par l'humanité dont il accompagnait toutes ses démarches, il cherchait à adoucir ce que son emploi
avait de dur et de rebutant. Sans jamais manquer à ses devoirs, il
les remplissait avec une aménité qui le rendait intéressant. Il s'appelle Ferney ; il a depuis été employé à l'hospice, ci-devant l'Évêché[3]. »

Blanqui fait observer qu'il témoignait particulièrement des égards
aux députés détenus, et il osait, pour les défendre, tenir tête à l'administrateur de police, mais il se montrait aussi très-bon envers
les autres :

[1] *Ibid.*, t. I, p. 164.
[2] *Ibid.*, p. 70. — Peut-être parle-t-il ici de Bault, qui, comme nous l'avons dit,
après avoir occupé la Conciergerie pendant la disgrâce et l'incarcération de la famille
Richard (11 septembre – 21 novembre 1793), revint à la Force.
[3] *Hist. des prisons*, t. I, p. 171.

« Quand le régime de la gamelle fut institué, ajoute-t-il, l'arrêté
du comité portait qu'il serait défendu aux guichetiers de boire avec
les détenus, à qui on avait enlevé tout moyen d'avoir du vin. On
sent que cette loi n'était qu'une ironie insultante. Ferney, touché de
compassion pour les vieillards et les infirmes, leur dit : « Citoyens,
« si la loi défend aux guichetiers de boire avec les détenus, elle ne
« défend pas aux détenus de boire avec les guichetiers. Quand vous
« aurez besoin d'un verre de vin, passez au guichet, et vous trouve-
« rez toujours sur la table une bouteille de vin à votre service[1]. »

Il y avait donc de bons guichetiers, même à la Force ; et il y avait
là aussi quelques parties qui l'auraient pu faire ranger parmi les
bonnes prisons : c'est du moins le témoignage d'un homme qui s'y
rencontra avec plusieurs des collègues de Blanqui, d'un prisonnier
qui sortait, il est vrai, de la Conciergerie. Mais attendons, pour en
parler, que nous ayons passé par cette maison.

Après bien des épreuves, Blanqui et quelques-uns de ses collègues
sortirent de la Force pour aller aux Madelonnettes[2] ; notre ancien
militaire en sortit pour être mis en liberté. Il ne se reconnaissait
plus dans Paris. « En quelques mois, tout était changé, les mœurs,
les costumes. Les carmagnoles, les bonnets rouges remplaçaient les
habits, les chapeaux. Des insensés, au nom du peuple, couraient les
rues couverts de chappes et d'aumusses... » Ne se croyant plus en
sûreté dans la ville, il se choisit un domicile à la campagne. Il s'établit à Neuilly : c'était bien près de Bagatelle, dont l'un des triumvirs, Couthon, avait fait sa maison de plaisance ; il fut arrêté, avec
cent quatorze autres, accusés d'avoir voulu exciter à la révolte la
nouvelle École militaire, le camp des élèves de Mars, établi au voisinage dans la plaine des Sablons : et voilà comment, à peine sorti de
la Force, il fut cette fois envoyé à la maison d'arrêt de l'Egalité.

Le Plessis, qu'on avait revêtu de ce beau nom, était une des prisons les plus rigoureuses et les plus redoutées. Notre prisonnier n'y
fut conduit, il est vrai, que vers le 9 messidor, à une époque bien voisine de thermidor ; mais nous avons sur la maison les récits d'une
dame[3] qui, arrêtée à Senlis le 15 août 1793 et enfermée d'abord à

---

[1] *Ibid.*, t. I, p. 171-172.

[2] *Hist. des prisons*, t. I, p. 173, et *Suppl. aux Mém. de madame Roland*, t. II,
p. 318. — Ils n'eurent guère à s'en féliciter tout d'abord. Quand le concierge demanda
à l'administrateur des logements pour les représentants du peuple : « Il n'y a qu'à
les mettre aux pailleux, répondit-il froidement, c'est assez bon pour des députés. »
Ils durent faire déblayer à leurs frais quelques chambres cédées par les pailleux.
(*Hist. des prisons*, t. I, p. 173.)

[3] Madame la comtesse de Bohm, née de Girardin. (*Les prisons en* 1793, Paris, 1820.)

Chantilly, fut transférée, avec d'autres suspectes, au Plessis, trois
mois plus tôt, dès le lendemain de la mort de Camille Desmoulins
(16 germinal), et les deux témoignages ne sont que trop bien d'accord.

Le Plessis recevait ceux que la Conciergerie ne pouvait admettre et
lui tenait lieu de réservoir. Aussi l'avait-on placé sous la dépendance
immédiate de l'accusateur public : « C'était, dit notre narratrice, une
prison exclusivement réservée au tribunal révolutionnaire, où l'on
ne pouvait être enfermé que par un ordre exprès de Fouquier-
Tinville[1].

Les dames amenées de Chantilly n'avaient pas été honorées d'un
pareil mandat. On les avait présentées d'abord à Saint-Lazare, puis
à Sainte-Pélagie, puis aux Madelonnettes, puis à la Conciergerie, et
toujours sans succès : car il n'était pas si facile alors de trouver une
place à Paris dans les prisons. Il l'avait bien éprouvé, ce suspect,
homme d'esprit, qui, voyant que son ordre d'arrêt ne désignait aucune prison, demanda à l'agent exécuteur s'il pouvait en avoir le
choix : ce à quoi l'autre répondit honnêtement qu'il ne demandait
pas mieux que de l'obliger :

De m'obliger ! L'aimable politesse !
  Je demandai le Luxembourg.
Il me fut fait ce refus net et court :
— Citoyen, je ne peux; car on s'y trouve en presse.
— Les Carmes ? citoyen. — Hélas ! c'est même cas.
— Picpus ? — C'est encor pis, ainsi qu'à Saint-Lazare.
  Enfin, pour sortir d'embarras,
Je pensai demander d'aller droit au Ténare[2].

Il s'en remit à l'humanité de son honnête agent et ne fut pas
trompé dans sa confiance : il fut mené à l'hôtel Talaru. Les détenues
de Chantilly n'eurent pas si bonne fortune : on les déposa au Plessis,
mais là même elles faillirent n'être pas accueillies. L'inspecteur des
prisons, Grandpré, survenant presque au moment où elles arrivaient,
ne vit en elles que des prévenues vulgaires, et reprit vivement le
concierge de les avoir reçues. Celui-ci qui, à la mine, les avait re-
connues pour des aristocrates, jugea qu'elles étaient selon le cœur
de Fouquier-Tinville. « Ce ne sont pas des voleuses, dit-il, mais de
grandes dames, des *agitatrices*. » Et l'écrou fut régularisé[3].

Ce concierge, l'homme de Fouquier-Tinville, c'était notre petit
Haly, de Port-Libre, « petit despote dont le cœur au fond était bon, »
selon Coittant, mais qui était ou était devenu, au jugement de ses
hôtes du Plessis, tout à fait digne de son chef. C'était, dit l'ancien

<hr>

[1] *Les prisons en 1793*, p. 68.
[2] *Hist. des prisons*, t. III, p. 91.
[3] *Les prisons en 1793*, p. 68, 70.

détenu de la Force, un premier bourreau. « Jamais homme, ajoute-
t-il, ne poussa plus loin l'impudence et la cruauté. Fripon tant que
durait le jour, le soir féroce quand, au nom de Fouquier-Tinville,
on venait lui demander les quarante victimes que journellement on
envoyait à la mort. Tout lui était égal, l'un ou l'autre, le militaire
ou le chanoine : selon lui, on devait s'expliquer au tribunal, et Dieu
sait s'il en revint un seul de ceux que l'erreur y porta [1]. »

Le Plessis recevait alors chaque matin des convois de quatre-vingts
à cent cinquante prisonniers, dirigés sur la Conciergerie et qu'on envoyait là faute de place : et cependant, en ce temps-là, la Conciergerie se vidait vite; mais on lui rendait souvent le soir l'équivalent
de ce qu'on en avait reçu le matin. On amenait au Plessis ceux dont
l'affaire n'était pas immédiatement au rôle. On y amenait, par
exemple, en grand nombre, les prévenus des départements, depuis
qu'avait prévalu le système de les faire juger à Paris; et la souricière ne suffisant pas à les recevoir jusqu'au moment de leur répar-
tition, on les voyait communément passer la première nuit sur le pavé
de la cour [2]. La maison elle-même se trouva bientôt trop étroite, en
telle sorte qu'on fut obligé de percer les murs qui la séparaient du
collége Louis-le-Grand : et les deux colléges ne firent plus qu'une
seule prison [3].

Madame de Bohm parle de l'arrivée des suspects de Neuilly : « Je
m'approchai de la croisée, dit-elle, et, à la lueur de vingt flambeaux
j'aperçus les huissiers du tribunal, les nôtres, Haly, les guichetiers,
précipitant sur le pavé de nombreux prisonniers que trois vastes
tombereaux amenaient de la Conciergerie [4], excédés de fatigue, de
besoins, de crainte. Ils s'étendirent sur la terre comme de vils
troupeaux. Je vis les chiens préposés à leur garde rôder autour de
ces arrivants, tandis que les geôliers, par un raffinement de cruauté,
passaient continuellement des torches enflammées sur ces pauvres
captifs, qui, éblouis par la clarté, couverts de flammèches, suffoqués
par la fumée, ne pouvaient, dans leur triste position, jouir d'un
moment de tranquillité [5]. »

La souricière n'était pas faite pour une telle foule. On en remplit les cachots, et plusieurs regardèrent comme une faveur de pas-

[1] *Mém. sur les prisons,* t. II, p. 256, 257.

[2] *Les prisons en* 1793, p. 122.

[3] Les corridors qui mènent de l'un à l'autre servirent quelquefois de supplément
à la souricière. (Voy. *L'humanité méconnue,* dans les *Mémoires sur les prisons,* t. I,
p. 173.)

[4] Il y en avait quinze, et ils venaient directement de Neuilly. (Voy. *Mém. sur les
prisons,* t. II, p. 258.)

[5] *Les prisons en* 1793, p. 144; cf. *Mém. sur les prisons,* t. II, p. 258.

ser la nuit dans la cour, à la belle étoile. Le matin venu, ils allaient
jouir du régime ordinaire de la prison[1]. La comtesse de Bohm s'est
exprimée en termes discrets sur une cérémonie préalable, appelée
le *rapiotage*, qu'elle eut à subir à l'arrivée. Notre ancien militaire
en parle plus librement : « Les femmes, dit-il, furent les premières
à passer au *rapiotage*. Cette expression technique, ajoute-t-il, a besoin d'être expliquée : à l'instant où l'on se propose de sortir un
prisonnier de la souricière et de le rendre à ses nouveaux compagnons, il est fouillé, volé; on ne lui laisse que son mouchoir. Boucles, couteaux, ciseaux, argent, assignats, or et bijoux, tout est pris;
vous vous trouvez nu et dépouillé. Ce brigandage s'appelle rapioter,
et les femmes étaient soumises au rapiotage. La vertu, alors, était
à l'ordre du jour, et la multitude célébrait l'Être suprême, Robespierre et la guillotine[2]. »

Le lendemain, ce fut le tour des hommes. On ne leur laissa que
cent sous : l'excédant fut mis de côté[3]. Alors on les installa dans des
chambres déjà complètes : « Un lit de sangle se place partout, nous
dit-on. » La chaleur était excessive. On avait bouché à demi les fenêtres, et pour ce qui restait on y mettait des abats-jour[4]. Les femmes étaient au Plessis, renfermées dans les greniers; on leur donnait une heure pour venir respirer dans la cour. Les hommes étaient
relégués dans les bâtiments de Louis-le-Grand. « On y comptait, dit un
peu emphatiquement notre second récit, des jeunes gens qui avaient
fait leurs études dans ce collège, sous le despotisme des prêtres,
et qui, en sortant, étaient bien loin de penser qu'ils y reviendraient
encore faire un cours de patience sous un despotisme plus dur. Ils
se rappelaient les plaisirs de leur enfance, et le jeu de balle auquel
ils s'étaient exercés autrefois servait à tempérer l'ennui de leur
captivité[5]. »

Les corridors qui régnaient aux étages supérieurs avaient été
baptisés par Haly, pour les hommes, corridors *Brutus*, *Scœvola*,
etc. ; pour les femmes, corridor des *Grâces*, corridor des *Parques*.—

---

[1] *Mém. sur les prisons*, t. II, p. 258.

[2] *Ibid.*, p. 261, 262. Cf. *Les prisons en 1793*, p. 124, et Sirey, *Le tribunal révolutionnaire*, p. 8, 9.

[3] Selon un autre rapport, on laissait ordinairement 50 l. (*ibid.*, p. 284). C'était,
en effet, la règle dans les derniers temps de la Terreur.

[4] *Ibid.*, p. 262.

[5] *Ibid.*, p. 285. — « Tristes successeurs des écoliers et malheureux usurpateurs
des classes, dit Paris de l'Épinard. On voyait des septuagénaires à cheveux blancs en
sixième, tandis que des sourds et muets, des enfants, des femmes, des jeunes filles
étaient en rhétorique, en philosophie. Ces rapprochements eussent prêté matière à
des allusions plaisantes, s'il eût été permis de rire dans ce grave sujet.» (*Ibid.*, t. I,
p. 174.)

Il avait mis les prisonnières de Chantilly dans le corridor des *Grâces*. Beaucoup de malheureuses amenées des départements étaient entassées dans le corridor des *Parques*[1]. Lorsque Fouquier-Tinville venait avec les Sanson rendre visite à son bon ami Haly, le concierge, après les avoir bien traités, voulant leur donner une fête complète, les menait au corridor des *Grâces*. « Nous étions pour eux une véritable ménagerie, dit la comtesse de Bohm. La vue d'une duchesse, d'une marquise, d'une comtesse, d'un prêtre, d'une religieuse, les réjouissaient comme s'ils eussent regardé un animal rare[2]. » — Ce n'était pourtant pas chose si rare dans les prisons, en ce temps-là.

Le Plessis avait sur la Conciergerie cet avantage que les portes n'en étaient pas assiégées par ces furies de la guillotine, dont les journées se passaient à épier leurs victimes et à leur faire entendre des cris de mort. Les habitants du quartier leur étaient généralement favorables : on le vit au 10 thermidor; mais les communications avec l'extérieur étaient peut-être plus rigoureusement interdites, et le régime s'en ressentait : « La nourriture était détestable ; rien ne pouvait parvenir du dehors. Un mauvais vin nous était vendu fort cher, c'était le bénéfice des gardiens. A trois heures, on dressait, au milieu de la cour, une longue table mal fixée, on y rangeait cent assiettes malpropres, on la couvrait de trois plats dégoûtants. Il fallait déchirer la viande avec les doigts : privés de couteaux, nos seuls meubles utiles étaient un pot, un couvert de buis, une coupe... Un barbier venait tous les jours raser et friser ceux qui en avaient besoin. Le même bassin, le même savon, le même rasoir servaient aux galeux, aux teigneux, aux dartreux, il en coûtait cinq sous. » Cela explique, du reste, la concurrence que lui faisait subrepticement La Fortune, ce malheureux perruquier qui, depuis un an, courait les prisons, et qui, sans doute, n'était pas pressé d'en sortir. Il avait eu l'adresse de soustraire un rasoir au *rapiotage* des geôliers; il s'en servait journellement pour ceux qui le payaient bien. Il avait une sentinelle pour le temps qu'il opérait; son rasoir était sa fortune, et lui rapportait beaucoup ; il en avait refusé cent écus, car, malgré la vigilance des guichetiers, les assignats passaient dans les paquets de linge, dans les semelles des souliers[3].

A l'intérieur, il y avait quelques rares communications entre le quartier des hommes et celui des femmes. La fontaine était dans le bâtiment des femmes : on ambitionnait la corvée d'aller chercher de l'eau ; on pouvait, au passage, voir une femme, une sœur, mais le concierge s'en aperçut et ne recula pas devant la dépense d'un aque-

<hr>

[1] *Les prisons en 1793*, p. 77-78.
[2] *Ibid.*, p. 125.
[3] *Ibid.*, p. 265.

duc pour épargner aux hommes cette jouissance. « Ce cruel Haly, dit notre prisonnier, ne savait qu'imaginer pour tourmenter et nuire ; son cousin, grand sommelier de la maison, insolent et fripon, faisait transférer à Bicêtre ceux qui trouvaient son vin mauvais ou trop faible. Le cuisinier avait le même pouvoir, employait la même ressource quand on lui représentait que ses viandes étaient gâtées. » Les prisonniers étaient dans la conviction que le petit-salé qu'on leur donnait était de la chair de guillotiné ; et le geôlier, par un raffinement de barbarie, ne disait pas non. Il appelait cela un *plat de ci-devants*, et il riait aux éclats !

Tel était Haly. Quant à madame Haly, jeune femme de complexion délicate et d'une finesse de traits remarquable, fille de Bault ou Lebeau[1], le successeur de Richard à la Conciergerie dans les derniers jours de Marie-Antoinette, et qui elle-même y avait servi la reine : « Jamais âme aussi insensible ne fut revêtue d'une enveloppe plus gracieuse, dit notre prisonnière, et voici un trait qui la peint : Un soir, elle appela indistinctement les prisonnières, et d'un air riant leur dit : « Vos vêtements sont usés. Fouquier-Tinville ordonne que « vous les renouveliez. » Puis, accompagnée d'une trentaine de pauvres détenues qui s'étaient rendues à cette sommation, elle entra dans une des salles du greffe où étaient amoncelés des habillements d'hommes et de femmes... Elles en choisirent chacune à leur convenance, sans trop les voir, car la salle était obscure. A leur sortie, la lumière venant à les éclairer, elles les rejetèrent avec horreur : c'était la dépouille des victimes qui avaient achevé leur sacrifice ; tous ces habits étaient teints de leur sang[2]. »

La vie était donc dure au Plessis, et les heures s'écoulaient tristement jusqu'à la tombée du jour. Alors on entendait le bruit des charrettes : le messager de Fouquier-Tinville paraissait et appelait quarante noms pour la fournée du lendemain. En se couchant, on voyait vide auprès de soi la place occupée la veille par l'un des appelés ; et, en s'endormant, on n'était pas même bien sûr de ne pas recevoir, pendant la nuit, son *extrait mortuaire :* c'est ainsi qu'on appelait l'assignation à comparaître le lendemain devant le tribunal.

Parmi ceux qu'on appela un jour, était un colonel de hussards, jeune homme d'une belle figure, vigoureusement constitué : cinq pieds cinq pouces, œil noir, jambe nerveuse, nez aquilin. On était au 6 thermidor. Il descend fièrement, prend gaiement congé de tout le monde, va chercher les officiers de son corps avec lesquels on

<hr>

[1] Voy. le récit de madame Bault, sa mère, *Mém. de Cléry,* append. T, p. 322, 323.
[2] *Les prisons en* 1793, p. 125, 126.

l'avait envoyé à Paris. Ne les trouvant pas près de la fatale charrette, il refuse d'y monter, assure que c'est une erreur, et que puisque ses camarades ne sont pas avertis, il ne peut pas être appelé. Il comptait marcher à leur tête comme à la bataille. Un gendarme insiste : le jeune homme le repousse vigoureusement ; d'autres s'approchent, il les terrasse. Il impose si fortement au reste, qu'on se décide à faire partir les voitures déjà pleines et à ordonner qu'on le mît au cachot, en attendant qu'on le vînt reprendre. Il y fut oublié trois jours : le 10 thermidor lui rendit la vie et la liberté[1].

Ce bonheur fut rare ; plutôt que de ne pas avoir un détenu appelé, on en prenait un autre qui ne l'était pas : témoin cet autre militaire Courlet de Vermandois, fils d'un conseiller de Dijon. Le 8 thermidor, on avait demandé un Vermantois, chanoine de Chartres : point de chanoine. « Il me faut un chanoine ! » criait l'envoyé de Fouquier. A la fin, on trouve l'ancien militaire qui, du moins, portait un nom assez semblable au nom demandé. On lui remet l'acte d'accusation du chanoine ; il s'en défend : jamais il n'a rien eu de commun avec les cathédrales. N'importe, il s'expliquera avec l'accusateur public. Il fut exécuté le lendemain, 9 thermidor[2].

C'est vers la Conciergerie que s'acheminaient les convois du Plessis. C'est à la Conciergerie que nous arrivons.

VI

LA CONCIERGERIE

Si dans d'autres prisons régnaient le désœuvrement, l'ennui (un prisonnier de Sainte-Pélagie lui adresse une épître) et aussi l'inquiétude, la souffrance, la misère, à la Conciergerie ce qui dominait c'était la terreur.

La Conciergerie était le vestibule du tribunal révolutionnaire, la dernière station avant l'échafaud.

C'est la prison dont il est le plus parlé ; c'est là en effet que l'on arrivait de toutes les autres. La plupart des détenus, il est vrai, n'avaient guère le temps de la visiter en détail et encore moins de la décrire. Des lettres d'adieux, des chants suprêmes, c'est tout ce qu'ils ont laissé en la traversant. Mais quelques-uns eurent l'heu-

----

[1] *Ibid.*, p. 270.
[2] *Mém. sur les prisons*, t. II, p. 275.

reuse fortune d'y être comme oubliés, et ils ont eu le loisir de raconter ce qu'ils y avaient vu.

Un anonyme en a fait une description assez détaillée qui a paru d'abord dans l'*Almanach des prisons* de l'an III (1795) et qui figure en tête du deuxième volume de l'*Histoire des prisons*. Elle y est accompagnée de deux récits d'un caractère plus personnel : Les *Mémoires d'un détenu*, pour servir à l'histoire de la tyrannie de Robespierre, par Riouffe, et l'*Humanité méconnue ou les horribles souffrances d'un prisonnier*, par Jos. Paris de L'Épinard. La publication des *Mémoires* du comte Beugnot y a joint un complément d'une autorité incontestable et d'un grand intérêt. En les envoyant tous les quatre à la Conciergerie, le Comité de salut public ne se doutait pas qu'il se donnait contre lui-même des témoins accablants devant le tribunal de la postérité.

La description que nous avons citée rend aux lieux dont on peut voir aujourd'hui encore une partie dans son ancien état, l'aspect redoutable, l'agitation funèbre que leur donnait la Terreur.

L'entrée, qui était sur la cour du Palais (la cour du Mai), était fermée de deux guichets, à trois pieds l'un de l'autre, gardés par des porte-clefs vigoureux. Dans la première pièce, appelée guichet aussi, siégeait « le gouverneur de la maison. » — « Ces gouverneurs-là, dit l'auteur, sont devenus dans le temps où nous sommes, des personnages très-considérables. Les parents amis ou amies des prisonniers font ordinairement une cour très-assidue au concierge Richard pour se faire entr'ouvrir un guichet. On le salue profondément. Quand il est de bonne humeur, il sourit; quand au contraire il est morose, il fronce le sourcil : c'est Jupiter qui fait trembler l'Olympe[1]. » A la gauche en entrant dans le guichet, était le greffe, pièce partagée en deux par des barreaux[2]; l'une, destinée aux écritures, ayant vue sur la cour du Palais; l'autre servant de dépôt des condamnés : c'est là qu'ils attendaient l'exécution et subissaient les apprêts du supplice que l'on appelle la *toilette*[3]. « Vous n'avez pas vu, s'écrie l'auteur, vous qui lisez ceci, des êtres pleins de vigueur, de santé, qui portaient la sérénité de l'innocence sur le visage; vous ne les avez pas vus à quel-

---

[1] *Hist. des prisons*, t. II, p. 4.

[2] Cette pièce est occupée aujourd'hui par le bureau du commissaire de police. Pour la retrouver tout entière, il faut faire abstraction de la cloison qui la termine et aller jusqu'au gros mur, en y réunissant ainsi le couloir sombre, compris aujourd'hui dans la Conciergerie, entre ce gros mur et cette cloison. — Il en faut dire autant du guichet où siégeait le concierge. Ce lieu se trouve aujourd'hui réduit aux proportions d'un simple vestibule, par le rétrécissement de la porte et l'élargissement de la pièce à droite dont on a fait le cabinet du commissaire.

[3] *Mémoires du comte Beugnot*, t. I, p. 159.

ques heures, à quelques minutes d'une mort aussi certaine qu'affreuse, mais pourtant qu'ils attendaient avec calme. Comme moi vous n'avez pas été à même de dire : « Cet être qui respire, qui marche, « qui pense, qui tout à l'heure me serrait encore la main, eh bien ! « dans quelques instants il ne sera plus ; ce corps, que je vois animé « ne sera plus qu'un cadavre... Et moi, dans quelques jours peut-être « j'aurai subi le même sort[1]. »

Du greffe, on entrait de plain-pied dans des cachots appelés la *Souricière*[2]. « Il faudrait plutôt, dit l'auteur, les nommer la *Ratièr* . Un citoyen, nommé Beauregard, fut mis à son arrivée dans ce cachot, les rats lui mangèrent à différents endroits sa culotte;... et il fu obligé de se couvrir toute la nuit la figure de ses mains pour sauver son nez, ses oreilles, etc.[3].

En face de la porte d'entrée était le guichet qui conduisait à la cour des femmes[4], à l'infirmerie et à ce qu'on nommait *le côté des Douze*. A droite deux cabinets où couchaient les guichetiers de garde pendant la nuit : c'est là aussi qu'on déposait les femmes condamnées à mort[5]. Près de ces cabinets était la porte qui menait au préau[6]. Il fallait pour y arriver franchir quatre guichets, laissant à gauche la chambre du conseil et la chapelle, deux pièces alors remplies de lits. La première fut la prison de Marie-Antoinette[7]; la seconde, le lieu où

---

[1] *Hist. des prisons*, t. II, p. 7.

[2] Elle avait, dit un autre récit, son entrée à gauche du greffe (Moelle, *Six jours passés au Temple*, etc., p. 69), et s'étendait ainsi sous le vestibule du Palais qui suit le perron, ou, par rapport à l'entresol, sous la partie obscure du dortoir actuel des cochers. On en retrouve encore la porte, munie d'une énorme serrure et d'un verrou proportionné, au fond du couloir dont j'ai parlé dans la note précédente.

[3] *Ibid.*, p. 8.

[4] Cette cour, aujourd'hui coupée en deux par un mur, forme, dans la première partie, le préau des cochers arrêtés pour quelque délit commis dans l'exercice de leur état. — M. Dauban a publié dans son *Histoire des prisons de Paris sous la Révolution*, un plan de la partie restant de la Conciergerie, et quelques vues qui aident beaucoup à éclaircir la description de ces lieux.

[5] Cet endroit est bien indiqué sur le plan de M. Dauban.

[6] Le préau de l'ancienne Conciergerie occupait la place qui a encore cette destination au milieu des nouveaux bâtiments; mais il était plus grand, même sans y comprendre ses galeries.

[7] Il y avait non-seulement à la Conciergerie, mais à Sainte-Pélagie, à la Force, et probablement aussi dans les autres prisons une *chambre du Conseil*. C'était le lieu où jadis, à la Conciergerie, les magistrats venaient recevoir les plaintes des prévenus ; le lieu où les administrateurs de police se tenaient quand ils avaient à faire quelque interrogatoire. C'est la destination que madame Roland lui assigne pendant sa détention à Sainte-Pélagie (*Mémoires de madame Roland*, t. II, p. 29). On en disposait, au besoin, pour y loger les prisonniers de la Conciergerie. Custine y était et n'en sortit que pour faire place à Marie-Antoinette. Celle de la Force, nous le verrons, était devenue aussi une chambre de détenus.

les Girondins passèrent leur dernière nuit ; et ces souvenirs les feront respecter, je l'espère, au milieu des reconstructions de la maison. A droite en entrant dans la cour, à l'extrémité d'une espèce de galerie, était une double porte qui fermait le cachot surnommé, depuis les journées de septembre, la *Bûche nationale*, en souvenir des prisonniers qu'on y avait assommés [1].

Au fond était un escalier obscur qui menait aux salles du Palais [2]. C'est par cette voie sanglante que les accusés allaient au tribunal et en revenaient pour l'échafaud.

Grandpré, dans son rapport sur la Conciergerie en date du 17 mars 1793, déplorait déjà l'état de cette prison qui servait tout à la fois de maison d'arrêt, de justice et de force. Il y voyait des périls d'évasion, des périls de révolte ; et ce qui lui faisait craindre le soulèvement des détenus, c'était l'inhumanité avec laquelle on les entassait dans la même chambre, et les tourments incalculables qu'ils éprouvaient pendant la nuit. « Je les ai, disait-il, visités à l'ouverture, et je ne connais pas d'expression assez forte pour peindre le sentiment d'horreur que j'ai éprouvé en voyant dans une seule pièce vingt-six hommes rassemblés, couchant sur vingt et une paillasses, respirant l'air le plus infect et couverts de lambeaux à moitié pourris. » Dans une autre, quarante-cinq hommes et dix grabats ; dans une troisième, trente-huit moribonds sur neuf couchettes ; en trois autres pièces, quatre-vingts malheureux sur seize paillasses remplies de vermine ; et pour les femmes, cinquante-quatre ayant neuf paillasses et se tenant alternativement debout. Il sollicite une réforme et réclame la suppression des chambres à la pistole, comme constituant un privilége et faisant une distinction barbare entre des prévenus tous égaux devant la loi. Mais les chambres à la pistole rapportaient beaucoup ; et ce n'est pas quand le nombre des prisonniers s'accrut

---

[1] S'il s'agit de la cour des femmes, on trouve dans cette direction une large galerie voûtée qui mène de la galerie où donne la cellule de Marie-Antoinette au grand guichet ou vestibule actuel de la Conciergerie, vaste salle ogivale, refaite par M. Duc. On l'appelle *rue de Paris*. Est-ce là ce que l'auteur appelle une espèce de galerie ? Pour qu'elle n'ait pu être appelée tout simplement galerie, il faudrait qu'elle eût été alors obstruée ou rétrécie de quelque façon. S'il s'agit de la cour des hommes, cette indication pourrait conduire à l'endroit où la tradition de la Conciergerie place en effet le lieu des massacres, près de la tour Bombec, à l'extrémité N. O. du préau. Mais cela s'accorderait mal avec ce qui est dit de l'escalier. Le plan de M. Dauban indique, comme lieu des massacres, une petite cour, située à l'extrémité de l'ancienne cour des femmes ; mais cela ne répond ni aux textes ni aux traditions subsistantes.

[2] Il y a à l'extrémité S. O. de la salle ogivale, près de l'entrée de la *rue de Paris*, un escalier pratiqué dans une tour qui mène vers la Cour de Cassation, ci-devant la Grand'Chambre, où siégea le tribunal révolutionnaire.

dans des proportions si considérables, que l'on pouvait modifier l'état des choses qu'il signalait par son rapport[1].

« A l'époque, dit Beaulieu, où les cachots de la Conciergerie furent ouverts pour ceux qu'on appelait les contre-révolutionnaires, cette prison, la plus affreuse, la plus malsaine de toutes, était encore remplie de malheureux prévenus de vol et d'assassinat, rongés et dégoûtants de misère, renfermant enfin dans leur personne tout ce que la nature humaine peut réunir de plus horrible et de plus repoussant. C'était avec ces malheureux qu'étaient renfermés, pêle-mêle, dans les plus infects cachots, des comtes, des marquis, de voluptueux financiers, d'élégants petits-maîtres, et plus d'un malheureux philosophe ; on attendait là que les premiers venus, laissassent, par leur condamnation à mort, des places vides dans des réduits à peu près aussi tristes, mais où au moins on pouvait placer un lit de camp. Jusqu'à l'obtention de ce malheureux lit, on était renfermé pendant la nuit avec les misérables appelés *pailleux*, au milieu d'une fange plus dégoûtante que celle où reposent les animaux les plus immondes. C'est presque toujours par là qu'il fallait passer en arrivant. On attendait les chambres à lits quelquefois plus de quinze jours ; on les payait 18 francs par mois, quoique souvent on ne les occupât qu'une nuit[2]. »

Il y avait donc toujours à la Conciergerie les trois régimes, des cachots, des chambres à la paille et des chambres à la pistole. Les cachots ne s'ouvraient que pour donner la nourriture aux prisonniers et vider les *griaches*. « Rien de si horrible que les cachots de la Conciergerie, dit un auteur. Dans celui appelé *Bombec*, des cadavres vivants étaient couchés sur des planches dont la forme représentait des bières. Dans celui appelé *Saint-Vincent*, les prisonniers étaient si pressés pendant un hiver que, sur trente-neuf malheureux qui y étaient renfermés, vingt en ont été retirés vivants[3]. »

« Allez visiter, dit notre anonyme, les cachots qui sont pratiqués dans les grosses tours que vous voyez du quai de l'Horloge, ceux qu'on appelle le *Grand-César*, *Bombec*, *Saint-Vincent*, *Bel-Air*, etc., et dites si la mort n'est pas préférable à un pareil séjour[4]. » Plus d'une fois, en effet, des prisonniers, détenus là, provoquèrent une mort

---

[1] Voyez ce rapport reproduit par M. Beauchesne, *Vie de Madame Élisabeth*, t. II, p. 192, 193.

[2] *Essais*, t. V, p. 290.

[3] *Hist. des prisons*, t. IV, p. 375. Cf. Sirey : *Le tribunal révolutionnaire*, p. 8.

[4] *Hist. des prisons*, t. II, p. 10. Ces dénominations ne sont pas toutes conservées. A partir de la tour de l'Horloge, tour d'angle, que l'on connaît, la tour suivante est le Grand-César, puis la tour d'Argent où était déposé le trésor de Saint-Louis ; la dernière est la tour Bombec.

trop lente à venir. « Un pauvre marchand de serre-têtes, ennuyé de ce que son tour ne venait pas assez vite, envoya à l'accusateur public une lettre datée « de l'an II de la persécution, » dans laquelle il vouait à l'exécration le tribunal, demandait un roi et des prêtres. Appelé à un interrogatoire secret, on lui demanda s'il reconnaissait cette lettre : « Oui, répondit-il, c'est moi qui l'ai écrite, et la preuve, « c'est qu'en voici la copie, » ajouta-t-il en tirant un papier de sa poche. Le malheureux fut expédié le lendemain[1]. »

Les chambres à la paille ne différaient des cachots qu'en ce que les détenus étaient forcés d'en sortir entre huit et neuf heures du matin pour n'y rentrer qu'au coucher du soleil. Jusque-là, il fallait se morfondre dans la cour, ou, s'il pleuvait, s'entasser dans les galeries infectes qui la bordaient : destin meilleur encore, après tout, que de demeurer sur cette paille pourrie, dans ces lieux sans air, « entassés jusqu'à cinquante dans le même trou[2]. » C'était là qu'on voyait confondus ensemble « des assassins, des philosophes, des ducs, des princes, des poëtes, des financiers, des voleurs. » Barnave, à ce propos, disait un jour à Beaulieu : « En considérant ces hautes puissances, ces philosophes, ces législateurs, ces vils misérables ici confondus, ne vous semble-t-il pas qu'on est transporté sur ces bords du fleuve infernal dont nous parle la fable et qu'on doit passer sans retour. » — « Oui, dit Beaulieu, et nous sommes sur l'avant-scène. Le malheureux, ajoute-t-il, fut *assassiné* quelques jours après[3]. »

Les assassins et les voleurs finirent par ne plus trouver place à la Conciergerie; mais il en resta quelques-uns, avec une sorte d'autorité sur les philosophes et sur les ducs : témoin ce Barassin dont parle Beaulieu : « Voleur insigne, condamné à quatorze ans de fers (dans ses moments d'ivresse, il avouait qu'il avait bien mérité la roue), on l'avait retenu à la Conciergerie pour y passer son temps de galères dans les services les plus dégoûtants de la prison et dans l'espionnage des prisonniers. La noblesse, on le comprend, n'avait guère de titre aux égards par-devant un pareil sans-culotte. Lorsqu'il appelait le duc du Châtelet : « Eh ! Châtelet, criait-il, eh ! *aboule* ici, eh ! Châtelet ! » — « Il y avait, ajoute Beaulieu, une telle égalité dans les prisons, que l'affreux Barassin avait, comme à nous, été donné pour valet de chambre à la reine[4]. Je l'interrogeais un jour sur la manière dont on traitait cette princesse infortunée : « — Comme les autres, me ré-

----

[1] *Ibid.*, p. 376.

[2] Les chambres à la paille des femmes étaient au rez-de-chaussée, derrière les arcades que l'on voit encore au sud du préau des cochers (alors cour des femmes); les chambres à la pistole pour elles étaient au-dessus, le long de la galerie Sainte-Anne. (Voy. *Hist. des prisons*, t. II, p. 15, 16.)

[3] *Essais*, t. V, p. 294.

[4] Ce mot de *valet de chambre* est forcé. Son service se bornait à enlever la garde-

« pondit-il. — Comment! comme les autres? — Oui, comme les au-
« tres ; ça ne peut surprendre que les aristocrates. (Le malheureux
« était jacobin.) — Et que faisait la reine dans sa triste chambre?
« — La *Capet!* va, elle était bien penaude ; elle raccommodait ses
« chausses pour ne pas marcher sur la *chrétienté*. — Comment était-
« elle couchée? — Sur un lit de sangle, comme toi. — Comment
« était-elle vêtue? — Elle avait une robe noire, qui était toute déchi-
« rée : elle avait l'air d'une Margot. — Etait-elle seule? — Non, un
« bleu (un gendarme) montait toujours la garde à sa porte. — Ce
« bleu était avec elle? — Je t'ai dit qu'il montait la garde à la porte,
« mais elle n'en était séparée que par un paravent tout percé et à
« travers lequel ils pouvaient se voir tout à leur aise l'un et l'autre.
« — Qu'est-ce qui lui apportait à manger? — La citoyenne Richard.
« — Et que lui servait-elle? — Ah! de bonnes choses : elle lui ap-
« portait des poulets et des pêches ; quelquefois elle lui donnait des
« bouquets, et la Capet la remerciait de tout son cœur[1]. »

Barassin accompagnait encore le guichetier lorsque, le soir, les
détenus devaient rentrer dans les cachots et qu'on les parquait par
chambrées. « On nous comptait comme un troupeau de bêtes », dit
Beaulieu[2] ; et le prisonnier anonyme de la Conciergerie nous montre
que ce n'est pas dire assez. « Figurez-vous, dit-il, trois ou quatre
guichetiers ivres, avec une demi-douzaine de chiens en arrêt, tenant
en main une liste incorrecte qu'ils ne peuvent lire. Ils appellent un
nom : personne ne se reconnaît. Ils jurent, tempêtent, menacent ;
ils appellent de nouveau : on s'explique, on les aide, on parvient enfin à comprendre qui ils ont voulu nommer. Ils font entrer en comp-
tant le troupeau ; ils se trompent. Alors, avec une colère toujours
croissante, ils ordonnaient de sortir : on sort, on rentre, on se
trompe encore ; et ce n'est quelquefois qu'après trois ou quatre
épreuves que leur vue brouillée parvient enfin à s'assurer que le
nombre est complet[3]. »

Les chiens, on le voit, ont leur rôle ici, comme ils l'avaient dans
toutes les prisons. J'ai dit qu'à Port-Libre les détenus avaient dû
acheter celui qui les gardait la nuit. A l'Abbaye, la geôlière se présenta devant Pâris de l'Épinard, escortée de trois guichetiers et de
quatre chiens[4]. » C'était aussi l'escorte ordinaire d'Haly quand il

robe. Voyez la *Déclaration de Rosalie de la Morlière*, publiée par Lafont d'Aussone, dans l'ouvrage déjà cité, p. 334.

[1] *Essais*, t. V, p. 299, 300.
[2] *Ibid.*, p. 295.
[3] *Hist. des prisons*, t. II, p 11.
[4] *Mém. sur les prisons*, t. I, p. 148.

parcourait les corridors du Plessis [1]. On a vu tout à l'heure les chiens de la Force et comme on les dressait; il n'y en avait pas moins à Sainte-Pélagie :

> Ou si jamais je dors quelques moments,
> De vingt gros chiens, renforts de nos gendarmes,
> La voix bruyante et les longs hurlements
> Dans tous mes sens réveillent les alarmes [2].

Mais malgré tout ce bruit, malgré leur air farouche, ils n'étaient pas toujours aussi redoutables que les guicheliers leurs collègues : témoin ce cerbère, nommé Ravage, qui, à la Conciergerie, était chargé, la nuit, de la cour du préau. « Des prisonniers avaient, pour s'échapper, fait un trou (en argot un *housard*) : rien ne s'opposait plus à leur dessein, sinon la vigilance de Ravage et le bruit qu'il pouvait faire. Ravage se tait; mais le lendemain matin on s'aperçoit qu'on lui avait attaché à la queue un assignat de cent sous avec un petit billet où étaient écrits ces mots : « On peut corrompre Ravage avec « un assignat de cent sous et un paquet de pieds de mouton. » Ravage promenant et publiant ainsi son infamie fut un peu décontenancé par les attroupements qui se formèrent autour de lui, et les éclats de rire qui partaient de tous côtés. Il en fut quitte, dit-on, pour cette petite humiliation et quelques heures de cachot [3]. »

Un des endroits les plus singuliers de ce récit, c'est la description que l'on y trouve de cette enceinte formée toute de barreaux de fer, où l'on entrait après avoir franchi la première grille, et où l'on était admis par faveur à visiter les prisonniers [4]. Là, sur ce seuil de la mort, les femmes, les maris, les amants oubliaient tout dans le bonheur de se revoir; mais tout à coup les condamnés, ramenés du tribunal, apparaissaient s'acheminant vers le guichet funèbre : « Alors il se faisait un moment de silence, on se regardait avec crainte, puis on s'embrassait avec un tendre intérêt, et les choses reprenaient insensiblement leur cours. » Mêmes scènes dans le guichet d'entrée occupé par les prisonniers du côté des *Douze*. « Rangés sur des bancs, contre les murs, les uns se caressent avec autant de sécurité et de gaieté que s'ils étaient sous des berceaux de roses ; les autres s'attendrissent, versent des larmes. Dans le greffe sont des hommes condamnés à mort qui, quelquefois, chantent. Par une fenêtre de

---

[1] *Les prisons en* 1793, p. 144.
[2] *Mém. sur les prisons*, t. II, p. 495.
[3] *Hist. des prisons*, t. II, p. 14.
[4] Il faut là chercher à l'angle N.-E. de la cour des femmes, qui forme un saillant irrégulier entre les bâtiments.

ces cabinets dont j'ai parlé, on aperçoit, sur un lit de douleur, une malheureuse femme, veillée par un gendarme, qui attend, la pâleur sur le front, l'instant de son supplice. » C'était, vers ces premières grilles, un perpétuel mouvement. « Des gendarmes remplissent les guichets : ceux-ci conduisent des prisonniers dont on délie les mains et que l'on précipite dans des cachots; ceux-là demandent d'autres prisonniers pour les transférer, les lient et les emmènent, tandis qu'un huissier à l'œil hagard, à la voix insolente, donne des ordres, se fâche, et il se croit un héros parce qu'il insulte impunément à des malheureux qui ne peuvent lui répondre par des coups de bâton[1]. »

Tout était ainsi en mouvement pour un départ funèbre quand M. Beugnot fut amené en ces lieux.

VII

Beugnot, procureur-général-syndic de l'Aube, avait eu occasion de rendre service à Danton, quand le futur tribun fut décrété de prise de corps, vers la fin de l'Assemblée constituante, après la triste exécution du Champ de Mars. Danton s'était réfugié à Troyes. C'était Beugnot qui, en sa qualité de procureur-syndic, était chargé de l'arrêter. Il connut sa retraite et il lui fit dire de se tenir tranquille. L'amnistie survint et le sauva. Beugnot, nommé alors député à l'Assemblée législative, vint à Paris ; et quand l'Assemblée législative eut fait place à la Convention, Danton, qui n'avait pu l'attirer à son parti, aurait voulu tout au moins le sauver du péril. Il sentait que la terre « devenait brûlante pour lui et pour ses pareils » et il songeait à le faire envoyer en mission à Gênes : mais Beugnot refusa[2]. Il refusa, et il resta à Paris, même quand la loi des suspects en rendait le séjour si dangereux à ceux de l'Assemblée législative qui n'avaient pas pris siége aux Jacobins ou à la Montagne ; et pourtant il avait plus qu'un autre des motifs de défiance. « J'avais eu, dit-il, depuis deux ans, une scène violente avec le tyran en titre, et Cou-

---

[1] *Hist. des prisons*, t. II, p. 14.
[2] *Mém. du comte Beugnot*, t. I, p. 249, 250.

thon, son invalide *Omar*, était mon débiteur ; mais il m'avait oublié si persévéramment à ce dernier titre... » Étrange absence de perspicacité chez un si fin politique ! .C'était précisément pour son débiteur le moment de s'en souvenir. Beugnot fut arrêté.

Le récit de son arrestation met en scène des personnages (inspecteurs de police, membres de comités révolutionnaires, gendarmes) qui jouaient leur rôle dans mille drames de cette espèce : ce sont des types qu'il est bon d'avoir vus et qu'on peut connaître par un exemple : *Ab uno disce omnes.* Profitons de l'occasion que nous en avons ici.

« Le 18 vendémiaire, dit Beugnot, sur les neuf heures du matin, deux inconnus se présentèrent dans mon cabinet. A leur allure impérieuse, à leur ton forcément poli, je devinai le sujet de leur mission. L'un décline sa qualité : c'était l'inspecteur de police. L'autre balbutie quelques mots mal assortis pour m'instruire de la sienne : je n'entendais point du tout la langue qu'il parlait, mais je ne sais quoi de bas et de sinistre, répandu sur sa figure et sur toute sa personne, servit de commentaire à son discours, et je compris que le second individu était un de ces brigands patentés qu'on distinguait alors sous le titre de membres du comité révolutionnaire. Je demande à l'inspecteur communication de son ordre. Il me développe une liste fort sale qui contenait quelques vingtaines de noms, et me prie avec modestie d'y démêler le mien. Je parcours la liste et je lui réponds, ce qui était vrai, que je ne me reconnais dans aucun des noms, et qu'il s'est probablement trompé. L'inspecteur hésite, il paraît décidé à se retirer. Par réflexion, il propose au membre du comité de se rendre à la police et de demander s'il n'existe pas contre moi un mandat d'arrêt. Il lui donne pour renseignement une note au crayon dans laquelle il estropie mon nom et ma qualité.

« L'autre part, et bientôt il revient précédé d'un gendarme. Le gendarme entre dans mon appartement le sabre nu, et après quelques minutes d'imprécations, demande où je suis et qui je suis. L'inspecteur me désigne à ses yeux hagards, échauffés de colère et humides d'eau-de-vie. « C'est bien lui! s'écria-t-il, je le reconnais. « Le voilà! il y a quinze jours que je le cherche sans pouvoir le ren- « contrer. Son affaire est bonne. Pieds et poings liés, à la Concierge- « rie! C'est du gibier de guillotine! » Et mon homme se promène fièrement dans ma chambre, distribuant de droite et de gauche des coups de sabre en l'air, en vociférant les proverbes du *Père Duchesne,* dont il me fait de temps en temps des applications qui égayent d'autant plus l'honorable assistance. J'attendais froidement que ses poumons ne répondissent plus aux efforts de sa mémoire. Ce moment arrive ; j'en profite pour demander la représentation du mandat d'ar-

rêt. Le gendarme s'y oppose, et revient à son refrain favori de me-
lier les pieds et les poings. J'insiste ; l'inspecteur appuie ; j'obtiens
enfin la lecture d'un mandat d'arrêt, signé *Soulès* et *Marino*, qui
m'envoie en effet en droite ligne à la Conciergerie[1]. »

La lecture de cette pièce, véritable arrêt de mort, rendit à Beugnot son courage. En sa qualité d'ancien procureur-général-syndic,
il savait comment se devait faire une arrestation. Il demanda qu
était l'officier civil. Personne ne répond : « Eh bien ! dit-il au
membre du comité révolutionnaire, puisque vous ne le savez pas,
je vous apprends que c'est vous, vous, qui venez de faire le rôle
d'officieux valet, qui êtes ici l'homme de la loi ; et à ce titre, je
vous demande d'abord de me débarrasser (en montrant le gendarme) de cet insolent qui m'outrage à votre honte, depuis une demi-
heure. Sa place n'est point ici, elle est à ma porte pour y attendre
vos ordres, si j'oppose quelque résistance ; et vous avez une infailli-
ble garantie de ma soumission, c'est que vous êtes vingt contre un. »
La rue était remplie de ces « sbires déguenillés » qui prêtaient
main-forte à toute expédition de ce genre. Il insiste ensuite pour
qu'on le conduise devant une autorité constituée quelconque, déclarant qu'il ne se reconnaît pas dans le mandat qu'on vient de lui lire :
« Prenez garde, ajouta-t-il, à ce que vous allez faire, il ne s'agit point
ici d'une arrestation ordinaire, mais d'éclaircir si je suis ou si je
ne suis pas un criminel d'État... A ce discours prononcé avec force,
continue Beugnot, et surtout à ce mot de criminel d'État, mes trois
hommes se troublèrent. Le gendarme, qui deux minutes auparavant
m'envoyait sans façon à la guillotine, fixa sur moi un regard stupide
comme sur un objet rare et qu'il voyait pour la première fois. Il
semblait se dire à lui-même : « Voilà donc comment est fait un cri-
« minel d'État. » L'inspecteur de police protesta qu'il ne prendrait
rien sur lui, et le membre du comité, embrassant étroitement son
corps avec ses bras, levait les yeux au plafond en signe d'embarras.
On le députe de nouveau vers la section. Il part et revient avec cette
décision précise : Il n'y a rien à faire qu'à mettre le scellé et emmener
le citoyen[2]. »

Passons la protestation de Beugnot, qu'on va emmener sans qu'il
soit entendu, et la cérémonie des scellés mis au départ sur les portes,
sur les fenêtres. « Le gendarme, qui était devenu prévenant pour
moi depuis qu'il savait que j'étais un criminel d'État et que j'avais
proposé de le mettre à la porte, m'observe que je n'ai pas fait de paquet. « Pourquoi un paquet ? lui dis-je. Croyez-vous que je languirai

---

[1] *Mém. du comte Beugnot*, t. I, p. 154-155.
[2] *Ibid.*, p. 156, 157.

« longtemps où je vais ?—Citoyen, votre affaire durera six semaines
« ou deux mois. — Et sur quel fondement calculez-vous de la sorte ?
« — J'ai entendu ce que vous venez de dire, votre affaire n'est-elle
« pas comme celle de Custine ?—Pas tout à fait, repris-je en souriant,
« mais l'issue pourrait bien se ressembler. » Nouvel embarras : le
scellé était mis sur ma garde-robe. Il s'agit de le lever. Mes gens
délibèrent s'ils en ont le droit. La patience m'échappe, j'approche
d'un scellé, je le déchire avec violence. — « Allons, messieurs, leur
dis-je, la question est résolue, donnez-moi du linge et finissons. » On
s'empressa de me satisfaire. Enhardi par ce premier succès, je
demande s'il m'est permis d'emporter quelques livres. On me répond
que oui, pourvu qu'on sache quels sont ces livres. « J'emporte, leur
dis-je, s'ils ne vous sont pas suspects, Épictète, Marc-Aurèle et Thomas à Kempis. » Ces trois auteurs passent sans difficulté, à la faveur de leur obscurité. Mais le Tasse m'étant tombé sous la main,
j'eus la maladresse de l'appeler par le titre de l'ouvrage plutôt que
par le nom de l'auteur : « Vous me permettrez, continuai-je, d'y
joindre la *Jérusalem délivrée?* — Pour celui-là, me dit gravement
l'inspecteur, cela n'est pas possible. » Je ne devinai pas ce que le
Tasse pouvait avoir à démêler avec les captureurs de l'an II de la
République. » — Mais la *Jérusalem délivrée,* en un temps où les arrestations étaient à l'ordre du jour ! — « J'insistai ; le gendarme,
s'approchant de moi, m'appuie la main sur l'épaule en signe d'intérêt et me dit à voix basse . « Citoyen, croyez-moi, laissez ce livre-là.
« Tenez, dans ce moment-ci, tout ce qui vient de Jérusalem ne sent
« pas bon[1]. »

On monte en fiacre : les hommes à piques se disputent les places
dans la voiture, sur le siége du cocher. Beugnot eut grande peine à
faire réduire l'escouade à cinq personnes. On arriva enfin à destination.
« Les escaliers du Palais étaient garnis de femmes qui semblaient
assises à un amphithéâtre, attendant un spectacle favori. En effet, le
char de la mort était à la porte ; il attendait deux infortunés destinés
aux fêtes pour ce jour-là. Lorsque je descendis de la voiture, l'amphithéâtre se leva tout entier et poussa un long cri de joie. Des
battements de mains, des trépignements de pieds, des rires convul-
sifs, exprimaient le féroce plaisir de ces cannibales, à l'arrivée d'une
proie nouvelle. Le court espace de chemin que je traversai à pied fut
encore assez long pour que je reçusse à la figure des ordures qui
pleuvaient de toutes parts sur moi, et je pus juger, par la réception
qu'on me faisait en entrant, de celle qui m'attendait à la sortie[2]. »

---

[1] *Mém. du comte Beugnot.* p. 157, 158.
[2] *Ibid.,* p. 159.

Beugnot décrit le guichet et le greffe, que nous connaissons : « Le jour de mon entrée, ajoute-t-il, deux hommes attendaient l'arrivée du bourreau. Ils étaient dépouillés de leurs habits et avaient déjà les cheveux épars et le col préparé. Leurs traits n'étaient point altérés. Soit avec ou sans dessein, ils tenaient leurs mains dans la posture où ils allaient être attachés, et s'essayaient à des attitudes fières et dédaigneuses. Leurs regards lançaient le mépris sur tout ce qui les approchait, et je juge, par quelques mots qui leur échappaient par intervalles, qu'ils n'étaient pas indignes du sort qu'ils éprouvaient... Quel spectacle présentait le lieu où ces malheureux attendaient leur dernière heure ! Des matelas étendus sur le plancher indiquaient qu'ils y avaient passé la nuit, qu'ils avaient déjà subi le long supplice de cette nuit. On voyait, à côté, les restes du dernier repas qu'ils avaient pris ; leurs habits étaient jetés çà et là, et deux chandelles, qu'ils avaient négligé d'éteindre, repoussaient le jour pour n'éclairer cette scène que d'une lueur funèbre. Je détaillais l'horreur de ce sépulcre animé, quand la porte s'ouvrit avec bruit ; je vis paraître des gendarmes, des guichetiers, des bourreaux. Je n'en vis pas davantage : j'éprouvai un saisissement subit ; il me semblait que tout mon sang venait de se glacer dans mon cœur ; et je tombai sur une banquette du greffe, poursuivi par cet appareil de la mort[1]. »

Une erreur du concierge, une confusion de personne entre Beugnot, qui dans ce moment ne payait pas de mine, et un élégant jeune homme, fabricateur de faux assignats, fit d'abord envoyer l'ancien législateur dans un cachot où il se trouva en assez mauvaise compagnie : c'est par là que Beaulieu avait aussi passé d'abord : « J'ai couché, dit-il, ou plutôt je me suis trouvé trois nuits seulement avec une bande de voleurs, dans un cachot infect ; les uns juraient, les autres fumaient, ceux-là racontaient leurs prouesses. Il fallait boire de l'eau-de-vie avec eux, leur payer ce qu'ils appellent la bienvenue, sous peine d'être maltraité et peut-être assommé. Après avoir vomi des imprécations contre le ciel et la terre et déposé leurs excréments à côté d'eux, ils s'endormaient dans leur fumier ; car la paille sur laquelle ils couchaient n'était pas autre chose que du fumier, bien plus malpropre que celui des animaux, à cause de la vermine dont cette paille était remplie. Je n'osais pas me coucher dans cette infection, et la lassitude ne me permettait plus de me tenir debout. Enfin je passai ces trois nuits d'horreur, moitié assis, une jambe étendue sur un banc, l'autre posée à terre, et le dos appuyé contre la muraille. Lorsque, la quatrième nuit, je fus introduit dans une chambre

---

[1] *Mém. du comte Beugnot*, p. 160, 161.

où je vis des figures humaines et un mauvais grabat, quand je sus que j'allais me reposer, je crus être arrivé dans un lieu de délices [1]. »

L'auteur des *Mémoires d'un détenu*, Riouffe, qui précéda d'une quinzaine de jours Beugnot à la Conciergerie, y avait débuté de la même sorte. Lui aussi, il s'y rencontra avec des voleurs et des faussaires de la pire espèce ; et il y eut l'occasion de connaître non pas seulement les procédés de leur industrie, qu'ils pratiquaient au sein même des cachots, mais la nature de leurs opinions politiques et sociales. « Ils étaient aristocrates presque tous ; » et voici comment et pourquoi : « Ils détestaient les jurés, qu'ils traitaient d'ignorants ; ils étaient attachés au vieux barreau sous lequel ils avaient fait leurs premières armes, aux vieilles perruques parlementaires avec lesquelles ils avaient eu plus d'un démêlé dont ils s'étaient tirés avec bonheur [2]. » Je ne sais s'ils regrettèrent aussi la Conciergerie ; mais quand Pâris de L'Épinard, conduit dans cette prison, demanda par grâce qu'on le plaçât parmi les honnêtes gens, on lui répondit assez naïvement qu'il n'y en avait plus d'autres [3]. Les voleurs avaient dû trouver ailleurs à se loger. A la Conciergerie, il n'y avait plus de place que pour les honnêtes gens.

L'erreur commise envers Beugnot ne fut découverte qu'au bout de trois jours, et le nouveau prisonnier, suivi dans sa disgrâce par la faveur du citoyen Grandpré, inspecteur des prisons, fut envoyé dans un lieu que nous n'avons pas encore vu, qu'on lui vantait comme un lieu privilégié : l'infirmerie. « Cette infirmerie, dit Beugnot, était bien l'hôpital le plus horripilant qui existât dans le monde. L'édifice est de vingt-cinq pieds de large sur cent pieds de long, fermé aux deux extrémités par des grilles de fer, et recouvert d'une voûte surhaussée. Il est construit en pierres de taille, pavé de longues dalles, et, au reste, comme sa construction est ce qu'il y a de plus lourd dans cet affreux genre, on croirait qu'il a été taillé dans un rocher. Les vapeurs du charbon et des lampes ont empâté la pierre d'une teinte sombre. La lumière ne parvient que par deux fenêtres en abat-jour, très-étroites et ménagées dans les cintres de la voûte, en sorte que rien ne ressemble mieux à ces palais des enfers que l'on voit à l'Opéra. C'est là que l'architecte a probablement été chercher ses modèles. Quarante à cinquante grabats garnissaient les deux parois de ce boyau, et on voyait jetés sur ces grabats deux à deux et souvent trois à trois, des malheureux atteints de maladies différentes. Il était impossible

---

[1] *Essais*, t. V, p. 291.
[2] *Mém. sur les prisons*, t. I, p. 44.
[3] *Ibid.*, t. I, p. 156.

d'y renouveler l'air, on ne songeait pas seulement à le purifier ; on ne cherchait pas davantage à changer la paille et à nettoyer les couvertures, en sorte que le malheureux porté là était soudain enveloppé dans un tourbillon de méphitisme et de corruption. Elle était telle, cette corruption, qu'elle germait sur les dalles du pavé, et que par le temps le plus sec on ne passait pas par l'infirmerie sans avoir sa chaussure souillée (p. 166, 167) [1]. »

Beugnot confirme expressément par son témoignage ce qu'il avait pu lire de notre anonyme dans l'*Almanach des prisons* sur les médecins qui avaient la direction du service de cette infirmerie. « C'était une chose curieuse, dit cet auteur, de voir avec quel dédain et quelle suffisance ils faisaient leurs visites. Un jour le docteur en chef s'approche d'un lit et tâte le pouls du malade. « Ah ! dit-il, il est mieux « qu'hier. — Oui, citoyen docteur, répond l'infirmier, il est beaucoup « mieux ; mais ce n'est pas le même, le malade d'hier est mort. — Ah! « c'est différent : eh bien, qu'on fasse la tisane [2]. » L'auteur ajoute que depuis on a formé un établissement à l'Évêché où les malades, à ce que l'on dit, furent traités avec beaucoup plus d'égards. Ce n'est pas ce que dit Pâris de L'Épinard, qui de la Conciergerie avait été transféré à l'Hôtel-Dieu, et de l'Hôtel-Dieu à l'Évêché, quand le nombre croissant des prisonniers malades fit transformer ce lieu en succursale de l'hospice. Là, à la tisane les médecins joignaient la saignée, sans parler de la diète qui était le régime commun. Le premier médecin était un docteur Théry (est-ce le Thierry de la Conciergerie? on le pourrait croire aux exécrations qui le suivirent quand il en partit ; et vraiment c'est assez d'un) ; le second, un nommé Naury, « homme

___

[1] Cette description me paraît répondre à la galerie d'entresol (aujourd'hui partagée en deux sur sa longueur par une cloison) qui s'étend au nord de la cour des femmes, et précisément au-dessus de la galerie du rez-de-chaussée par où l'on va à la prison de Marie-Antoinette et à la chapelle, au-dessous de la grande galerie qui mène à l'ancienne cour d'assises et à la cour de cassation. Vous y trouvez les proportions en longueur et largeur qui la font appeler un *boyau*, les longues dalles, la voûte surhaussée, les deux petites fenêtres en abat-jour, ménagées dans les cintres de la voûte (il y en a trois : mais l'infirmerie pouvait ne commencer qu'après la première fenêtre et se prolonger un peu au delà de la cloison qui ferme la galerie aujourd'hui) ; enfin, les lieux d'aisances, situés au voisinage, et jusqu'à cet escalier, adossé au mur, conduisant, à ce que croit Beugnot, à quelque salle des tribunaux du tribunal révolutionnaire (p. 172), escalier détruit aujourd'hui dans sa partie inférieure, mais dont on voit la continuation à la hauteur de l'entresol. Les grilles qui en formaient les deux extrémités marquent aussi qu'elle était prise sur une ancienne galerie. — La pièce qui, dans ces derniers temps, a servi d'infirmerie, auprès de la lingerie actuelle, non plus qu'aucune des autres pièces qui se trouvent entre la cour des femmes et la petite cour d'entrée ouverte sur la cour du Palais de justice, ne satisfait à cette forme de *boyau* et aux autres détails.

[2] *Hist. des prisons*, t. II, p. 17.

ignorant, saigneur impitoyable; » le troisième, Bayard, était au contraire un homme bon et humain qui sauvait, au milieu de ces monstres, l'honneur de sa profession. Plus d'une fois il refusa de livrer un malade, qu'on venait chercher sur une civière pour le porter au tribunal, c'est-à-dire à l'échafaud; mais il ne resta pas longtemps. A Théry, Fouquier avait fait donner pour successeur un nommé Enguchard, chassé de plusieurs hôpitaux, et notamment de celui de Compiègne. « Sa figure, sa manière de se coiffer, son maintien, tout, aux moustaches près, annonçait un de ces hussards qu'on expose quelquefois sur nos théâtres à la récréation publique. Ce coupe-jarret avait indubitablement le mot d'ordre pour exécuter les *empoisonnades*, comme Carrier les *noyades*, Collot les *fusillades*. La grande recette de celui-ci était la saignée, encore la saignée et toujours la saignée [1]. »

Cet Enguchard et Naury se liguèrent avec l'apothicaire, nommé Quinquet, « autre jacobin à face jésuitique, » pour expulser Bayard. C'est ce Quinquet qui, beaucoup moins soucieux de la vie de ses confrères que du bon état de sa boutique, disait, en se plaignant de la voir si mal pourvue encore : « J'espère qu'on guillotinera quelques apothicaires, afin que rien n'y manque [2]. » Et de rire! — rire de crocodiles. A voir le régime de la maison, il semble pourtant qu'on pouvait bien suffire à tout, sans guillotiner tant d'apothicaires!

Mais revenons à la Conciergerie où nous avons laissé Beugnot.

Il avait été reçu à l'infirmerie par un personnage qu'il trouva, vu la disposition d'esprit où il était, fort importun, mais que son récit nous rend très-amusant. C'était un vieux légiste angevin qui, délaissé par le contre-coup du nouveau régime, et, froissé dans son amour-propre d'avocat, s'était mis à faire des plaidoyers historico-politiques. Il composait un dialogue entre Henri IV et la Nation, où Henri IV traitait cavalièrement la Nation, lorsqu'on l'arrêta. On l'arrêta, le malheureux, avant qu'il ait eu le temps de donner à la Nation la réplique! Il lut à Beugnot son discours d'Henri IV, que Beugnot trouva bien roide. « Tant mieux, morbleu! s'écriait l'auteur, tant mieux. C'est là où je vous attendais, voilà la preuve que j'ai conservé la vérité de l'histoire; car cet Henri IV était un gaillard à poil. Vous le voyez avec son panache, sa longue épée, sa moustache..... » Il voulait lui lire aussi la réplique de la Nation, qu'il avait faite depuis qu'il était sous les verrous, mais trop tard! On l'envoya dans l'autre monde continuer avec Henri IV son dialogue des morts [3].

---

[1] *Mém. sur les prisons*, t. I, p. 165.
[2] *Ibid.*, p. 171.
[3] *Mém. de Beugnot*, p. 169-171.

Beugnot, toujours protégé par Grandpré, passa de l'infirmerie à la petite pharmacie[1]. On la destinait aux prisonniers les plus considérables; aussi, disait-il, avait-elle, de plus que les autres, une double porte de cinq pouces d'épaisseur, revêtue de fer et chargée de trois énormes serrures. De deux fenêtres qui l'éclairaient auparavant, l'une était hermétiquement bouchée, l'autre presque entièrement; mais, en revanche, elle était tapissée d'un papier qui multipliait autour de nous les emblèmes et les mots de *liberté, égalité, droits de l'homme.* » Il y trouva plusieurs des Girondins. Leur procès touchait à son terme, et Beugnot ne se refuse pas de les juger à son tour au point de vue politique. Mais, ce qui importe plus, il les a vus dans leurs derniers moments, et comme d'autres prisonniers de la Conciergerie, comme notre anonyme, comme Riouffe, il a pu rendre, par le souvenir, ces scènes que d'autres ont trop dépeintes par l'imagination.

On connaît le récit de Riouffe : c'est le plus autorisé. Arrivé le 16 octobre à la Conciergerie, il avait été, après treize jours de cachot, placé au n° 13, où étaient les principaux Girondins : Vergniaud, Gensonné, Brissot, Ducos, Fonfrède, Valazé, Duchâtel, etc.; et c'est ainsi qu'il a pu donner sur eux des détails qui ont été souvent reproduits[2]. Beugnot, qui se trouva avec sept autres d'entre eux et Lamourette, dans la chambre qu'il a décrite, ajoute quelques traits nouveaux à ce récit.

« Le jour du jugement, dit-il, nous étions restés seuls (lui et Lamourette). Le 2 novembre, sur les deux heures du matin[3], nous entendîmes la porte de notre chambre s'ouvrir avec fracas. Trois guichetiers, armés de flambeaux, y entrent avec empressement. Ils font l'inventaire du faible mobilier de nos compagnons et se mettent en devoir de l'emporter. Nous leur demandons s'ils sont jugés. Ils nous répondent que non, mais qu'ils ne reviendront plus en prison, quel que soit l'événement du procès, et que c'est toujours chose faite que de débarrasser la chambre de leurs meubles. » — Tous devaient être réunis désormais à la vie et à la mort. — « L'heure où se faisait cette expédition fournissait un triste com-

---

[1] Elle correspondait probablement aux deux premières pièces du logement occupé aujourd'hui par le brigadier, pièces donnant sur la cour des femmes et attenantes à la galerie où je crois retrouver l'infirmerie dont il a été parlé plus haut. Cette chambre, d'après la description de Beugnot, devait être voisine du quartier des femmes; et ses compagnons n'avaient de promenoir que dans le corridor séparé par une grille de la cour des femmes. On ne peut donc la chercher ailleurs; et il est constant aujourd'hui encore qu'elle a servi de pharmacie.

[2] *Mém. sur les prisons*, t. I, p. 49-52.

[3] Le comte Beugnot commet ici une erreur de date. Les Girondins furent condamnés dans la nuit du 30 octobre et exécutés le lendemain 31.

mentaire au discours de ce guichetier, mais il est difficile de cesser d'espérer ce qu'on désire fortement. Nous cherchions toujours à soulager notre douleur de la perte des autres, en nous flattant que Ducos, Fonfrède et Fauchet (l'évêque constitutionnel du Calvados) auraient échappé. Cette assurance s'accroît même pour le dernier, lorsque, sur les sept heures et demie du matin, il envoya chercher son bréviaire, qui avait échappé à l'inventaire des guichetiers. Nous présumions que, peut-être, dans ces moments extrêmes, quelques-unes des victimes avaient été agitées par des souvenirs religieux, et que Fauchet restait auprès d'elles pour leur offrir des consolations. Nous nous trompions : Fauchet partageait l'honorable sort de ses collègues, et il voulait consacrer ses derniers moments à l'accomplissement d'un des devoirs de son état (p. 181, 182). »

Beugnot nous fait un curieux portrait de Fauchet : « Fauchet, dit-il, était né avec un cœur brûlant, une imagination vive jusqu'à l'exaltation, le goût du merveilleux, et, ce qui est le résultat de cette organisation, un penchant décidé vers la crédulité. Élevé dans le culte catholique et nourri dans ses écoles, son esprit s'était fourvoyé de bonne heure au sein des prophéties, des miracles, des prestiges. L'évêché du Calvados l'avait distrait des rêveries du cercle social, et il avait fini par être un prêtre de bonne foi. Chaque jour il disait son bréviaire avec piété, lisait l'Écriture sainte, et déclamait un chapitre de l'*Imitation*. Le livre de l'Écriture pour lequel il avait le plus de penchant était l'Apocalypse. Il prétendait que c'était précisément la Révolution française que saint Jean avait vue de l'île de Pathmos, et convenait que jusqu'à l'époque de la prise de la Bastille, il n'était pas aisé de l'entendre. Mais depuis, l'explication coulait d'elle-même. Fauchet trouvait dans l'Apocalypse la naissance, les progrès, les triomples des Jacobins, le règne de Robespierre, les noyades de Carrier[1], les fusillades de Collot et jusqu'aux carmagnoles de Barère. Il faisait souvent des rapprochements si frappants et les développait avec tant d'éloquence, qu'il émouvait le froid, le matérialiste Gensonné, et que Brissot restait stupéfait. » (*Ibid.*, p. 182, 183.)

« La mort des vingt-deux, ajoute Beugnot, répandit au milieu des prisonniers une sombre consternation. » Qu'attendre pour soi, quand les hommes mêmes de la Révolution étaient frappés? Le che-

---

[1] Ici Fauchet aurait été un peu prophète lui-même. Il a été exécuté le 10 brumaire an II (31 octobre 1793), et les premières noyades n'ont eu lieu que sept jours après, le 17 brumaire (7 novembre). Voyez la lettre de Carrier à la Convention, sous cette date, citée par M. Berriat Saint-Prix (*La justice révolutionnaire à Paris et dans les départements*). *Cabinet historique*, t. XIV, p. 45.

min était dès lors frayé pour tous. Il l'avait été quelques jours auparavant pour les nobles et pour l'ancien régime tout entier, par l'auguste victime qui fut deux mois et demi à la Conciergerie (du 2 août au 16 octobre), et y laissa une empreinte impérissable. Mais cette figure est trop grande pour trouver convenablement sa place dans une revue aussi sommaire. Le récit de la captivité de Marie-Antoinette doit remonter plus haut et veut être traité à part[1].

La voie était tracée maintenant pour tous les hommes du régime nouveau ; car ce n'était que le commencement. Après les Girondins, la Conciergerie vit passer madame Roland, Sylvain Bailly, hôtes illustres dont la présence en ces lieux fit une vive sensation et qui méritent qu'on s'y arrête.

Riouffe et Beugnot ont conversé avec madame Roland à la Conciergerie ; ils en ont également parlé dans leurs Mémoires. Il est curieux de comparer ces rapports de deux témoins oculaires. Rien ne sert mieux à montrer que le plus souvent les choses qu'on a vues sont décrites moins comme elles étaient, que comme on était porté à les sentir.

Et d'abord, Riouffe dit que madame Roland avait de longs cheveux noirs et de grands yeux noirs[2] ; Beugnot, de beaux cheveux blonds et des yeux bleus[3]. Cela nous peut déjà faire soupçonner la diversité de nuances qu'on trouvera dans leur appréciation. Riouffe voit surtout en madame Roland la femme forte, « l'âme d'une républicaine dans un corps pétri de grâce, » « quelque chose de plus que ce qui se trouve dans la femme ; » « la liberté et le courage d'un grand homme » dans ses conversations avec les prisonniers ; du

---

[1] M. Campardon a réuni les pièces et les récits contemporains de la captivité de Marie-Antoinette à la Conciergerie, dans un petit volume qui porte ce titre : *Marie-Antoinette à la Conciergerie.* Quant à Madame Élisabeth, elle n'y a pas laissé de traces. Enlevée du Temple le 20 floréal an II (9 mai 1794), à neuf heures du matin, elle était interrogée à dix heures par le juge Deliége dans la Chambre du Conseil du tribunal révolutionnaire. Chauveau-Lagarde, qui lui fut donné pour conseil, ne la put voir que le lendemain, avec vingt-quatre autres accusés, sur les gradins du tribunal, et peu après, elle était menée à l'échafaud. (Voy. M. Beauchesne, *la Vie de Madame Élisabeth.*) Saint-Edme indique, comme de Madame Élisabeth, la petite pièce voisine du cachot de la reine, servant de sacristie à la chapelle, et dans laquelle fut déposé Robespierre avant d'être conduit à l'échafaud.

[2] *Mém. sur les prisons*, t. I, p. 55 et 57.

[3] *Mém. du comte Beugnot*, p. 194. — Le livre d'écrou de madame Roland, à la Conciergerie, donne tort à l'un et à l'autre, tout en se rapprochant pourtant du premier : « Marie-Jeanne Philipon, femme Roland, ex-ministre, âgée de 39 ans, native de Paris, demeurant rue de la Harpe, n° 5 : taille de cinq pieds, cheveux et sourcils châtains foncés, yeux bruns, nez moyen, bouche ordinaire, visage ovale, menton rond, front large. » (Lettre inédite publiée par M. Dauban, p. 65.)

« respect pour les députés qui venaient de périr, » mais « sans pitié
efféminée » et tout en gardant l'indépendance de son jugement sur
leur conduite; et avec cela pourtant des signes qui empêchaient
d'oublier la femme en elle, et ne faisaient que mieux ressortir l'empire ordinaire de sa raison. « Quelquefois, dit-il, son sexe reprenait
le dessus, et on voyait qu'elle avait pleuré au souvenir de sa fille et
de son époux. Ce mélange d'amollissement naturel et de force la
rendait intéressante. La femme qui la servait me dit un jour : « De-
« vant vous, elle rassemble toutes ses forces; mais dans la chambre,
« elle reste quelquefois trois heures appuyée sur sa fenêtre, à pleu-
« rer (p. 56). »

Ce qui captive Beugnot dans madame Roland, c'est moins le
personnage que la personne, et tout ce qu'il y avait de charmes
en elle.

« Madame Roland, dit-il, était âgée de trente-cinq à quarante
ans. Elle avait la figure, non pas régulièrement belle, mais très-
agréable, de beaux cheveux blonds, les yeux bleus et bien ouverts.
Sa taille se dessinait avec grâce, et elle avait la main parfaitement
faite. Son regard était expressif; et, même dans le repos, sa figure
avait quelque chose de noble et d'insinuant. Elle n'avait pas besoin
de parler pour qu'on lui soupçonnât de l'esprit; mais aucune
femme ne parlait avec plus de pureté, de grâce et d'élégance. Elle
avait dû à l'habitude de la langue italienne, le talent de donner à
la langue française un rhythme, une cadence véritablement neuve.
Elle relevait encore l'harmonie de sa voix par des gestes pleins de
noblesse et de vérité, par l'expression de ses yeux, qui s'animaient
avec le discours ; et j'éprouvais chaque jour un charme nouveau à
l'entendre, moins par ce qu'elle disait que par la magie de son
débit (I, p. 194). »

Beugnot était en effet assez peu d'accord avec elle sur la Révo
lution. Il avoue qu'il la voyait elle-même avec des préventions
défavorables; et il le prouve quand il s'applique surtout à relever les petites passions qui, chez elle, se mêlaient aux grandes,
l'amour-propre avec tout ce qu'il a d'aigreur quand il est froissé, le
sentiment de son mérite et l'envie de paraître :

« Elle ne dissimulait pas la joie que les deux ministères de son
mari lui avaient apportée, et mettait tant d'art à prouver que le res-
sentiment n'était entré pour rien dans sa fameuse lettre à Louis XVI,
qu'elle démontrait qu'il y était entré pour tout. Au risque de
ravaler son mari au métier d'automate, et de ne lui laisser que sa
douteuse vertu, elle s'attribuait tout haut la meilleure partie de
ses productions littéraires et toute sa gloire politique. Elle enlevait
aux autres le plaisir de la célébrer, en les prévenant sur ce point. »

Rioulfe et Beugnot devaient se retrouver plus tard dans les honneurs de l'Empire[1]; mais alors Rioulfe était Girondin, et Beugnot,
pour le moins, feuillant. Il ne faut donc pas s'étonner si le côté qui
plaisait le plus à l'un dans madame Roland n'était pas ce qui agréait
le plus à l'autre: à la femme politique Beugnot préférait beaucoup
la femme : « Séparez madame Roland de la Révolution, continue-t-il.
elle ne paraît plus la même. Personne ne définissait mieux qu'elle
les devoirs d'épouse et de mère, et ne prouvait plus éloquem-
ment qu'une femme ne rencontrait le bonheur que dans l'accomplissement de ces devoirs sacrés. Le tableau des jouissances do-
mestiques prenait dans sa bouche une teinte ravissante et douce;
les larmes s'échappaient de ses yeux lorsqu'elle parlait de sa fille
et de son mari : la femme de parti avait disparu ; on retrouvait une
femme sensible et douce, qui célébrait la vertu dans le style de
Fénelon. Je n'ai pas assez connu madame Roland ; j'ignore donc si
elle justifiait dans la pratique la sublimité de sa théorie[2]. Elle me
disait, en me parlant de l'union des cœurs vertueux, en vantant
l'énergie qu'elle inspire : « La froideur des Français m'étonne. Si
« j'avais été libre et qu'on eût conduit mon mari au supplice, je

---

[1] Rioulfe devint membre du tribunat, puis préfet de la Côte-d'Or et ensuite de
la Meurthe, jusqu'en 1813, date de sa mort ; Beugnot, préfet de la Seine-Inférieure,
puis conseiller d'État, ministre des finances du nouveau royaume de Westphalie,
comte de l'Empire, et bientôt chargé d'organiser le grand-duché de Berg que Napoléon destinait au fils du roi de Hollande; commissaire au ministère à l'intérieur,
après la première chute de l'Empereur, directeur général de la police, ministre de
la marine pendant la première Restauration ; directeur général des postes, mais pour
peu de temps, au commencement de la seconde. Il devint alors député, fut nommé
pair de France, entre les ordonnances et la révolution de juillet, et mourut en juin
1835.

[2] Voir ses lettres à Buzot récemment publiées. C'est pourtant une trouvaille extraordinaire, et à un moment où l'opinion publique a été mise en éveil par l'audace
des fabricateurs d'autographes, on aurait bien le droit d'être en défiance. Voici ce
qu'en raconte l'éditeur lui-même (p. 2) : « Vers les derniers jours de novembre
1863, un jeune homme se présente chez un libraire du quai Voltaire qui lui avait
été désigné comme pouvant lui acheter des autographes et des manuscrits. Il avait
sous le bras une liasse de vieux papiers trouvés dans le fond d'une caisse où son
père, grand amateur de bouquins, les avait laissés. Le libraire examine, hésite,
refuse. Ces papiers ont si peu d'intérêt! — Mais il y en a d'autres, dit le jeune
homme, je reviendrai. Il revint une deuxième fois, avec d'autres liasses : on fait
un bloc du tout, qui est payé 50 francs. — Un mois après, paraissait le catalogue
d'une vente d'autographes, mentionnant une lettre de madame Roland à Buzot,
une lettre de Buzot à son ami Jérôme Letellier, etc. C'étaient les papiers du jeune
homme. » Disons pourtant qu'au prix de 50 francs un faussaire n'aurait pas fait
payer bien cher son industrie, et que l'écriture des lettres ressemble beaucoup à
l'écriture des Mémoires, dont M. Dauban a donné également un *fac-simile* dans son
édition. Je ne fais donc pas le procès des lettres, et je laisse pendant le procès
nouveau qui pourrait s'ouvrir à ce titre contre madame Roland.

« me serais poignardée au bas de l'échafaud ; et je suis persuadée
« que, quand Roland apprendra ma mort, il se percera le cœur. »
Elle ne se trompait pas (p. 197-198). »

Je ne discute pas ici ces deux appréciations, et je laisse madame
Roland à la grande place qu'elle tient dans l'histoire. Je me borne
à la prendre à la Conciergerie, où elle avait été transférée de Sainte-
Pélagie, le 31 octobre 1793, le jour même de l'exécution des Girondins. Elle y retrouve, à la veille de sa mort, une sorte d'empire. Son ascendant, son heureuse influence se faisait sentir même
sur ces femmes dégradées au milieu desquelles il semble qu'on se
soit fait un jeu cruel de jeter les plus nobles femmes. « La chambre
où habitait madame Roland, dit Beugnot, était devenue l'asile de
la paix au sein de cet enfer. Si elle descendait dans la cour, sa
présence y rappelait le bon ordre, et ces femmes, sur lesquelles
aucune puissance connue n'avait plus de prise, étaient retenues par
la crainte de lui déplaire. Elle distribuait des secours pécuniaires
aux plus nécessiteuses, et à toutes des conseils, des consolations et
des espérances. Elle marchait environnée de ces femmes qui se
pressaient autour d'elle comme autour d'une divinité tutélaire ;
bien différente de cette sale courtisane, l'opprobre de Louis XV et
de son siècle, de cette Du Barry, qui se trouvait alors dans la
même enceinte, et qu'elles traitaient avec une énergique égalité
(p. 198). »

Nos deux prisonniers, qui ont pu différer dans leur jugement
sur madame Roland, ont gardé une impression également vive et
forte de ses adieux à la prison. « Elle attendait à la grille, dit Beugnot, qu'on vînt l'appeler. Elle était vêtue avec une sorte de recherche ; elle avait une anglaise de mousseline blanche, garnie de
blonde, et rattachée avec une ceinture de velours noir. Sa coiffure
était soignée ; elle portait un bonnet-chapeau d'une élégante simplicité, et ses beaux cheveux flottaient sur ses épaules. Sa figure me
parut plus animée qu'à l'ordinaire, ses couleurs étaient ravissantes,
et elle avait le sourire sur les lèvres. D'une main, elle soutenait la
queue de sa robe, et elle avait abandonné l'autre à une foule de
femmes qui se pressaient pour la baiser. Celles qui étaient mieux
instruites du sort qui l'attendait, sanglotaient autour d'elle et la
recommandaient en tout cas à la Providence. Rien ne peut rendre ce
tableau ; il faut l'avoir vu. Madame Roland répondait à toutes avec
une affectueuse bonté ; elle ne leur promettait pas son retour ; elle
ne leur disait pas qu'elle allait à la mort, mais les dernières paroles
qu'elle leur adressait étaient autant de recommandations touchantes. Elle les invitait à la paix, au courage, à l'espérance, à
l'exercice des vertus qui conviennent au malheur. Un vieux geô-

lier, nommé Fontenay, dont le bon cœur avait résisté à trente ans
d'exercice de son cruel métier, vint lui ouvrir la grille en pleurant.
Je m'acquittai au passage de la commission de Clavières ; elle me
répondit en peu de mots et d'un ton ferme. Elle commençait une
phrase lorsque deux guichetiers de l'intérieur l'appelèrent pour le
tribunal. A ce cri, terrible pour tout autre que pour elle, elle s'arrête et me dit en me serrant la main : « Adieu, monsieur, faisons
« la paix, il en est temps. » En levant les yeux sur moi, elle s'aperçut que je repoussais mes larmes, et que j'étais violemment ému ;
elle y parut sensible, mais n'ajouta que ces deux mots : « Du cou-
« rage ! (p. 199). »

« Après sa condamnation, ajoute Riouffe, elle repassa dans le
guichet avec une vitesse qui tenait de la joie. Elle indiqua, par un
signe démonstratif, qu'elle était condamnée à mort. Associée à un
homme que le même sort attendait, mais dont le courage n'égalait
pas le sien, elle parvint à lui en donner avec une gaieté si douce et
si vraie, qu'elle fit naître le sourire sur ses lèvres à plusieurs reprises. A la place du supplice, elle s'inclina devant la statue de la
Liberté, et prononça ces paroles mémorables : « O liberté ! que de
« crimes on commet en ton nom[1] ! »

Deux jours après, c'était le tour de Bailly. Sur lui, Riouffe et
Beugnot sont d'accord, et leur double témoignage peut suffire à le
venger du ridicule que des pages comme celles que nous avons citées
dans un précédent article voudraient jeter sur sa personne. L'homme
qui, présidant au serment du Jeu de paume, a rattaché son nom aux
origines de la Révolution française trouve dans l'éclat de ce premier
jour de sa vie politique et dans l'ignominie même de sa fin, une
gloire qui efface au besoin tout le reste et peut défier toute insulte
posthume.

Bailly, élu maire une deuxième fois, après les tristes événements
de la sédition du champ de Mars, s'était senti débordé. Il avait
donné sa démission, mais il avait refusé de quitter la France, et après
une année passée à Nantes, il venait chercher une retraite plus obscure auprès de son ami, l'illustre La Place, à Melun, quand, à peine
arrivé, il fut arrêté et mené à Paris, enfermé à la Conciergerie ; et
son procès commença un peu après celui des Girondins. Notre anonyme de l'*Almanach* et de l'*Histoire des prisons* dit que son jugement
ayant été remis à une autre séance, Bailly, au retour, dit à ceux qui
s'informaient de son sort : « Petit bonhomme vit encore. » Beugnot
rejette ce trait comme en contradiction avec la gravité que garda
Bailly au milieu des épreuves de sa longue agonie. Le tribunal fit

----

[1] *Mém. sur les prisons*, t. I, p. 57.

traîner, en effet, pendant plusieurs jours le procès de Bailly ; et Beugnot est tenté de croire « que des ordres particuliers avaient été donnés pour lui faire avaler goutte à goutte le calice qu'on lui préparait. « Le moment de le traîner au tribunal était un quart d'heure de récréation pour les guichetiers. On l'appelait alors avec une affectation indécente, et lorsqu'il se pressait d'obéir pour mettre fin à ces cris redoublés, les guichetiers le poussaient en sens contraire, et se le renvoyaient de l'un à l'autre en s'écriant : « Tiens, voilà Bailly ! à toi Bailly ! reprends donc Bailly ! » et ils riaient aux éclats du ton grave que conservait l'infortuné au milieu de cette danse de cannibales. Qui, j'ai vu Bailly, chargé de gloire et de vertu, et respectable ne fût-ce que par ses années, Bailly, dont le nom s'associe aux actes les plus glorieux de la Révolution, souillé par les mains des guichetiers dont on avait marchandé la barbarie, chancelant sous l'atteinte des uns, relevé par la brutalité des autres, et devenu leur jouet, tel qu'un homme ivre en sert quelquefois à la populace qu'il a rassemblée (p. 185, 186). »

Le calme de Bailly ne se démentait pas au milieu de ces outrages ; et parmi ses compagnons d'infortune, sans jamais appeler l'attention sur lui-même, il avait toujours quelques paroles propres à raffermir les cœurs. « Le métier d'un honnête homme, disait-il, est le plus sûr, même en révolution ! » — Manuel allait quelques jours plus tard en donner la preuve (24 brumaire), Manuel, procureur-syndic de la Commune aux journées de septembre. A la Conciergerie, les prisonniers ne le reçurent qu'avec horreur. Quand on le mena au tribunal, ils le poussaient, malgré les gendarmes, vers un pilier teint encore de sang des victimes, en lui criant : « Vois le sang que tu as fait répandre ; » et quand il redescendit condamné, il fut accueilli par des applaudissements. Il est vrai qu'il ne fut condamné que parce qu'il était devenu modéré : mais les violents eurent leur tour. — « Il y a, disait encore Bailly, une distance si grande entre la mort de l'homme de bien et celle du méchant, que le commun des hommes n'est pas capable de la mesurer. » — « Il faut savoir supporter la mort comme un inconvénient du métier d'homme de bien ; mais la vie a des appas pour les cœurs vertueux, et il ne faut pas rougir de la regretter. J'aurais mauvaise opinion de celui qui n'aurait pas, en mourant, un regard à jeter en arrière... » (Ibid., p. 187.)

Ce procès qu'on lui faisait si long n'était que le prélude d'une autre agonie. « La veille de sa mort, dit Beugnot, Bailly présageait ce qui se passerait le lendemain, mais il en parlait sans émotion. » « On a monté tous les assistants sur mon compte, disait-il, et je crains que a simple exécution du jugement ne leur suffise plus ; ce qui serait dangereux pour ses conséquences, car je me persuade que la police y veillera. — Comment! lui répondis-je, mais hier encore, mais tous les jours, vous avez paru tranquille sur la tournure que prenaient les débats et les dispositions du tribunal. Vous nous trompiez donc? — Non, répondit Bailly, mais je vous ai donné l'exemple de ne jamais désespérer des lois de votre pays! » (*Ibid.*, p. 188, 189.)

Bailly fut enfin condamné. Quand Beugnot, qui avait passé la nuit à lui chercher, dans son esprit, des chances de salut, descendit dès le matin à sa chambre, il le trouva qui avait dormi à son ordinaire, prenant son chocolat. Il le quitta bientôt, mais avec la pensée de lui faire son dernier adieu au passage : « Je le vis, ajoute-t-il, pendant trois quarts d'heure s'entretenir avec un jeune homme habillé en garde national, et qui était un de ses parents. Le jeune homme était ému jusqu'aux larmes, Bailly conservait sa tranquillité. Vers la fin de l'entretien, il prit coup sur coup deux tasses de café à l'eau. Le jeune homme retiré, je passai dans la galerie. Il parut disposé à me parler. Je tremblais et je ne savais par où débuter. Enfin je lui exprimai mon étonnement de ce qu'il prenait du café à l'eau sur du chocolat. « J'ai pris, me dit Bailly, du chocolat, parce qu'il nourrit et « adoucit ; mais comme j'ai un voyage assez difficile à faire, et que je « me défie de mon tempérament, j'ai mis par-dessus du café, parce « qu'il excite et ranime, et avec cet ordinaire, j'espère que j'arriverai « jusqu'au bout. » On l'appela dans ce moment, je l'embrassai pour la dernière fois. » (P. 190.)

Riouffe, dans ses Mémoires, suit Bailly au delà du seuil de la prison. Il montre toutes les injures prodiguées à celui qui avait été l'idole de Paris et qu'on traitait maintenant comme l'assassin du peuple ; l'échafaud qu'on avait élevé sur le Champ de Mars, théâtre de ce prétendu crime, démonté, transporté au bord de l'eau, pour être dressé sur un tas d'ordures, et Bailly endurant trois heures les apprêts du supplice sous une pluie glaçante de brumaire, au milieu des avanies, des coups, des crachats, d'insultes de toutes sortes : « Tu trembles, Bailly ? — Mon ami, c'est de froid[1]. »

Tous ces détails et d'autres pareils, nos auteurs prisonniers ne les rapportent plus en témoins ; mais ils les tenaient, par l'intermédiaire des guichetiers, du témoin le plus immédiat, d'un témoin qui, ayant chaque jour affaire à la prison, y racontait comment les autres étaient morts : le bourreau[2]. — Terribles confidences, et qui ne devaient pas s'effacer de leur esprit!

---

[1] Riouffe, *Mém. sur les prisons*, t. I, p. 62 Comparez le récit plus étendu, imprimé dans l'*Hist. des prisons*, t. IV, p. 571, 372.

[2] *Mém. sur les prisons*, t. I, p. 63.

IX

Mais l'énergie se développait dans les cœurs en raison même de
ces épreuves ; car c'est le propre de la grandeur morale de s'accroître
d'autant plus qu'on la veut ravaler davantage. Le soldat, sur un
champ de bataille, peut s'élever à l'héroïsme devant la mort. Qu'est-
ce donc quand on a devant soi une mort injuste et que l'accusé se
sent au fond de l'âme au-dessus du juge qui dispose de sa tête ? Il y
avait, dans l'impuissance même où le réduisait la prison, une sorte
de consolation qui le relevait à ses propres yeux en face du despotisme. « Les crimes ordinaires, dit Riouffe, ne donnent des remords
qu'à ceux qui les commettent ; la tyrannie en donne au lâche qui la
souffre comme au scélérat qui l'exerce. Nous étions débarrassés de
ce sentiment et nous n'avions pas chaque jour, en nous levant, à
nous reprocher l'existence de Robespierre. On arrivait du dehors
glacé par la terreur ; au milieu de nous, on redevenait homme. Rien
n'égalait la véracité avec laquelle nous nous exprimions. Lorsque
tout tremblait au dehors, le courage s'était réfugié sous les voûtes
de nos cachots. Le bonheur de n'avoir pas désappris le langage de
la liberté, l'orgueil de souffrir pour sa cause, l'innocence de nos
cœurs, tous ces sentiments engourdissaient quelquefois nos cuisantes
douleurs[1]. » Nous verrons devant le tribunal jusqu'où allait quelquefois cette force qu'inspire le sentiment de la liberté. Mais au
reste, dans la prison, on n'était pas à chaque moment haussé sur le
ton tragique, et l'on avait une autre manière de témoigner son mépris de la mort dans l'usage même de la vie de tous les jours. On
était gai, même à la Conciergerie. On l'était même, selon Beaulieu,
plus que dans les simples prisons de suspects, où le cérémonial gardait un reste d'empire. « On avait oublié la politesse, dit-il, au milieu
du mouvement atroce de la Conciergerie ; tous ces sentiments y faisaient explosion. On n'y réfléchissait plus[2] ; » et il donne aussi de
cette fougue, une raison plus vulgaire qui, certainement, n'est pas
la principale. « On buvait beaucoup plus de vin et de liqueurs que
dans le cours ordinaire de la vie : les têtes s'échauffaient alors, et
c'était à qui débiterait le plus d'extravagances ; on bravait les juges,
les bourreaux, la mort ; rien n'intimidait[3]. » Un autre prisonnier

[1] *Mém. sur les prisons*, t. I, p. 112.
[2] *Essais*, t, IV, p. 316.
[3] *Ibid.*, p. 502.

est au moins aussi vrai quand il dit[1] : « Si je vois de sang-froid le moment où je perdrai la vie, je le dois surtout au spectacle qui se renouvelle à chaque instant dans cette maison ; elle est l'antichambre de la mort. Nous vivons avec elle. On soupe, on rit avec des compagnons d'infortune ; l'arrêt fatal est dans leur poche. On les appelle le lendemain au tribunal ; quelques heures après nous apprenons leur condamnation, ils nous font faire des compliments, en nous assurant de leur courage. Notre train de vie ne change point pour cela : c'est un mélange d'horreur sur ce que nous voyons, et d'une gaieté en quelque sorte féroce ; car nous plaisantons souvent sur les objets les plus effrayants, au point que nous démontrions l'autre jour à un nouvel arrivé de quelle manière cela se fait, par le moyen d'une chaise à qui nous faisions faire la bascule. Tiens, dans ce moment, en voici un qui chante :

> Quand ils m'auront guillotiné,
> Je n'aurai plus besoin de nez. »

Riouffe nous a raconté les lutineries qu'on faisait dans sa chambre à un bon bénédictin : « véritable illuminé, dit-il, toujours les mains jointes sur la poitrine, comme on peint saint Benoît, et tourmenté surtout de la fureur de faire des prosélytes. L'aimable Ducorneau, jeune Bordelais, plein d'esprit, de talents et de gaieté, qu'ils ont assassiné depuis pour fédéralisme, était le diable de ce nouveau saint Antoine. Tantôt il lui volait son bréviaire, et saint Antoine de courir après le diable, le manche à balai à la main ; tantôt il lui éteignait sa bougie ; enfin lui faisant autant de tours que Satan faisait éprouver de tentations à saint Antoine, quelquefois il mêlait aux psaumes chantés par le bonhomme le refrain d'une chanson égrillarde. Mais le saint homme ne perdait pas courage : toujours aux aguets et toujours priant, il avait les yeux sur son bréviaire et sur Ducorneau, qui, borgne, petit et basané, la figure pétrie de malice, remplissait parfaitement l'idée qu'on se fait d'un diablotin, tandis que l'autre, en arrêt, avait l'air d'un béat aux prises avec lui. Le moine offrait ses souffrances à Dieu, et se montrait d'autant plus endurant, qu'il espérait bien qu'à la fin il en convertirait au moins un ou deux... Ce qu'il y a de singulier, ajoute-t-il après avoir raconté mille autre tours, c'est que ce bonhomme se plaisait dans ces tribulations, et ne voulut jamais changer de chambre. Malgré nos mauvaises plaisanteries, nous l'aimions et nous le respections : il le savait bien. Nous le pleurâmes sincèrement, quand nous sûmes son assassinat par le tribunal. Il fut enveloppé dans la conjuration du Luxembourg[2]. »

---

[1] *Hist. des prisons*, t. II, p. 19.
[2] *Mém. sur les prisons*, p. 105-107.

« Vous le voyez, continue Riouffe, nos cachots ont souvent retenti
des longs éclats d'une joie insensée. Que serait-ce si je vous parlais
de nos repas, plus philosophiques, il est vrai, que ceux de Platon,
mais quelquefois aussi plus bruyants que ceux des amants de Péné-
lope? C'est là que notre rire avait l'air d'un vertige, et qu'on eût pu
nous dire, comme aux prétendants dans l'*Odyssée* : « Ah! malheu-
« reux, quel délire! vous riez, et vos têtes, vos visages, vos corps
« sont enveloppés des ombres du trépas! » Une table grossière ras-
semblait dix-huit ou vingt prisonniers; souvent la moitié s'y as-
seyait pour la dernière fois. Ce repas était pour eux le dernier repas.
Quelle était la surprise des nouveaux venus lorsqu'ils nous voyaient
boire la gaieté dans la coupe de la mort, et mêler les chants de la
liberté aux cris des bourreaux qui nous appelaient? C'est à cette table
que Ducorneau, la veille de son supplice, improvisait cette belle chanson, qui était comme le chant du cygne, et où il nous disait, en parlant de lui et d'un autre qui allait partager son sort :

> Au dernier moment Socrate
> Sacrifie à la santé;
> Notre bouche démocrate
> Ne boit qu'à la liberté.

ou bien :

> Nos reconnaissantes ombres,
> Planant au milieu de vous,
> Rempliront ces voûtes sombres
> De frémissements bien doux.

« Nous répétions en chœur. Quel chœur! quelle situation! Mais
combien elle devint plus déchirante, lorsque, après leur mort, nous
chantions chaque jour, et avec un culte religieux, ces paroles péné-
trantes dont l'auteur avait disparu d'au milieu de nous. La voix plus
triste et plus sombre, les yeux fixés sur les profondeurs ténébreuses
du cachot, cherchant leurs traces, nous parodiions ce couplet funèbre, et nous disions en pleurant :

> Leurs reconnaissantes ombres,
> Planant au milieu de nous,
> Remplissent ces voûtes sombres
> De frémissements bien doux [1]. »

Le jeune girondin Ducos, le plus gai des prisonniers, avait, quelques jours avant sa mort, composé un pot-pourri dont les prison-

---

[1] *Mém. sur les prisons*, t. I, p. 107-109. D'autres chansons de Ducorneau ou Ducourneau, sont reproduites dans l'*Histoire des prisons*, t. II, p. 23-27. Les prison-

niers s'amusaient à rédire les couplets burlesques. Un jeune suspect
de dix-sept ans, qui avait déjà son acte d'accusation, savait chanter,
sous forme plaisante, la formidable alternative que le lendemain lui
réservait :

Air : de la Croisée.

Non, rien ne peut se comparer
A la sombre Conciergerie.
Le soleil craint de pénétrer
La grille de barreaux garnie ;
Mais demain on me jugera,
On fixera ma destinée;
Et le tribunal m'ouvrira
La porte... ou la croisée [1].
Etc.

Et Montjourdain [2] achevait une romance commencée de la veille en
y joignant deux couplets où il tournait son supplice en jeux de
mots :

Mes tristes et chers compagnons,
Ne pleurez point mon infortune ;
C'est dans le siècle où nous vivons
Une misère trop commune.
Dans vos gaietés, dans vos ébats,
Buvant, criant, faisant tempête,
Mes amis, ne m'avez-vous pas
Fait quelquefois perdre la tête ?

Quand au milieu de tout Paris,
Par un ordre de la patrie,
On me roule à travers les ris
D'une multitude étourdie
Qui croit que de sa liberté
Ma mort assure la conquête,
Qu'est-ce autre chose, en vérité,
Qu'une foule qui perd la tête [3] ?

Il y eut quelquefois, sous l'excitation et comme par l'entraînement
de ces exemples, non pas seulement du mépris pour la mort et du cou-

niers, ajoute l'auteur, confirmant l'assertion de Riouffe, conservèrent longtemps
l'habitude de chanter ces différents couplets (ils appelaient cela faire leur office), et
le couplet finissant par ces mots :

Mourons pour la patrie,
C'est le sort le plus beau, le plus digne d'envie.

[1] *Hist. des prisons*, t. III, p. 129.
[2] Sous-chef de la régie du domaine, condamné le 16 pluviôse an II (4 février
1794).
[3] *Mém. sur les prisons* (Éclaircissements), t. I, p. 279.

rage à la recevoir, mais une sorte d'ardeur à la rechercher. Les prisons eurent, à cet égard, leurs héros comme l'armée elle-même. Beaulieu et d'autres encore ont cité le jeune Gosnay, simple grenadier d'infanterie sous l'ancien régime, rentré dans sa famille, puis rappelé au service par le régime nouveau, mais détestant la république, engagé même dans une rixe contre les républicains et envoyé au tribunal révolutionnaire comme royaliste. « Gosnay, dit Beaulieu, était fait au tour, d'une charmante figure, plein d'aisance dans toutes ses manières ; il avait beaucoup d'esprit naturel, et ne manquait pas d'une certaine éducation. Obligé de coucher aux cachots, faute de moyens pour payer un lit, dès qu'il sortait, il se déshabillait et se lavait, au milieu de l'hiver, depuis les pieds jusqu'à la tête, sous un robinet d'eau froide qui était dans la cour de la prison ; ainsi approprié, il endossait un habit de hussard, d'un drap assez fin, sous lequel se dessinait sa belle taille, et venait, dans cet état, causer, à travers les barreaux du guichet, avec les femmes et autres parentes des royalistes détenus, à qui la cause qu'il avait défendue le rendait encore plus intéressant. Une demoiselle très-jolie en fut éprise et résolut de le sauver. Elle avait de la fortune, Gosnay n'en avait pas, et à cet égard n'excitait aucune convoitise parmi ses juges ; peu ou point de haine politique non plus, ce jeune militaire n'était qu'un homme de main. La jeune fille se mit donc à solliciter le tribunal, depuis le commis-greffier jusqu'à Fouquier-Tinville ; et on parut assez disposé à l'acquitter, s'il se conduisait avec prudence. La jeune fille l'en instruisit, se fit donner mille promesses et il n'en tint aucune. Lorsqu'on lui apporta la liste des jurés, il la prit et en alluma sa pipe, et il le fit ainsi jusqu'à la troisième fois. Cette fois pourtant, on devait procéder au jugement. Plusieurs prisonniers se réunirent pour montrer à Gosnay la folie de sa conduite : comment ne pas chercher à se conserver pour une femme charmante qui l'aimait pour lui-même ? Gosnay, continue Beaulieu, ne cessa de faire des folies ; mais tout était naïf, il n'y avait rien de forcé. Quand l'heure fut arrivée, il nous embrassa tendrement et nous dit en riant : « Vous m'avez donné un « bon déjeuner dans ce monde ; je vais vous faire préparer à souper « dans l'autre, donnez-moi vos ordres. » Il suivit les gendarmes qui l'attendaient. Ni l'accusateur public, ni le président du tribunal ne parurent suivre à son égard le système de persécution qui leur servait de règle dans la plupart des affaires ; mais Gosnay, au lieu de nier aucun des faits dont il fut accusé, au lieu de saisir aucune des réponses qui lui furent indiquées, s'accusa de tout, donna à tous les délits qu'on lui reprocha une intention positive. Lorsque son défenseur voulut prendre la parole en sa faveur, il lui dit : « Monsieur le « défenseur officieux, il est inutile de me défendre ; et toi, accusa-

« teur public, fais ton métier, ordonne qu'on me mène à la guillo-
« tine. »

La jeune fille qui le voulait sauver, qui assistait à l'audience,
croyant qu'on allait le lui rendre, s'évanouit à ces paroles. On l'emporta sans connaissance. Gosnay, ramené après sa condamnation à
la Conciergerie, traversa la cour d'un air de triomphe. Sa constance,
sa gaieté même ne se démentirent pas jusqu'au dernier moment[1].

Les femmes ne savaient pas moins que les hommes échapper aux
obsessions de ce triste séjour; et elles se montraient d'autant plus
fortes ici qu'il y avait moins d'étourdissement et de bruit dans leur
manière de faire tête à la fortune. Beugnot a décrit, après notre anonyme, cette cour des femmes, séparée par une grille d'un corridor
accessible aux hommes[2]; et il raconte les scènes qui se passaient
des deux côtés de cette grille, et de l'un à l'autre côté. « Au milieu,
dit-il, de ces tableaux lugubres, qui se renouvelaient chaque jour,
les femmes françaises ne perdaient rien de leur caractère : elles sa-
crifiaient avec la même assiduité au besoin de plaire. Le corridor
était notre promenade favorite : c'était la seule ; nous y descendions
dès qu'on nous avait extraits de nos cachots. Les femmes sortaient à
la même heure ; mais pas aussitôt que nous : la toilette revendiquait
ses imprescriptibles droits. On paraissait le matin dans un négligé co-
quet, et dont les parties étaient assorties avec tant de fraîcheur et de
grâce, que l'ensemble n'indiquait pas du tout qu'on eût passé la nuit
sur un grabat, et le plus souvent sur une paille fétide. En général,
les femmes du monde qu'on conduisait à la Conciergerie y conser-
vaient jusqu'au bout le feu sacré du bon ton et du goût. Quand elles
avaient paru le matin en négligé, elles remontaient dans leur chambre, et, sur le midi, on les voyait descendre habillées avec recherche, coiffées avec élégance. Les manières n'étaient pas celles du
matin ; elles avaient quelque chose de plus prononcé et une sorte
de dignité. Sur le soir, on paraissait en déshabillé. J'ai remarqué que
presque toutes les femmes qui le pouvaient étaient restées fidèles aux
trois costumes de la journée ; les autres suppléaient à l'élégance par
la propreté compatible avec le local. La cour des femmes possédait
un trésor, une fontaine qui leur donnait de l'eau à volonté[3]; et
je considérais chaque matin ces pauvres malheureuses qui n'a-
vaient apporté avec elles, qui ne possédaient qu'un seul vêtement,
occupées autour de cette fontaine à laver, à blanchir, à sécher, avec

[1] Beaulieu, *Essais*, t. V, p. 312-316. Cf. *Hist. des prisons*, t. II, p. 55-58. Voyez
ce que Beaulieu raconte encore de la fière insouciance de Biron, de l'égalité d'âme
du duc d'Orléans. *Essais*, t. V, p. 303-306.

[2] Cette description peut se vérifier encore sur les lieux.

[3] Cette fontaine existe encore à la même place.

une émulation turbulente. La première heure du jour était consacrée
par elles à ces soins, dont rien ne les aurait distraites, pas même
un acte d'accusation. » — « Je suis persuadé, ajoute-t-il, que, à cette
époque, aucune promenade de Paris n'offrait de réunions de femmes
mises avec autant d'élégance que la cour de la Conciergerie, à midi ;
elle ressemblait à un parterre orné de fleurs, mais encadré dans du
fer. La France est probablement le seul pays, et les Françaises les
seules femmes du monde capables d'offrir des rapprochements aussi
bizarres et de porter sans effort ce qu'il y a de plus attrayant, de plus
voluptueux, au sein de ce que l'univers peut offrir de plus repoussant
et de plus horrible. J'aimais à considérer les femmes à midi ; mais
je préférais de leur parler le matin et je prenais ma part des entre-
tiens plus intimes du soir, quand je ne courais risque de troubler le
bonheur de personne ; car le soir tout était mis à profit, les ombres
croissantes, la fatigue des guichetiers, la retraite du plus grand
nombre des prisonniers, la discrétion des autres (p. 200, 201). »

« Le voisinage des femmes, dit-il encore, nous procurait des dissi-
pations dont j'étais plus jaloux. Il nous arrivait souvent de déjeuner
avec elles. Des bancs à peu près à hauteur d'appui étaient adaptés de
part et d'autre à la grille ; on y posait pêle-mêle, et avec toute la
confusion du local et du moment, non pas les apprêts, mais le sérieux du déjeuner, et s'il restait quelque espace du côté des femmes,
les grâces ne manquaient pas de s'en emparer. A la vérité, ce n'é-
tait pas de celles qui se déploient avec abandon sur une chaise longue et qui s'arrondissent autour d'un thé élégant ; elles étaient
moins empruntées et bien plus piquantes. Là, tout en dépêchant des
mets que l'appétit assaisonnait en dépit du fournisseur, les propos
délicats, les allusions fines, les reparties saillantes étaient échan-
gées d'un côté de la grille à l'autre. On y parlait agréablement de
tout, sans s'appesantir sur rien. Là, le malheur était traité comme
un enfant méchant dont il ne fallait que rire, et, dans le fait, on y
riait très-franchement de la divinité de Marat, du sacerdoce de Robespierre, de la magistrature de Fouquier, et on semblait dire à toute
cette valetaille ensanglantée : « Vous nous tuerez quand il vous
plaira, mais vous ne nous empêcherez pas d'être aimables (p. 202,
203). »

Parmi ces femmes il en est une à qui Beugnot a consacré une des
pages les plus piquantes de ses Mémoires, une page qui la fera vivre.
Elle se révéla à lui quand le duc du Châtelet, transféré des Madelonnettes à la Conciergerie, se montra à la grille de la cour, se lamen-
tant sur son sort. Sachant qui il était : « Fi donc ! lui dit-elle, vous
« pleurez ? Sachez, monsieur le duc, que ceux qui n'ont pas de nom
« en acquièrent un ici, et que ceux qui en ont un doivent savoir le

« porter. » On devine que le personnage de qui partait cette verte
leçon était une aristocrate, et rien de si vrai. »

Cette aristocrate était une pauvre fille des rues de dix-sept à vingt
ans, qui s'appelait Églé. « La malheureuse avait été victime, comme
tant d'autres, de la corruption de nos mœurs; mais une âme s'était
conservée forte dans ce corps flétri par mille souillures. Églé détestait
le nouvel ordre de choses et ne s'en cachait pas... La police l'avait
fait arrêter et conduire à la Conciergerie avec une de ses compagnes
à. qui elle avait inculqué son poison aristocratique et la rage de le
répandre. Chaumette avait eu le projet de faire traduire ces deux
malheureuses au tribunal en même temps que la reine et de les envoyer toutes trois à la mort sur la même charrette... Les comités du
gouvernement d'alors trouvèrent quelque inconvénient à cette gaieté :
il fut décidé que Marie-Antoinette d'Autriche irait seule à la mort, et
on réserva la pauvre Églé pour une meilleure occasion (p. 204). »

Trois mois s'étaient écoulés et on aurait pu l'oublier dans la Conciergerie, mais elle affichait si hautement ses opinions, que Fouquier
résolut d'en finir avec elle.

« On ne se donna pas la peine de dresser un nouvel acte d'accusation contre ces deux filles : on retrouva celui qui avait été préparé
lors du projet de Chaumette, et il fut signifié dans sa simplicité première; en sorte qu'Églé et sa compagne se trouvaient textuellement
et précisément accusées d'avoir été d'intelligence avec la veuve Capet,
et d'avoir conspiré avec elle contre la souveraineté et la liberté du
peuple. Je l'ai lu, et je l'atteste.

« Églé était fière de son acte d'accusation, mais indignée des motifs
qu'il renfermait. Elle ne pouvait pas concevoir qu'on pût mentir
d'une manière aussi bête et lançait contre le tribunal de ces sar-
casmes grivois qui avaient bien leur mérite, mais dans sa bouche
seulement. Je l'interrompais au milieu de l'une de ces philippiques
et je lui disais : « Malgré tout cela, ma chère Églé, si l'on t'eût con-
« duite à l'échafaud avec la reine, il n'y aurait pas eu de différence
« entre elle et toi, et tu aurais paru son égale. — Oui, me répondit
« elle, mais j'aurais bien attrapé mes coquins. — Et comment cela?
« — Comment! au beau milieu de la route, je me serais jetée à ses
« pieds, et ni le bourreau ni le diable ne m'en auraient pas fait re-
« lever (p. 205). »

Un juré qui la voulait sauver fit observer que lorsqu'elle avait tenu
ces propos incriminés, elle était probablement ivre. Mais elle rejeta
cette excuse. Elle dit qu'elle était prête à les renouveler, et comme
sa compagne, à qui on offrait le même moyen de salut, paraissait
disposée à l'accepter, elle l'apostropha vivement; elle lui dit qu'*elle
se déshonorait* par cette faiblesse; et la pauvre fille, « confuse et

tremblante en face d'Églé plus encore que devant ses juges, abjura un moment d'erreur et confessa qu'elle s'était rendue coupable aussi de sang-froid. » Toutefois le tribunal, en condamnant Églé à la mort, se contenta d'envoyer l'autre pour quelques vingt ans à la Salpêtrière.

Églé entendit sa condamnation en souriant ; mais, quand on en vint à l'article de la confiscation de ses biens : « Ah ! voleur ! dit-elle « au président, c'est là que je t'attendais. Je t'en souhaite, de mes « biens ! je te réponds que ce que tu en mangeras ne te donnera pas « d'indigestion. » Quand elle descendit du tribunal, elle plaignait sa compagne et se montrait contente de son sort. Seulement troublée, non sans quelque raison, par les souvenirs de son ancien métier, elle craignait *d'aller coucher avec le diable.* « L'ange de cette prison, le bon M. Émery, la rassura sur cette frayeur, et elle sauta sur la charrette avec la légèreté d'un oiseau (p. 206, 207). »

Bien d'autres victimes devaient aller de la Conciergerie au tribunal, et de là à l'échafaud. Riouffe, qui y demeura jusqu'après la chute de Robespierre, les a passées en revue dans ses Mémoires ; et l'anonyme qui s'est trouvé dans le même lieu résume ainsi ses impressions en finissant :

« J'ai resté six mois à la Conciergerie, en proie aux plus horribles anxiétés ; j'y ai vu le tableau navrant de nobles, de prêtres, de marchands, de banquiers, d'hommes de lettres, d'artisans, de cultivaieurs et de sans-culottes. La faux du tribunal sanguinaire en a moissonné les quatre-vingt dix-neuf centièmes. J'ai vu des cultivateurs dire leurs prières matin et soir, se recommander à la bonne vierge Marie, faire le signe de la croix lorsqu'il tonnait, détester les brigandages de leur seigneur émigré, bénir la révolution, mais ne vouloir pas entendre parler du curé *intrus*, regrettant les messes, les sermons et les prônes du *réfractaire.* O Voltaire ! Rousseau ! mes divins maîtres ! vous ne les auriez pas fait guillotiner ; vous leur eussiez fait un catéchisme de la raison, et ils eussent été bons citoyens (p. 40). » — Ce catéchisme n'a malheureusement pas empêché les autres de s'en faire les bourreaux. — « J'ai vu des jeunes gens bien étourdis, bien écervelés, pirouetter avec grâce entre deux guichets, chanter avec goût l'ariette du jour et faire des épigrammes sur le gouvernement actuel. O Montesquieu ! tu ne les aurais pas fait guillotiner ; quelques mois de détention — (comme on s'habitue à la légitimité de la prison !) — auraient rasséréné leurs sens, ils auraient pu devenir de bons époux, et la patrie les aurait comptés parmi ses enfants[1]. »

Il y avait, à la Conciergerie, un homme qui enseignait un tout

---

[1] *Hist. des prisons*, t. II, p. 40, 41.

autre catéchisme que celui dont il était parlé tout à l'heure, un de
ces *réfractaires* dont ces pauvres paysans voulaient, au prix de leur
vie, entendre la messe, et qui pourtant, lui, ne fut pas envoyé à
l'échafaud : c'est M. Émery, que l'on a vu cité plus haut. Comment,
les autres périssant, fut-il épargné? On n'en sait rien, à moins de
lui appliquer ce qu'on lit ailleurs dans l'*Histoire des prisons*. L'auteur se demande si l'on ignorait qu'il y eût dans les prisons des
prêtres exerçant leur ministère de réconciliation auprès des prisonniers; il répond : « Non. Il y avait, ajoute-t-il, trop d'observateurs
soudoyés, et ces observateurs étaient trop clairvoyants pour ne pas
s'en apercevoir. L'un d'entre eux avertit Robespierre qu'à la Conciergerie un prêtre d'un grand mérite, qu'on lui nomma, avait confessé
en un seul jour tant de personnes (il grossit peut-être le nombre).
Voici sa réponse : « Laissez-le faire, il ne faut pas qu'on le juge si
« tôt; c'est un homme qui nous est utile, il fait qu'on va à la mort
« sans se plaindre. Son jour viendra. » — Son jour n'est pas venu,
il est libre[1]. »

J'ai parlé de ceux que le jugement du tribunal révolutionnaire
envoyait à l'échafaud. Quelques-uns y allaient bien aussi sans occuper
beaucoup le tribunal : les *mis hors la loi*; par exemple, Cussy, ancien
constituant et député à la Convention, ancien directeur de la monnaie de Caen, très-habile dans la fabrication des monnaies; mais ses
connaissances étaient inutiles : on ne fabriquait plus que des assignats[2]. Arrêté et emprisonné à la Conciergerie, il avait de bonnes raisons de croire que le décret de la Convention ne lui était pas applicable, et il avait adressé une pétition à ses anciens collègues. Ses
compagnons de chambre, qui connaissaient l'humeur de l'Assemblée, guettaient chaque soir le journal, afin que le résultat ne lui en
fût pas appris sans quelque préparation. Un jour, leur vigilance est
trompée : c'est à lui que le journal est remis; c'est lui qui l'apporte
et en fait la lecture. « Il arrive à l'article de la séance de la Convention
où le Comité de salut public rend compte de sa pétition et propose
de passer à l'ordre du jour, c'est-à-dire de n'y avoir aucun égard. Il
lit le décret qui l'a ainsi ordonné. Cette ligne était pour lui le coup
de hache. Il poursuit sa lecture du même ton, sans éprouver, ou au
moins sans laisser paraître la moindre affectation. La lecture finie,
il dit d'un ton tranquille : « A la bonne heure! ce sera pour demain ;
« j'ai la nuit pour mettre ordre à mes affaires. » Après ce peu de
paroles, il embrasse celui des assistants qui était le plus voisin de lui
et qu'il connaissait de longue date; par une sorte de mouvement
sympathique, chacun de nous l'embrasse à son tour; il remercie

---

[1] *Hist. des prisons*, t. IV, p. 393.
[2] *Hist. des prisons*, t. IV, p. 344.

avec émotion et ajoute : « Chers camarades, vous consolez mes der-
« niers moments, c'est comme la mort de Socrate : mais il ne nous
« sera pas permis de discourir philosophiquement ensemble jusqu'à
« l'arrivée de la ciguë. » Il achevait à peine qu'un guichetier vient
le saisir au collet pour le conduire dans la loge des condamnés
(Beugnot, t. I, p. 220). »

D'autres aussi, sans être hors la loi, surent se mettre hors de la
portée du tribunal, par exemple Clavières, ex-ministre des finances
du ministère Roland. Il avait pris la place occupée par quelques
Girondins dans la chambre de Beugnot, avec Lamourette, un ancien
prieur de Molesme, Boos, le peintre de portraits, et un tailleur de
Paris ; chambre modèle : on lui avait donné le nom de « chambre
des sept sages. » Le jour qu'il reçut son assignation, quand il vit
qu'on ne lui laisserait même pas le temps de produire les pièces nécessaires à sa défense, sa résolution fut prise. Il dîna comme d'habitude à cette table de huit, dont il était le commensal et, sans qu'il y
parût, déroba le couteau à découper, qu'il rapporta dans la chambre
commune. On ferme les portes, la conversation s'établit, et Lamourette y entremêle des réflexions sur la brièveté de la vie, comme
pour préparer Clavières à son sort. Il ne savait pas comme il était
préparé. « Une heure après que nous étions couchés et endormis, dit
Beugnot, je suis réveillé par ce cri de Lamourette : « Clavières ! ah !
« malheureux, qu'avez-vous fait? » Et j'entends alors distinctement
deux bruits également horribles : le râle d'un homme qui s'éteint
et le bruit de son sang qui, du lit, tombe sur les dalles. Je me jette
hors de mon lit : nous en faisons tous les cinq autant. Que faire? que
devenir? nul secours à appeler du dehors ; pas moyen de se procurer de la lumière ; seulement un réverbère, placé dans l'un des
passages du Palais de justice et qui se trouve en face de la croisée de
notre chambre, y jette quelques faibles rayons, assez pour indiquer
cette scène d'horreur, pas assez pour l'éclairer. Les deux prêtres se
jettent à genoux et nous invitent à en faire autant pour demander à
Dieu la grâce de l'infortuné que nous voyons s'éteindre. Chacun se
prosterne. Au bout d'une demi-heure, on n'entendait plus que le sang
qui tombait encore... Lorsqu'une sorte de calme eut succédé, nous
pûmes rapprocher plusieurs circonstances qui auraient dû nous
avertir de la détermination de Clavières. Plus d'une fois il avait protesté qu'il n'avilirait pas la dignité de l'homme au point de paraître
devant l'infâme tribunal. Il avait consulté le peintre Boos sur l'attitude que les statues et les tableaux donnaient aux personnages qui
se frappaient du poignard, et il avait marqué la place du côté gauche
où il faut enfoncer pour arriver plus sûrement à l'oreillette du cœur.
Enfin il était évident, par ses discours de la veille, qu'il récusait le

tribunal, et, pour y échapper, il lui fallait mourir dans la nuit même. Mais le genre de mort qu'il avait choisi suppose un courage incroyable : on ne conçoit pas que, couché sur un lit de sangle et avec des points d'appui faibles ou incertains, il ait pu, en soutenant le poignard de la main gauche à l'endroit où il voulait qu'il pénétrât, l'enfoncer de la main droite en frappant à coups redoublés, et cela sans jeter un cri, sans faire quelque mouvement maladroit qui nous eût éveillés. Telle a été néanmoins, suivant le rapport des hommes de l'art, la seule manière dont il ait pu se donner la mort (p. 214). »

Beaucoup d'autres se dérobaient au supplice par un moyen moins violent. « Cabanis avait imaginé des pastilles dont la base était du laudanum, mais si bien préparées qu'elles conduisaient à petit bruit dans l'autre monde. Tous les détenus qui appartenaient à sa secte philosophique en étaient pourvus (p. 222). » Elles leur étaient fournies par un autre médecin, le docteur Guillotin, un peu revenu sur l'excellence de sa machine.

Beugnot aussi gardait sa pastille, quoique peu disposé à en faire usage (et vers la fin on n'avait plus le temps d'en user). Il aima mieux sortir de là de tout autre façon.

La vie à la Conciergerie était une agonie véritable pour ceux dont l'emprisonnement se prolongeait. Chaque jour pouvait être la veille du supplice. « J'avais, dit-il, successivement perdu mes amis anciens, c'est-à-dire ceux avec lesquels j'avais pu passer un mois ou six semaines en prison (en dernier lieu, Lamourette, 22 nivôse ; Ducourneau, 26 nivôse) ; je ne me souciais pas de contracter de nouveaux liens que le fer de la guillotine tranchait au bout de la semaine, et je restais pour ainsi dire seul à la Conciergerie, quoiqu'elle fût plus remplie que jamais (p. 232). » Ce qui diminuait pour lui le danger, c'est que, vers la fin de 1793 et dans les premiers mois de 1794, l'attention était portée ailleurs. Madame Beugnot, qui pénétrait quelquefois jusqu'à lui en achetant d'une femme de service le droit de prendre son costume, et du concierge la permission de le tromper, le pressa de consulter l'avocat Lafeutrie, qui le confessa et, sachant qu'il était arrêté comme *complice de Capet, de sa femme et de la Fayette*, le rassura en lui disant que les royalistes n'étaient pas à l'ordre du jour dans les comités du gouvernement. « On s'occupe des fédéralistes, ajoutait-il ; le tribunal en a encore pour trois mois à expédier, et d'ici à trois mois le roi, vous ou l'âne, vous serez morts. » En y réfléchissant, Beugnot se rassura un peu. Il vit qu'en effet, dans les derniers mois de 1793, le tribunal donnait la préférence à cette sorte de suspects, et ne faisait d'exception qu'en faveur des généraux. « On sacrifiait deux ou trois de ceux-ci par décade pour l'exemple, et apparemment pour entretenir l'émulation dans l'armée. C'est un grand sujet à méditer, ajoute-t-il, que le sort de ces généraux, hommes de force et de vaillance, qui ont conquis leurs grades par des prodiges devant l'ennemi, et que des gens qualifiés de représentants du peuple enlèvent à volonté du milieu de leurs bataillons et envoient pieds et poings liés à la Conciergerie, comme on expédie des moutons à une boucherie; et tous se laissaient faire comme des moutons! Nous ne sommes encore que des Français d'avant 1789, très-façonnés à l'obéissance, et à qui un pouvoir nouveau et fort hideux, assurément, n'en a pas fait perdre l'habitude (p. 212). »

Cependant Beugnot était à la Conciergerie depuis tantôt quatre mois, et quand la population s'en renouvelait si souvent, une figure qu'on retrouvait toujours pouvait frapper les inspecteurs de police. On pouvait bien d'ailleurs s'apercevoir qu'il était toujours là, sans le voir lui-même. Il suffisait de jeter les yeux sur le livre d'écrou. Un matin, Beugnot est mandé au greffe. Il s'y rend sans défiance : le greffier l'employait volontiers à copier des états; mais il s'agissait de tout autre chose. Il y trouve les citoyens Soulès et Marino, qui ayant découvert, en parcourant le registre d'entrée[1], que depuis quatre mois qu'il était en prison il n'avait subi aucun interrogatoire, lui en demandent la raison et s'indignent d'un pareil déni de justice : un citoyen dans les fers durant quatre mois sans qu'on l'ait interrogé, quand la loi exige qu'il le soit dans les vingt-quatre heures! « Ils admirent ma patience, dit Beugnot, me traitent d'imbécile, pour n'avoir pas réclamé et me donnent l'assurance qu'ils vont sur-le-champ au cabinet de l'accusateur public, pour lui en laver la tête et lui enjoindre de m'interroger, sinon le soir même, au moins le lendemain matin. » Beugnot était perdu si d'ici là il n'était tiré de prison ou transféré ailleurs. Il le mande à sa femme, qui d'ailleurs était depuis longtemps en campagne. Elle voit l'officier municipal qui avait la police de la Conciergerie ; elle voit ce fonctionnaire de l'intérieur (Grandpré), qui déjà avait recommandé Beugnot dans cette prison; et, avant le soir, elle obtient l'ordre de transfèrement. Restait à l'exécuter : autre péril. Le soir est venu ; on va fermer les portes, et il n'y a pas de gendarmes, pas de voiture. Enfin l'officier chargé de le conduire prend sur lui de le déposer provisoirement au poste du Palais ; une voiture vient le prendre et le mène à la Force.

Cette prison, où tant d'autres n'étaient entrés qu'avec horreur, lui parut être comme le port du salut, et ce fut elle qui le sauva.

---

[1] Je laisse à concilier cette déclaration de Beugnot avec ce que dit M. Dauban, que son nom ne se trouve pas sur les registres d'écrou. (Dauban, *les Prisons de Paris sous la Révolution*, p. 169.)

X

AGGRAVATION DANS LE RÉGIME DES PRISONS.

La Force, que nous avons rangée, sur l'autorité d'autres détenus, parmi les plus dures prisons, n'eut pas pour Beugnot trop de rigueurs. Il est vrai qu'il était protégé, et que Danton, quoiqu'il ne fût plus la puissance du moment, veillait toujours sur lui. Il y fut placé, par la faveur de la concierge, la citoyenne Lebau, ou Bault, que nous connaissons déjà, dans une chambre qui ne ressemble pas beaucoup à celle dont Blanqui nous a fait la peinture. Dans cette chambre, appelée, comme à la Conciergerie, la chambre du conseil, et destinée jadis sans doute au même usage, les détenus s'arrogèrent pendant quelque temps le droit de ballotter, comme dans quelque jockey-club, ceux qu'ils voudraient bien admettre en leur compagnie. « Cette chambre, dit Beugnot, avait, il est vrai, des priviléges enviables : on y faisait excellente chère ; un cuisinier *ad hoc*, et des plus renommés de Paris, était établi en face de la prison, pour le service de la chambre, et cet artiste, aristocrate plein de zèle, battait les quatre coins de Paris pour saisir les meilleurs morceaux à notre profit. La plupart des habitants de la chambre, qui avaient dans leurs caves de ces vins qui gagnent à se faire longtemps oublier, les exhumaient pour la circonstance, et en faisaient gracieusement les honneurs à ceux qui, tels que moi, n'avaient pas la même ressource. Dans l'après-midi, la chambre se garnissait de tables de whist, de piquet, d'échecs, qu'occupaient ceux qui ne préféraient pas travailler ; et telle était la douceur de notre vie, comparée à celle du dehors, qu'un citoyen, Mercier de la Source, frère de lait de Louis XV, vieillard de quatre-vingt-six ans, et le plus beau vieillard que j'aie vu, nous répétait : « Si on voulait me mettre en liberté, je prierais « très-respectueusement ces messieurs de me laisser ici. Je ne trou- « verais nulle part meilleure compagnie et autant de soins qu'on en « a pour moi dans votre société[1]. »

[1] *Mém. du comte Beugnot*, t. I, p. 242.

Duquesnoy, de l'Assemblée constituante, Foissey, de la Législative, Francœur, directeur de l'orchestre de l'Opéra, étaient avec
Beugnot dans ce lieu privilégié. Dupont de Nemours l'y rejoignit.
Mesdames Duquesnoy et Beugnot, logées dans un hôtel du voisinage,
venaient quelquefois dîner, et, après le dîner, faire une partie de
whist avec leurs maris; et parmi les hôtes de la Force se trouvaient
aussi alors, ne l'oublions pas, quarante des soixante-treize députés, la plupart, au rapport de Blanqui, l'un d'eux, si mal logés.
Beugnot nomme particulièrement Dussault, le traducteur de Juvé-
nal, Mercier, l'auteur du *Tableau de Paris*, Ledoux, Aubry, Daunou;
mais pour celui-là, il se prêtait moins à la conversation : « Dans le
cours d'une journée, dit Beugnot, il ne dérobait pas une demi-heure
à l'étude[1]. »

Le moment approchait, du reste, où pas une seule prison ne devait être sûre; et celles qui avaient eu d'abord le moins de rigueurs
ne tardèrent point à ressembler à peu près aux autres.

L'augmentation du nombre et le mélange des prisonniers avaient
commencé par en changer le régime. Ce mélange se manifeste de
très-bonne heure au Luxembourg : l'aristocratie et la démagogie s'y
coudoyaient. On put lire sur le même écrou les premiers noms du
noble faubourg et les plus fameux de la rue, « les amis et les ennemis de la Révolution, » fort étonnés de se trouver là ensemble.

La description de l'intérieur du palais et de ses nouveaux habitants nous a été faite par un prisonnier qui, à la couleur de son tableau, et aux traits qu'il y mêle, se révèle comme un démocrate
assez surpris d'être en prison, mais se consolant presque d'y être,
quand il y voit avec lui tant d'aristocrates :

« C'est un spectacle assez divertissant, dit-il, de voir arriver dans un misérable fiacre, deux marquis, une duchesse, une marquise, un comte, un
abbé et deux comtesses, qui s'évanouissent en descendant, et qui ont la
migraine en montant. Il n'y a pas encore longtemps que je vis arriver la
femme de Philippe le guillotiné[2]; elle loge à côté de Bazire et de Chabot
qui sont toujours au secret, et qui se morfondent, en entendant la voix
aigre d'un colporteur qui crie: « La grande colère du père Duchesne contre

---

[1] Sur quelques-uns de ces hôtes de La Force, voyez aussi le Supplément aux
Mém. de madame Roland, t. II, p. 289-316.

[2] Un autre récit tout autrement sympathique nous représente la duchesse d'Orléans gravement malade, « couchée le jour et la nuit sur une chaise longue, sans
secours, sans médecin, sans cesse insultée par les geôliers, les municipaux et tous
ceux que la tyrannie des démagogues avait vomis dans les prisons pour en rendre
le régime affreux : elle attendoit la mort comme un bienfait. » *Hist. des prisons*, t. IV, p. 209.

le frocard Chabot. » Dans le même corridor logent M. de la Borde de Mé-
réville, M. le président de Nicolaï, Mélin, ci-devant commis de la guerre
sous Ségur. Dans l'autre corridor, à main gauche, habitent M. de la Ferté,
M. le duc de Lévi, M. le marquis de Fleury, M. le comte de Mirepoix ; tous
les matins en se levant, ils braquent leurs lunettes d'approche ; et ils ont
l'agrément de voir que leurs hôtels ne sont pas changés de place dans la
rue de l'Université. Au bout du corridor, dans la bibliothèque, repose un
groupe de généraux qui se racontent les uns aux autres leurs victoires.

« Dans un cabinet à droite, vivent conjugalement et paisiblement M. le
maréchal et madame la maréchale de Mouchy, qui trouvent que les comités
révolutionnaires n'ont pas le sens commun d'enfermer des gens de leur
qualité, qui ont donné leurs chevaux pour les charrois et 500 livres pour
les veuves de la section. »

Il plaisante sur l'habit carré du maréchal, sur celui de la maréchale (p. 102). Il trouve amusant de nous peindre cette vieille dame
vénérable, « en pet-en-l'air, un bougeoir dans la main gauche,
une canne dans la droite, grimpant l'escalier avec la précipi-
tation d'une bergère de Suresnes qui gravit le mont Valérien. »
Il rend hommage à l'humanité des riches, à leurs procédés pour
les pauvres, aux sentiments de fraternité qui régnaient dans la maison, à l'amour de la liberté commun à tous, ce qui n'effaçait pas les
nuances des partis ; et lui-même marque assez bien la sienne quand,
dépeignant les autres, il dit : « L'aristocrate le plus encroûté est auprès du monarchien, qui se querelle avec le modeste feuillant. Le
fédéraliste peste contre tous les trois, et leur prouve qu'ils n'ont
rien entendu à la contre-révolution, et que tout se serait arrangé
pour le mieux, sans la révolution du 31 mai. Il y a quelques jours,
tous les quatre partis riaient beaucoup, parce qu'on avait amené un
patriote ; mais celui-ci leur répondit en chantant ce couplet :

> L'aristocrate incarcéré,
> Par ses remords est déchiré,
> C'est ce qui le désole ;
> Mais le patriote arrêté
> De l'âme a la tranquillité ;
> C'est ce qui le console[1]. *Bis.*

Le journal d'un détenu (Coittant), en notant jour par jour les entrées à Port-Libre, nous fait constater directement, et il constate
lui-même[2] la double influence, de plus en plus sensible, du nombre

---

[1] *Tableau du Luxembourg, fait par un suspect, arrêté en frimaire, l'an II*, dans
l'*Hist. des prisons.* t. II, p. 100-103. Plusieurs paragraphes de ce récit se retrouvent
dans l'article *Luxembourg* des *Mém. sur les prisons*, t. II, p. 164.

[2] *Mém. sur les prisons*, t. II, p. 5.

et du mélange que nous avons signalée. La plus grande partie — et il en devait être ainsi généralement — étaient les royalistes, les fédéralistes, les modérés, tous les suspects du terrorisme. Les sansculottes, quand il en venait, tenaient la tête assez basse, et ne demandaient pas mieux que de se perdre parmi les autres ; et comme ce n'étaient pas les plus riches, on les traitait généralement avec humanité. Il n'y avait d'exception que pour ceux que l'on pouvait regarder comme ayant chance de triompher encore, par exemple, ceux de la faction d'Hébert. On avait appris avec étonnement l'arrestation « d'Hébert, Ronsin, Vincent, et autres scélérats[1]. » C'était tellement à l'encontre du mouvement suivi jusqu'alors, et de plus en plus, par la Révolution, que l'on ne savait encore où cela aboutirait, ni ce que cela voulait dire. « On a débarqué douze prisonniers qui, par leur costume et leur langage, ont tout l'air d'être du bord d'Hébert et de Chaumette. Nous ne sommes pas tranquilles sur le compte de ces gens-là, si la faction sort saine et sauve du tribunal. Personne n'a pu se faire à la mine de ces coupe-jarrets. Tous les prisonniers se tiennent sur leurs gardes, en cas d'événement.» (*Mém. sur les prisons*, t. II, p. 72.)

On avait de la défiance et on n'avait pas beaucoup de pitié pour ces coryphées du parti, ces hommes de sabre, ces généraux à grand panache et à grande moustache, dont les états de service relevaient moins des champs de bataille que du club et de la rue, comme ce Berthaux, adjudant de l'armée révolutionnaire : « Ce patriote à moustaches pleurait comme un enfant. Tous les prisonniers fuient ce misérable, qui était bien insolent lorsque, escorté de cinquante coupejarrets, il allait porter l'effroi et la désolation dans les familles, en enlevant nuitamment de bons citoyens, victimes de fausses dénonciations. » (*Ibid.*, p. 67.)

On s'en amusait aussi quelquefois : « Un général révolutionnaire, nouvellement débarqué, nous a donné, dit Coittant, une petite comédie qui a fait beaucoup rire. Ce personnage s'est montré dans le jardin en grand uniforme, le collet brodé, le chapeau galonné et orné de ses plumes. Malheureusement la taille trahissait un peu le héros ; il n'avait guère que quatre pieds trois pouces, et, pour comble d'infortune, on avait appris dans la maison que ce général était un ancien aboyeur de la foire Saint-Germain, ci-devant attaché à une ménagerie. Un prisonnier assez jovial l'accosta dans son passage et s'écria : « Le voilà, le voilà, ce grand Talala, qui a été à la Vendée ; « ce grand animal d'Afrique, qui a des dents et qui mange des

---

[1] Leur arrivée est accueillie avec dégoût, avec effroi dans toutes les autres prisons, au Luxembourg, à Saint-Lazare, à La Force.

« pierres. Venez, messieurs, venez le voir, il n'en coûte que deux
« sous après l'avoir vu. C'est ce grand général des bois, qui est venu
« des déserts de l'Arabie dans une montgolfière, et qui est descendu
« à la Bourbe; c'est celui qui a une culotte blanche et un gilet noir;
« voyez, voyez. » (*Ibid.*, p. 89.)

L'issue du procès d'Hébert (4 germinal an II, 24 mars 1794) causa
dans les prisons une joie universelle. Ce n'est pas tant l'homme que
l'on voyait à bas, c'est le parti; et le bruit courait parmi les détenus (bruit accrédité par l'acte d'accusation d'ailleurs) que, s'il
avait vécu, il aurait fait un nouveau massacre des prisonniers[1].
Aussi ne furent-ils pas moins cruels à son égard qu'on ne le fut, sur
la place de la Révolution, quand tomba sa tête. Cette dureté se manifeste, non pas seulement envers lui et ses complices, mais encore
envers les infortunés qu'ils pouvaient laisser après eux. La femme
de Momoro avait été amenée à Port-Libre. On n'avait pas su d'abord,
on apprit bientôt qu'elle « avait figuré la déesse Raison dans une
mascarade de l'invention de Chaumette. » On en rit, on l'en railla,
ce qu'elle ne prenait pas trop mal; et on pouvait bien ne pas la voir
avec la même admiration que son public. « Cette déesse, dit Coittant, est très-terrestre. Des traits passables, des dents affreuses,
une voix de poissarde, une tournure gauche : voilà ce qui constitue
madame Momoro[2]. » Passe pour la déesse; mais la femme devait être
respectée dans son deuil. Ce n'est guère ce que fait Coittant, quand,
en nous peignant, le 4 germinal, la joie des prisonniers à la nouvelle
de l'exécution d'Hébert, de Momoro et des autres, il ajoute : « La
déesse de la Raison n'a pas été du tout raisonnable pendant la journée; elle s'est beaucoup lamentée sur l'accident arrivé à son mari[3]. »

On se réjouit aussi beaucoup au Luxembourg lorsqu'on y vit arriver celui qui avait été le principal auteur de la farce où la Momoro
avait joué son rôle, Chaumette (15 germinal an II, 4 avril 1794) :
« Ce n'était plus ce redoutable procureur de la Commune, la terreur
des filles de joie; c'était tout bonnement un individu tout honteux,
aux cheveux plats et luisants. Semblable au renard surpris dans des

---

[1] « Quelques détenus au Luxembourg, d'intelligence avec leurs amis du dehors,
avec la section voisine, avec le club des Cordeliers, devaient un de ces jours, ou
plutôt pendant une nuit, forcer les portes de la prison, en tirer tous leurs amis,
s'assurer des autres et l'on conçoit par quels moyens. De là se porter aux Comités
de salut public et de sûreté générale et contraindre par la violence les membres qui
les composaient alors, au parti qu'il aurait plu à cette foule armée de leur faire adopter, sinon de les égorger. » Extrait d'un mémoire justificatif publié par le citoyen
Doucet-Suriny, qui en reçut, dit-il, la confidence d'un compagnon de captivité, et
le dénonça. (*Hist. des prisons*, t. I, p. 270.)

[2] *Mém. sur les prisons*, t. I[1], p. 72.

[3] *Ibid.*, p. 77.

filets, il portait la tête basse ; son œil était morne et baissé, sa démarche lente et mal assurée, sa contenance triste et douloureuse, sa
voix douce et suppliante. On ne pouvait l'entrevoir d'abord que par
une chatière; chacun s'empressait d'y courir ; — « Avez-vous vu le
loup ? » se disait-on[1] ; — enfin on ouvrit les corridors, et les dépu-
tations ne lui furent pas épargnées. Parmi les divers compliments
qui lui furent faits, on distingua celui d'un certain original qui lui
dit, avec la dignité d'un sénateur romain : « Sublime agent national,
« conformément à ton immortel réquisitoire, je suis suspect; tu es
« suspect ; » puis, montrant un de ses camarades : « Il est suspect ;
« nous sommes suspects; vous êtes suspects; ils sont tous suspects ; »
et, lui faisant ensuite une profonde révérence, il se retira avec ses
camarades, et fit place à une autre députation[2]. »

Entre le supplice d'Hébert et l'arrestation de Chaumette, on avait
vu arriver avec plus de surprise encore au Luxembourg Danton,
Lacroix, Philippeaux et Camille Desmoulins (nuit du 10 au 11 germinal an II, 30-31 mars 1794); et le moins étonné n'était pas Danton
lui-même : « A son arrivée, Lacroix ne parla point; les prisonniers
un peu distingués jouissaient infiniment, et l'un d'eux, appelé la
Roche du Maine, qui était fort goguenard, dit, en le voyant passer :
« Voilà de quoi faire un bon cocher. » Camille et Philippeaux n'ou-
vrirent pas la bouche; mais lorsqu'on conduisit Danton, celui-ci dit,
en affectant un rire forcé : « Quand les hommes font des sottises,
« il faut savoir rire. Je vous plains tous, si la raison ne revient pas
« promptement : vous n'avez encore vu que des roses[3]. » Puis, ren-
contrant l'Anglais Payne, il lui dit bonjour en sa langue et ajouta :
« Ce que tu as fait pour le bonheur et la liberté de ton pays, j'ai en
« vain essayé de le faire pour le mien ; j'ai été moins heureux, mais
« non pas plus coupable... On m'envoie à l'échafaud ; eh bien ! mes
« amis, j'irai gaiement. » Quand ils furent chacun dans leur chambre,
(celles de Danton et de Lacroix étaient contiguës), ils furent obligés
d'élever la voix, de manière à être entendus de beaucoup de détenus :
« Oh ! si j'avais su qu'ils voulaient m'arrêter, s'écriait Lacroix. —
« Je le savais, répliqua Danton; on m'en avait prévenu, et je n'avais
« pu le croire. — Quoi ! Danton était prévenu, et Danton s'est laissé
« arrêter ! C'est bien ta nonchalance et ta mollesse qui t'ont perdu.
« Combien te l'a-t-on prédit de fois ! »

<hr>

[1] Beaulieu, *Essais*, t. V, p. 338.
[2] *Mém. sur les prisons*, t. II, p. 147;. cf. Beaulieu, *Essais*, p. 339.
[3] J'étais, dit Beaulieu, à la porte de la prison, lorsqu'il entra ; il se présenta assez
bien : « Messieurs, nous dit-il, je comptais bientôt pouvoir vous faire sortir d'ici ;
mais malheureusement m'y voilà renfermé avec vous ; je ne sais plus quel sera le
terme de tout ceci. » (*Essais*, t. V, p. 341.)

Quand les députés reçurent leur acte d'accusation, Camille re-
monta en écumant de rage, se promenant à grands pas dans sa
chambre; Philippeaux, sensiblement ému, joignait les mains, regardait le ciel; Danton revint en riant, et plaisanta beaucoup Camille
Desmoulins. Rentré dans sa chambre :

« Eh bien! Lacroix, qu'en dis-tu ? — Que je vais me couper les
« cheveux pour que Sanson n'y touche pas. — Ce sera bien une autre
« cérémonie quand Sanson nous démantibulera les vertèbres du
« cou. — Je pense qu'il ne faut rien répondre qu'en présence des
« deux Comités. — Tu as raison ; il faut tâcher d'émouvoir le peuple. »

Quand ils partirent pour le tribunal, Danton et Lacroix affectè-
rent une gaieté extraordinaire; Philippeaux descendit avec un visage
calme et serein ; Camille Desmoulins, avec un air rêveur et affligé.
Il dit, avant d'entrer chez le concierge : « Je vais à l'échafaud pour
« avoir versé quelques larmes sur le sort des malheureux ; mon
« seul regret, en mourant, est de n'avoir pu les servir [1]. »

L'auteur du récit, en parlant de leur procès, dit : « L'on formait,
on ne sait pourquoi, dans la maison, des vœux ardents pour Camille
Desmoulins. » C'est que la voix de Camille Desmoulins avait osé
protester, en faveur des suspects, contre la tyrannie de Robespierre;
et c'était là ce qui causait sa perte. Quant à Danton lui-même, on
aurait dû porter son deuil, s'il y avait eu parmi les prisonniers quelque sympathie possible pour l'homme qui avait eu si grande part aux
massacres des prisons. Le supplice de Danton (16 germinal) était vraiment la contre-partie de celui d'Hébert. On comprend la joie que nous
avons signalée dans les prisons à la mort d'Hébert. Ce n'était pas seulement le bonheur de lui avoir échappé et l'instinct des représailles.
La Révolution enrayait sur la pente de la Terreur : n'allait-on pas revenir en arrière, ouvrir les prisons qu'Hébert avait, disait-on, voulu
vider à la façon du 2 septembre? On l'espérait dans ces maisons et au
Luxembourg même, selon le témoignage de notre auteur. La mort
de Danton allait faire évanouir cette espérance; et ce n'étaient pas
seulement ses protégés, comme Beugnot, qui le sentirent : « Je n'é-
tais pas le seul, dit-il, qui attendît le salut de ce côté. On croyait
« qué Danton seul était capable de renverser Robespierre [2]. » Danton
abattu, Robespierre se sentit plus maître, et on en éprouva le contre-
coup dans les prisons.

<hr>

[1] *Ibid.*, p. 153; cf. Beaulieu, *Essais*, t. V, p. 341, 342.
[2] *Mém. du comte Beugnot*, t. I, p. 252.

XI

LES PERQUISITIONS. — LA GAMELLE

Un redoublement de rigueur est partout signalé : au Luxembourg, à La Force, etc. C'est dans ce temps même qu'est découvert ou inventé au Luxembourg le complot du général Dillon et de quelques autres (15 germinal), complot qui, vrai ou faux, devait avoir pour tous les habitants des prisons de si fatales conséquences. Un jour, dans cette espérance que les Comités allaient revenir à un régime moins violent, des femmes, des enfants avaient envahi la salle de la Convention, réclamant leurs époux, leurs pères[1] ; et il avait été décrété que six commissions populaires seraient chargées d'examiner les causes de la détention de chacun, pour en faire un rapport au Comité de sûreté générale : le Comité devait, sur ce rapport, mettre en liberté les détenus patriotes (décret du 23 ventôse an II, 13 mars 1794). On espérait tout de ces commissions dans les maisons d'arrêt. Mais Robespierre avait signalé déjà cette démarche des femmes comme un symptôme d'une conspiration secrète : et la commission unique qui fut établie (*commission du Muséum*), au lieu des six décrétées (24 floréal, 13 mai 1794), travailla moins à justifier les espérances de ces malheureuses qu'à donner satisfaction aux appréhensions du tyran. C'est à la veille de ce jour qu'on voit les Comités lui préparer de la besogne par cette mesure de perquisition générale, qui est appliquée dans presque toutes les prisons en même temps[2]. Le résultat immédiat de ces opérations préliminaires fut d'ôter aux prisonniers les adoucissements qu'ils avaient pu apporter jusque-là au commun régime, et de multiplier les rigueurs dont l'objet, selon les conjectures de plusieurs de nos récits, était de don-

[1] Voy. Beaulieu, *Essais*, t. V, p. 527-329.
[2] Voyez Saladin, *Rapport au nom de la commission des Vingt-et-Un, créée pour l'examen de la conduite des représentants du peuple : Billaud-Varennes, Collot d'Herbois, etc.* (12 ventôse, an III), p. 45 et *Pièces iustific.*, n° 36.

ner corps à ces bruits de conspiration, en poussant les détenus à la révolte ou aux murmures.

Au Luxembourg, lorsque l'administrateur de police, le Polonais Wiltscheritz, vint signifier aux prisonniers la défense de communiquer entre eux, ils purent se croire à la veille d'un nouveau 2 septembre. De leurs fenêtres ils voyaient des détachements de cavalerie traverser le jardin, en chasser tous les promeneurs, s'emparer des portes; et en même temps une multitude d'hommes armés entrait dans la cour; des canons étaient braqués à toutes les issues, et le commandant de la troupe l'ayant rangée en pelotons, fit occuper les galeries et placer des sentinelles au seuil de chaque chambre. Déjà les prisonniers, se faisant leurs adieux, se préparaient à la mort. On n'en voulait cette fois qu'à leur argent[1] : « argent, bagues, assignats, argenterie, bijoux, boucles, nécessaires; c'était ce que l'on demandait d'abord ; ensuite les rasoirs, couteaux, canifs, ciseaux, fourchettes, clous, épingles, etc. » Pendant trois jours ils fouillèrent, prirent et firent des paquets, sans reçu ni inventaire; mais on avait leur parole que tout cela serait rendu à la paix. Quelques détenus savaient encore rire au milieu de ces spoliations : « Citoyens, je suis désolé, vous arrivez trop tard, dit l'auteur dramatique Parisau à ses inquisiteurs. J'avais bien ici 300 livres, mais un citoyen vous a devancés. Cependant, comme on m'a dit que vous laissiez 50 livres et que je n'en ai que 25, s'il vous plaisait de parfaire cette somme[2]? »

Un marquis, détenu au Luxembourg, donna, dans cette visite spoliatrice, une preuve vraiment bien rare de son respect pour la vérité. Il avait caché la meilleure partie de ses assignats et de son argent, gardant, dans son portefeuille, au delà de la somme de 50 livres, quelques billets dont il voulait faire la part du feu. On les lui prit et on lui dit : « N'as-tu pas d'autres assignats, nous nous en rapportons à toi. » Bien des personnes, ajoute le narrateur, auraient dit : « Cherchez, et vous ne trouverez rien. » Le marquis fit cette réponse : « Puisque vous vous en rapportez à moi, je vais vous donner tout ceux que j'ai cachés et que vous n'auriez certainement pas trouvés. » Il les tira de l'endroit où il les avait mis et les leur donna tous. « Ils ne me parlèrent ni d'or ni d'argent, » ajoutait-il en racontant son histoire; « s'ils m'en avaient parlé, je leur aurais donné les écus et les louis que j'avais mis en sûreté, comme je leur donnais mes assignats[3]. »

A Port-Libre la visite commença le 17 floréal et se continua jus-

---

[1] Beaulieu, *Essais*, t. V, p. 348, et *Mém. sur les prisons*, t. II, p. 158.

[2] Beaulieu, *Essais,* et *Mém. ibid.*, p. 158-161.

[3] *Hist. des prisons*, t. IV, p. 384.

qu'au 22. Il est curieux de la suivre, heure par heure, dans le journal de Coittant :

Du 17. — Une force armée considérable, rôde actuellement (8 heures du matin) dans le jardin. Des hommes bardés de rubans tricolores distribuent de tous côtés des sentinelles qui sont·doublées. Nous ignorons le sujet de cet appareil.

On nous apprend que trois prisonniers ont été visités et qu'on leur ôte couteaux, rasoirs, ciseaux.

Il est trois heures et on sonne la cloche de l'appel, c'est pour nous consigner chacun dans nos chambres; l'alarme est générale. Je viens de faire le sacrifice de mes poésies toutes très-fugitives. Je ne ferai celui de mon journal qu'à la dernière extrémité, et je le sauverai si je le puis...

Du 18. — Nous sommes toujours consignés, j'ai caché ce journal sous les cendres derrière la grosse bûche du fond, au risque d'être (qu'il soit) brûlé. S'il en revient je,le continuerai. J'ai caché mes ciseaux, ma montre et un rasoir dans les trous de la ventouse de ma cheminée... Il est resté cette nuit cent hommes de garde. On dit qu'il y a des canons à la porte et des charrettes pour le transfèrement...

Du 19. — Les commissaires travaillent toujours. Ils ne laissent pas les couteaux à tout le monde, ils brisent la pointe de ceux qu'ils n'emportent pas. On répand même qu'ils font mettre absolument nus certains individus...

Du 20. — Des signes convenus avec les prisonniers déjà visités ont rassuré un peu. On souhaite la visite pour échapper aux angoisses de l'attente.

Du 21. — On nous fait espérer que nous serons visités aujourd'hui. Le citoyen Poissonnier nous a dit ces deux mots : *Sicut infans*, qui signifient sans doute qu'on vous met nus comme quand vous naissez.

Même jour. — Omelette faite à la dérobée avec des œufs déposés chez l'auteur et qui vont ainsi échapper à toute perquisition. Les commissaires approchent; pour échapper à l'humiliation d'être déshabillés, ils se mettent au lit « en vrais sans-culottes. » On demande à Coittant s'il avait un rasoir? — Oui. — Des ciseaux? — Oui. — Un couteau? — Non. — Des assignats? Il tira son portefeuille qui contenait cinq livres dix sous. — Oh ! oh ! dit affectueusement le commissaire, je connais celui-ci ; c'est un bon enfant... Ce commissaire et ses compagnons n'étaient pas eux-mêmes bien féroces. « Aussitôt après leur départ, dit Coittant, j'allai retirer de ma cachette ma montre, mes ciseaux neufs, un rasoir et mon pauvre journal que le feu avait un peu endommagé. Ainsi se passèrent cent onze heures de véritable agonie. Je regrette beaucoup quelques petites fables que je jetai dans le feu[1], ajoute-t-il. » Nous nous en consolons par la conservation du journal [2].

Ces mesures, prétendues de sûreté et qui n'avaient pour but que la spoliation, nous sont signalées de la même sorte à La Force, à Saint-Lazare.

A La Force, « on fouilla dans les malles, les paillasses, les réduits et jusqu'aux habillements : c'est à peu près ainsi, dit Blanqui, le conventionnel, qu'un voyageur est fouillé sur une grande route par une bande d'assassins qu'il a le malheur de rencontrer[3]; » puis ce fut le tour des rasoirs, des couteaux, des canifs. On poussa cette vexation à l'égard des femmes, dit le même député, au point de leur enlever jusqu'aux aiguilles, et on les priva ainsi du seul passe-temps utile qui leur restait dans la captivité. A La Force, ajoute-t-il, nous n'avions pas de femmes (elles étaient à la Petite-Force, hôtel de Brienne), mais on nous enleva jusqu'aux compas à rouler les cheveux, sous prétexte que c'étaient des armes tranchantes[4]. »

A Saint-Lazare, aux rigueurs de la visite s'ajoutait l'amertume de la déception. Depuis plus de deux mois on parlait d'une mesure générale qui devait être prise pour la mise en liberté des détenus. Au lieu de la commission populaire, de laquelle les détenus attendaient leur délivrance, on vit arriver des administrateurs de police. Comme à Port-Libre et à la même date (17 floréal), les prisonniers avaient été consignés dans leurs chambres : une force armée occupa les corridors, et les administrateurs se partagèrent en deux bandes, « firent la visite de toutes les chambres, fouillèrent jusque dans les paillasses, prirent aux détenus leurs couteaux, rasoirs, canifs, ciseaux, compa

---

[1] *Mém. sur les prisons*, t. II, p. 93-102.

[2] Même en cette circonstance il y eut des poëtes pour chanter l'amour, l'amour mythologique, à Port-Libre :

> Pourquoi troubler du beau sexe l'asile,
> Troubler tous les cœurs à la fois,
> Pour un désarmement qui devient inutile,
> Si l'on ne peut lui ravir son carquois ?
> Vous avez pris à maintes belles
> Couteaux, canifs et fins ciseaux,
> Vous leur laissez des armes plus cruelles, etc.

Voyez la pièce intitulée *le Désarmement inutile à Port-Libre*, à la suite du journal de Coittant dans *Les prisons de Paris sous la Révolution*, par M. Dauban, p. 370.

[3] *Hist. des prisons*, t. I, p. 166.

[4] *Ibid.*, p. 167. Un autre prisonnier, détenu en même temps que les députés signataires à La Force, et depuis un des éditeurs des *Mém. sur la Révolution française*, a raconté de la même manière ces perquisitions dans le récit de sa captivité. Voy. le Supplément aux *Mémoires de madame Roland*, t. II, p. 317.

et généralement tout ce qu'ils avaient d'instruments tranchants, ensemble leur argent au-dessus de 50 livres, leurs montres et bijoux[1]. »

Roucher dans ses lettres, comme Coittant dans son journal à Port-Libre, a dépeint avec beaucoup de vérité les péripéties de ces journées : c'est l'impression du moment qui n'a pas eu le temps de s'amoindrir ni de s'exagérer dans le souvenir :

« Maman (sa femme) et toi (sa fille), vous avez dû être bien étonnés, bien tristes, de voir revenir la porteuse sans panier de retour et sans un seul mot de ma main. Tel est aujourd'hui l'ordre de la maison. Nulle communication avec l'extérieur que pour en recevoir les seuls comestibles. Dans l'intérieur toute communication défendue de corridor à corridor. Une grande et vague inquiétude agitant toutes les âmes et troublant tous les visages, je ne sais quelle sombre terreur sans objet déterminé, depuis huit heures du matin jusqu'à huit heures du soir, a poursuivi le plus fort comme le plus faible. Chacun réalisait, pour ainsi dire, les chimères de son imagination, à la suite des perquisitions faites dans les cellules du premier par les magistrats du peuple, *de tout ce qui peut compromettre la tranquillité de la République*.

« Tu sais, ma chère fille, que dans toutes les circonstances, je conserve assez mon âme en paix. Après tout ce que tu sais de mon inaltérabilité la nuit de mon arrestation, et le jour de ma translation en charrette ou en tombereau de Sainte-Pélagie à Saint-Lazare, j'étais autorisé à croire que j'étais dorénavant à l'épreuve des événements. Il a fallu décompter aujourd'hui. Il a fallu quitter mes travaux ordinaires ; impossible de conserver cette impassibilité que l'étude demande. Vingt fois je me suis assis à mon bureau, vingt fois je l'ai abandonné. Mon esprit était loin de moi... Il courait dans le corridor du premier après les perquisiteurs. J'avais beau me dire que je n'avais rien à redouter de l'œil même le plus sévère, l'inquiétude environnante m'a enveloppé aussi. On ne trouve pas à s'arrêter dans le vague. Demain la recherche arrivera sans doute à notre corridor et quel que soit le dénoûment, je m'en trouverai cent fois mieux, par la raison seule que ce sera un dénoûment. (17 floréal, *Corr.* de Roucher, t. II, p. 161.)

Mais voici venir les perquisiteurs :

La recherche commence. Les administrateurs sont dans la première chambre de *Germinal* (non du corridor). Mon *wise-man* (Chabroud, son compagnon de chambre) est à son anglais. Émile (le petit *suspect*) sur sa chaise rembourrée joue et barbouille d'encre des cartes sur la planche de la fenêtre et moi je noircis pour ma Minette du papier à mon ordinaire.

La journée s'est passée dans l'attente de ce moment ; mais les inquiétudes se sont calmées, sans doute par la nouvelle que les montres d'or et d'argent, qu'on avait enlevées hier matin, ont été rendues le soir ; peut-être

---

[1] *Mém. sur les prisons*, t. I, p. 256.

aussi parce que l'on a su que les administrateurs mettaient dans l'exercice de leurs fonctions la plus grande honnêteté, ce qui ne contribue pas peu à en adoucir la rigueur...

La recherche approche de ma cellule, je vais m'interrompre, mais avant, que je te dise un trait d'Émile. Roulant dans le corridor au milieu des détenus, allant, venant, parlant, il a sans doute ramassé des idées que ma cellule ne lui a point fournies. Sans que ni mon sage ni moi nous l'ayons vu, il a fait une pacotille de tous ses joujoux, petits pots de faïence, belles cartes et corbeilles de carton, et furtivement il a placé le tout bien avant sous son lit. Il est près de huit heures, le voilà à la fenêtre sur sa chaise qui, avant de souper, me demande la permission de jouer *à l'eau* avec ses trois pots de faïence; j'y consens et je le vois un moment après se glissant et s'enfonçant à plat ventre sous le lit. J'en demande la cause et il vient à moi me dire tout bas à l'oreille : « Et l'officier municipal, il emporterait mes joujoux, je les ai cachés. » J'ai eu beau le rassurer, il a persisté à croire qu'il serait dépouillé, car il a été tout remettre dans sa cachette. (18 floréal, t. II, p. 168, 169.)

Qui croirait que dans l'appareil de ces recherches il y ait eu moins d'intimidation que de peur?

Vers minuit nous avons été quittes dans notre chambre de la recherche tant attendue; je dis vers minuit, car depuis le moment où cette mesure, qu'on appelle de sûreté, a commencé, l'horloge de la maison a cessé de sonner, et comme mon *wise-man* n'a plus sa montre, ni moi depuis long-temps la mienne, ce n'est que par aperçu que l'heure du jour nous est connue. Quelques personnes sont persuadées que la crainte fait suspendre le cours de l'horloge. Il est possible en effet, qu'on ait assez mal jugé des détenus pour les croire capables d'un effort simultané dans tous les corridors à une heure convenue, et qu'on ait voulu leur ôter le moyen de partir d'ensemble. (P. 169, 170.)

— Un petit bout d'oreille de lièvre perçant à travers la peau du tigre.

Du reste, continue Roucher, la recherche dans notre chambre a été assez courte, et dans des formes assez honnêtes. Un officier municipal, un greffier et un guichetier sont entrés, ont pris notre nom, nous ont demandé nos rasoirs, nos couteaux. Nous les avons donnés. On nous a fait exhiber nos portefeuilles. Il n'y avait pas au delà de 50 livres dans chacun et on nous les a rendus intacts. S'il y en avait eu davantage on nous en eût dépouillés. — Avez-vous des armes? ont-ils ajouté, — Non, ai-je répondu, mais cet enfant de cinq ans dont je suis le père et qui dort là sur un tapis et un matelas mis en double entre six feuilles de paravent, il a auprès de lui, deux joujoux en forme de fusil et de sabre, faut-il les donner? — Oui, nous allons les emporter; mais le concierge les rendra au bambin, quand il retournera auprès de sa mère.

Le procès-verbal portera sans doute qu'on a saisi chez Roucher un sabre et un fusil : et, qui sait, si ce n'est pas ce qui le fera envoyer bientôt, comme *chef de la conspiration* de Saint-Lazare, à la guillotine?

La visite n'avait pas été partout comme elle fut dans la cellule de Roucher; et lui-même confirme, par les témoignages qu'il a recueillis, ce que d'autres récits nous en ont rapporté :

Notre cher Esculape, le bon Tap, sort de ma cellule. Il nous a raconté l'appareil effrayant avec lequel on a commencé hier la recherche dans leur corridor. Vers les neuf heures, soixante hommes, la baïonnette au bout du fusil, s'y placent en deux groupes ; quatre d'entre eux se placent à la porte de chaque cellule visitée. Sac de nuit, matelas, les souliers même qu'on a aux pieds, tout jusqu'aux bas et chaussons qu'on porte est fouillé et examiné. Rasoirs, couteaux, ciseaux, canifs, compas, on s'en empare. Les montres, ainsi que les bagues et anneaux, l'argent et l'or monnayés sont pris. On prend ce qui, dans les portefeuilles, se trouve au delà de cinquante livres; et ce qui ajoute à l'effet de ce dépouillement, c'est la figure, le ton, les manières, tout l'ensemble des dépouillants et des dépouillés. Il est très-vrai que plusieurs ont cru voir leur dernière heure arrivée. Ils ne vivaient plus dans le mois de mai ; c'était en septembre. Ce que l'exécrable père Duchesne, d'anthropophage mémoire, appelait la *buche nationale*, se levait déjà et tombait sur leur tête... Vers le soir, on ne sait trop pourquoi ni comment, tout cet appareil de terreur s'est adouci, la recherche a perdu quelque chose de son premier caractère de *Santa Hermandad* (l'inquisition espagnole). Les montres ont été rendues et laissées, et la visite a pris un cours moins lent, ou du moins plus uni. Elle a commencé à glisser. Ce récit de notre ami m'a été confirmé par d'autres personnes du premier, et je vois clairement que le comble de la terreur était là véritablement *à l'ordre du jour...*

Roucher, rassuré pour lui-même, veut l'être aussi pour ses compagnons d'infortunes :

Il faut que je les voie, dit-il, que je m'éclaircisse sur leur situation actuelle... Nous ressemblons à de malheureux naufragés qui, après la tempête, jetés çà et là par les flots sur une plage, se cherchent, s'embrassent et se racontent les divers accidents dont ils ont été le jouet... (P. 171-172)

Les hommes chargés de prêter main-forte à la perquisition n'étaient pas bien sûrs eux-mêmes qu'il ne s'agit pas d'un égorgement. Il y en eut un qui, envoyé pour garder les corridors, refusa obstinément d'y entrer. Un autre, si ce n'était une atroce plaisanterie, se montrait plus disposé à tout faire : « Une femme représentait que, si on la privait de son couteau, elle ne saurait plus comment couper son pain, n'étant pas assez forte pour le rompre. — Eh bien, lui répondit tranquillement un des visiteurs, on te le rendra si tu dînes encore. » (P. 173, 174.)

« Cette fouille, ou pour mieux dire ce dépouillement, dura trois jours », dit un de nos récits. Les montres et les bijoux furent pourtant remis tout de suite aux prisonniers (du moins à Saint-Lazare), et l'argent devait l'être dans deux ou trois jours, au dire de l'administrateur de la maison ; mais on avait de trop bons prétextes pour le garder : il fallait « éviter la corruption des juges par l'argent ; il fallait, en gardant les couteaux, prévenir les suicides[1].

Parmi les membres de la Commune ou administrateurs qui se signalèrent dans ces spoliations, on nomme encore un certain Dumoutier. « Celui-ci fit la guerre aux vieilles lames de couteaux rouillés, aux petits instruments d'acier pour les dents. Il retira jusqu'aux grandes épingles des femmes en jurant qu'il enverrait au tribunal révolutionnaire celles à qui il en trouverait par la suite. — A l'échafaud pour une épingle[2] ! » s'écrie l'auteur.

Mais ce fut surtout après l'attentat de Ladmiral contre Collot d'Herbois et la tentative quelle qu'elle soit de la jeune Renaut contre Robespierre (4 prairial) que la rigueur fut partout aggravée. Une affiche placardée dans l'intérieur des prisons (on le sait par le journal de *Port-Libre*) annonça que tous les détenus « jugés ennemis de la nation, ennemis de Robespierre, du tribunal révolutionnaire, etc., seraient guillotinés ou déportés *ad libitum*[3]. Défense aux prisonniers d'avoir aucune communication avec le dehors. Plus de journal, plus de livres, plus de lettres, plus de consolations, plus de lumière après dix heures (27 prairial), et bientôt, comme on pouvait s'y attendre, plus de concerts : « il nous a fallu renvoyer nos basses, quintes, vio-
« lons, parce qu'on nous a signifié qu'on ne voulait pas ici de mu-
« sique (16 messidor)[4]. »

Mêmes prohibitions, vers ce temps-là, à l'hôtel Talaru ; et si l'on y avait encore quelques nouvelles du dehors, c'était grâce à l'un des hôtes de la maison, le citoyen Dutilleul, ancien chef employé à la liquidation, emprisonné comme suspect, sans doute, mais tiré presque chaque jour de prison pour aider au travail dont il avait la

---

[1] *Mém. sur les prisons*, t. I, p. 236, 237. Voyez un récit conforme mais plus détaillé sur la *visite* faite à Saint-Lazare, dans les Éclaircissements des *Mém. sur les prisons*, t. I, p. 287, 288. Même opération à la maison des Oiseaux, rue de Sèvres : non-seulement l'argent et l'argenterie, mais les compas et les petits outils à faire des fleurs furent enlevés, et « quelques jours avant le 9 thermidor, jusqu'aux mouchettes, quoique la chandelle fût permise, » dit le narrateur. (*Mém. sur les prisons*, t. II, p. 200.)

[2] *Hist. des prisons*, t. III, p. 18 ; cf. p. 20.

[3] *Mém. sur les prisons*, t. II, p. 108.

[4] *Ibid.*, p. 116, 120.

clé mieux que ses emprisonneurs. « On venait le matin à sept heures prendre Dutilleul à la maison d'arrêt ; on le conduisait à son bureau, il y passait la journée à travailler et la République reconnaissante le remettait sous la puissance des verrous le soir. Jugez combien il était questionné en rentrant ! et il se trouvait assez souvent que, par distraction, il avait laissé le *Journal des Débats et des Décrets* au fond de sa poche[1] ! »

A la maison des Oiseaux, rue de Sèvres, les sentinelles reçurent l'ordre de traverser diagonalement la cour et de rompre tous les groupes de trois ou quatre personnes qui pourraient se former dans les rencontres de la promenade[2]. A Saint-Lazare, ce fut vers cette époque (en prairial) que Bergot, mis à la place de Gagnant, substitua Semé, son digne compagnon, au bon Naudet, et que dès lors on vit directeur et geôlier « se concerter tous les jours, entre les verres et les bouteilles, pour appesantir le joug des détenus[3]. » Quand les visites des parents furent interdites, on avait encore la ressource de les voir par une grande fenêtre, au bout d'un corridor, fenêtre qui avait jour sur la rue du Paradis ; mais bientôt cette consolation même fut, pour les détenus, mêlée d'angoisses : les parents n'y pouvaient plus paraître sans s'exposer à être enlevés par des rondes que faisaient faire les administrateurs de police[4]. Roucher aimait mieux prier sa femme et sa fille de ne plus venir[5] (6 prairial) ; et au milieu de ces vexations il regrettait les barreaux, les verrous, les guichets et même le cachot de Sainte-Pélagie. « Oh ! c'était le bon temps, s'écrie-t-il, j'ai passé là quatre mois de repos que Saint-Lazare ne m'a point donné. Quand le malheur est uniforme, on n'a qu'à monter son âme, et on parvient à la résoudre à la soumission... Nous n'avons pas joui ici de quinze jours de suite d'égalité de captivité. C'est toujours à refaire les ressorts du courage, parce que c'est toujours nouvelle privation à endurer[6]. » La plus dure pour lui eût été d'être privé de son fils[7]. On l'en menaça : « Plains-moi, ma chère Minette, écrit-il à

---

[1] *Hist des prisons*, t. III, p. 97, 98.

[2] *Mém. sur les prisons*, t. II, p. 198.

[3] *Mém. sur les prisons*, t. I, p. 212.

[4] *Hist. des prisons*, t. III, p. 5.

[5] *Correspond.*, t. II, p. 199.

[6] *Corresp.*, t. II, p. 210.

[7] « Quant à mon Émile, je ne crois pas qu'il me soit permis de le garder. Déjà depuis plus de quinze jours il n'entre plus ici d'enfants, même à la mamelle. Ceux qui y étaient sont retournés auprès de leur mère (notons que cet adoucissement avait été accordé à plusieurs). Émile est le seul qui soit resté. Ce bambin est choyé par tout le monde, c'est véritablement l'ami de la maison. » (7 prairial, t. II, p. 212.) Une inquiétude poignante se mêle pourtant à la joie de le garder, quand on le lui laisse encore : « On ne parle plus de faire sortir les enfants, mais peut-être n'aurai-

sa fille le 16 prairial, plains-moi. On me sépare de ton frère.
L'administrateur ne veut plus souffrir d'enfants ici. Je suis dans un
trouble inexprimable. » Mais le lendemain sa lettre commence par
ces cris : « Enfants du ciel, substances immortelles, hosanna, alleluia! » En lisant ces lignes, sa fille croyait qu'il lui annonçait sa
mise en liberté; quand elle les vit suivies de ces mots : « Émile reste
auprès de son père, » elle avoue qu'elle fut tentée de s'écrier : « Ce
n'est que cela[1]!» Mais pour le père c'était plus que la liberté, c'était
la vie : la vie, hélas ! pour bien peu de jours. Il se résigne plus facilement à la privation des nouvelles du dehors. « Hier, dit-il, à la
date du 29 prairial, on a affiché la défense de recevoir aucun des
journaux. Il n'arrivait ici, depuis longtemps, que celui du soir : c'é-
tait peu de chose en soi, mais c'était encore beaucoup. Nous savions
au moins la marche de la Convention et les jugements du tribunal
révolutionnaire; aujourd'hui nous ne saurons rien. » Il veut se féliciter de cette prohibition. « Elle nous épargne tous les calculs, toutes
les combinaisons de la peur, car les prisonniers ont le malheureux
talent de conjecturer en noir, comme s'ils prenaient plaisir à ajouter
eux-mêmes aux malheurs de la réalité par les chimères de l'imagination. » (T. II, p. 258.)

Même aggravation aux Carmes, à Sainte-Pélagie, à la Force;
quant au Plessis, la description que nous en avons reproduite se
rapporte surtout à ces derniers temps, et il ne se pouvait trouver
rien de pire.

La nourriture était partout, en général, détestable, malsaine, in-
suffisante : « une livre et demie de mauvais pain et un plat de haricots très-durs, ordinairement accommodés avec de mauvaise graisse
ou du suif, dit le détenu de Sainte-Pélagie; des harengs salés, de la
merluche et du fromage rempli de vers pendant les chaleurs de l'été,
est-il dit de Saint-Lazare, et le vin un composé très-préjudiciable à la
santé[2]. » Les traiteurs imposaient leur drogue empoisonnée, et les
concierges y donnaient la main en empêchant toute introduction
étrangère : ce fut à grand'peine si, à Saint-Lazare, on obtint de faire
entrer de la tisane et du tabac en poudre. Il est vrai qu'on abusa parfois, pour tout autre chose, de la permission[3].

je pas la liberté de le renvoyer *si j'avais besoin de me séparer de lui.* Je crois avoir
entendu dire qu'il faudrait une permission du Comité de sûreté générale. » (15 prairial, ibid., p. 225.)

  [1] *Correspond.*, t. II, p. 253-239.

  [2] *Hist. des prisons*, t. III, p. 20 ; cf., t. II, p. 151.

  [3] « Nous réussîmes à tromper la surveillance de nos Argus; on étoit parvenu à faire
remplir de grosses bouteilles de vin de Malaga vieux, sur lesquelles on attachoit
une étiquette où on écrivoit *ptisanne.* On remplissoit de même un bocal de café en
poudre, sur lequel on faisoit écrire, *tabac en poudre.* » (*Hist. des prisons*, t. III, p. 6.)

Une réforme fut pourtant prescrite, en messidor, à cet égard. Après avoir, en floréal, par l'enlèvement de l'argent, des assignats et des bijoux, établi l'égalité dans la fortune entre les prisonniers, on voulut l'établir pour la nourriture. On décréta l'institution de tables communes. A Sainte-Pélagie, ce fut une amélioration réelle[1]. A Port-Libre, Coittant paraît en prendre assez gaiement son parti : « Le réfectoire est enfin organisé, dit-il à la date du 24; il nous paraît fort sage : il y aura deux tables de 240 couverts chacune et l'on sera divisé de dix en dix. La première sera servie à une heure, la seconde à deux heures; les détenus auront de la viande deux fois par décade; ils se pourvoiront de ce qui leur est nécessaire, attendu que le traiteur ne fournira que soupières et plats. Chaque détenu se fournira de vin jusqu'à nouvel ordre, et on allouera pour cet objet deux sous par jour; il aura un pain d'une livre et demie journellement. Nous nous proposons de nous amuser à ces grandes tables... — Nous sommes tous descendus, dit-il le lendemain, pour voir la première table; elle était nombreuse en femmes, c'était réellement un beau coup d'œil. Les commensaux de cette première table se rassemblèrent sous le cloître, et il était piquant de voir, par exemple, la ci-devant princesse de Saint-Maurice et autres de sa trempe attendre, avec les sans-culottes qui mangent à cette table, le moment d'entrer pour prendre leur réfection[2]. »

Beaulieu, au Luxembourg, fut beaucoup moins satisfait de cette table commune, où l'on allait dîner en trois fois par trois cents : « Une soupe détestable, une demi-bouteille de vin qui ne valait pas mieux, deux plats, dont un de légumes nageant dans l'eau, et l'autre toujours de viande de porc mêlée avec des choux, » leur étaient servis au prix de 50 sous, avec un pain de munition d'une livre et demie fourni par la République; et il fallait en réserver quelque chose, si l'on voulait manger une autre fois dans la journée. Mais cela même eût été supportable, si la brutalité des gens de service n'y avait joint mille avanies :

« Parmi les prisonnières, dit Beaulieu, se trouvaient les duchesses de Noailles et d'Ayen. La première était âgée d'environ quatre-vingt-trois ans (lire soixante-dix), et presque entièrement sourde. A peine pouvait-elle marcher. Elle était obligée d'aller comme les autres à la gamelle, et de porter avec elle une bouteille, une assiette et un couvert de bois : il n'était pas permis d'en avoir d'autre. Comme on mourait de faim lorsqu'on allait à ce pitoyable dîner, chacun se pressait pour arriver le plus tôt possible, sans faire attention à ceux

---

[1] *Hist. des prisons*, t. II, p. 125.
[2] *Mém. sur les prisons*, t. II, p. 124.

qui étaient à côté de soi. La vieille maréchale était poussée comme
les autres, et, trop faible pour résister à ce choc, elle se traînait le
long du mur, pour ne pas être à chaque instant renversée; elle
n'osait avancer ni reculer, et n'arrivait à la table que lorsque tout
le monde était placé. Le geôlier la prenait rudement par le bras, la
faisait pirouetter et la faisait asseoir sur un banc. Un jour, croyant
que cet homme lui adressait la parole, elle se retourne : « Qu'est-ce
que vous dites? — Je dis, vieille b....., que tu n'as personne ici
pour porter ta cotte. F....-toi là! » Et il la plaça sur le banc comme
s'il y eût mis un paquet[1].

Le député Blanqui, à la Force, apprécie le régime de la *gamelle*
plus comme Beaulieu que comme Coittant : « Qu'on se figure, dit-
il, tout ce qui doit être jeté au rebut en fait de subsistance. Morue
pourrie, harengs infects, viande en putréfaction, légumes absolument gâtés, le tout accompagné d'une demi-chopine d'eau de la
Seine, teinte en rouge au moyen de quelques drogues, et l'on aura
une idée de nos tristes repas. Nous n'en prenions qu'un par jour, car
l'introduction particulière de toute espèce d'aliment ou boisson était
sévèrement interdite. Voulait-on se plaindre, le tribunal révolutionnaire, c'est-à-dire l'échafaud, attendait impitoyablement le plaignant[2]. »

XII

LES FOURNÉES.

Ce qui avait rendu, dans les prisons autres que la Conciergerie, le régime plus supportable, c'est que pendant longtemps on y
avait vécu dans une sorte de sécurité. On se figurait que, pour le
plus grand nombre, la détention à titre de suspects n'était que de
pure précaution, et que lorsque le gouvernement serait plus rassuré,
il les renverrait libres[3]. Mais la peur des gouvernants s'était changée
en un système de terreur à l'égard de la nation tout entière, et les
diverses prisons se virent entamées les unes après les autres.

[1] Beaulieu, *Essais*, t. V, p. 354.

[2] *Hist. des prisons*, t. I, p. 167. Détails confirmés par le compagnon de Blanqui,
cité plus haut. *Suppl. aux Mém. de madame Roland*, t. II, p. 318

[3] *Mém. sur les prisons*, t. II, p. 85 (Port-Libre); p. 189 (Maison des Oiseaux).
Hist. des prisons, t. III, p. 100 (Hôtel Talaru) : « On nous avait bercés jusque-là de
la douce idée que la maison·Talaru n'était qu'un dépôt de personnes détenues par
mesure de sûreté générale, et non pas de suspectés proprement dits, et qu'il n'y
avait pas à craindre d'aller plus loin. Le 4 de ce mois (thermidor) nous arracha cette
rassurante chimère. » On commença par Talaru, le propriétaire de la maison.

C'est à partir du 18 mars 1794 (28 ventôse an II) que ces enlèvements se pratiquèrent pour Port-Libre, et l'impression en fut profonde, si l'on en juge par la manière dont ce premier exemple en est cité : « Duruey (receveur général des finances) a reçu dans la nuit d'hier son acte d'accusation. Il est parti ce matin, à sept heures, pour le tribunal ; il doit monter au fauteuil à neuf, et son jugement sera prononcé entre dix et onze. Quelle justice, grands dieux[1] ! » Dès ce moment, le journal de Coittant enregistrera presque autant de départs funèbres que d'entrées : « Fouquier-Tinville, dit-il au 2 floréal, a fait sortir de la Bourbe (Port-Libre), pour l'approvisionnement de son charnier, les ci-devant duchesses du Châtelet et de Grammont, la citoyenne Rosambo, le citoyen et la citoyenne de Chateaubriant, le premier, gendre du citoyen Rosambo, la seconde, sa fille, et le vertueux Malesherbes, grand-père de cette famille, dont il ne reste plus ici que trois enfants de Rosambo, et les citoyens d'Aunai et de Tocqueville, ses gendres[2]. » Lepelletier de Rosambo avait été exécuté la veille. Madame de Rosambo, en apprenant sa mort, était tombée dans le délire ; elle retrouva toute sa raison quand il s'agit de partir, et elle dit à mademoiselle de Sombreuil, qu'elle laissait à Port-Libre : « Mademoiselle, vous avez eu le bonheur de sauver monsieur votre père, et moi je vais avoir celui de mourir avec le mien et de suivre mon mari. » Quant à Malesherbes, le sage ministre, le magnanime défenseur de Louis XVI, comment ne pas admirer la liberté d'esprit et la sérénité dont il fit preuve dans toutes les phases de ce drame sanglant, la bonhomie avec laquelle il accueille les condoléances qui lui sont exprimées à son entrée dans la prison : « Que voulez vous, sur mes vieux jours, je me suis avisé d'être mauvais sujet, et je me suis fait mettre en prison! » Le cri du vieux magistrat en lisant son acte d'accusation : « Encore si cela avait le sens commun ! » Et cette boutade à propos du faux pas qu'il fit, allant au tribunal : « C'est de mauvais augure! Un Romain se hâterait de rentrer chez lui[3]. »

Cinq jours après (8 floréal), c'était M. de Nicolaï, autrefois président du Grand Conseil. Lui non plus ne s'était pas fait illusion sur son sort. Comme il souffrait de l'épaule et qu'on l'engageait à consulter le médecin : « Non, dit-il, ce n'est pas nécessaire, le mal est trop près de la tête : l'une emportera l'autre. » Il était à table, quand un gardien vint le chercher. « Que me veut-on? dit-il. — C'est un gendarme qui est en bas, répondit le gardien. — Oh ! bien, c'est

[1] *Mém. sur les prisons*, t. II, p. 70.
[2] *Ibid.*, p. 85.
[3] Campardon, *Hist. du trib. révol.*, t. I, p. 397.

bon, je sais ce que c'est : qu'il attende! » Il acheva de dîner, prit un verre de liqueur, en disant à ceux qui étaient sur son passage : « Ce n'est rien, ce ne sera pas long, c'est une levée de scellés. » Le gendarme lui demanda s'il n'emportait rien : « Non, dit-il, ce n'est pas la peine [1]. » Il savait trop bien où il allait.

Chaque jour c'étaient des séparations de familles, des maris, des frères, des fils, des femmes arrachés à de suprêmes embrassements. « Allons, est-ce bientôt fini? » criait un geôlier brutal. Et il y en avait pour se jouer de ces douleurs. Quand vint le tour de l'ex-marquis de Lavalette (12 prairial), il jouait au ballon dans le jardin sur lequel donnaient les fenêtres de la pièce où était sa femme : «Appelle ton mari! lui cria le guichetier. — Pourquoi donc? — Appelle-le toujours! — Mais, mon ami, dis-moi donc pourquoi? — Pour aller au tribunal. » Madame de Lavalette tomba raide sur le plancher [2].

Le Luxembourg n'avait pas été plus ménagé que Port-Libre. Avec les hommes de la Révolution, avec ceux qui avaient commencé par envoyer les autres à la mort et accomplissaient en leur personne la parole de l'Évangile : *Qui frappe du glaive périra par le glaive*, il avait aussi, d'assez bonne heure, vu partir pour le tribunal plusieurs de ses plus nobles hôtes. Du nombre de ces hôtes était le maréchal de Mouchy. Il y avait été, nous l'avons vu, transféré de La Force avec sa femme, et par son caractère, par son âge, par sa dignité, il avait obtenu de ses compagnons d'infortune plus de respect que ne paraît en avoir ressenti le patriote dont je reproduisais tout à l'heure le récit :

« Lorsqu'on vint l'appeler pour le mener à la Conciergerie, il pria celui qui lui annonçait qu'il fallait descendre au greffe, de ne point faire de bruit, afin que la maréchale ne s'aperçût pas de son départ. Elle avait été malade les jours précédents et était dans les remèdes. « Il faut qu'elle vienne aussi, lui répondit-on; elle est sur la liste; « je vais l'avertir de descendre. — Non, lui répondit le maréchal; « puisqu'il faut qu'elle vienne, c'est moi qui l'avertirai. » Il va aussitôt dans sa chambre et lui dit : «Madame, il faut descendre, Dieu « le veut; adorons ses desseins. Vous êtes chrétienne. Je pars avec « vous, et je ne vous quitterai point. » La nouvelle que M. de Mouchy allait au tribunal se répandit en peu de moments dans toutes les chambres. Le reste du jour fut pour tous les prisonniers un temps de deuil. Les uns s'éloignaient de leur passage, ne se sentant pas la force de soutenir ce spectacle; d'autres, au contraire, se rangeaient en haie, voulant leur témoigner une dernière fois leur respect et leur douleur. Quelqu'un éleva la voix et dit : « Courage, monsieur

[1] *Mém. sur les prisons*, t. II, p. 90.
[2] *Mém. sur les prisons*, t. II, p. 109.

« le maréchal! » Il répondit d'un ton ferme : « A quinze ans, j'ai
« monté à l'assaut pour mon roi; à près de quatre-vingts, je mon-
« terai à l'échafaud pour mon Dieu[1]! »

Le Luxembourg était devenu alors une des prisons les plus rigoureuses. Pour indisposer les clubs contre les suspects, on avait répandu le bruit qu'ils menaient dans les maisons d'arrêt une vie
scandaleuse, qu'ils s'y livraient à des orgies, tandis que les sans-
culottes étaient dans la misère[2]. » Benoît, le bon vieux concierge,
mis en jugement, quelques jours avant la grande perquisition, sous
le prétexte d'un complot non révélé, avait été absous par le tribunal révolutionnaire, on ne sait comment, dit Réal. Mais il n'avait
pas été renvoyé à son poste. Il y avait été remplacé par Guyard, « un
tigre, » pis que cela, l'ancien concierge de la cave des morts à
Lyon. Couthon l'y avait connu, et il l'avait choisi, et Guyard, faisant
maison nette au Luxembourg, avait recruté aussi des guichetiers à
son image[3]. « Il inventa, dit un de nos récits, des vexations inconnues
jusqu'à ce jour. Il n'était plus permis de respirer l'air à la fenêtre,
parce que deux malheureux s'étaient donné la mort en se précipitant du haut des toits. La nuit, des hommes armés de barres de fer,
de sabres nus, venaient, avec deux ou trois chiens énormes, éveiller
tous les citoyens, leur faire sortir la tête du lit, les compter et les
accabler d'outrages. Il n'était plus permis de respirer; les sentinelles avaient ordre de crier toute la nuit, et sans interruption :
« Sentinelles, prenez garde à vous! » Tout billet qui renfermait
quelque mot de consolation ou d'amitié était impitoyablement dé-
chiré[4]. »

« Tout annonçait, dit Réal, que le Luxembourg n'était qu'un vaste
tombeau destiné à ensevelir les vivants[5]. L'extérieur même de la
maison (un palais!) avait pris un air sinistre : une enceinte de planches de bateaux interceptait toute communication avec les jardins;
une deuxième enceinte de cordes en éloignait encore les passants, et
à chaque arbre on lisait cet écriteau : « Citoyens, passez vite votre
chemin sans lever les yeux sur cette maison d'arrêt[6], » et cette
enceinte de cordes avait précisément pour objet d'écarter le public
des parties où les parents des prisonniers pouvaient les voir ou se
montrer à eux. Mais l'espace était vaste au delà, et l'on pouvait en-

---

[1] *Hist. des prisons*, t. IV, p. 381-383.
[2] Beaulieu, *Essais*, t. V, p. 322.
[3] *Ibid.*, p. 554.
[4] *Mém. sur les prisons*, t. II, p. 166.
[5] *Mém. sur les prisons*, t. II, p. 487.
[6] Prudhomme, *Crimes de la Révol.*, t. V, p. 260.

core se voir avec des lunettes d'approche : on ôta aux détenus les lunettes d'approche[1]. »

Les Carmes, lorsque Coittant y fut transféré de Port-Libre, le 6 thermidor, présentaient un aspect bien plus triste encore que la maison d'où il sortait. « Ici, dit-il, les corridors ne sont point éclairés ; on n'a pas toujours la jouissance du jardin; l'on n'a pu longtemps entrevoir que par leurs fenêtres les femmes, qui sont détenues au nombre de vingt, et ne mangent au réfectoire qu'après les hommes. Les corridors sont vernis; quoique spacieux, ils sont peu aérés et infectés par le méphitisme des latrines. Les fenêtres sont bouchées aux trois quarts, de sorte qu'on ne reçoit le jour que d'en haut, et encore le peu d'ouverture qu'elles ont est-il grillé avec de forts barreaux. C'est directement une prison de force dans toute son horreur. Les détenus ne soignent point leurs personnes comme à la Bourbe; ils sont décolletés, la plupart sans cravate, en chemise, en pantalon, malpropres, les jambes nues, un mouchoir autour de la tête, point peignés, la barbe longue. Les femmes, nos tristes compagnes d'infortunes, sombres, rêveuses, sont vêtues d'une petite robe ou d'un pierrot tantôt d'une couleur, tantôt d'une autre[2]. »—Plusieurs auraient pu prendre des vêtements de deuil au 6 thermidor; on était au milieu des plus funèbres journées qu'on y eût vues depuis les journées de septembre.

Cependant le nombre des détenus s'accroissait tous les jours. La suppression des commissions révolutionnaires de province (27 germinal an II) (il y eut, nous le verrons, des exceptions pour celles qui ne laissaient rien à redouter de leur indulgence), l'ordre d'envoyer à Paris ceux qu'on voulait juger révolutionnairement, encombraient les prisons de malheureux suspects de toute classe. « On dit, rapporte le journal de Port-Libre à la date du 2 floréal, on dit qu'il est arrivé trois chariots de prisonniers, chargés chacun de soixante infortunés entassés les uns sur les autres. On prétend que ce sont des ouvriers qui voulaient aller à la messe en dépit d'un arrêté de je ne sais quel proconsul montagnard. Ils avaient tous l'air riant, excepté un vieillard proprement vêtu, qui pleurait[3]. » « La maison, dit le commensal forcé de l'hôtel Talaru, s'engorgeait par des charretées de prisonniers que depuis peu on nous amenait des départements; la surveillance devenait plus active, les rigueurs et les privations plus multipliées[4]. » — « Le Plessis était aussi, nous l'avons

[1] Beaulieu, *Essais*, t. V, p. 358.
[2] *Mém. sur les prisons*, t. II, p. 150.
[3] *Mém. sur les prisons*, t. II, p. 84.
[4] *Hist. des prisons*, t. III, p. 101.

vu, le rendez-vous des accusés des départements, et c'est à cette occasion qu'on y réunit le collége Louis-le-Grand ; en sorte que « ces deux édifices ne formèrent plus qu'une seule bastille [1]. » — « De tous les coins de la France, dit Riouffe, on charriait des victimes à la Conciergerie. Elle se remplissait sans cesse, par les envois des départements, et se vidait sans cesse par le massacre et le transfèrement dans d'autres maisons [2]. » Et il nous décrit ces vingt femmes du Poitou qui, elles, ne furent pas transférées ailleurs. « Je les vois encore, ces malheureuses victimes, je les vois étendues dans la cour de la Conciergerie, accablées de fatigue d'une longue route et dormant sur le pavé. Leurs regards, où ne se peignait aucune intelligence du sort qui les menaçait, ressemblaient à ceux des bœufs entassés dans les marchés, et qui regardent fixement et sans connaissance autour d'eux. Elles furent exécutées toutes peu de jours après leur arrivée [3]. »

La seule ville de Troyes arrêta plus de deux cents suspects qu'elle envoyait par troupeaux à Paris [4]. Nous avons la « relation du voyage de trente et un citoyens du Var, traduits au tribunal révolutionnaire, et arrivés à Paris le 14 thermidor an II. » Qu'ils durent bénir alors, malgré leurs souffrances, les retards de la route ! Les actes des commissions et des tribunaux des départements nous constateront mainte autre expédition de cette sorte ; et, indépendamment des témoignages que les détenus de Paris nous en donnent pour les maisons où ils étaient enfermés, on en peut trouver un indice dans le chiffre des prisonniers. Le livre d'écrou des Carmes porte les noms de 707 détenus, dont le plus grand nombre s'y retrouvaient dans les derniers mois. Il y en eut, réunis dans le même temps, jusqu'à 5 et 600 à Port-Libre [5], 765 à Saint-Lazare [6], 900 au Luxembourg [7], 11 à 1,200 à la Conciergerie [8], 1,900, dit-on, au Plessis (y compris Louis-le-

[1] *Mém. sur les prisons*, t. II, p. 283.
[2] *Ibid.*, t. I, p. 83.
[3] *Ibid.*, t. I, p. 87.
[4] *Hist. du terrorisme exercé à Troyes* dans l'*Hist. des prisons*, t. III, p. 261.
[5] Cette maison, dit Coittant, contenait en tout six cents personnes, et ce nombre ne diminua jamais malgré les charretées de victimes qu'on emmenait tous les jours. (*Mém. sur les prisons*, t. II, p. 6.) Plus bas, il dit qu'en messidor, il y avait à Port-Libre deux tables de deux cent quarante chacune. (*Ibid.*, p. 123.)
[6] *Mém. sur les prisons*, t. I, p. 224, et *Hist. des prisons*, t. III, p. 4, note.
[7]
« La lugubre cloche m'invite
Moi *neuf-centième* à ce festin,
Malgré moi je finis bien vite.
Adieu ! je vais... mourir de faim. »

(*Hist. des prisons*, t. II, p. 114 ; cf. Beaulieu, *Essais*, t. V, p. 326, qui en évalue le nombre à presque mille.)
[8] B. Maurice, *Hist. des prisons de la Seine*. Il ne cite pas ses autorités.

Grand) [1]. Si ces chiffres ne sont pas officiels, ils peuvent trouver leur confirmation dans une des pièces auxquelles on ne peut refuser ce caractère, par exemple, cette note, insérée au *Moniteur* du 25 germinal an II (14 avril 1794) : « Le *bulletin de la police porte le nombre des prisonniers à* 7,211. » On la lit, sous le titre : ÉTAT DES PRISONS, à la troisième colonne de la quatrième page du journal officiel, immédiatement avant le programme des spectacles (p. 832). Le chiffre s'élève à 7,465 le 3 messidor (20 juin 1794), un peu plus d'un mois avant la chute de Robespierre. Un mois après cette chute, le 13 fructidor, il est encore de 5,106 [2].

Les hommes de la Terreur eurent peur de leur propre ouvrage. Ils voyaient dans cette population, entassée dans les prisons sous tant de misères, des hommes qui ne pouvaient qu'aspirer à briser leur joug. De là à l'idée d'une conspiration il n'y avait qu'un pas, et Collot-d'Herbois parlait en pleine assemblée des moyens d'en prévenir les suites : il s'agissait de miner les prisons, et, au premier signe d'insurrection, de les faire sauter toutes à la fois [3]. Robespierre ne rejetait pas l'idée d'une conspiration ; mais, loin de la craindre dans ses conséquences, il voulait s'en servir pour se débarrasser de ses ennemis. A ses yeux, il n'était pas besoin de la mine, il suffisait du tribunal révolutionnaire. Mais comment faire juger par un seul tribunal cette multitude ? Il fallait se débarrasser des vieilles formes, mettre en pratique des procédés sommaires. C'est ce que fit la loi du 22 prairial. Dès ce moment, on avait les moyens de frapper les prisonniers en masse ; il ne s'agissait plus que de les envelopper dans un crime commun : on évoqua, on inventa la conspiration des prisons.

La loi du 22 prairial, c'est la charte du tribunal révolutionnaire, et la conspiration des prisons fut entre les mains de ce tribunal la consommation de la Terreur. Avant de voir jusqu'où ce tribunal accomplit son œuvre, et ce qui l'arrêta, il faut dire ce qu'il était, et le suivre dans ses progrès depuis son origine. C'est ce que nous nous proposons de faire avec l'ouvrage de M. Campardon.

---

[1] Pâris de L'Épinard, dans les *Mém. sur les prisons*, t. I, p. 174.

[2] Voy. Saladin, *Rapport de la commission des 21, Pièces justif.*, n° 1. Ce dernier état donne le nombre des détenus par prison. La Conciergerie a encore 606 prisonniers ; la Petite-Force, 260 ; Sainte-Pélagie, 147 ; les Madelonnettes, 136 ; Port-Libre, 344 ; Saint-Lazare, 281 ; le Plessis, 406 ; les Carmes, 182. — L'auteur de la notice ajoutée par supplément aux *Mém. de madame Roland*, dit que les relevés de la police, au moment de son arrestation (4 août 1793), portaient le nombre total des prisonniers à 1,186. « Six mois après, ajoute-t-il, il y en eut au delà de 10,000. » (T. II, p. 235.)

[3] Beaulieu, *Essais*, t. V, p. 286.

V

LE TRIBUNAL RÉVOLUTIONNAIRE DE PARIS

I

ÉPOQUES DU TRIBUNAL RÉVOLUTIONNAIRE LE PARIS. — MARIE-ANTOINETTE,
MADAME ÉLISABETH ; LES GIRONDINS ; DANTON.

Le règne de la Terreur ne doit pas être confondu avec les temps d'anarchie. C'est au contraire le despotisme le plus rigoureux qui ait jamais pesé sur un peuple, une centralisation implacable, un système qui s'affirme par la loi et qui affecte de n'employer que les armes de la justice. La Convention, le 14 frimaire, avait décrété le gouvernement révolutionnaire jusqu'à la paix. Robespierre, dans son rapport sur les principes de morale politique qui doivent guider la Convention nationale dans l'administration de la république (18 pluviôse), lui donne hardiment son vrai nom :

« Si, dit-il, le ressort du gouvernement populaire dans la paix est la vertu, le ressort du gouvernement populaire en révolution est à la fois la vertu et la terreur. La vertu, sans laquelle la terreur est funeste ; la terreur, sans laquelle la vertu est impuissante. La terreur n'est autre chose que la justice prompte, sévère, inflexible : elle est donc une émanation de la vertu ; elle est moins un principe particulier qu'une conséquence du principe général de la démocratie appliqué aux plus pressants besoins de la patrie. On a dit que la terreur était le ressort du gouvernement despotique. Le vôtre ressemble-t-il au despotisme ? »

— Question qu'on appellerait naïve, si elle n'était faite par Robespierre ; mais il parlait à une assemblée devenue muette depuis la mort des Girondins, et la réponse ne l'inquiétait pas. Que dis-je ? il la faisait lui-même :

« Oui, continuait-il, comme le glaive qui brille dans les mains des héros de la liberté ressemble à celui dont les satellites de la tyrannie sont armés. Que le despote gouverne par la terreur ses sujets abrutis, il a raison comme despote. Domptez par la terreur les ennemis de la liberté, et vous aurez raison comme fondateurs de la république. Le gouvernement de la révolution est le despotisme de la liberté contre la tyrannie. »

C'est bien le jacobin, tel qu'il n'a pas cessé d'être, revendiquant le droit d'écraser tout le monde au nom de la liberté, qui est lui.

Saint-Just n'était pas plus embarrassé à expliquer les arrestations, qui menaçaient également tout le monde depuis l'adoption de la devise : « Liberté, égalité. »

« Les détentions, disait-il dans son rapport du 8 ventôse, les détentions embrassent plusieurs questions politiques ; elles tiennent à la complexion et à la solidité du souverain ; elles tiennent aux mœurs républicaines. »

Et, faisant de l'histoire contemporaine à la façon de son école :

« En 1787, continuait-il, Louis XVI fit immoler huit mille personnes de tout âge, de tout sexe, dans Paris, dans la rue Meslay et sur le Pont-Neuf. La cour renouvela ces scènes au Champ de Mars. La cour pendait dans les prisons ; les noyés que l'on ramassait dans la Seine étaient ses victimes. Il y avait quatre cent mille prisonniers... Parcourez l'Europe : il y a dans l'Europe quatre millions de prisonniers dont vous n'entendez pas les cris, tandis que votre modération parricide laisse triompher tous les ennemis du gouvernement. »

On voit à quel degré on eût été coupable de parler d'indulgence et de modération. « L'indulgence, disait-il, a coûté la vie à deux cent mille hommes dans la Vendée ; » d'où le décret qu'il présentait sur *les personnes incarcérées*. Et comme si c'était trop peu encore, le 23 du même mois, dans un nouveau rapport « sur les factions de l'étranger et sur la conjuration ourdie par elles dans la république française pour détruire le gouvernement républicain par la corruption et affamer Paris par la famine, » il faisait entendre « la voix d'un paysan du Danube : » — « Il est temps, disait-il, que tout le monde retourne à la morale, et l'aristocratie à la terreur. » Et non pas seulement l'aristocratie : son décret préparait les procès d'Hébert et de Danton.

La Terreur n'était donc pas l'excès mal avoué d'un gouvernement qui s'oublie ; c'était un régime légal, froidement voulu et raisonné. Établie au sein du Comité de salut public comme dans son fort, la Terreur a la Convention pour lancer ses décrets, et des tribunaux pour les exécuter : tribunaux révolutionnaires, tribunaux criminels jugeant révolutionnairement, commissions populaires, commissions militaires, etc. Ajoutez ces comités de surveillance et ces sociétés populaires, substituées aux autorités librement élues sur tous les points du territoire, qui reçoivent directement l'impulsion du grand comité et se chargent d'envoyer aux tribunaux leur pâture; car le but avoué, proclamé, de ce gouvernement, c'est l'extermination de tout ce qui ne marche pas avec lui. C'est donc dans les tribunaux que l'on trouvera le dernier mot de la Terreur; et entre tous ces tribunaux, le premier rang, comme on peut s'y attendre, appartient au tribunal révolutionnaire de Paris. A ce titre, l'ouvrage de M. E. Campardon est comme l'appendice de toutes les histoires de la révolution française. Il nous transporte, dirai-je, dans le sanctuaire ou dans l'antre de la Terreur? Le tribunal révolutionnaire de Paris est le grand instrument de son règne. C'est de lui que relèvent toutes les conditions, soumises au même niveau, non pas seulement les nobles, les prêtres, mais tout le nouveau régime aussi, la rue, les clubs, la Convention elle-même. C'est là que les plus grandes crises de cette époque vont se résoudre; là que les personnages qui dominaient la veille viennent pour la plupart finir.

M. Campardon partage toute son histoire (du 10 mars 1793 au 31 mars 1795, ou 12 prairial an III) en deux parties : avant et après le 9 thermidor; ou encore en cinq livres, trois pour la première période, deux pour la seconde, sous les noms suivants : *Tribunal criminel extraordinaire, Tribunal révolutionnaire, Tribunal de sang, Tribunal réactionnaire, Tribunal réparateur;* titres qui ont pour objet de caractériser les phases successives de la même institution, mais où je vois l'inconvénient de mêler à des noms officiels des noms de fantaisie. Les divisions des livres étaient d'ailleurs naturellement indiquées par les actes qui changent le nom ou les attributions du tribunal : d'abord le décret, rendu pendant le procès des Girondins, qui confère officiellement au tribunal du 10 mars le nom de « tribunal révolutionnaire[1]. » Et ici je crois pouvoir rectifier la division de M. Campardon, en faisant du dernier chapitre de son premier livre le premier du second; puis la loi fameuse du 22 prairial an II,

---

[1] Il faut noter pourtant que le tribunal criminel extraordinaire avait pris ce titre dès son installation, si M. Campardon a reproduit exactement, d'après l'original qui est aux Archives, le discours du président Montané lorsqu'il vint, à la tête du corps entier, annoncer à la Convention qu'il entrait en exercice. Il n'est pas au *Moniteur* à la date indiquée. Déjà, dans la séance du 5 septembre 1793, Billaud-Varennes insistait pour que le tribunal gardât le nom de tribunal révolutionnaire substitué à celui de tribunal extraordinaire sous lequel il avait été créé, disant : « Celui-ci suppose des formes, et l'autre n'en doit pas avoir. » Saladin, *Rapport au nom de la commission des 21 créée pour l'examen de la conduite des représentants du peuple : Billaud-Varennes, Collot d'Herbois, etc.* (12 ventôse an III), p. 20.

qui inaugura ce qu'il appelle le tribunal de sang ; ensuite le décret du 23 thermidor, qui abroge la loi du 22 prairial et renouvelle presque entièrement le personnel du tribunal, juges, accusateurs publics et jurés ; enfin la loi du 8 nivôse an III, présentée par Merlin de Douai, qui réorganise l'institution elle-même, en lui donnant toutes les garanties des tribunaux ordinaires.

Dans cette période de vingt et un à vingt-deux mois, ce lieu est le théâtre des scènes les plus émouvantes. On y voit passer les uns après les autres les personnages les plus divers. D'abord Marat ; mais celui-là se sent là chez lui, il y est reçu comme le maître de la maison, et il en sort en triomphateur (I, p. 33) ; puis celle qui mit un terme à ce triomphe, Charlotte Corday, âme antique, qui se croyait le droit de sauver sa patrie des mains d'un scélérat en donnant vie pour vie : car elle avait horreur du crime. Quand le président lui demanda : « Ne vous êtes-vous pas essayée d'avance avant de porter le coup à Marat? » Elle s'écria : « Oh! le monstre! il me prend pour un assassin! » Et le procès-verbal ajoute : *Ici l'accusée paraît violemment émue.* Elle devait servir à montrer que le meurtre même le mieux justifié sert mal la cause qui le fait commettre. Charlotte Corday ne mit pas fin au despotisme sanglant dont elle voulait délivrer la patrie ; elle dérobait Marat à l'échafaud et y entraînait les Girondins[1].

Un peu plus tard, c'est Marie-Antoinette, poursuivie de toutes les haines de la Révolution ; après elle, les partisans mêmes de la révolution du 10 août, ceux qui avaient voté la mort de Louis XVI, les Girondins, Philippe-Égalité ; puis madame Roland, Bailly, le maire du 14 juillet 1789, et Manuel, le procureur de la Commune du 10 août, un des complices secrets du 2 septembre : — le tribunal révolutionnaire ose le lui reprocher! Puis deux grands noms de l'Assemblée constituante, Barnave et Duport-Dutertre ; et un nom trop fameux de l'ancien régime, madame Dubarry ; à leur tour, les âmes damnées de la Terreur, Hébert ou le *Père Duchêne*, avec Ronsin, général de l'armée révolutionnaire ; Momoro, dont la femme avait été déesse de la Raison ; Anacharsis Cloutz, l'apôtre du genre hu-

---

[1] « Elle nous tue, mais elle nous apprend à mourir, » s'écria Vergniaud en apprenant l'assassinat de Marat (Campardon, t. I. p. 82). Les citations par tome et par page, sans indication d'ouvrage, renverront au livre de M. Campardon. — M. C. Vatel, qui a publié en 1861 *le Dossier judiciaire de Charlotte Corday*, vient de faire paraître un nouvel ouvrage intitulé : *Charlotte Corday et les Girondins* (3 vol. in-8° avec album. Paris, H. Plon, 1872), ouvrage où il a recueilli les résultats de ses longues et patientes recherches. Nous reviendrons sur cette importante publication, qui fournit à cette page de notre histoire des documents nouveaux, et dont plusieurs, depuis l'incendie de la préfecture de police par la Commune, n'existent plus que là.

main, etc., tous suspects de vouloir aller trop loin dans la Révolution ; et bientôt Danton et Camille Desmoulins,. suspects de ne plus
vouloir suivre ; Chaumette, l'agent national de la Commune, avec
Gobel, l'évêque constitutionnel apostaf de Paris ; le vénérable Malesherbes, mis en jugement pour avoir défendu Louis XVI, et M. de
Nicolaï, pour s'être offert à défendre Marie-Antoinette ; les vierges
de Verdun, madame Élisabeth, et cette longue chaîne dont les anneaux vont se multipliant et se resserrant jusqu'à la chute de Robespierre[1]. Il y a là vingt épisodes qui feraient le sujet d'autant de livres : — et ces livres ont été faits. Qui ne connaît les ouvrages publiés sur Charlotte Corday, sur Marie-Antoinette, sur les Girondins,
sur Danton et son ami Camille, sur les vierges de Verdun, sur madame Élisabeth, etc. M. Campardon ne prend les personnages qu'au
moment où ils franchissent le seuil du redoutable tribunal, et par là
il prive son récit du surcroît d'intérêt qu'il pourrait tirer d'un tableau
plus détaillé de leur vie antérieure et de leurs épreuves. Mais là du
moins il peut être complet, et pour plusieurs, il donne par extrait
les actes officiels, interrogatoires, actes d'accusation, réquisitoires
de l'accusateur public, discours du président, seconde forme de réquisitoire, quelquefois plus violente que la première. Or il y a dans
ces pièces mille traits curieux à recueillir.

Quelle pitoyable chose, par exemple, que l'interrogatoire de Marie-Antoinette, et quelle dérision que les conclusions qu'on en tire !
Dans l'instruction, à la demande de son nom, elle avait répondu
qu'elle s'appelait Marie-Antoinette de Lorraine d'Autriche. Devine-
rait-on ce que le juge voudra tirer de cette réponse ? C'est qu'elle
avait voulu réunir la Lorraine à l'Autriche ! Au tribunal, le président l'en accuse :

« Lors de votre mariage avec Louis Capet, n'avez-cous pas conçu
le projet de réunir la Lorraine à l'Autriche ? — Non. — Vous en
portez le nom. — Parce qu'il faut porter le nom de son pays. »

Dans cette même instruction, voulant disculper l'architecte Renard à propos du départ pour Varennes, elle avait dit « qu'elle pouvait assurer qu'il ne dirigeait pas la marche ; c'est elle seule qui a
ouvert la porte et fait sortir tout le monde. » Le procès-verbal continue :

. « D. A elle observé que, de cet aveu qu'elle a ouvert les portes et fait sortir tout le monde, il ne reste aucun doute que c'est

―――――――

[1] Dans le nombre, citons l'invalide Saint-Prix qui avait dressé son chien à aboyer
d'une certaine manière lorsque des inconnus se présentaient : — suspect ! L'animal
avait même mordu un porteur de billets de garde ! Il fut condamné comme le maître :
on a, sinon le texte du jugement, au moins un procès-verbal constatant l'ordre du
tribunal et l'exécution qui en eut lieu à la barrière du Combat (I, p. 187).

elle qui dirigeait Louis Capet dans ses actions, et qu'elle l'a déterminé à fuir. — R. Qu'elle ne croyait pas qu'une porte ouverte
prouvât qu'on dirige les actions en général de quelqu'un; que son
mari désirait et croyait devoir sortir d'ici avec ses enfants; qu'elle
devait le suivre, que c'était son devoir, son sentiment; elle devait tout
employer pour rendre sa sortie sûre. » (P. 116).

La réponse n'était-elle pas assez péremptoire? La parole citée n'en
devait pas moins être recueillie et présentée comme un aveu dans le
discours prononcé par le président après la clôture des débats : « Lors
du voyage connu sous le nom de Varennes, c'est l'accusée qui, de
son aveu, a ouvert les portes pour la sortie du château; c'est elle
qui a fait sortir la famille. » (P. 145.) Je ne parle pas de l'acte d'accusation de Fouquier-Tinville, et de la manière dont il a fait l'histoire : « C'était elle qui avait médité la conspiration du 10 août,
déjoué tous les efforts courageux et incroyables des patriotes. Depuis
le 9 jusqu'au 10, elle entretenait les Suisses dans un état complet
d'ivresse; elle s'entourait de chevaliers du poignard. » Il lui fait
mâcher les balles!... Je n'ai pas besoin de rappeler l'accusation infâme qu'Hébert avait eu l'infamie plus grande encore de faire signer au pauvre petit Louis XVII, le silence de la reine devant cette
révoltante imputation, et comme elle rougit quand, pressée de s'expliquer : « Si je n'ai pas répondu, dit-elle, c'est que la nature se refuse à répondre à une inculpation pareille faite à une mère. J'en appelle à toutes celles qui sont ici! » Parole simple et foudroyante
dont Robespierre lui-même sentit le coup. Un des jurés, Vilate (c'est
lui qui le raconte[1]) la lui ayant répétée dans un dîner où il le rencontra, « Robespierre, frappé de cette réponse comme d'un coup
d'électricité, casse son assiette de sa fourchette : « Cet imbécile
« d'Hébert! ce n'est pas assez qu'elle soit réellement une Messaline,
« il faut qu'il en fasse encore une Agrippine, et qu'il lui fournisse
« à son dernier moment ce triomphe d'intérêt public! » — Un
triomphe qui durera tant qu'il y aura au monde une mère pour
répondre à l'appel de cette mère outragée!

De même, dans le procès de madame Élisabeth (pour rapprocher
ici ces deux nobles âmes), n'est-ce pas pitié de voir l'accusateur
public n'avoir d'autre ressource que de répéter tout ce qui a été dit
contre Louis XVI et Marie-Antoinette, en se contentant d'ajouter :
Elisabeth a partagé tous ces crimes; elle a coopéré à toutes ces tra-
mes... Élisabeth avait médité avec Capet et Antoinette le massacre
des citoyens de Paris dans l'immortelle journée du 10 août; elle veillait dans l'espoir d'être témoin de ce massacre; elle aidait la bar-

____

[1] Dans les *Causes secrètes de la révolution du 9 thermidor*.

bare Antoinette à mordre les balles, et encourageait par ses discours
des jeunes personnes que des prêtres fanatiques avaient conduites
au château pour cette horrible occupation ! » (P. 319.) Et le président ose revenir sur cela dans l'interrogatoire ! il prétend que c'est
prouvé, « d'une part, par la notoriété publique, et de l'autre par la
vraisemblance, qui persuade à tout homme sensé qu'une femme
aussi intimement liée avec Marie-Antoinette, et par les liens du sang
et par ceux de l'amitié la plus étroite, n'a pu se dispenser de partager ses machinations. » Et ensuite (mais c'est le comble de l'impudence !) :

« Voudriez-vous nous dire ce qui vous a empêchée de vous coucher la nuit du 9 au 10 août ? — R. Je ne me suis pas couchée,
parce que les corps constitués étaient venus faire part à mon frère
de l'agitation, de la fermentation des habitants de Paris, et des dangers qui pouvaient en résulter. — D. Vous dissimulez en vain. Mais
ce que vous nierez infructueusement, c'est la part active que vous
avez prise à l'action engagée entre les patriotes et les satellites de la
tyrannie, etc. »

Suivent encore les balles mâchées.

Mais il était juste qu'à elle, comme à Marie-Antoinette, la stupi-
dité de l'accusateur lui offrit l'occasion de le confondre par une parole triomphante.

« D. N'avez-vous pas donné des soins, en pansant vous-même
les blessures des assassins envoyés aux Champs-Élysées par votre
frère contre les braves Marseillais ? — R. Je n'ai jamais su que
mon frère eût envoyé des assassins contre qui que ce soit. S'il
m'est arrivé de donner des secours à quelques blessés, l'humanité
seule a pu me conduire dans le pansement de leurs blessures ; je
n'ai point eu besoin de m'informer de la cause de leurs maux, pour
m'occuper de leur soulagement. Je ne m'en fais pas un mérite, et
je n'imagine pas que l'on puisse m'en faire un crime. » (P. 324.)

Simplicité sublime ! On l'envoya à l'échafaud.

On ne l'y envoya point avec appareil, comme Louis XVI, ni seule,
comme Marie-Antoinette.

On l'avait comprise, pour la juger, dans une fournée de vingt-
quatre, et parmi eux, plusieurs qu'elle avait pu rencontrer à la cour :
les marquises de l'Aigle, de Senozan, de Crussol d'Amboise ; le
comte de Sourdeval, Loménie de Brienne, ancien ministre de la
guerre, et trois autres Loménie ; madame de Canisy, née de Loménie ; madame de Montmorin, veuve de l'ancien ministre des affaires
étrangères, et Antoine de Montmorin, son fils ; Megret de Serilly, ancien trésorier général de la guerre, et sa femme, etc. Après la condamnation, Fouquier ayant dit au président : « Il faut avouer cepen-

dant qu'elle n'a pas poussé une plainte.» — «De quoi se plaindrait-elle donc, Élisabeth de France, dit Dumas en pesant ironiquement sur ce titre, ne lui avons-nous pas formé aujourd'hui une cour d'aristocrates digne d'elle? Et rien ne l'empêchera de se croire encore dans les salons de Versailles, quand elle va se voir au pied de la sainte guillotine entourée de toute cette fidèle noblesse. » Et ce fut véritablement une cour, en effet, et cette fidèle noblesse sut reconnaître la supériorité du rang et de la vertu jusque dans cette égalité de la mort. Quand les condamnés, déposés au pied de l'échafaud, eurent été rangés sur une banquette, en attendant leur tour, madame de Crussol, appelée la première, alla s'incliner devant madame Élisabeth et lui demanda la permission de l'embrasser. « Bien volontiers, et de tout mon cœur, » dit la douce et héroïque sœur de Louis XVI, et elle lui donna le baiser d'adieu. Toutes les femmes qui suivirent sollicitèrent et obtinrent d'elle la même faveur ; tous les hommes, en passant, s'inclinèrent devant elle; et ce fut précédée de ce cortége de nobles victimes qu'elle parut devant Dieu [1].

Parmi les objets qu'elle laissait en mourant, et que le concierge et l'aide du bourreau remirent au greffe, le procès-verbal mentionne « une médaille d'argent représentant une immaculée conception de la *ci-devant* Vierge. » (P. 327.)

M. Campardon a reproduit les scènes qui appartiennent à son sujet dans les grands procès qui, par leur importance et leur signification, se rattachent à l'histoire générale : procès des Girondins, d'Hébert et de ses complices, de Danton et de Camille Desmoulins. Chacune de ces affaires est marquée par un progrès de plus dans les procédés violents du tribunal révolutionnaire. Sur les Girondins, voyez le rapport de Saint-Just *sur les trente-deux membres de la Convention détenus en vertu du décret du 2 juin.* Ce sont les préliminaires de l'acte d'accusation. C'est à propos des Girondins, que Fouquier Tinville, ne se sentant pas de force à lutter contre leur éloquence, obtint de la Convention un décret portant que, trois jours après l'ouverture des débats, le président serait autorisé à demander aux jurés si leur conscience était assez éclairée. » Décret suivi de cet autre : « que le tribunal extraordinaire porterait désormais le nom de tribunal révolutionnaire. » (P. 156.) Le soir même, le jury se déclara suffisamment éclairé.

C'est à propos de Danton [2], que le même Fouquier et le président

---

[1] Voy. A. de Beauchesne, *la Vie de madame Élisabeth,* t. II, p. 226.

[2] Le mandat d'arrêt contre Danton, Delacroix, Camille Desmoulins et Philippeaux est sans date et sans cause (voy. Saladin, *Rapport fait au nom de la commission des* 21 (*Pièces,* n° 70). La loi du 20 brumaire an II (*ibid.,* n° 64) avait d'ailleurs été complétement violée dans leur arrestation. La loi portait : « Art. 1er. — La Conven-

Herman, hors d'état de lutter à eux deux avec un tel colosse (les ru-
gissements de Danton, tout autre chose que l'éloquence de Vergniaud, éclataient à travers les fenêtres et auraient pu finir par remuer le peuple de la rue), c'est à propos de Danton, que le juge et
l'accusateur public, ne se sentant plus assez protégés par la faculté
de clore les débats, puisqu'il faudrait encore lui signifier en face
l'arrêt de mort, obtinrent, par le moyen de Saint-Just[1], un décret
portant « que tout prévenu de conspiration qui résistera ou insultera
à la justice nationale sera mis hors des débats sur-le-champ. » —
« Nous les tenons, dirent Vouland et Amar, en apportant eux-mêmes
le décret à Fouquier, nous les tenons, les scélérats ! — Ma foi, dit
Fouquier soulagé, nous en avions besoin[2]. » Mais ce ne fut pas sans
peine qu'on les fit sortir de la salle. Le jugement rendu, « on ne lut
pas même aux condamnés leur arrêt ; on les fit mander l'un après
l'autre au greffe, comme pour leur faire une communication, et ils
furent remis aux bourreaux (14 germinal an II[3]). » (T. I, p. 282.)

II

LES NEUF ORLÉANAIS ; LES DEUX CUSTINE ; LE GÉNÉRAL HOUCHARD ; M. DE
LAVERDY ; MADAME DE LAVERGNE ; LAMOURETTE.

Ainsi, les violents aussi subissaient la violence ; et c'est ce qui ramène sur eux la pitié : pitié pour les Girondins, les violents d'autrefois, devenus les modérés et emportant avec eux la dernière espérance d'une république raisonnable ; — pitié pour Danton, l'homme de

tion nationale décrète qu'aucun de ses membres ne sera mis en état d'arrestation
qu'après avoir été entendu dans son sein. — Art. 2. — Néanmoins, ses membres
pourront être mis en arrestation sur le rapport d'un de ses comités. » L'article 2 im-
pliquait donc que les membres pourraient ne pas être entendus : mais c'est toujours
la Convention qui devait prononcer. Danton était arrêté, quand Legendre fit en sa
faveur la motion que Robespierre fit repousser par la Convention asservie (11 germinal).

[1] Voyez son rapport (Saladin, *ibid.*, n° 72) et la lettre du président du tribunal
qui l'avait provoqué (*ibid.*, n° 71).

[2] Cf. t. I, p. 281. — Dès le lendemain de leur arrestation, un billet de la main
de Robespierre mandait un des présidents du tribunal de venir se concerter avec le
Comité de salut public : « Le Comité de salut public invite le citoyen Dumas, vice-
président du tribunal criminel, à se rendre au lieu de ses séances demain à midi.
Paris, 12 germinal, l'an II de la République. » (*Bibl. nationale*, L⁰ 38, n° 743.)

[3] Philippeaux, compris avec Danton dans ce jugement, avait, lors de la création
du tribunal révolutionnaire, combattu l'institution des jurés, comme trop favorable
aux accusés ! *Opinion de Philippeaux, député de la Sarthe, sur la formation du tribunal révolutionnaire. (Bibl. nat., L⁰ 38, n° 206.)*

la Terreur avant la Terreur, qu'il introduisit le premier comme une nécessité d'État dans de lugubres journées, et maintenant perdu pour un retour vers des sentiments plus humains ; — pitié surtout pour ce pauvre Camille dont la plume fut si souvent homicide dans son espièglerie ; frappé pour avoir flétri avec une verve vraiment inspirée de Tacite le fanatisme ou l'hypocrisie sanguinaire qui nous ramenait, sous des despotes en bonnet rouge, aux plus mauvais temps des Césars ; si touchant par l'amour qu'il avait au cœur ; touchant encore dans ce funèbre convoi par ses efforts mêmes pour se raccrocher à la vie. Si c'est de la faiblesse devant la mort, sa Lucile, condamnée elle-même pour l'avoir pleuré, nous demande de l'oublier pour elle, quand elle monte, peu de jours après, à l'échafaud, le front tout rayonnant de l'espoir de le rejoindre. — Pitié aussi pour la triste bande d'Hébert ; pour ce Ronsin, général de l'armée révolutionnaire qui tint à montrer du moins qu'il savait mourir, et cherchait à consoler les autres en leur disant : « Le parti qui nous envoie à la mort ira à son tour, et cela ne sera pas long ; » —pour l'homme de la république universelle, pour Anacharsis Clootz qui disait : « Il serait bien extraordinaire que l'homme brûlable à Rome, pendable à Londres et rouable à Vienne, fût guillotiné à Paris. » Je ne sais s'il eût été brûlé à Rome, pendu à Londres ou roué à Vienne, mais pour ce qu'il en devait être à Paris, le 4 germinal an II, il ne lui fut plus permis d'en douter. — Pitié même pour ce misérable Hébert, quand on le voit sur la route, accablé de ces quolibets sanglants que son *Père Duchêne* avait enseignés au peuple contre les victimes vouées par lui à l'échafaud (t. I, p. 247).

Mais pitié surtout pour ces victimes ; et dans ses rapides tableaux, M. Campardon nous a esquissé plusieurs scènes des plus touchantes. Comment ne pas être ému du sort de ces neuf habitants d'Orléans que Léonard Bourdon fit immoler à sa vanité? Un soir qu'il était à Orléans, un de ceux qui l'escortaient jusque chez lui insulta, dit-on, le factionnaire placé devant la maison commune. Les hommes du poste vinrent à l'aide, et il s'en suivit une rixe où le représentant du peuple reçut, d'un coup de baïonnette, une légère blessure au bras. Aussitôt il se prétend assassiné. Il veut cumuler la gloire de Lepelletier de Saint-Fargeau, tué par le garde du corps Pâris, avec l'avantage d'être encore en vie. Il écrit à la Convention : « De nouveaux Pâris, au nombre de trente, armés de baïonnettes et de pistolets, m'ont frappé sur tout le corps en me criant : « Va rejoindre Lepelle- « tier ! » Il est doux d'être le confesseur de la liberté, je ne rendrais à personne les blessures que j'ai reçues. » — Non ; mais, pour ceux qui les lui avaient données, il ne voulait pas moins que leurs têtes. La Convention rend un décret : vingt-six habitants d'Orléans sont amenés à Paris, traduits devant le tribunal extraordinaire ; et neuf des accusés, déclarés coupables, sont condamnés à mort. Vainement leurs parents viennent supplier la Convention : un de ces malheureux est père de dix-neuf enfants dont quatre sont aux armées ; vainement fait-on appel à la générosité de Léonard qui siège à son banc. Il reste muet, et la Convention passe à l'ordre du jour. Les neuf Orléanais sont menés au supplice avec la chemise rouge des assassins ; et l'assassiné trouvait l'expiation à peine suffisante ! Il avait dit, selon Prud'homme, à son médecin : « Tu vois cette petite saignée ; elle ne peut être guérie que par une grande. Je veux que vingt-cinq têtes orléanaises roulent sur l'échafaud, ou je perds mon nom, foi de Léonard Bourdon ! » (p. 56). Il le perdit : on l'appela *Léopard* Bourdon[1].

Laissons Custine, qui ouvre le défilé des généraux mis à mort pour avoir cessé d'être heureux[2], Custine dont la mort pieuse et chrétienne couronne si dignement une vie de soldat ; et le fils de Custine, accusé sur des lettres qu'on tronquait en les lisant[3] ; accablé aux yeux des jurés par cette interpellation du président Dumas : « Il est impossible, il est contraire à la nature des choses qu'un fils tel que vous, habituellement en correspondance avec son père, ne soit pas son complice » (p. 218). Passons encore un des Loménie, que nous nommions tout à l'heure, accusé pour avoir été aux Tuileries le 10 août et prouvant son alibi : il était à Lille. Mais qu'allait-il faire à Lille ? — Soigner un ami suspect : autre crime pour lequel on le condamne, sans le décharger du premier[4].

Mais arrêtons-nous devant l'énergique figure du général Houchard.

---

[1] Voy. l'*Exposé des faits relatifs à l'assassinat commis à Orléans le 16 mars* 1793, *et réponse au rapport du comité de législation par* LÉONARD BOURDON, *député par le Loiret à la Convention nationale.* Il en fait un attentat dont la meilleure partie de la ville et de la municipalité même sont complices, et tonne contre le comité de législation qui n'avait pas pris ce complot municipal au sérieux.

[2] On a la minute d'un arrêté en simple projet de la main de Barère portant « que tout représentant du peuple, tout général convaincu de n'avoir pas exécuté les arrêtés du Comité de salut public, ou d'avoir donné des ordres contraires, *sera puni de mort.* (Saladin, *Rapport fait au nom de la commission des* 21, 12 ventôse an III. *Pièces*, n° 75). Les quatre derniers mots ont été rayés ; mais alors l'arrêté perdait sa raison d'être : on le laissa. On trouvait suffisamment dans les lois révolutionnaires de quoi frapper les généraux.

[3] Il était question d'une mission auprès de Brunswick. Dans la lettre où il rendait compte des dispositions du prince général, il parlait de ses prétentions au trône de Pologne. Le président faisait croire qu'il s'agissait du trône de France. Voy. Riouffe, *Fragments et correspondances*, dans les *Mémoires sur les prisons*, t. I, p. 130. Voy. dans le même recueil les deux dernières lettres si touchantes du jeune Custine à sa femme (p. 133-135).

[4] *Hist. des prisons*, t. IV, p. 250.

« Houchard, nous dit Beugnot, avait six pieds de haut, la démarche
sauvage, le regard terrible. Un coup de feu avait déplacé sa bouche
et l'avait renvoyée vers son oreille gauche. Sa lèvre supérieure avait
été partagée en deux par un coup de sabre qui avait encore offensé
le nez ; et deux autres coups de sabre sillonnaient sa joue droite en
deux lignes parallèles. Le reste du corps n'était pas mieux ménagé
que la tête. Sa poitrine était découpée de cicatrices. Il semblait que
la victoire s'était jouée en le mutilant. » Il avait délivré Dunkerque et
remporté sur le duc d'York la mémorable bataille d'Hondschoot.
Rendu suspect par ses victoires, il avait été rappelé, jeté en prison.
Outre les crimes d'usage (complicité aux attentats contre la liberté,
la souveraineté du peuple, l'unité et l'indivisibilité de la république),
il était accusé de n'avoir pas, dans la bataille, *tué assez d'Anglais*. —
On se défendait encore alors : il avait composé pour sa défense une
harangue qui respirait, dit Beugnot, une éloquence sauvage et l'indignation d'un grand cœur. Un praticien la lui gâta : mais le général
reparut tout entier lui-même quand le président Dumas osa lui dire
qu'il était lâche. « A ce mot qui commençait le supplice du vieux
guerrier, il déchira ses vêtements et s'écria en présentant sa poitrine couverte de cicatrices : « Citoyens jurés, lisez ma réponse,
« c'est là qu'elle est écrite ; » et il retomba sur le fatal fauteuil, abimé
dans ses pleurs : c'étaient les premiers peut-être qui s'échappaient
de ses yeux. Dès lors on put le juger, le conduire au supplice, l'assassiner ; il ne s'apercevait plus de ce qui se passait autour de lui.
Il n'avait plus qu'un sentiment dans le cœur, celui du désespoir, et
qu'un mot à la bouche qu'il répéta jusqu'à l'échafaud : *Le misérable !
il m'a traité de lâche !* et lorsqu'en descendant on lui demanda quelle
était l'issue de son affaire, il répondait : *Il m'a traité de lâche*[1] ! »
— Tout le reste n'était rien pour lui.

Nommons encore Dietrich, le patriotique maire de Strasbourg,
chez qui Rouget-Delisle, son hôte, improvisa *la Marseillaise ;* qui

---

[1] *Mémoires du comte Beugnot*, t. I, p. 191-193. — M. Quinet, dans son horreur
pour le *militarisme*, me paraît prendre trop facilement son parti des procédés de
la Terreur envers les généraux. « Les pays, dit-il, qui dans le monde sont restés
libres ont pris contre leurs propres armées des précautions presque aussi défiantes
que contre l'ennemi. A ce point de vue, le régime de 1795, funeste au dedans,
nuisit moins qu'ailleurs sur les champs de bataille. A des troupes formées d'hier,
il tint lieu de discipline. La fureur de l'avancement par où se corrompent les armées
était impossible là où il y allait de la tête pour une simple erreur de détail. En ra-
menant les maximes impitoyables des Romains aux temps des Brutus et des Man-
lius, on se fit de nouvelles armées romaines, non moins dociles que les anciennes. »
(XXI, 2, t. II, p. 414, 415.) — Mais pour laisser la question sur ce terrain de l'utilité pratique où la réduit si étrangement M. Quinet, à quoi cela a-t-il abouti ? N'a-
t-on eu l'empire que parce que la république n'a pas immolé tous ses généraux ?

meurt en recommandant à ses enfants de continuer d'aimer la patrie, et de ne jamais songer à vengèr sa mort[1] ; Girey-Duprey, le collaborateur et le successeur de Brissot au *Patriote français*. Comme il savait bien le respect du tribunal pour la liberté de la presse, il se présenta devant les jurés s'étant fait par avance la toilette des condamnés, les cheveux coupés, le col de chemise abattu, et il marcha au supplice chantant ces vers qu'il composa sous l'inspiration de la mort, et dont on a fait au moyen de quelques coupures le chant trop fameux des Girondins :

> Martyrs de la liberté sainte, etc.

Pierre Gondier, agent de change, condamné à mort pour avoir accaparé du pain et l'avoir caché dans son domicile (quelques croûtes sèches qu'il avait mises dans son buffet pour donner aux poules de sa voisine. T. I, p. 168 !) et M. de Laverdy, ancien contrôleur général des finances, septuagénaire, accusé aussi d'avoir voulu affamer le peuple, parce qu'on avait trouvé, disait-on, du grain au fond d'un bassin, situé à la portée de tout le monde, dans une propriété où il n'était pas allé depuis deux ans ! Sa défense fut aussi nette que péremptoire : à quoi bon ? il était riche ; et la confiscation suivait la mort (t. I, p. 190).

Mais donnons dans cette funèbre galerie une place toute particulière à madame de Lavergne.

Son mari, vieilli avant l'âge et atteint d'une grave maladie, était retenu en prison depuis la capitulation de Longwy où il commandait. Après avoir longtemps sollicité des juges, il en était réduit, par ses infirmités, à ne plus pouvoir comparaître ; et madame de Lavergne avait vainement sollicité un sursis auprès des membres du Comité de sûreté générale. Elle se décide à voir le président du tribunal, Dumas ; elle arrive jusqu'à lui, elle se jette à ses pieds. Écoutons M. Campardon :

« Dumas contemple froidement le désespoir de cette jeune femme qui se roule à ses genoux. « Eh quoi! citoyenne, ce serait donc un malheur pour toi d'être délivrée de ton vieux mari ? Sa mort te laissera libre d'employer tes charmes d'une manière beaucoup plus agréable. » A ces mots, madame de Lavergne s'est relevée avec indignation : la colère a remplacé le désespoir. « Misérable! s'écrie-t-elle, je n'ai plus besoin de toi, je t'attends au tribunal ; tu verras si j'ai mérité l'outrage que tu viens de me faire ! » Dès ce moment, la malheureuse femme a pris son parti ; elle se rend au tribu-

---

[1] Voy. sa lettre si simple, si digne, à ses enfants. (*Mémoires sur les prisons*, t. I, p. 125.)

nal, et, assise par terre, au milieu de la foule qui encombrait le palais, elle attend dans un morne silence l'heure de l'audience. Le greffier ayant appelé la cause de Lavergne-Champlaurier, les habitués du tribunal furent alors à même de contempler un étrange spectacle. Des geôliers de la Conciergerie entrèrent dans la salle et déposèrent à terre, devant les juges, un matelas sur lequel un homme était couché; c'était M. de Lavergne. L'acte d'accusation lu, les témoins déposèrent; quelques interpellations furent adressées au moribond, qui ne répondit que par des gémissements informes. Cette scène n'émut aucunement le tribunal; le substitut Liendon requit la peine de mort. A peine le jugement était-il rendu, au moment où les geôliers relevaient M. de Lavergne, qui restait insensible, sans se rendre compte de ce qui s'était passé, une femme, jeune et belle, perdue au milieu de la foule, s'écria à plusieurs reprises d'une voix éclatante : « Vive le roi ! vive le roi ! » Ses voisins voulurent en vain la faire taire, elle cria de nouveau : « Vive le roi [1] ! » Des gendarmes s'en saisirent et la menèrent par devant les administrateurs du département de la police.

« On l'interroge, mais son émotion a été telle qu'elle en a perdu la mémoire. A ce qu'on lui demande, elle répond qu'elle ne sait pas, qu'elle a seulement besoin de se coucher. On la traduit immédiatement devant le tribunal. Là enfin elle retrouve ses esprits et toute sa force d'âme. On l'envoyait avec son mari à la mort.

« Elle monta, continue M. Campardon, dans la même charrette que lui ; au moment du départ, M. de Lavergne, qui ne comprenait aucunement sa situation, tomba en défaillance ; on le coucha sur la paille qui jonchait la charrette, et la marche à travers Paris commença. Madame de Lavergne contemplait avec affection et avec bonheur ce vieillard, à qui elle sacrifiait sa vie : la tête de l'infortuné, secouée par les cahots de la voiture, tombait sur les pieds de sa femme ; sa chemise entre-ouverte laissait pénétrer les rayons d'un soleil de printemps sur sa poitrine; il paraissait souffrir de cette chaleur brûlante. S'adressant alors à l'exécuteur, madame de Lavergne le pria de prendre une épingle à son fichu et d'en fermer la chemise de son mari ; elle ne put lui rendre elle-même ce service ; elle avait, comme tous ceux qui marchaient au supplice, les mains liées derrière le dos. Cependant M. de Lavergne était revenu à lui-même ; sa femme craignant encore une nouvelle défaillance, l'appela par son nom, et lui raconta en peu de mots par quel concours de circonstances ils se trouvaient tous deux dans cette charrette. Avant de périr, madame de Lavergne eut la joie de voir que son mari avait compris son généreux sacrifice et son dévouement pour lui ; les larmes éloquentes qui tombaient des yeux desséchés du vieillard lui tinrent lieu de remercîments. Arrivés à l'échafaud, les deux époux s'embrassèrent et moururent l'un après l'autre avec courage » (t. I, p. 286-291).

[1] Riouffe dit qu'il a vu plus de dix femmes chercher la mort par ce moyen: les unes pour ne pas survivre à un époux, d'autres à un amant, d'autres par dégoût de la vie, presque aucune par fanatisme royal. (*Mém. sur les prisons*, t. I, p. 88.)

Des personnes de toute condition étaient jetées pêle-mêle sur la charrette qui les menait à l'échafaud ; c'étaient quelquefois des femmes de mauvaise vie pour avoir crié : *Vive le roi !* (p. 216) : belle occasion de montrer combien la corruption des mœurs était attachée à l'ancien régime ; ou bien deux imprimeurs-libraires pour avoir publié une brochure contre-révolutionnaire où l'on plaignait la mort de Louis XVI. Sur le réquisitoire de Fouquier-Tinville, la brochure fut brûlée au pied de l'échafaud où ils subirent le dernier supplice (p. 231). Ici, l'ancien régime était pour le moins égalé.

Le spectacle journalier des condamnations avait familiarisé avec la mort. A force de l'attendre, on avait cessé de la craindre, et l'on en trouve plus d'un exemple dans l'*Histoire des prisons.* Citons seulement, parmi ceux qui nous montrent l'accusé devant le tribunal, Lamourette, ancien oratorien, ancien évêque constitutionnel de Lyon et membre de l'Assemblée législative (ô baiser Lamourette !). A Lyon, pendant le siége, il s'était prodigué parmi les balles et la mitraille pour porter les secours spirituels aux mourants. Il avait été blessé lui-même. Il attendait la mort de la main du bourreau.

« Dans la prison, dit Beugnot qui fut son compagnon de chambre, on le voyait remplir régulièrement, mais sans affectation, ses devoirs de prêtre. Lorsqu'il fut conduit au tribunal, il avoua ce dont il était accusé, comme le devoir le plus sacré de son état, confessa sa foi, fit le signe de la croix et attendit son jugement. » — « Il m'a chargé, ajoute Beugnot, de publier la rétractation du serment qu'il a prêté à la constitution civile du clergé. Je n'y manquerai pas [1]. »

Citons encore un peu à la décharge de Fouquier-Tinville, Angrand d'Alleray, ancien lieutenant civil du Châtelet. Fouquier-Tinville, qui avait reçu de lui des services, lui fit dire de tout nier ; et au tribunal, le président Dumas lui ayant reproché d'avoir fait passer de l'argent à un de ses enfants qui avait émigré : « Peut-être, dit un juré à qui Fouquier avait sans doute donné le mot, l'accusé ignorait-il la loi qui interdit toute correspondance avec les émigrés ? — Je la connaissais, dit M. d'Alleray ; mais les lois de la nature passent avant les lois de la république. » Il fut condamné à mort (t. I, p. 312). Signalons aussi avec M. Campardon, à l'honneur cette fois du prési-

---

[1] *Mémoires du comte Beugnot,* t. I, p. 211, 212. — Riouffe, qui était en même temps que lui à la Conciergerie, mais non, comme Beugnot, dans la même chambre, et qui, par conséquent, n'a pas la même autorité, a effacé la couleur religieuse de ses derniers moments. Il rapporte que, ramené du tribunal, il s'occupa tranquillement avec ses compagnons, dissertant sur l'immortalité de l'âme ; et comme on le plaignait : « Eh ! quoi, la mort n'est-elle pas un accident auquel on doit se préparer ? La guillotine, ce n'est qu'une chiquenaude sur le cou ! » (*Mémoires sur les prisons,* t. I, p. 63.)

dent Dumas, ces huit religieuses qui, accusées pour fanatisme et refus de serment, ne furent condamnées qu'à la déportation, grâce à une question glissée parmi les autres et soumise au jury comme une invitation à la clémence[1].

III

PROCÉDÉS DU TRIBUNAL

La clémence n'était pourtant pas dans les habitudes ni de Dumas ni de son tribunal, et tout, dans la façon de procéder, décelait un parti pris de tuer, qui faisait de cet appareil judiciaire comme un premier rouage de la fatale machine. Le jugement était presque de forme pour la plupart des accusés ; aussi Fouquier-Tinville ménageait-il les pas de ses agents, qui avaient, il faut le reconnaître, fort à faire. M. Campardon cite un mandat d'extraction ainsi conçu : « Le gardien de la maison d'arrêt de Picpus et de toute autre où les « ci-après nommés peuvent être détenus, remettra à la gendarmerie et « à l'huissier du tribunal les nommés Douet et Mercier, ex-fermiers «généraux, pour être traduits au tribunal révolutionnaire.» En marge est écrit de la main de Fouquier : « *Faire apporter leurs effets, attendu qu'ils ne retourneront plus.* » La déposition faite sur l'affaire de Douet au procès de Fouquier-Tinville constate une autre chose : « Pendant le cours du débat, dit le témoin, on interrogea M. Douet sur un fait qu'il ignorait ; il répondit que sa femme, détenue à la Force, pourrait peut-être donner des instructions sur ce point. On l'envoya chercher ; elle fut entendue, rangée au nombre des accusés et guillotinnée avec eux, sous prétexte de relations avec des individus frappés du glaive de la loi. Madame Douet avait tout bonnement laissé dans un testament, dont on trouva copie sur elle, quelques legs à Dietrich, maire de Strasbourg, condamné par le tribunal révolutionnaire le 8 nivôse an II, et au duc du Châtelet, également condamné le 23 frimaire an II. » (P. 313.) Passons condamnation sur ce crime, mais que dire de la mise en jugement ?

Les victimes, du reste, étaient souvent prises comme au hasard

---

[1] Le récit de la courageuse confession de ces saintes filles a été fait par l'une d'elles, mère Angélique-Françoise Vilasse. On le trouve dans les appendices de M. Campardon (t. I, p. 460). Coittant (*Mém. sur les prisons*, t. II, p. 50) parle de ces religieuses en des termes qui ne reproduisent pas la touchante simplicité de ce récit, mais qui rendent le fond de l'interrogatoire et par là montrent la foi qu'on peut avoir en ses informations.

dans le réservoir des prisons. Il semblait que le tribunal eût sa ra-
-tion nécessaire ; n'importe qui la compose, pourvu que la mesure
soit pleine. Fouquier-Tinville veut que les jurés gagnent bien leurs
dix-huit livres par jour, et il avait des agents dignes de lui. Un nom
était-il mal écrit, avait-on un doute sur l'identité de l'appelé ? « C'est
égal, disait le gendarme, il m'en faut encore un, n'importe lequel ;
il s'expliquera au tribunal. » C'est ainsi qu'on emmena un jour de
Saint-Lazare, le prenant pour un autre, un artiste renommé, le citoyen Gouttière, et cette fois l'explication fut entendue. « Il est, dit le
narrateur, revenu parmi nous, fort étonné de son propre bonheur[1].»
Les geôliers n'y regardaient pas davantage, et ils agissaient en toute
sûreté de conscience. « Qu'importe, disait Guyard, du Luxembourg,
à un huissier qui avait plus de scrupule, qu'importe ? si celui-ci ne
passe pas aujourd'hui, il passera demain[2].»

Et ce ne sont pas seulement des rumeurs de prisonniers, des propos
de geôliers ou de gendarmes ; ce sont des faits. Il arriva que l'on
prit ainsi, entre deux hommes de même nom, l'un pour l'autre, et
que nonobstant toute réclamation, l'accusé pris fut condamné. Il
faut citer un exemple d'une chose qu'on peut regarder comme inouïe
partout ailleurs que dans ce tribunal. « Au mois de germinal dernier,
dit l'ancien conseiller Guy Marie Sallier dans le procès de Fouquier-
Tinville, un arrêté du Comité de sûreté générale ordonna que
Lepelletier-Rosambo, Sallier et plusieurs autres, ex-présidents ou
conseillers du parlement de Paris, seraient traduits au tribunal révolutionnaire comme ayant signé ou adhéré aux protestations de la
chambre des vacations du parlement de Paris. Les pièces relatives à
cette affaire furent en même temps adressées à l'accusateur public.
Elles consistèrent, par rapport à Sallier, dans une lettre trouvée chez
le ci-devant président Lepelletier-Rosambo. Fouquier, accusateur public, décerna en conséquence un mandat d'arrêt, le 29 germinal, contre Sallier, et en vertu de ce mandat, l'huissier qui en était porteur
le fit remettre par le gendarme de Lazare à Henri Sallier qui y était
détenu. Celui-ci fut interrogé le jour même en présence de Fouquier
et déclara se nommer Henri Guy Sallier, *ci-devant président de la
cour des aides*. Il était évident déjà qu'il n'était pas celui qu'indiquait
l'arrêté du Comité de sûreté générale. Cependant, on procéda à l'interrogatoire ; on lui demanda s'il n'avait pas signé des protestations
ou s'il n'y avait pas adhéré ; il répondit que non. On lui représenta
la lettre trouvée chez Rosambo ; il répondit qu'il ne la reconnaissait
pas pour être de lui, mais bien de *Guy Marie Sallier, son fils, ci-devant*

---

[1] *Hist. des prisons*, t. III, p. 13.
[2] Rapport de Réal dans les *Mém. sur les prisons*, t. II, p. 487.

conseiller au parlement. On ne lui en dit pas davantage et on le fit descendre à la Conciergerie. Le lendemain, il reçut son acte d'accusation comme auteur de la lettre et fut traduit en jugement le 1er floréal. Là, il réitéra la déclaration de sa qualité de ci devant président à la cour des aides, qui établissait si évidemment sa non-identité. Coffinhal, qui présidait, ne lui permit pas d'en dire davantage, et l'accusateur public, qui, ce jour-là, n'était pas Fouquier, mais Gilbert Liendon, persista à requérir sa condamnation, qui fut prononcée, quoique la lettre trouvée chez Rosambo fût le seul fait allégué contre lui, et que chacune des lignes de cette lettre attestât de la manière la plus frappante qu'elle ne pouvait avoir été écrite par personne autre que par un conseiller de la ci-devant chambre des vacations de Paris. » — Ce qu'on vient de lire est la déclaration même du fils pour qui le père est mort, et il ajoute : « Ces faits sont prouvés notamment par l'arrêté du Comité de sûreté générale en date du 9 germinal, par l'interrogatoire subi le 29 du même mois par Henri Sallier, par la lettre trouvée chez Rosambo et transcrite en entier dans l'inventaire des dites pièces, et enfin par l'acte d'accusation et le jugement; toutes lesquelles pièces existent au greffe du tribunal révolutionnaire. » (T. I, p. 305, note.)

IV

LA LOI DU 22 PRAIRIAL.

Ce que nous venons de voir des actes du tribunal révolutionnaire nous montre quelle place il s'était faite dans le domaine de la justice. Le titre de tribunal extraordinaire, sous lequel il avait été créé, marquait assez qu'on ne prétendait pas l'astreindre bien rigoureusement aux règles de droit commun. Le titre de révolutionnaire dont il s'investit dès le commencement en disait plus encore : et c'est pourquoi Billaud-Varennes, dans la séance du 5 septembre, insistait pour qu'il le gardât préférablement au premier : « Celui-ci, disait-il, suppose des formes, et l'autre n'en doit pas avoir[1]. » Le tribunal n'était, comme le dit Saladin en citant cette parole, qu'un instrument entre les mains des comités, et surtout du Comité de salut public.

Le Comité ne se bornait pas à remplir les prisons par sa police ; et l'interprétation que donnait Barère le 12 nivôse à la loi des suspects n'y devait guère laisser de vide : chaque classe, chaque état, chaque

[1] Saladin, *Rapport de la commission des 21* (12 ventôse an III), p. 20.

condition avait ses suspects[1]. Il veillait à ce que l'on y fît de la place
aux nouveaux arrivants par les décrets qu'il dictait à la Convention et
par les arrêtés qu'il prenait de lui-même : décret du 8 ventôse, sur
les personnes incarcérées; décret du 23 ventôse qui élargissait ef-
froyablement la catégorie des traîtres à la patrie, et ordonnait la formation de six commissions populaires, chargées de juger promple-
ment les ennemis de la révolution détenus dans les prisons[2]; arrêté
du 24 floréal qui, au lieu des six commissions portées au décret, n'en
formait qu'une, mais une commission de choix, avec le juré
Trinchard pour président. Elle devait désigner les détenus soit
à déporter, soit à renvoyer devant le tribunal révolutionnaire[3]. Cette
commission qui siégea au Muséum (Louvre) semblait ne pas trop mal
répondre aux intentions du Comité. Dans la liste des détenus à déporter on trouve les mentions suivantes :

Anne-Marie-Sophie Lenoir, veuve Delaunay, âgée de 62 ans, — veuve
d'un receveur général des finances — aristocrate, ne voyant que des gens
comme il faut et ne s'étant jamais montrée pour la Révolution.

Guillemot, femme Leportien (M.-A.-Julie), à Port-Libre,—ex-noble, femme
d'un ci-devant capitaine au ci-devant régiment du Dauphin; — femme très-
fanatique, ne croyant pas aux bienfaits de la Révolution; aristocrate prononcée.

Fille Saint-Chamand (Ad.-C.-Marie), 15 ans, — ex-noble, fille d'un ci-de-
devant lieutenant général; — sœur d'émigré, beaucoup prononcée en fanatisme et contre la liberté, quoique très-jeune.

Sa sœur, âgée de 19 ans, est comprise sur la même liste à côté
d'elle; et d'autres que des ex-nobles aussi :

Bergeron, marchand de peaux, — suspect, n'ayant rien fait pour la Révolution; très-égoïste, blâmant les sans-culottes de ce qu'ils abandonnaient
leur état pour ne s'occuper que de la chose publique[4].

Et cette commission nommée pour tenir lieu des six auxquelles
le décret du 23 ventôse paraissait vouloir donner une juridiction in-
dépendante, ne prononçait la mise en liberté comme la déportation
que sous le bon plaisir du Comité, qui seul était juge : elle n'avait

---

[1] Rapport fait au nom du Comité de salut public sur les moyens d'exécution du
décret du 17 septembre concernant les personnes suspectes et du décret rendu le
30 frimaire. Saladin, *Pièces*, n° 4.

[2] Saladin, *Rapport*, p. 45.

[3] Cet arrêté, pris par les Comités de salut public et de sûreté générale, porte la
signature des membres des deux comités : Vouland, Amar, etc., Robespierre, Billaud-Varennes, Couthon, Carnot, etc. (Saladin, *Pièces*, n° 36.)

[4] Saladin, *Pièces*, n° 10, p. 129, 131, 135 ; et cent autres exemples analogues.

autorité que pour renvoyer au tribunal révolutionnaire : or c'était là
surtout que l'on sentait la main du Comité de salut public. Un arrêté
du 25 floréal portait :

Le Comité du salut public arrête que les tribunaux et commissions populaires établies pour réprimer les ennemis de la république enverront chaque jour au Comité du salut public la notice de tous les jugements qu'ils
rendront, de manière qu'il puisse connaitre les personnes jugées et la nature
des affaires.

L'accusateur public du tribunal révolutionnaire, établi à Paris, remettra
en outre au Comité, au commencement de chaque décade, la note des affaires qu'il se proposera de porter au tribunal dans le courant de la décade.
Signé au registre : Robespierre,... Carnot[1].

Des lettres de Fouquier-Tinville montrent avec quelle ponctualité
il s'acquittait de ce devoir[2]. Et Robespierre, Carnot ou tout autre
membre du comité signaient les listes, qui avec leur signature étaient
déjà des arrêts de mort, — à l'exemple du plus détestable des empe-
reurs, de ce Caligula dont Suétone a dit que « tous les dix jours il signait
la liste des prisonniers à livrer au supplice, disant qu'il apurait ses
comptes : *Decimo quoque die, numerum puniendorum ex custodia sub-
scribens, rationem se purgare dicebat*[3]. »

Mais le décret par lequel le Comité de salut public fit de la justice révolutionnaire une justice à part, et de son tribunal un
instrument d'extermination; c'est la loi du 22 prairial (10 juin 1794).

La loi du 22 prairial autorisa le tribunal révolutionnaire, agissant
en vertu de son titre, à supprimer toutes les garanties assurées de
tout temps aux accusés devant la justice? Le rapport de Couthon
exposait avec franchise les principes que le gouvernement de la
Terreur voulait établir :

« Toutes nos idées dans les diverses parties du gouvernement,
disait-il, étaient à réformer, elles n'étaient toutes que des préjugés
créés par la perfidie et par l'intérêt du despotisme. »

Il en donnait pour exemple l'ordre judiciaire, « aussi favorable au
crime qu'oppressif pour l'innocence, » et, abordant plus directement
la question :

« Les délits ordinaires, disait-il, ne blessent directement que les
individus et indirectement la société entière; et comme par leur

---

[1] Saladin, *Pièces justif.*, n° 5.

[2] *Ibid.*, n°ˢ 6 et 7.

[3] Suet., *Calig.*, 29, cité par Courtois, *Rapport sur les papiers de Robespierre*,
p. 19. Nous trouverons plus bas le témoignage de Trinchard, président de la commission du Muséum, sur la manière dont ces listes étaient signées. (Saladin,
Pièces, n° 8, p. 114.)

nature, ils n'exposent point le salut public à un danger imminent, et que la justice prononce entre des intérêts particuliers, elle peut admettre quelques lenteurs, un certain luxe de formes et même une sorte de partialité envers l'accusé. Les crimes des conspirateurs, au contraire, menacent directement l'existence de la société ou sa liberté, ce qui est la même chose. La vie des scélérats est ici mise en balance avec celle du peuple ; ici, toute lenteur affectée est coupable, toute formalité indulgente ou superflue est un danger public. Le délai pour punir les ennemis de la patrie ne doit ·être que le temps de les reconnaître ; il s'agit moins de les punir que de les anéantir.»

Il insistait sur cette idée : « Il n'est pas question de donner quelques exemples, mais d'exterminer les implacables satellites de la tyrannie ou de périr avec la république. L'indulgence envers eux est atroce, la clémence est parricide. »

Après cela comment avoir l'idée de détourner par la plaidoirie d'un avocat le glaive qui doit frapper le criminel? La défense même est un crime :

« Sous l'ancien despotisme, continue Couthon, la philosophie lui demandait en vain des conseils pour les accusés : impuissante ressource pour le faible opprimé contre la tyrannie des lois et des tribunaux de ce temps ; il eût beaucoup mieux valu instituer des lois et des juges tels, que ce remède ne fût pas nécessaire. Mais lorsque, appliquant ces souvenirs à tort et à travers, si j'ose ainsi parler, aux événements les plus extraordinaires de notre révolution, on demanda et on obtint des défenseurs officieux pour le tyran détrôné de la France, on fit, les uns sans le savoir et les autres le sachant trop bien, une chose également immorale et impolitique : on remit la liberté en question et la patrie en danger. Par ce seul acte, on abjurait la république. On fit précisément la même faute quand on donna des défenseurs officieux aux complices du tyran, c'est-à-dire à tous les conspirateurs. »

Mais ce n'est pas à ces « avoués mercenaires de la tyrannie, » comme il les appelle, qu'il faut s'en prendre, c'est à la loi, à la loi qui voulait qu'un défenseur fût donné à l'accusé :

« Les défenseurs naturels et les amis nécessaires des patriotes accusés, ce sont les jurés patriotes ; les conspirateurs n'en doivent trouver aucun. »

La loi qu'il proposa déterminait le nombre des vice-présidents, juges et jurés, et les nommait (art. 1-3). Elle indiquait le but du tribunal :

Art. 4. — Le tribunal révolutionnaire est institué pour punir les ennemis du peuple.

Et elle définissait les ennemis du peuple :

Art. 5. — Les ennemis du peuple sont ceux qui cherchent à anéantir la liberté publique, soit par force, soit par ruse.

Définition qui, étendue dans l'article 6, enveloppait avec les accapareurs tous ceux que l'on pourrait comprendre aujourd'hui dans le délit « *d'excitation à la haine et au mépris du gouvernement.* »
Pour la peine, elle était unique :

Art. 7. — La peine portée contre tous les délits dont la connaissance appartient au tribunal révolutionnaire est la mort.

Quant à la preuve, l'objet de la loi était de la simplifier :

Art. 8. — La preuve nécessaire pour condamner les ennemis du peuple est toute espèce de document, soit matérielle, soit morale, soit verbale, soit écrite, qui peut naturellement obtenir l'assentiment de tout esprit juste et raisonnable. La règle des jugements est la conscience des jurés éclairés par l'amour de la patrie ; leur but, le triomphe de la république et la ruine de ses ennemis ; la procédure, les moyens simples que le bon sens indique pour parvenir à la connaissance de la vérité dans les formes que la loi détermine.

On supprimait la formalité préalable de l'interrogatoire de l'accusé dans l'instruction (c'était presque toute l'instruction) ; on donnait le droit de supprimer, dans les débats publics, même ces témoignages :

Art. 13. — S'il existe des preuves, soit matérielles, soit morales, indépendamment de la preuve testimoniale, il ne sera point entendu de témoins, à moins que cette formalité ne paraisse nécessaire, soit pour découvrir des complices, soit pour d'autres considérations majeures d'intérêt public.

Pour la défense, on rédigeait en article une des phrases à effet du rapport de Couthon :

Art. 16. — La loi donne pour défenseurs aux patriotes calomniés des jurés patriotes ; elle n'en accorde point aux conspirateurs.

Après cela on prenait des garanties contre l'indulgence de l'accusateur public et des juges :

Art. 18. — Aucun prévenu ne pourra être mis hors de jugement, avant que la décision de la chambre ait été communiquée aux Comités de salut public et de sûreté générale, qui l'examineront.

La véritable chambre des mises en accusations, c'était en effet ces deux comités, et surtout le Comité de salut public, sur qui pèse, comme nous l'avons dit, la responsabilité de ce régime.

Voilà cette loi qui, en organisant le tribunal révolutionnaire sur de telles bases, en lui prescrivant une semblable règle de conduite, lui fit donner un nom que depuis longtemps d'ailleurs il s'efforçait de mériter, le nom de *tribunal de sang*[1]. Et la Convention que l'on avait vue couper court par décrets à la défense des Girondins et baillonner Danton devant ses juges ; qui avait autorisé le tribunal à clore les débats au bout de trois jours et à mettre hors de cause tout accusé dont la voix lui serait incommode, la Convention vota encore[2]! Elle n'eut de regret que pour un article (art. 10), qui, par son silence même, abandonnait à la discrétion du Comité de salut public les conventionnels tout comme les autres. La nuit portant conseil, l'assemblée profita, le lendemain, de l'absence de Robespierre pour voter à la hâte et comme subrepticement, sur la proposition de Bourdon (de l'Oise) et de Merlin (de Douai), un ordre du jour motivé où elle déclarait que, par cet article, « elle n'avait pas entendu déroger aux lois qui défendent de traduire au tribunal révolutionnaire aucun représentant du peuple sans qu'au préalable il ait été rendu contre lui un décret d'accusation. » C'était ôter à la mesure ce qu'elle avait surtout en vue. Mais cette hardiesse ne se soutint pas. Le jour suivant, Robespierre est à la séance. Il se plaint de cet ordre du jour comme d'une insulte personnelle : Des contre-révolutionnaires, de mauvais citoyens ont pu seuls mettre en doute le respect du Comité pour le droit inaliénable des membres de la Convention. Couthon avait déjà parlé dans le même sens ; Billaud-Varennes vient ensuite : « La Convention, dit-il,

---

[1] « On croyait assez généralement, avant le 22 prairial, dit Riouffe, que ce tribunal conservait quelques formes ; mais je puis attester qu'il n'a jamais été qu'un tribunal de sang, ne suivant d'autres lois que son caprice, ou la férocité des tyrans auxquels il n'a jamais cessé d'être vendu ; j'en ai la preuve dans les différents jugements dont j'ai eu connaissance pendant une année de détention. Il est vrai qu'il ne poussa pas tout à coup l'impudence jusqu'à entasser, comme Caligula, dans un même procès, au nombre de soixante, ou quatre-vingts, des hommes qui ne s'étaient jamais connus, et jusqu'à les juger en une heure ; mais, s'il était moins scandaleux, il n'était pas moins atroce. Longtemps avant le 22 prairial, un de mes camarades de chambre, receveur de district, assassiné pour fédéralisme, trouva dans le même homme son dénonciateur, son témoin et son juré : et ce juré, il l'avait fait condamner pour émission de faux assignats. Si l'on ose le dire, ajoute-t-il, cette loi fut salutaire, puisqu'elle ôta tout à fait le masque dont se couvrait ce fantôme de tribunal qui, au fond, ne fut jamais composé que d'assassins. » (*Mém. sur les prisons*, t. I, p. 76, 77, 79.)

[2] Elle se laissa dire par Barère que la loi était tout entière en faveur des patriotes, et accepta de Robespierre cet éloge que depuis longtemps elle discutait et décrétait sur-le-champ, parce que depuis longtemps elle n'était plus asservie à l'empire des factions. Voy. la séance du 22 prairial, et Saladin, *Rapport*, etc., p. 90-92.

ne peut rester dans la position où l'impudeur atroce vient de la jeter ; » et pour achever, Barère, qui a toujours quelque nouvelle à effet entre les mains, vient lire à la tribune la traduction d'une dépêche anglaise où il est dit que, dans un bal masqué donné à Londres, on a vu une femme, déguisée en Charlotte Corday, poursuivant Robespierre un poignard à la main et menaçant de le *maratiser*. Ainsi l'ordre du jour n'est plus seulement une irrévérence envers Robespierre, un acte d'une impudeur atroce, c'est presque une complicité d'assassinat. La Convention, effrayée d'avoir trempé sans le savoir dans un tel crime, s'empressa de désarmer la colère du tribun en retirant son ordre du jour : elle se livrait elle-même à Robespierre[1] !

V

LE COMITÉ DE SALUT PUBLIC ; LES PRÉSIDENTS, LES JUGES ET LES JURÉS ; L'ACCUSATEUR PUBLIC ; LES TÉMOINS.

Toute justice était dès lors abandonnée au caprice des hommes : et de quels hommes ! D'abord, nous l'avons dit, les membres du Comité de salut public : Robespierre, Saint-Just, Couthon, Billaud-Varennes, Barère, Collot-d'Herbois, Robert Lindet, C.-A. Prieur, Carnot ; — Carnot, dont les services rendus à la guerre ne peuvent faire oublier la complicité dans les mesures les plus violentes de cette époque. Son nom se trouve, avec les autres, dans la plupart des résolutions du Comité ; il se trouve, avec les noms de Couthon et de Collot-d'Herbois, au bas des instructions de la commission d'Orange, instructions homicides qui, à la date du 19 floréal, contiennent déjà les dispositions essentielles de la loi du 22 prairial[2]. L'impartialité de l'histoire ne souffre pas que l'on prenne un homme d'un seul côté pour le peindre ; et de Carnot il faut dire que, s'il a *organisé la victoire*, il a souscrit à la Terreur. C'est le Comité qui pourvoyait les prisons par des mandats d'arrêt dont les motifs n'étaient pas toujours exprimés[3] ; qui envoyait au tribunal révolu-

---

[1] Séances des 23 et 24 prairial, *Moniteur* des 24, 25 et 26. Voy. aussi Saladin, *Rapport*, p. 92-94.

[2] Voy. Saladin, *Pièces*, n° 42.

[3] Voy. le troisième de ces articles sur la *Terreur*, dans le *Correspondant* du 25 avril 1870, p. 217, et Saladin, *Rapport*, p. 9-19. — Je n'ai jamais eu connaissance, dit Fouquier-Tinville dans son procès, que le bureau de police générale dont parle Billaud fût un établissement distinct et séparé du Comité de salut public. Tous les ordres m'ont été donnés dans le lieu des séances du comité, de même que

tionnaire ses victimes, qui lui désignait ses *fournées* : tout l'accuse.
M. Campardon, par un sentiment d'équité louable, sans doute, fait
observer que Robespierre, dans ces derniers temps, ne parut plus
que rarement dans le comité : c'étaient Barère, Billaud-Varennes,
Collot-d'Herbois, c'est-à-dire ceux qui firent le 9 thermidor. C'était
pourtant Saint-Just aussi, *l'alter ego* de Robespierre ; et c'est Robespierre qui a rédigé et les instructions de la commission d'Orange
et la loi du 22 prairial. On en a la minute écrite de sa main[1]. Aussi
M. Quinet est-il beaucoup moins disposé à le décharger des conséquences d'une loi qui fut surtout son ouvrage :

« Le texte de la loi de prairial, dit-il, nous est resté tout entier
de sa main ; les nombreuses ratures prouvent combien il a été cal-
culé avec art ; » et quelle en est la pensée? « un esprit d'extermination par lequel le monde entier est mis sous le glaive » (t. II,
p. 278). Or, cette loi, c'est l'expression la plus parfaite du régime de la Terreur ; et c'est bien Robespierre, quoi qu'il en soit de
ses absences, qui doit en répondre avant tout autre devant la
postérité[2].

Quant aux juges, à l'accusateur public et aux jurés, nous les avons
vus déjà pour la plupart à l'œuvre.

C'est, à la tête du tribunal, Dumas qui, vice-président, avait présidé aux procès de madame Roland, d'Hébert, de madame Élisabeth : dépassant en violences, dans son résumé des débats, le
réquisitoire même de l'accusateur public. Veut-on savoir comment
il opérait? En voici un exemple qui lui est commun avec Fouquier-
Tinville : il est rapporté dans le procès de Fouquier par un homme
présent à l'audience, où Dumas l'avait fait entrer par faveur :
« Une lettre, pliée comme un poulet du matin d'une ci-devant marquise, est apportée à Dumas, qui d'abord la lit à voix basse, et

tous les arrêtés qui m'ont été transmis étaient intitulés : *Extraits des registres du
Comité de salut public*, et signés de plus ou moins de membres de ce comité.
(*Ibid.*, p. 11.)

[1] Voy. pour les instructions de la commission d'Orange la pièce cotée LB, com.
S. P. (Comité de salut public), n° 60, dans le rapport de Saladin, p. 50.

[2] « Il faut, dit M. Quinet, une singulière audace ou une bien plus étrange illusion
d'esprit pour le prétendre étranger à ce régime. » Mais « quelle idée plus insoute-
nable que d'absoudre de la Terreur celui qui a organisé la commission d'Orange,
tramé sur ce modèle la loi de prairial, choisi un à un les accusateurs, les juges,
les jurés? Fallait-il donc aussi qu'il bâtît de ses mains l'échafaud ? Qu'importait que
Robespierre affectât de ne plus paraître dans les comités durant les deux derniers
mois? Son atroce loi de prairial fonctionnait à sa place. Présente et souveraine au
comité, au tribunal, il n'avait qu'à la laisser faire. Comme elle dispensait l'accusateur de toute preuve et qu'elle avait supprimé la défense, les jugements étaient
foudroyants. La mort se hâtait ; nul besoin que Robespierre fût là pour la hâter
encore. » (*La Révolution*, t. II, p. 341, 342.)

ensuite à haute voix pour nous la faire connaître. Cette lettre était
du ci-devant comte de Fleury, détenu au Luxembourg. Ses expressions étaient celles d'un homme qui voulait mourir plus tôt que
plus tard : il prodiguait à Dumas toutes les épithètes qu'un homme
désespéré peut adresser à son bourreau; enfin, il s'exprimait en
homme qui n'attend d'autre fin que l'échafaud. Comme Dumas
finissait la lecture de cette lettre, entre Fouquier, à qui il la remet
en lui disant : « Tiens, lis ce billet doux, je crois que ce gaillard-là
« est pressé. » Fouquier lit, répond : « Oui, il me paraît pressé, et
« je vais l'envoyer chercher! » Ce qui fut dit fut fait, et le ci-devant
comte de Fleury fut mis en jugement avec les prétendus complices
de l'assassinat de Robespierre » (Campardon, t. I, p. 569).

Mais voici qui est bien autre chose : c'est l'histoire du jeune
Saint-Pern. Saint-Pern et sa femme étaient renvoyés devant le tribunal le 1ᵉʳ thermidor. Par une erreur d'huissier, au lieu de Saint-
Pern le père, c'est son fils qui comparaît. Il a dix-sept ans. Pour
montrer l'erreur, il allègue son âge, et sa mère est là qui ne peut
être prise pour sa femme. Mais Dumas s'écrie : « Citoyens jurés,
vous voyez bien que dans ce moment *il conspire!* car il a plus de
dix-sept ans. » Ce fut en vain, ajoute un témoin, que ce pauvre
enfant voulut montrer son extrait de baptême : il fut jugé, condamné et exécuté sans qu'il y ait eu accusation contre lui et pour
des faits imputés à son père : ce qui n'empêcha pas de porter
« Saint-Pern fils et sa mère » dans les questions posées au jury et
dans le prononcé du jugement (p. 599).

Le vice-président Coffinhal, ancien médecin, était digne de son
chef. C'est lui qui présidait le tribunal le jour où comparut Lavoisier.
Comme celui-ci lui demandait un délai de quinze jours pour achever
une expérience utile à la république, Coffinhal lui fit cette fière
réponse : « La république n'a pas besoin de chimistes; » lui qui,
un jour, faisant rentrer une vingtaine d'accusés, après le verdict
du jury, leur disait : « Vous seriez bien étonnés si je vous annonçais
que vous êtes acquittés? » Après quelques moments de silence,
quand l'espérance rentrait dans leur cœur, il prononçait leur condamnation (t. I, p. 481). Il aura, dans la période suivante, une
affaire qui fait le pendant de celle du jeune Saint-Pern : c'est celle
de Loizerolles. Jean-Simon de Loizerolles était détenu, avec son fils
François, à Saint-Lazare. Le 7 thermidor, l'huissier vient et appelle
le fils : c'est le père qui se présente, qui est amené à la Conciergerie et comparaît devant le tribunal. Là, l'erreur de nom est reconnue. Que fait Coffinhal? Il substitue le nom de Jean à celui
de François; il change dans la désignation de l'âge le chiffre de
22 en 61, ajoute à l'acte d'accusation la qualité du père et l'envoie

à la mort[1]. Ces deux magistrats prévaricateurs, qui ne tenaient pas
même à la personne des accusés, et, pourvu que leur liste fût complète, envoyaient indifféremment à la mort l'un pour l'autre, le père
pour le fils, le fils pour le père, la justice aura pour eux de terribles
représailles : ils ne seront pas même jugés, ils seront mis hors la
loi, et pour les envoyer à la mort il suffira d'une chose : ON CONSTA-
TERA LEUR IDENTITÉ !

Le vice-président Scellier, quoique moins chargé que Coffinhal,
faisait aux jurés des allocutions de cette sorte : « Citoyens, la Convention nationale, justement effrayée des forfaits innombrables du
gouvernement britannique, vient de déclarer qu'il n'y aurait plus
que des combats à mort entre nos armées et celles de ces féroces
insulaires, et qu'on ne ferait plus de prisonniers de guerre. N'est-
ce pas annoncer, de sa part, qu'elle veut terrasser tous les crimes
du même coup? C'est au tribunal révolutionnaire qu'il appartient
de donner à ce décret la latitude la plus étendue ; c'est de son courage et de sa fermeté que la république attend l'anéantissement de
tous les conspirateurs qui s'agitent en tous sens pour lui percer le
sein » (t. II, p. 187-188).

Les juges n'étaient que trop portés à seconder, dans l'application de
la peine, les vues de leur président. C'était Deliège, l'un de ceux qui
siégeaient dans l'affaire Sallier ; c'était Foucaut, dépeint par Montané
(qui, présidant le premier tribunal révolutionnaire, le vit à l'œuvre)
comme un buveur de sang. « Il nous faut du sang, le peuple veut du
sang, » disait-il à la commission des six, instituée à l'origine au sein
de la Convention même, pour prononcer sur la mise en accusation,
et bientôt supprimée comme un rouage incommode (t. II, p. 11 et
p. 186, 187). Ils justifiaient sans pudeur ce que l'on disait avec une
sorte de forfanterie : que la guillotine battait monnaie ; qu'un tribunal révolutionnaire composé de jurés solides est le meilleur comité
des finances[2] ; et ils méritaient la flétrissure que leur imprimaient
quelquefois au front les créatures les plus flétries : « De quoi vivez-
vous ? » disait un jour d'un ton sévère un président à une prostituée.
— « De mes grâces, comme toi de la guillotine[3]. » — La guillotine
donna la réplique.

Les jurés surtout avaient été soigneusement choisis après plusieurs
mois d'expérience ; et parmi eux, au mépris de la loi qui ordonnait le

<hr>

[1] T. I, p. 415, 416. — Fouquier, dans son procès, a dit que c'était à son père
que l'on en voulait (t. II, p. 257). Mais le fils était détenu aussi ; et ce sont les noms
du fils que portait l'acte d'accusation. Le procédé de Coffinhal n'en était pas moins
monstrueux.

[2] *Histoire des prisons*, t. IV, p. 270.

[3] Beaulieu, *Essais*, t. V, p. 517.

tirage au sort, Fouquier choisissait encore dans les occasions les plus importantes (t. II, p. 306). C'étaient ceux qu'on appelait les *solides ;* qui faisaient les *feux de file;* qui, au rapport du substitut Cambon, condamnaient ou plutôt assassinaient dans le cours de trois ou quatre heures de temps jusqu'à soixante victimes par jour sans les entendre, leur interdisant la parole, les inculpant, les injuriant (t. II, p. 169, 303, 306, 319).

Nommons le menuisier Trinchard, si attentif à procurer à son *épouse* le spectacle d'un beau *feu de file*[1] ; que ses services firent nommer président du comité révolutionnaire de sa section, et qui plus tard disait, pour sa défense : « Un juré révolutionnaire n'est pas un juré ordinaire; nous n'étions pas des hommes de loi, nous étions de bons sans-culottes, des hommes purs, des hommes de la nature ! (p. 195, 324). Le peintre Prieur, qui disait : « Nous sommes dans l'usage de condamner tous ceux qu'on nous indique par une lettre à côté de leurs noms. Peu nous importe que les ex-nobles soient convaincus : ces messieurs ne sont pas bons républicains ; le seul moyen de s'en débarrasser est de les déclarer de suite convaincus » (p. 323); et, les exécutant lui-même à sa manière, il employait la séance à dessiner leurs têtes dégouttant de sang (p. 191): — Renaudin, que l'on entendait sortant du cabinet de Fouquier-Tinville s'écrier : « Ah ! ce sont des b... qui vont être bien travaillés (p. 192); qui se défendait d'être contre-révolutionnaire en disant : « Je n'ai jamais voulu acquitter personne » (p. 323); et que l'on vit un jour quitter sa place, se ranger parmi les témoins pour charger un accusé, puis remonter à son banc pour le condamner (p. 191);—Brochet, qui cumulant trois fonctions, officier de la force armée, membre du comité révolutionnaire et juré, se donnait le triple plaisir d'arrêter, d'interroger et de condamner ; — Fillion, qui s'était proposé comme bourreau volontaire à Lyon quand Châlier fit la motion d'établir sur le pont Morand une guillotine permanente pour débarrasser la ville des aristocrates (I, p. 343); — Châtelet, qui réclamait encore 80,000 têtes, et avait l'habitude de marquer d'un F (f... ne veut pas dire *fusillé*), les noms de ceux qu'il vouait à la mort (t. II, p. 191, 331) : — Girard, qui donna au tribunal comme une représentation au naturel de la fable du loup et de l'agneau. « Tu es connu dans ta section pour un mauvais citoyen, pour un aristocrate, » disait-il à l'accusé Bezar. — J'ai fait tout le bien que j'ai pu faire et j'ai toujours donné plus qu'on ne m'a demandé. — Tu as un frère, interrompt Girard, com-

---

[1] Les jurés du tribunal avaient entre eux une manière de se communiquer leurs opinions par le mot : « *Feu de file,* » ce qui voulait dire : « A la mort la totalité des accusés. » (*Hist. des prisons*, t. I, p. 264. — Cf. Beaulieu, *Essais*, t. V, p. 217.)

mandant dans la garde nationale, connu pour un aristocaate déterminé. — Je n'ai pas de frère. — Eh bien si ce n'est pas toi ni ton
frère, c'est au moins ton père, » s'écrie Girard en frappant la table.
Et la charette emporta Bezar à la guillotine (t. I, p. 189). Nous avons
déjà parlé de Vilate, ex-prêtre, ex-professeur, qui plus tard, dans sa
prison, faisait si bien le bon apôtre, en écrivant un livre sur les
Causes secrètes de la révolution du 9 thermidor. « Ce petit monsieur,
dit Beugnot, âgé de moins de trente ans, était doué d'une figure at-
trayante et douce, il y conformait ses manières et son ton et affectait
en tout une sensibilité exquise. On pouvait dire de lui :

Un papillon blessé lui fait verser des larmes !

et le misérable, ajoute l'auteur, était ce qu'on appelait dans cet
antre un juré solide ; c'est-à-dire qu'il ne lui était pas arrivé une
seule fois, depuis un an, de voter la non-culpabilité de l'accusé[1]. »
Ce vernis de douceur s'écaillait bien aussi quelquefois, si l'on en croit
d'autres témoignages. Il avait pour maxime qu'en révolution tous
ceux qui paraissent devant le tribunal doivent être condamnés. Aussi
n'aimait-il pas que le jugement se fît attendre. « Les accusés, dit-il un
jour, en pleine séance, au président Dumas, sont doublement convaincus, car ils conspirent contre mon ventre ; » et, tirant sa montre,
il fit voir à Dumas qu'il était l'heure d'aller dîner. Les délibérations
du jury, à son avis, devaient être bien plus sommaires encore. Pendant que ses collègues étaient dans leur salle, il se promenait dans
le couloir ou allait au greffe voir, par-dessus une cloison, la figure
que faisaient ceux qu'il allait condamner (t. II, p. 193, 315). Mais
personne ne surpassait Leroy, qui, pour mieux consacrer l'abolition de
la royauté en sa personne, avait changé son nom en celui de *Dix-
Août.* Au témoignage du greffier Paris qui, lui, depuis l'assassinat
de Lepelletier par un de ses homonymes, s'était appelé *Fabricius*, il
était sourd et prétendait pouvoir, à cause de cette infirmité même,
prononcer plus sûrement sur les accusés, n'étant pas exposé à être
influencé ni par l'un ni par l'autre. Il entendait pourtant bien assez
pour pouvoir jeter son mot dans les débats. Un accusé, qui connaissait ses juges, s'étant écrié : « Ce que je dis est aussi vrai qu'il l'est
que dans deux heures je ne serai peut-être plus ! » Il faut que l'accusé se trouve bien coupable, dit Leroy, puisqu'il présume son jugement. Par cela même, en mon âme et conscience, je le déclare convaincu et je le condamne » (p. 190, 191.) Il disait à Chauveau La-
garde (ce n'était pas encourager ce défenseur officieux de tant de

---

[1] *Mém. du comte Beugnot*, t. I, p 278.

victimes) que toute la finance et tous les prêtres (les nobles allaient de droit) y passeraient. On lui a entendu dire, continue le substitut Cambon, qu'il était affligeant que des condamnés tels que Charlotte Corday se présentassent au supplice avec tant de fermeté ; que s'il était accusateur public, il ferait, avant l'exécution, saigner les condamnés, pour affaisser leur maintien courageux (p. 323).

L'accusateur public Fouquier-Tinville[1], qui datait de l'institution même du tribunal, a, comme on le peut croire, à lui seul, un dossier plus gros que ceux de tous les autres ensemble. Si quelqu'un résume en sa personne les énormités qui s'y commirent, c'est lui. Quand le jour vint pour lui d'en rendre compte, sa grande réponse sur les points qu'il avoue, c'est de dire : « J'avais des ordres, j'ai obéi ! » Mais il y a une loi supérieure à laquelle on doit avant tout obéissance ; et on n'obéit si bien que quand on y est trop porté de soi-même. Ce n'est pas lui qui a décrété sans doute les lois qu'il appliquait ; ce n'est pas lui qui a fait les procès. dont il se serait vanté pourtant jusqu'à la fin, de Marie-Antoinette, de madame Élisabeth ; ce n'est pas lui qui a fait le procès des Girondins, le procès de Danton ; ce n'est pas lui qui a inventé les conspirations des prisons dont nous parlerons tout à l'heure ; et, le 9 thermidor, il a requis contre Robespierre, contre son président Dumas et les autres, la peine de mort, sur leur identité constatée. Il invoque ce fait en sa faveur ; et il se défend encore assez bien quand on l'accuse d'avoir fait condamner certains patriotes : des hommes souillés de crimes de toutes sortes, viols, meurtres, etc., ou lorsqu'on lui impute d'avoir voulu établir la royauté (t. II, p. 266, 276). Mais dans la pratique générale et dans les actes particuliers de ses fonctions d'accusateur, il y a bien assez de choses qui ne sont qu'à lui et qui l'accablent.

Il a obéi ! mais il savait bien commander aussi, quand il disait à propos de l'acquittement d'un condamné : « Que l'on me montre la liste des jurés qui l'ont fait acquitter, afin que je les mette au

---

[1] Fouquier-Tinville, ci-devant Fouquier de Tinville, procureur de son état, avait été quelque peu aristocrate sous l'ancien régime. Le nom *de Tinville* est un nom de terre qu'il avait appliqué à son nom roturier de Fouquier (comme son frère s'était appelé Fouquier d'Hérouel) pour se donner un vernis de noblesse. Il avait même fait des vers en l'honneur de Louis XVI.

> Sous l'autorité paternelle
> De ce prince, ami de la paix,
> La France a pris une splendeur nouvelle.
> Et notre amour égale ses bienfaits.

La Muse, dans ses premières inspirations, a trahi plus d'un démocrate.

pas[1]. » C'est lui qui, dans le procès des Girondins, quand Valazé se déroba par le poignard à sa condamnation, requit du tribunal l'envoi de son cadavre à l'échafaud ; il voulait même qu'on lui coupât la tête. Nous avons cité les procédés de Dumas et de Coffinhal en cas d'erreur de nom et de personne. Il faisait mieux. Un jour, il avait donné l'ordre d'extraire de la prison la femme Biron ; l'huissier lui dit qu'il y a deux femmes de ce nom à la geôle. « Eh bien, répond Fouquier, amène-les-moi toutes les deux, elles y passeront. » Le lendemain, ajoute le substitut Cambon, à qui nous empruntons ce fait, les deux femmes Biron furent en effet accusées, traduites en jugement, jugées, condamnées et exécutées[2].

Comme tous les détenus étaient coupables à ses yeux, et que pour tous il n'y avait qu'une peine, la mort, il lui semblait indifférent qu'on mît plus ou moins de temps, plus ou moins de soin à les juger, qu'on les rangeât en catégories ou qu'on les réunit pêle-mêle dans la même fournée, qu'on entendît leurs témoins, ou qu'on prît, oui ou non, connaissance des pièces qu'ils invoquaient en leur faveur. « La femme Pepin des Grouettes, dit le substitut Cambon, était venue le prévenir que certains papiers utiles à la défense des accusés Lédé et Labattu étaient sous les scellés apposés chez son mari ; néanmoins, ces mêmes accusés furent le même jour mis en jugement et condamnés, sans qu'ils eussent pu rien produire à leur décharge[3]. » La marquise de Feuquières devait être mise en jugement. Fouquier, cette fois, envoya un huissier à Chatou, pour extraire de dessous les scellés apposés chez elle une lettre qu'elle réclamait pour sa défense. Lorsque l'huissier, revenant, passa par la place de la Révolution, on démontait la guillotine : madame de Feuquières venait d'être exécutée[4]. Mais quand les pièces lui arrivaient à temps, il ne se donnait pas même toujours la peine de les lire ! On retrouva au parquet, avec cachet intact, des paquets de ce genre, qui pourtant lui étaient parvenus avant le jugement des condamnés (t. II, p. 516).

---

[1] T. I, p 546 ; t. II, p. 303. — Renaudin disait de lui à Guelon, accusé de Troyes, mis en liberté par le 9 thermidor : « Que veux-tu, les jurés étaient dans la main de Fouquier-Tinville, comme la hache dans les mains du bûcheron. (*Hist. des prisons*, t. III, p. 166.)

[2] T. II, p. 305. — On les trouve toutes les deux, en effet, comme condamnées le même jour, 9 messidor, dans la liste des personnes traduites devant le tribunal révolutionnaire. (*Ibid.*, p. 383.)

[3] T. II. p. 304. — Condamnés le 28 floréal an II, voy. p. 437 et 447.

[4] Campardon, t. II, p. 198. — Je garde le fait principal, tout en notant que la mise en scène, reproduite sans observation par M. Campardon, est contestable. Pour revenir de Chatou au Palais de justice on devait passer par la place de la Révolution. Mais les exécutions ne se faisaient plus là. Le 12 messidor an II, date de la mort de madame de Feuquières, et depuis le 28 prairial, elles avaient lieu à la barrière du Trône.

Il avait des ordres ! Il pratiquait, si l'on veut, à la lettre la sentence de Couthon, qu'aux ennemis de la république on ne doit que la mort. Mais ce n'était pas seulement l'accusateur public qui était implacable en lui, c'est l'homme. « Dans la décade prochaine, disait-il avec un cynisme féroce au café voisin du Palais de justice, j'en déculotterai trois à quatre cents[1]. » Il avait le goût du sang ; il jouissait des angoisses de ses victimes ; il les épiait d'une fenêtre dans le guichet et s'irritait quand de simples femmes trompaient sa cruelle attente par leur calme devant les apprêts du supplice. « Voyez comme elles sont effrontées, » s'écria-t-il en voyant un jour madame de Sainte-Amaranthe et madame de Sartine, sa fille, la figure calme en ce moment fatal, « voyez comme elles sont effrontées ! il faut que j'aille les voir monter à l'échafaud, pour savoir si elles conserveront ce caractère, quand je devrais manquer mon dîner ! » (t. II, p. 197).

La pitié était un crime pour un pareil homme. « Les deux infortunés Louvatière et Lamillière s'apitoyant sur le sort de soixante compagnons d'infortune que l'on conduisait au supplice, Fouquier remarqua cet acte de sensibilité ; il donna l'ordre de les mettre à l'instant au cachot. Le lendemain ils furent jugés et condamnés[2]. » Faut-il croire qu'il soit allé jusqu'à salir de ses grossières plaisanteries le deuil des femmes qu'il allait rendre veuves ? Un témoin dépose qu'une de ces malheureuses femmes étant venue le solliciter pour son mari, il lui dit : « Console-toi : ton mari sera guillotiné ; ton père déporté ; tu pourras faire des républicains avec qui tu voudras » (t. II, p. 205).

Et pourtant cet homme valait mieux encore que la loi du 22 prairial qu'il devait appliquer ! Parmi les faits beaucoup trop rares qui furent reproduits dans son procès à sa décharge, M. Campardon a cité une parole de lui à l'avocat Lavaux. Une loi obligeait les défenseurs officieux à se munir d'un certificat de civisme, et des placards apposés à la porte du tribunal en interdisaient l'entrée à qui n'en avait pas. Lavaux, connu pour ses opinions royalistes, n'avait pas pris de certificat. On le chargeait pourtant souvent de la défense des accusés. Fouquier faisait cas de lui. Mais un jour que, peu rassuré sur sa position vis-à-vis des placards, il s'en expliquait avec le terrible accusateur. « F...-toi de cela, lui dit ce dernier, la loi veut qu'il y ait des défenseurs. Or, pour défendre des conspirateurs, il faut des aristocrates. » — Le rapporteur de la loi du 22 prairial eût trouvé que les défenseurs de ce genre auraient eu grand besoin d'être défendus !

---

[1] *Hist. des prisons*, t. I, p. 264.

[2] Campardon, t. II, p. 305. Le 22 messidor an II. Il faut chercher le second sous le nom de Cornette Laminière dans la liste des victimes, *ibid.*, p. 400.

Laissons les substituts de Fouquier[1] ou les huissiers que nous verrons à l'œuvre ; laissons aussi les témoins dont Sirey nous dit en général, que c'étaient surtout des dénonciateurs, des hommes poussés
par les plus basses passions, la vengeance, la cupidité, l'envie, ou
qui n'étaient pas fâchés de venir et de séjourner à Paris aux frais de
l'État[2] ; — et disons, sans plus tarder, ce que devint le tribunal
révolutionnaire sous l'empire de la loi du 22 prairial.

VI

APPLICATION DE LA LOI DU 22 PRAIRIAL.

Un jugement ne doit comprendre que l'auteur ou les auteurs du
crime et leurs complices. Le tribunal révolutionnaire avait déjà
foulé aux pieds cette règle, quand il avait associé Danton, Camille
Desmoulins et Philippeaux, accusés de modérantisme, à Hérault de
Séchelles, Fabre d'Églantine, Chabot, Bazire, accusés de concussion; et ici même il y avait intention de confondre les deux causes :
ils étaient tous, au sentiment de l'*Incorruptible*, des corrompus.
Comment y tenir davantage, quand on avait si peu de juges, et
qu'il y avait tant d'accusés dans les prisons? Tous, d'ailleurs, n'étaient-ils pas réputés coupables d'un crime commun : ennemis de
la République. Ce fut donc sans le moindre scrupule qu'on les
amassa pêle-mêle sur les mêmes bancs, sans avoir d'autre souci
que de la place qu'ils pouvaient tenir ou du temps qu'ils pouvaient
demander au juge. Pour le temps, nous avons dit comment on savait l'abréger. « Qu'on aille au greffe, dit Wolff, un des commis-
greffiers, témoin dans le procès de Fouquier-Tinville, qu'on prenne
indifféremment le premier carton qui tombera sous la main, on y
trouvera vingt ou trente dossiers qui retraceront la mort de quarante ou cinquante personnes jugées après une heure de délibéra-

---

[1] Parmi les substituts que Fouquier eut près de lui, dans la première période de
ses fonctions, citons seulement Donzé-Verteuil qui, devenu accusateur public du
tribunal révolutionnaire établi à Brest, à *l'instar* de celui de Paris, écrivait à un de
ses amis qu'il songeait à mettre en jugement *une armée navale tout entière, composée de douze ou treize gros vaisseaux* (t. I, p. 12). Il avait profité à l'école de
Fouquier.

[2] *Sur le tribunal révolutionnaire* (frimaire an III), p. 42, 47.

tion des jurés ; pour prendre lecture de la nomenclature des accusés, il aurait fallu plus d'une demi-heure, et pour prendre celle des pièces, souvent plusieurs jours. J'ai dit qu'on prenne le premier carton, et si l'on n'y trouve pas la preuve des crimes que je dénonce, je consens à monter à la place des accusés et à subir leur sort. » (Campardon, t. II, p. 198.)

« Les actes d'accusation, dit le substitut Cambon, n'étaient ordinairement signifiés aux accusés que la veille de leur mise en jugement, à dix ou onze heures du soir, et souvent on ne les signifiait qu'au moment de leur entrée à l'audience. » (T. II, p. 306, cf. p. 309.) Quand on les portait aux prisonniers, le plus souvent ils les recevaient par un soupirail, et « les distributeurs, dans les épanchements de leur gaieté féroce, dit un détenu de la Conciergerie, appelaient cela le *Journal du soir*. Souvent, ajoute-t-il, il était impossible aux accusés d'en prendre connaissance, faute de lumière. Qu'était-il besoin, au reste, de les lire ? En voir un, c'était les connaître tous[1]. » Ces actes mêmes étaient souvent altérés, surchargés arbitrairement. « Je me propose, dit le même substitut aux jurés qui doivent juger Fouquier-Tinville, de remettre sous vos yeux un grand nombre d'actes d'accusation contenant quantité d'interlignes, de ratures et de renvois non approuvés ; quantité de blancs, destinés à recevoir les noms d'un plus grand nombre de victimes, et qu'on n'a pas pris la peine de barrer ; *des noms d'accusés, mis par une main étrangère dans des actes d'accusation, postérieurement à leur rédaction*, etc. Les noms de certains individus, quoique mis en jugement et condamnés, se trouvent rayés dans l'acte d'accusation ; d'autres, au contraire, sont condamnés, sans que leurs noms aient été portés dans l'acte d'accusation, et sans même qu'il conste de leur comparution à l'audience. Tantôt le nom d'un accusé se trouve sans prénom et sans aucune désignation, tantôt vous verrez un numéro en blanc, sans nom, prénom ni désignation quelconque, de sorte qu'il serait à présumer qu'on se disposait à y classer le premier venu. (P. 308, 309.) Réal confirme ce fait dans son rapport : « L'accusateur public, dit-il, avait soin de laisser sur cette liste des places en blanc pour ceux qui pourraient venir dans la journée augmenter le casuel[2] ; et ce blanc était rempli, dépassé même. Dans un acte d'accusation, dressé par Fouquier-Tinville, il y avait vingt-deux accusés. Un fut acquitté, *vingt-sept* furent condamnés et exécutés, en telle sorte que pour six il n'y eut ni procès ni débats[3].

Le jugement, en effet, cette feuille de papier qui dispose de la vie
d'un homme, était communément signé en blanc par les juges.
Voici, dit Cambon, le mode qu'ils avaient adopté. Le greffier mettait
au bas d'une feuille de papier blanc ces mots : *Fait et prononcé
le... l'an II de la République française une et indivisible, à l'audience
publique du tribunal, à laquelle siégeaient... qui ont signé le jugement
avec le commis-greffier*. Une fois cette formule signée, les juges ne
s'occupaient plus de la matière avec laquelle le greffier composait
le corps du jugement. Cet abus intolérable, continue-t-il, présente
aujourd'hui les plus funestes résultats. Vous verrez que, dans
presque tous les jugements rendus depuis le 22 prairial, les deux
ou trois lignes commençant par ces mots *Fait et prononcé...* sont
écrites de la même main, c'est-à-dire du greffier Legris, nous osons
presque assurer de la même plume et de la même encre. Il en est
plusieurs qui présentent un blanc considérable après les dispositions du jugement ; il en est d'autres dans lesquelles il a fallu écrire
ces dispositions d'un caractère très-menu et très-serré, afin de pouvoir les encadrer dans le blanc laissé à dessein ; dans d'autres, on
s'est servi, au contraire, d'un caractère très-gros et très-espacé pour
rendre moins sensibles les blancs qui auraient resté ; dans d'autres,
enfin, il a fallu recourir aux marges pour ajouter les dispositions
qui n'ont pu tenir dans le corps de l'acte[1]. » (P. 310.) Ajoutons
avec M. Campardon, qui a vu les pièces aux Archives (et tout le
monde peut les y voir après lui) que dans quelques-unes, dans six
comprenant chacune une nombreuse *fournée*, il n'y a même pas de
dispositif de jugement. « L'acte d'accusation est seul transcrit ;
après on ne trouve ni ordonnance de prise de corps, ni déclaration du jury, ni condamnation : le papier reste blanc depuis la
fin de la transcription de l'acte d'accusation jusqu'à la date qui se
trouve mentionnée, ainsi que la signature des juges. Ainsi, con-
clut-il, il n'y a donc pas eu de condamnation, puisque la déclaration
du jury et les lois dont le texte est cité par l'accusateur public, ne

---

[1] « Combien plus coupables sont ceux d'entre eux qui, chargés des fonctions de
président, se sont permis de recevoir la déclaration du jury sans la constater par
écrit ! Quelle excuse légitime allégueraient ceux qui, après avoir signé les questions
soumises à ce jury, ont laissé un intervalle en blanc, après quoi ils apposaient leur
signature, s'embarrassant très-peu de la manière dont le greffier rédigerait la déclaration des jurés. Il existe trois déclarations de cette nature, une de Coffinhal, une
de Naulin et une de Scellier, et si vous voulez étendre vos recherches, vous décou-
vrirez que plusieurs déclarations de jury ont été écrites après coup et sur des
blancs-seings. On trouve, en effet, des questions posées de la main du président,
écrites de la même plume, de la même encre, tandis que la déclaration du jury paraît évidemment écrite d'une main, d'une plume et d'une encre différentes. » (*Réquisition de Cambon du Gard, ibid., t II. p. 311.*)

sont pas écrites ; et cependant des malheureux ont été traînés à l'échafaud, en vertu de ce papier informe qui ne représente rien[1]. » (T. I, p. 347.)

Il n'y a pas seulement là un vice de forme ; et des exemples prouvent que ce n'est pas en vain que les formes sont rigoureusement prescrites en pareille matière. Cambon en cite dans son réquisitoire. Au nombre des magistrats du parlement de Toulouse, se trouvait un conseiller nommé Perès. Il n'avait pas pris part à la protestation de ses collègues contre la dissolution du Parlement. Un décret de l'Assemblée constituante l'avait reconnu ; les autorités de Toulouse s'étaient empressées de constater ses contre-protestations et sa conduite civique. Lorsque ses collègues furent renvoyés devant le tribunal révolutionnaire, l'accusateur public du tribunal criminel de la Haute-Garonne l'y envoya avec les autres, non comme complice, mais comme témoin contre les accusés. Au jour du jugement, il vient à l'audience ; et le jugement rendu, il demande au greffier s'il est libre. Le greffier le prend pour un accusé ; et, comme il sait qu'on n'acquitte personne, il lui dit qu'il est condamné, et le fait ranger avec les autres. Perès proteste, son nom n'a pas été prononcé. Il invoque la liste. Le greffier feint de retourner le papier qu'il tenait à la main, et lui dit : « Tu étais de l'autre côté. » Et, malgré toutes ses réclamations, il fut guillotiné. « Il n'était compris ni dans l'acte d'accusation, ni dans les questions posées au jury. Quant au jugement, il est resté en blanc. » (T. II, p. 204.)

Voilà pour les procédures. Quant au fond des jugements, on ne sait que citer parmi les monstruosités dont ils abondent Parmi ces magistrats de Toulouse, condamnés pour avoir protesté contre la dissolution du Parlement, l'un, Mourlins, n'y siégeait plus depuis dix ans ; deux autres, Moineri et Barrès, étaient, depuis cinq ans, exclus des délibérations de la compagnie, pour cause d'immoralité ; un quatrième s'était retiré depuis plusieurs années à la campagne. (T. II, p. 317.)

Il y eut des erreurs de qualité, équivalant à des erreurs de personnes, car c'est souvent la qualité qui était le prétexte de l'accu-

---

[1] Madame de Genlis fournit un exemple de jugement rédigé à l'avance, antérieur au 22 prairial. Dans la minute de celui où elle fut comprise, il y avait deux numéros en blanc, les numéros 12 et 13. Elle, qui était la vingt-quatrième dans l'accusation, se trouva la vingt-sixième dans la sentence. « Si le jugement, dit elle avec raison, n'eût été rédigé qu'après avoir été rendu, il y aurait un nombre égal de numéros et d'individus » Elle fut sauvée par le 9 thermidor, et sortit de prison avec son extrait mortuaire, car on les rédigeait d'office pour les condamnés. (Voy. *Hist. des prisons*, t. IV, p. 256)

sation ; mais, à cet égard, les protestations ne servaient pas davantage. Darmaing était cité, comme maire de Pamiers, en compagnie de neuf autres habitants de l'Ariége, et il n'avait jamais exercé ces fonctions. « Je ne suis pas le maire, s'écria-t-il, ce n'est pas moi que l'on juge ! — Quoi, lui dit Coffinhal, tu n'es pas véritablement le maire ? — Non, répond Darmaing, et il présente les preuves qui le constatent[1]. — Ces scélérats, reprit Coffinhal, ils voudraient nous faire croire qu'il fait nuit en plein midi ! » Et il fut mis hors des débats, c'est-à-dire envoyé à l'échafaud, sans plus être entendu (23 prairial an II).

Dans cette même affaire, un homme de loi, Jean-Paul Larive, ne fut pas même interrogé. Mis hors des débats avec les autres, il dit aux juges : « Citoyens, je vois bien que vous êtes pénétrés de mon innocence, puisque vous ne m'avez rien reproché. » Il fut condamné à mort (p. 203).

Trois Bretons furent ainsi condamnés, qui ne purent être ni interrogés ni entendus : ils ne savaient pas un mot de français, et il n'y avait pas d'interprète. C'est le greffier qui le révèle, ne songeant qu'à s'excuser pour la correction de son acte : « Il a été impossible d'avoir les noms de Perron, d'André et de Toupon bien exactement, parce qu'ils sont Bas-Bretons, et qu'on n'avait pas d'interprètes. » (T. I, p. 371.)

Ce que nous avons vu du maréchal de Mouchy, voulant partir sans réveiller la maréchale, et se réservant de l'avertir lui-même quand on lui dit qu'elle doit venir avec lui, prouve qu'elle n'avait pas reçu d'acte particulier d'accusation et qu'elle n'était pas davantage comprise dans l'acte de son mari. Pour que tout fût de même teneur dans cette sorte de justice, elle ne fut pas même interrogée ! Un témoin du procès de Fouquier le constate : « Le 9 messidor, dit-il, j'étais à l'audience où le maréchal de Mouchy et sa femme furent mis en jugement. Fouquier et Naulin siégeaient. Le maréchal fut in-

---

[1] Sur la complicité de Vadier dans cet assassinat de Darmaing, voy. Saladin, *Rapport*, etc , p. 40 et suiv. et les Pièces justificat., nᵒˢ 27, 28, 29, 31 et 35.

Vadier mit à la poursuite de Darmaing et de ses concitoyens envoyés de Pamiers au tribunal révolutionnaire un incroyable acharnement. « S'ils étaient acquittés, écrivait-il à Fouquier-Tinville (4 prairial), ce serait une calamité publique. » (Saladin, *Rapport*, etc. *Pièces*, nᵒ 33.) Pour être plus sûr de leur condamnation, il se proposait d'assister au jugement. Il en fut empêché ; mais il écrivit à l'accusateur public un nouveau billet où il insiste sur le résultat qu'il attend, rappelant les pièces qu'il a envoyées et garantissant qu'il y en a de plus fortes : « Tout ce que je puis te dire, en vrai républicain, c'est qu'il n'en est pas un sur les dix qui ne soit l'ennemi forcené de la Révolution et n'ait employé tous les moyens pour la renverser ; et je te répète que ce serait une grande calamité publique, s'il en échappait un seul du glaive de la loi (22 prairial). » (Saladin. *Rapport*, p. 44.)

terrogé, mais sa femme ne le fut pas. On en fit l'observation au président. Fouquier dit : « L'affaire est la même, cela est inutile. » Elle
fut condamnée sans avoir été entendue (9 messidor).» (T. I, p. 373.)

Un autre jour, on vit apporter au tribunal un homme sourd, aveugle et paralytique, tombé depuis trois ans en enfance, M. Durand de
Puy-Vérine. C'est Trinchard, devenu président de la commission
populaire, qui avait ordonné ce renvoi :

— Es-tu noble? lui avait-il dit.

Pas de réponse.

— Pourquoi as-tu conservé des médailles sur lesquelles était la
figure de Capet?

— C'étaient, répondit madame de Puy-Vérine, des jetons à jouer,
renfermés dans une bourse.

— Oui, oui, c'est entendu, reprit Trinchard, les gens de votre
caste sont toujours attachés à la royauté. Vous êtes coupable d'avoir
laissé ces jetons à votre mari[1].

Madame de Puy-Vérine accompagna le pauvre vieillard devant le
tribunal. Elle monta avec lui dans la même charrette — la dernière
charrette! Ils furent guillotinés le 9 thermidor[2].

Riouffe n'exagérait donc pas beaucoup lorsqu'englobant jugements et procédures, avant comme après la loi du 22 prairial, dans
la même réprobation, il disait : « On vit alors des hommes condamnés par méprise le frère pour le frère, le père pour le fils, la mère pour
la fille ; » et ce n'était pas seulement l'accusateur public ou le président du tribunal qui se rendaient coupables de ces confusions et de
ces méprises, tout le monde y prenait part : « La canaille des huissiers, des sous-greffiers et de tous les subalternes, composée d'anciens recors ou de misérables qui savaient à peine lire, se déchaîna
contre l'existence des citoyens. Ils insultaient dans un griffonnage
barbare à ceux qu'ils assassinaient. J'ai vu, ajoute-t-il, apporter à
une femme un acte d'accusation sur lequel était écrit : *Tête à guil-*

---

[1] On voit si c'était sans raison que Brienne et Villeroi refusaient de jouer une
partie de piquet, parce que les cartes n'étaient pas républicaines. (*Mém. sur les
prisons*, t. I, p. 8.) Qui eût tourné *le roi*, eût couru grand risque d'être *capot*. Cela
ne les sauva pas, et le lendemain ils marchaient à la mort avec une entière assurance.

[2] T. II, p. 203-204, cf. t. I, p. 541. — « Un jour, dit Riouffe, parmi les victimes entassées pour le supplice se trouvait un vieillard de Saar-Libre (Saarlouis),
âgé de quatre-vingt-dix ans. Il était d'une telle surdité et possédait d'ailleurs si peu
de français qu'il ne savait même pas de quoi il était question. Il s'endormit à l'audience, et on ne le réveilla que pour lui prononcer son jugement qu'il ne comprit
pas plus que le reste. On lui persuada qu'on le transférait dans une autre prison,
lorsque, sur la charrette, on le transférait à la mort, et il le crut. » (*Mém. sur les
prisons*, t. I, p. 113.)

lotiner sans rémission... Souvent on recevait un acte destiné à une autre personne ; alors l'huissier se contentait de substituer votre nom à celui qu'il effaçait[1]. Plusieurs fois, en buvant avec les guichetiers, ils en fabriquaient tout à coup de gaieté de cœur. En effet, ces actes étant imprimés avec un protocole commun à tous, il n'y avait que quelques lignes à remplir, et c'est dans ce peu de lignes que se commettaient les méprises les plus absurdes et toujours impunément. La ci-devant duchesse de Biron, entre autres, monta avec un acte d'accusation rédigé pour son homme d'affaires[2]. » Nous avons cité, en parlant du Plessis, Coulet Vermandois, ancien militaire, pris et exécuté pour le chanoine Vermantois[3]. Citons encore madame veuve de Maillet ou de Mayet, appelée pour la vicomtesse de Maillé. L'erreur fut reconnue; mais madame de Mayet fut retenue sur les gradins pour la raison qu'elle y eût été amenée vraisemblablement sous peu de jours, et qu'autant valait lui faire tout de suite son affaire[4].

Il ne servait pas toujours d'être acquitté quand on n'avait pas l'assentiment de l'accusateur public. Fretteau, ancien conseiller du Parlement de Paris, et depuis juge du tribunal de l'arrondissement, en fit l'expérience. Lorsque Fouquier en reçut la nouvelle :

— Comment, s'écria-t-il, a-t-on pu acquitter Fretteau? N'était-il pas noble, ex-conseiller, ci-devant constituant, fanatique?

— Mais, lui répondit-on, il n'y avait rien contre lui.

— Il fallait lui reprocher d'avoir refusé pour instituteur un prêtre assermenté pour lui en préférer un non-assermenté. Au reste, ajouta-t-il, nous le rattrapperons, je ne le lâcherai pas, je saurai le reprendre de manière qu'il n'échappera pas. »

[1] « J'ai été bien étonné, » dit Sirey, à l'expiration de la Terreur (frimaire an III) « lorsque j'ai vu le tribunal conserver en fonctions les plus vils satellites du tribunal septembriseur. Jadis, un huissier présentait un acte d'accusation à un malheureux qui répondait n'être pas le dénommé dans l'acte. Cet huissier lui répliquait froidement : « Marche toujours, un jour plus tôt, un jour plus tard, que t'importe! » — D'autres fois, sur ses genoux, il raturait le nom de l'absent, y substituait le nom du présent. Les délits d'accusation n'avaient plus aucun rapport avec l'accusé, n'importe ; on l'appelait le lendemain, il montait, il était guillotiné pour un autre, grâce à cet huissier faussaire. » (Sirey, *Tribunal révolutionnaire*, p. 21.)

[2] *Mém. sur les prisons*, t. I, p. 79, 80.

[3] *Ibid.*, t. II, p. 275.

[4] *Hist. des prisons*, t. II, p. 19. — On était au 7 thermidor. Quelques jours encore, et elle était sauvée! « Depuis le 10 thermidor, dit Sirey, j'ai vu, dix fois au moins, les huissiers de la Convention ou du tribunal appeler tel ou tel citoyen pour les mettre en liberté. On les cherchait, on s'informait ; et leurs compagnons, en pleurant, descendaient nous apprendre et répondre aux huissiers que ces mêmes citoyens, jugés aujourd'hui dignes de la liberté, avaient, sous le tyran, été guillotinés par un *quiproquo*, par une erreur de nom. » (Sirey, *Tribunal révolutionnaire*, p. 22.)

Il tint parole. Il refusa au défenseur l'expédition de l'ordonnance d'acquit, et peu après Fretteau, remis en jugement, était condamné à mort[1].

Les femmes condamnées n'obtenaient même pas toujours sursis quand elles alléguaient qu'elles étaient grosses. Si les gens de l'art déclaraient qu'ils n'étaient pas encore en mesure de prononcer, on passait outre. C'est un exemple que le tribunal avait donné au sujet d'Olympe de Gouges, dans la première période de son institution, et qui se multiplia après la loi du 22 prairial : les juges Maire, Deliège, Félix, Harny, Scellier et Lohier furent plus tard spécialement incriminés pour ce fait[2].

VII

LADMIRAL, CÉCILE RENAULT, LES CHEMISES ROUGES.

Tel était le régime de la Terreur. Après les nobles, après les prêtres, la bourgeoisie, les gens de métier, les paysans, allaient pêlemêle, par cinquante et soixante à la fois, chaque jour à la guillotine. Il semblait que tout le monde y dût passer. Une caricature du temps — on rit de tout en France, mais le rire est quelquefois vengeur — représentait la guillotine, et à l'entour une masse de têtes rangées par catégories, avec ces écriteaux : Clergé, parlement, noblesse, Assemblée constituante, Assemblée législative, peuple, etc. Sur la planche fatale on voyait un homme étendu, mais ses bras étaient libres ; sa main avait tiré le cordon de la machine, et le couperet tombait sur sa tête : c'était le bourreau. Au bas de l'image on lisait :

Admirez de Sanson l'intelligence extrême !
Par le couteau fatal il a fait tout périr.
Dans cet affreux état, que va-t-il devenir ?
Il se guillotine lui-même.

(T. I, p. 370.)

[1] Acquitté le 27 floréal, condamné le 26 prairial. Voy. t. II, p. 421.

[2] T. II, p. 185. — « Sous le règne de nos anciens despotes, dit Cambon, dans son réquisitoire, une femme enceinte était crue sur sa simple déclaration ; elle n'était pas soumise à des recherches contraires à la décence, aux bonnes mœurs, parce que e résultat de ces recherches n'eût offert souvent que des incertitudes. Eh bien, citoyens jurés, malgré tous les principes d'humanité, malgré que les gens de l'art eussent rapporté qu'il ne leur était pas possible de prononcer sur l'état de grossesse, ces juges accusés n'ont pas craint, sous le faux prétexte d'un défaut de communication avec les hommes, d'ordonner l'exécution de cinq femmes dont l'état de grossesse était au moins incertain. » (T. II, p. 322.)

Mais il y eut des âmes qui se révoltèrent contre ce despotisme sanglant, et, comme Charlotte Corday, voulurent le frapper dans le cœur de ceux en qui ils en voyaient le principe. Avant même qu'eût paru la loi atroce dont nous avons dit les effets, un homme, appelé Henri Ladmiral, résolut de tuer Robespierre au sein de la Convention. Il ne le trouva pas; mais il demeurait dans la même maison que Collot-d'Herbois, et la nuit suivante (4 prairial an II), il attendit Collot dans l'escalier et tira sur lui deux pistolets qui firent long feu. On l'arrêta. Fouquier-Tinville voulait qu'on le jugeât sur l'heure. Mais un tel crime n'avait-il qu'un auteur? Une seule victime suffisait-elle pour expier la pensée de tuer Robespierre, et le coup manqué sur Collot-d'Herbois[1]?

Le soir même de cette tentative, un autre incident sembla donner raison aux soupçons du Comité de salut public.

Le 4 prairial, vers neuf heures du soir, une jeune fille se présenta dans la maison Duplay, où demeurait Robespierre, et demanda à l'entretenir. Sa mise paraissait convenable; mais sa contenance était embarrassée et son regard étrange. On la questionna, elle se troubla. On la mena devant le comité de sûreté générale. Arrêtée, elle avait dit qu'elle verserait tout son sang pour avoir un roi! Là, elle déclara qu'elle avait voulu voir Robespierre; qu'elle ne le connaissait pas, et que si elle était venue chez lui, c'était pour le connaître. Elle avoua son propos, et, interrogée pourquoi elle désirait un tyran : « Je désire un roi, dit elle, parce que j'en aime mieux un que cinquante mille tyrans, et je n'ai été chez Robespierre que pour voir comment est un tyran. » On lui supposait d'autres intentions. On la fouilla et on trouva sur elle deux petits couteaux fermant, l'un à manche d'ivoire, l'autre à manche d'écaille. Avec de pareilles armes, si elle eût frappé, elle ne pouvait que se blesser elle-même, et elle nia toute intention de s'en servir. Mais elle ne s'était pas fait illusion sur le sort qui l'attendait : avant d'entrer dans la maison Duplay, elle avait déposé chez un limonadier voisin un petit paquet que l'on ouvrit; il renfermait un habillement complet de femme. « Quel était, lui dit-on, votre dessein, en vous munissant de ces hardes? — M'attendant bien à aller dans le lieu où je vais être conduite, j'étais bien aise d'avoir du linge pour mon usage. — De quel lieu entendez-vous parler? — De la prison, pour aller de là à la guillotine. »

Ses paroles seules suffisaient bien pour l'y conduire. Mais on ne se contenta pas de ses paroles; on voulait, on avait un complice de Ladmiral. C'était trop peu encore. On prétendit rattacher le complot

---

[1] Voy. le rapport de Barère *sur l'assassinat de Collot-d'Herbois* (séance du 4 prairial an II).

à une conspiration, réelle cette fois, qu'un hardi royaliste, le baron
de Batz, ourdissait dans Paris avec une audace inouïe, allant et venant au milieu des agents de police, qui le cherchaient partout et
ne le trouvaient nulle part. Quatre personnes purent être, selon la
jurisprudence du tribunal, considérées comme complices du baron
de Batz, pour l'avoir reçu et avoir refusé de révéler son asile[1]. Cinquante-quatre (« Que d'hommes immolés à la conservation d'une
bête féroce ! » s'écrie Courtois)[2], cinquante-quatre, y compris Ladmiral et Cécile Renault, et presque toute la famille de Cécile Renault, son père, son frère, sa tante, tous les trois coupables par le
seul fait de la parenté, furent livrés au supplice. Notons que si l'on
excepte les membres de cette famille, tous les autres étaient dési-
gnés comme complices d'une jeune fille qu'ils n'avaient jamais vue,
complices d'un attentat qui datait de huit jours, eux qui depuis plusieurs mois étaient dans les prisons! L'un d'eux même, le comte de
Fleury, leur fut adjoint, sans être compris dans l'acte d'accusation
dressé contre les autres : nous avons dit plus haut à quelle occasion
son nom fut ajouté à la liste des accusés; on inscrivit au-dessous les
questions sur lesquelles le jury avait à répondre pour les autres, et
c'est ainsi qu'il fut jugé complice de la fille Renault, et périt avec
elle. Ils allèrent à l'échafaud couverts de la chemise rouge des assassins, chose que le jugement ne portait pas, et qu'on avait négligée
dans les préparatifs de l'exécution. Mais Fouquier-Tinville suspendit
le départ et fit confectionner à la hâte des sacs de toile rouge, afin
que cette satisfaction fût donnée à l'inviolabilité menacée de Robespierre et de Collot-d'Herbois[3] !

[1] Jean-Louis-Michel Devaux, commis à la trésorerie nationale ; Joseph-Victor
Cortey ; Balthasar Roussel et mademoiselle Grandmaison, ancienne actrice aux
Italiens (t. I, p. 363). — Voy. le rapport fait au nom des comités réunis sur la conspiration de Batz et de l'étranger, par Élie Lacoste (séance du 26 prairial, *Moniteur*
du 27).

[2] Courtois, *Rapport sur les papiers trouvés chez Robespierre*, p. 50.

[3] « Cette jeune fille, dit Riouffe, en parlant de Cécile Renault, qui semblait avoir
quelque exaltation dans les idées, et même quelque désordre par le mouvement
égaré de ses yeux, n'avait point eu le dessein de tuer Robespierre ; elle n'avait pas
la moindre arme défensive sur elle. Pour ses opinions, elles étaient mauvaises;
mais quel rapport entre des opinions mauvaises et l'échafaud ? Cependant on l'arrête ; on la plonge dans les cachots. Il semble que l'on va inventer de nouveaux
supplices, pour prouver au tyran combien ses jours sont sacrés. Tout ce qui connaît
cette malheureuse jeune fille doit périr: son père, ses parents, ses amis, ses connaissances; ses frères, qui répandaient leur sang aux frontières, sont amenés chargés de fers pour le répandre sur l'échafaud, et s'ils échappent, c'est parce que, trop
avides d'assassiner leur famille, on n'a pas eu la patience de les attendre. Soixante
personnes que la petite Renault n'a jamais vues, aussi innocentes qu'elle, et dont
la plupart étaient en détention depuis six mois, l'accompagnent à la mort comme

Parmi ceux qui périrent ce jour-là était un amateur de musique dont on cite le trait suivant. Il avait reçu son acte d'accusation et n'attendait plus que les gendarmes, quand il se souvint qu'il avait promis une ariette à un de ses amis. Il rentre dans sa chambre, copie l'ariette, et, revenant : « Mon cher, dit-il à son ami, voilà ton affaire. La musique est bien, je viens de l'essayer sur ma flûte. Je suis fâché de ne pouvoir te procurer encore quelque autre morceau : demain je ne serai plus[1]. » Le lendemain il était exécuté. Dans cette fournée des « chemises rouges » étaient compris aussi les deux anciens administrateurs de police que nous avons si souvent rencontrés dans les prisons, Soulès et Marino. Une conspiration avec l'étranger était un prétexte commode pour en finir avec cette queue d'Hébert et de Chaumette dont on était embarrassé. Marino, déjà mis en jugement et acquitté (27 germinal[2]), fut condamné cette fois, non pour ses crimes, mais pour une ombre de crime. Il était dit que ce tribunal violerait la justice même en frappant des scélérats.

complices, et couvertes d'une chemise rouge. Sa maison, la rue entière qu'elle habitait, ne vont-elles pas être rasées? » (*Mém. sur les prisons*, t. I, p. 74.) — Quant à Ladmiral ou Admiral, il a toutes les sympathies de notre auteur. « Lorsqu'il arriva, dit-il, dans la Conciergerie, précédé par le bruit du coup qu'il avait tenté sur Collot-d'Herbois, les guichetiers se précipitèrent vers lui, comme ils l'auraient fait, sans doute, sur Damiens ou Ravaillac. En effet, n'était-ce pas un des rois du Comité de salut public, aux jours duquel on avait voulu attenter? Ils l'accablèrent de reproches et de questions. Ferme et inébranlable au milieu de leurs questions, il leur répondit : « Quand je vous dirais les motifs qui m'ont porté à exécuter un pareil dessein, vous ne m'entendriez pas. » Riouffe autorise tout contre Robespierre ; et Ladmiral est pour lui un Scévola, un Brutus : « C'était un homme, ajoute-t-il, petit, mais musculeusement et fortement constitué ; son maintien et sa figure étaient d'une austérité extrèmement sévère et triste. A la vue d'une trentaine de personnes avec lesquelles on le confrontait, il s'écria : « Que de braves citoyens compromis pour moi! C'était le seul chagrin qui pût m'atteindre, mais il est bien vif. » Il assura qu'il avait conçu seul son projet. « Qu'y a-t-il donc là de si difficile à comprendre? leur disait-il, ne sont-ce pas des tyrans? » Puis, s'en allant gravement après la confrontation, il entonna d'une voix forte :

> Plutôt la mort que l'esclavage
> C'est la devise des Français.
>
> (*Ibid.*, t. I, p. 72.)

[1] *Hist. des prisons*, t. I, p. 173.

[2] Il s'était permis d'arrêter un membre de la Convention (Pons de Verdun) sans égard à sa carte de représentant. Dans son interrogatoire, cet « inspecteur des maisons garnies » dit qu'il ne savait pas qu'il y eût un comité de sûreté générale ! Voyez le rapport de Vouland qui le fit renvoyer devant le tribunal révolutionnaire d'où il se tira pour cette fois. (Bibl. nationale, L*, 38, n° 759.)

VIII

LA CONSPIRATION DES PRISONS. — BICÊTRE. — LE LUXEMBOURG.

Depuis longtemps, l'idée d'une extermination en masse des prisonniers était entrée dans l'esprit des hommes du Comité de salut public. Les retenir en prison devenait impossible avec le nombre croissant des arrestations. Les déporter ne paraissait pas sûr : « Il n'y a que les morts qui ne reviennent pas, » disait Barère. Le jour même où était votée la loi des suspects (sinistre coïncidence), Collot d'Herbois à propos d'un projet de déportation à la Guyanne française, s'écriait : « Il ne faut rien déporter[1]. » Pour se donner le droit de traiter tous les prisonniers à peu près de cette sorte, il ne s'agissait que de les tranformer en conspirateurs.

Cette forme de condamnation en masse, sous prétexte de conspiration, reçut bientôt une extension redoutable.

Un ancien membre d'un comité révolutionnaire condamné pour abus de pouvoir à douze ans de fers, et détenu provisoirement à Bicêtre, dénonça, pour gagner la faveur de la police, le complot d'un certain nombre de condamnés aux fers, qui, disait-il (car il est possible qu'il l'ait inventé) voulaient s'évader pendant leur translation au lieu où ils devaient subir leur peine. Une première lettre resta sans réponse ; une seconde fut communiquée au Comité de salut public. Là on eut l'idée de transformer ce projet d'évasion en une conspiration contre la République, et d'y comprendre ceux des détenus dont on voudrait se débarrasser. En vertu d'un arrêt du Comité, daté du 25 prairial, Fouquier fut chargé d'aller à Bicêtre et de rechercher les ramifications du complot[2]. Il s'en acquitta à merveille. L'attentat,

---

[1] Séance du 17 septembre 1793 : « Il ne faut rien déporter ; il faut détruire et ensevelir dans la terre de la liberté tous les conspirateurs ; qu'ils soient tous arrêtés ; que le lieu de leur arrestation soit miné : que la mèche, toujours allumée, soit prête à les faire sauter, s'ils osaient, eux ou leurs partisans, tenter de nouveaux efforts contre la République. (Saladin, *Rapport*, p. 18.)

[2] Voy. Campardon, p. 549, 550. Arrêté du 25 prairial an II, relatif à la conspiration de Bicêtre :

« Le Comité de salut public arrête que les nommés Lucas, etc., seront traduits au tribunal révolutionnaire.

« Autorise, au surplus, la commission des administrations civiles à traduire au tribunal révolutionnaire tous autres individus détenus dans ladite maison de Bicêtre qui seraient prévenus d'avoir pris part au complot.» Signé Barère, Carnot, etc. (Saladin, *Rapport*, pièces n° 17, 18 et 19 Le titre porte à tort le 25 floréal.) Des

tel qu'il le définit, avait pour but « de s'emparer des citoyens formant
« la force armée de la maison d'arrêt de Bicêtre, de forcer les
« portes de ladite maison, pour aller poignarder les représentants
« du peuple, membres du Comité de salut public et de sûreté géné-
« rale de la Convention, de leur arracher le cœur, le griller et le
« manger, et faire mourir les plus marquants dans un tonneau
« garni de pointes. » (T. I, p. 350.) C'est sur cette question posée au
jury que trente-sept individus, détenus à Bicêtre pour des condamnations antérieures, furent le 28 prairial envoyés à la mort[1].

Ce procédé parut applicable à toute la foule de détenus d'une
autre sorte qui encombraient les prisons; et ce fut un moyen tout
trouvé de perdre ceux contre lesquels on n'avait vraiment rien à
dire[2]. Deux mois auparavant (16 germinal), Grammont père, ancien
acteur, officier de l'armée révolutionnaire, qui avait eu le triste courage d'insulter Marie-Antoinette sur le chemin de l'échafaud, Grammont le fils qui ne valait pas mieux, La Palu un des égorgeurs de
Lyon et quelques autres sans-culottes détenus au Luxembourg,
avaient été dénoncés comme ayant été d'intelligence avec le parti
d'Hébert pour forcer les prisons, égorger les Comités, etc.[3]. On les
avait transférés ailleurs et bientôt on les reprit pour impliquer dans
la même conspiration le général Arthur Dillon, Chaumette, Gobel[4]; crime vraisemblablement supposé qui tint lieu de beaucoup

---

arrêtés de la commission des administrations civiles, police et tribunaux envoient,
en vertu de cette autorisation, des centaines de prévenus, de Bicêtre au tribunal
révolutionnaire (26 prairial et 7 messidor).

[1] Trente-six autres eurent le même sort le 8 messidor. Campardon, t. I, p. 371,
372 et la liste (comprenant trente-sept noms), p. 495.

[2] Voy. les *Renseignements donnés par Bourdon (Léonard) sur la conspiration de
Saint-Lazare* du 16 germinal : « Les restes impurs de Peyrère, de Desfieux, depuis
la juste punition de ces deux hommes (4 germinal), se sont agités en tout sens pour
faire croire qu'ils étaient les dupes de ces scélérats et qu'ils étaient destinés à être
massacrés les premiers, si la conspiration de Ronsin et d'Hébert avait réussi, —
mais n'ont pas tardé à se démasquer. — Dès avant-hier soir, ils ont fait courir le
bruit que la Convention était divisée, que le tribunal révolutionnaire avait suspendu
ses débats dans la procédure des accusés actuellement en jugement — bruit tellement répandu dans le corridor du troisième, où loge la majeure partie des ces *messieurs*, que plus de trente détenus de ce corridor restèrent toute la nuit sur pied,
prêts à profiter de l'occasion... Lebois, l'un d'eux, avait même dit que le mouvement ne pouvait manquer de réussir, parce que les femmes dans Paris y étaient
déterminées et empêcheraient bien que les accusés fussent guillotinés. » (Saladin,
Rapport, pièce n° 22.)

[3] « C'est dans la chambre des Grammont et de Lasalle que les premiers rassemblements ont eu lieu. » (*Ibid.*)

[4] « Pour que le tribunal ne manquât pas de victimes, dit Réal dans son rapport,
on avait conservé une queue de la conspiration Grammont. » (*Hist. des prisons*, t. IV,
p. 260). C'est aussi ce que dit Saladin (*Rapport*, p. 51), et il donne des pièces à
l'appui.

d'autres et qui fit envoyer avec eux à la mort la veuve d'Hébert et la malheureuse Lucile, la veuve de Camille Desmoulins (24 germinal). On imagina de greffer une nouvelle conspiration sur cette tige à peine coupée. Étrange imagination! « Jamais religieux, jamais séminaristes, dit Beaulieu, n'obéirent avec plus de docilité à la voix de leurs supérieurs que les malheureux prisonniers de la Conciergerie et du Luxembourg. J'ai vu ajoute-t-il depuis ma sortie plusieurs personnes qui ont vécu dans les autres prisons, et elles m'ont assuré que partout on avait vu la même tranquillité[1]. » Et avec qui les accusait-on de conspirer? avec ces révolutionnaires violents qu'ils méprisaient, qu'ils détestaient, qu'ils eussent plus volontiers dénoncés que servis; avec des hommes qui, si leurs projets avaient réussi, auraient plutôt forcé les portes des prisons pour y renouveler les massacres de septembre[2].

Dans les *Observations* mêmes que Léonard Bourdon transmet au Comité de salut public sur la prétendue conspiration de Grammont, on trouve l'aveu que la grande masse des détenus de Saint Lazare était entièrement étrangère aux vues, quelles qu'elles aient été, de ces hommes : « On ne conçoit pas comment on a laissé séjourner plus longtemps dans cette maison les partisans avoués, reconnus des Ronsin, des Peyreire et des Desfieux? Comment la majeure partie des individus ci-dessus dénommés, gravement impliqués dans cette conjuration, ont été laissés avec le surplus des accusés. Surtout quand on fait la réflexion que sur six cents détenus de cette maison, tout au plus dix ou douze, ont plus ou moins participé à la conjuration et que la défaveur entière est retombée indistinctement sur tous[3].»

Le plan n'en fut pas moins exécuté. Le 3 messidor, un rapport de la commission des administrations civiles, police et tribunaux, instrument direct du Comité de salut public, lui faisait un rapport où se trouvaient indiqués le but à atteindre et les moyens d'y parvenir :

« C'est une chose démontrée et trop notoire, disait-elle, que toutes les factions qui ont successivement été terrassées avaient dans les diverses prisons de Paris leurs relations, leurs affidés, leurs agents dans l'intérieur de ces prisons, les acteurs pour le dehors dans les scènes projetées pour ensanglanter Paris et détruire la liberté....

« Il serait possible de connaître ceux qui, dans chaque prison, servaient et devaient servir les diverses factions, les diverses conjurations....

« Il faudrait peut-être purger en un instant les prisons et déblayer le so

---

[1] *Essais*, t. V, p. 287.
[2] *Ibid.*, p. 289.
[3] Saladin, *Rapport*, etc., *Pièces*, n° 22, p. 172.

de la liberté de ces immondices, de ces rebuts de l'humanité. Justice serait faite, et il serait plus facile d'établir l'ordre dans les prisons. »

La commission demandait à être autorisée à faire ces recherches
et proposait un arrêté[1].

Son projet, qui porte le mot *approuvé* et les signatures de Robespierre, Billaud-Varennes et Barère, fut suivi, à la date du 7 messidor, d'un arrêté qui le reproduit en ces termes un peu plus étendus :

Le Comité de salut public charge la commission des administrations
civiles, police et tribunaux de rechercher dans les diverses prisons de Paris
ceux qui ont particulièrement trempé dans les diverses factions, dans les
diverses conjurations que la Convention nationale a anéanties et dont elle
a puni les chefs, ceux qui, dans les prisons, étaient des affidés, les agents de
ces factions et conjurations, et qui devaient être les acteurs des scènes tant
de fois projetées pour le massacre des patriotes et la ruine de la liberté,
pour en faire son rapport au Comité dans un court délai, etc.

Signé: Robespierre, B. Barère, Carnot, etc.[2].

Par un autre arrêté du 17, le Comité, mettait la commission en
rapport direct et journalier avec l'accusateur public et enjoignait au
tribunal révolutionnaire de juger dans les vingt-quatre heures ceux
qu'elle lui aurait dénoncés :

« Le Comité de salut public arrête qu'il sera fait chaque jour par la
commission de l'administration de police et tribunaux un rapport à l'accusateur public du tribunal révolutionnaire sur la conduite des détenus dans
les diverses prisons de Paris ; le tribunal révolutionnaire sera tenu, conformément à la loi, de juger dans les vingt-quatre heures ceux qui auront
tenté la révolte et auront excité la fermentation.

Signé au registre :
Saint-Just, Collot-d'Herbois, Billaud-Varennes, Carnot, C. A. Prieur,
Couthon, Robespierre, B. Barère, Robert-Lindet[3].

La commission ne perdit pas son temps. Elle commença par la
maison du Luxembourg et ne manqua pas d'y trouver ce qui était
l'objet de son enquête :

Il en résulte, dit-elle dans son rapport, qu'il s'y trouve un grand nombre de conspirateurs qui n'ont cessé de conjurer et conjurent encore la
ruine de la liberté.... Un des leurs tombe-t-il sous le glaive de la loi, c'est

---

[1] Rapport de la commission des administrations civiles, police et tribunaux du
3 messidor sur la conspiration des prisons. (Saladin, *Rapport*, etc , *Pièces*, n° 21.)

[2] Saladin, *Rapport*, etc., *Pièces*, n° 25.

[3] Arrêté du Comité de salut public du 17 messidor. (Saladin, *Rapport*, etc.,
Pièces, n° 14.)

pour eux un supplice sans égal ; nos armées emportent-elles une victoire
sur les tyrans coalisés, c'est encore une tristesse peinte sur leur visage ; ils
osent même la manifester hautement ; s'adressent-ils la parole entre eux,
c'est M. le prince, M. le comte : l'égalité, en un mot, est pour eux un supplice[1].

Et elle présentait au Comité de salut public un arrêté de renvoi devant
le tribunal révolutionnaire, qui contenait cent cinquante-cinq noms ;
noms qui furent déférés en effet, avec quelques intercalations, au
tribunal révolutionnaire, le 17 messidor, comme on le voit par l'acte
d'accusation de Fouquier-Tinville en date du 18. La règle des vingt-
quatre heures était ici ponctuellement observée.

L'accusateur public expose .

Qu'examen fait des pièces remises à l'accusateur public, il en résulte
que, si les chefs de la conspiration formée contre le gouvernement révolutionnaire sont tombés sous le glaive de la loi, ils ont laissé des complices
qui, dépositaires de leurs plans, emploient tous les moyens pour les mettre
à exécution. Le tribunal a connu leurs tentatives toujours infructueuses et
toujours renaissantes dans les maisons de la commune de Paris appelées
maisons d'arrêt, et le châtiment mérité déjà infligé à plusieurs coupables
n'a pas découragé les conspirateurs.... Ils viennent encore de renouveler
ces tentatives dans la maison d'arrêt du Luxembourg, ce foyer de la conspiration des Dillon, des Ronsin, Vincent, Chaumette, Hébert, Momoro et
autres.

Fouquier-Tinville savait tirer parti même de la disparate du rang,
de la condition, des antécédents de ces prétendus conspirateurs :

En effet, continuait-il, on remarque parmi les prévenus les dignes agents
de Dillon, des ex-nobles comme lui, et qui ont voulu lui succéder sous le
titre de chefs de la conspiration ; on y remarque aussi des hommes mas-
qués en patriotes pour en imposer au peuple, et qui, sous les apparences
d'un patriotisme immodéré, voulaient déchirer l'empire pour le livrer aux
despotes coalisés et à toutes les horreurs de la guerre civile. Enfin, on y
voit les cruels ennemis de la liberté et de la souveraineté des peuples, ces
prêtres dont les crimes ont inondé ce territoire du plus pur sang des citoyens. Les moyens étaient les mêmes que ceux des conspirateurs déjà
frappés du glaive de la loi. Le despotisme, le fanatisme, l'athéisme, le fédéralisme sont réunis pour ces exécrables forfaits.

Il concluait par la formule convenue :

D'après l'exposé ci-dessus, l'accusateur public a dressé la présente accusation contre...
Pour s'être déclarés les ennemis du peuple, en tentant d'ouvrir les mai

[1] Saladin, *Pièces*, n°^s 20 et 21.

sons d'arrêt, d'anéantir par le meurtre et l'assassinat des représentants du peuple, et notamment des membres des Comités de salut public et de sûreté générale, le gouvernement républicain et de rétablir la monarchie.

En conséquence, l'accusateur public requiert, etc. [1].

Dans la nuit du 18 au 19 messidor, les cent cinquante-cinq prisonniers furent amenés du Luxembourg à la Conciergerie pour comparaître, comme il était ordonné, devant le tribunal. Dumas avait fait élever un immense échafaudage dans la salle, pour les y ranger et les expédier tous en une fois. Ce fut Fouquier-Tinville qui recula devant la tâche; il obtint que l'on ne procédât que par cinquante ou soixante, en trois fois. L'échafaudage fut enlevé; et les gradins ordinaires (cela s'appelait le *fauteuil !*) reçurent pour la première journée (19 messidor) soixante accusés [2] : François-Gabriel de Fénelon, ancien colonel, et J. B. A. de Salignac-Fénelon, octogénaire, ancien prieur de Saint-Servin, Jean-Dominique Maurin, les deux Mique, père et fils, les deux Lamarelle, père et fils, deux frères de Hautefort, Joseph-Antoine-Auguste de Damas, sous-lieutenant de vingt ans, Charles de Bossut-Chimay, prince d'Hénin, Aimar de Nicolaï, premier président de la cour des comptes, Ysabeau de Monval, ex-greffier en chef au Parlement, etc. Dumas voyant Ysabeau de Monval, lui dit d'un ton ironique : « Tu dois reconnaître cette salle? — Oui, répondit Monval, je la reconnais; c'est ici qu'autrefois l'innocence jugeait le crime et où maintenant le crime condamne l'innocence. » Jean-Dominique Maurin entendant son nom accompagné d'autres prénoms, dit : « Ce n'est pas moi ! » Fouquier rétablit les prénoms du réclamant sur l'acte, et le maintint sur les gradins. Le premier témoin à entendre, c'était le geôlier. Lesenne, porte-clefs du Luxembourg, interrogé, déclara qu'il n'y avait pas eu de conspiration et que s'il y en avait une, il ne pourrait manquer de la connaître. Fouquier le fit arrêter pour faux témoignage et écrouer lui-même à la Conciergerie [3]. Mais il y avait les dénonciateurs, les agents du comité dans cette trame odieuse, les Boyaval, les Beausire, les Benoît [4], dont un autre réquisitoire révéla plus tard l'infamie.

---

[1] Saladin, *Pièces*, n° 13.

[2] Sirey, sur le *Tribunal révolutionnaire* (frimaire an III), p. 23.

[3] La justification de Fouquier sur ce point est misérable. Il dit que Lesenne « n'a pas été arrêté comme ayant déclaré qu'il n'y avait pas de conspiration dans la maison du Luxembourg, mais bien à raison de ses incertitudes, tergiversations, ambiguïtés et vacillations dans sa déclaration, ce qui a paru déceler un homme de mauvaise foi » (T. II, p. 295.)

[4] Benoît n'est pas l'ancien et respectable concierge du Luxembourg. Voyez, sur chacun de ces dénonciateurs de profession, *Mém. sur les prisons*, t. II, p. 170-174, et le réquisitoire qui les concerne, dans le livre de M. Campardon, t. II, p. 299, 500.

« Un de ces témoins, dit Réal, eut la franchise de découvrir une atrocité qui avait eu lieu au tribunal. Un des accusés interpellait ce témoin de déclarer des faits à sa décharge ; et celui-ci (oubliant son rôle), faisait avec sa tête des signes qui marquaient que ce que l'accusé disait était la vérité. Lorsqu'il voulut prendre la parole, le président et l'accusateur public (qui l'avaient observé) lui dirent : « Tais-toi, ne parle que lorsque tu auras quelque chose à dire contre l'accusé. » Les soixante accusés furent envoyés à l'échafaud.

Le soixantième qui figure sur cette liste fatale, l'abbé de Fénelon, était un vieillard vénérable, connu de tout Paris pour son zèle et pour sa libéralité envers les petits Savoyards. Son séjour dans la prison y avait été un véritable apostolat ; il ramenait les âmes à Dieu, attendant avec une sainte impatience que son tour vînt d'aller à lui. Il disait à un curé de Bretagne — l'auteur de ce récit même — qui se croyait à la veille de comparaître devant le tribunal comme fanatique : « Ah ! que je vous félicite ! Je voudrais bien être à votre place. Quel bonheur de mourir pour avoir rempli son devoir ! » « Le jour de la grande levée des détenus du Luxembourg, dit le prêtre breton, après que la troisième bande fut partie (c'était vers les huit heures du matin), je demandais à tous ceux que je rencontrais : « L'abbé « de Fénelon est-il du nombre ? » Les uns me disaient oui, parce qu'on avait emmené un de ses parents qui portait le même nom. Les autres m'assuraient qu'il n'en était pas. Et en effet on ne l'avait pas appelé. »

Mais c'était un oubli. On le rappelle, il part :

« Il y avait parmi les détenus deux ou trois Savoyards qu'il avait instruits et à qui il avait fait faire la première communion. Lorsqu'ils le virent aller au greffe, l'un d'eux s'écria, en versant des larmes : « Quoi ! mon bon père, vous allez aussi au tribunal ! » Il leur répondit d'un ton paternel : « Ne pleurez pas, mes enfants, c'est la volonté

—Voyez aussi, dans les pièces jointes au *Rapport* de Saladin (n° 26), la déclaration d'un de ces témoins, Denis Julien, devant le comité de sûreté générale, le 22 thermidor. Le 10 messidor, il avait été appelé chez le concierge par des membres de la commission de police, et interrogé sur la conspiration Ronsin et Dillon ; il n'en avait dénoncé comme complices que deux septembriseurs, Bertrand et Langlois. Quant aux rassemblements d'aristocrates, il n'en savait rien *de visu*, n'étant pas logé dans le même quartier. Il avait désigné un détenu, nommé Vauchelet, comme lui en ayant parlé. Pour ce qui est de ses dépositions devant le tribunal, le premier jour il ne fut pas interrogé ; le second, il ne fut même pas assigné ; le troisième, il convient qu'il a parlé contre Buffon. « Je rendis compte, dit-il, du bruit public qui me l'avait signalé, dès le jour de mon entrée au Luxembourg, comme complice des égorgements que Lapalue, Bertrand et Langlois devaient exécuter dans la prison lors de la conspiration de Vincent et d'Hébert. » Mais il se vante d'avoir parlé en faveur d'autres accusés : il charge surtout d'autres témoins, et il prétend qu'il a dénoncé des projets tendant à faire périr, comme conspirateurs, même des patriotes.

« de Dieu. Priez pour moi. Si je vais au ciel, comme je l'espère de la
« grande miséricorde de Dieu, je vous assure que vous y aurez un
« grand protecteur. » Je ne sais rien de ce qu'il dit, de ce qu'il fit
jusqu'à ce qu'il fût dans le chariot qui le conduisit à l'échafaud;
mais ce chariot, et ensuite l'échafaud, furent pour lui deux chaires
où il prêcha Jésus-Christ et son Évangile : « Mes chers camarades,
« disait-il à ses compagnons d'infortune, Dieu exige de nous un grand
« sacrifice, celui de notre vie : offrons-la-lui de bon cœur ; c'est un
« excellent moyen d'obtenir de Dieu miséricorde. Ayons confiance en
« lui ; il nous accordera le pardon de nos péchés, si nous nous en re-
« pentons. Je vais vous donner l'absolution. » On dit qu'il avait obtenu de l'exécuteur la permission de parler, et que cet homme s'inclina dans le temps que le saint prêtre prononça les paroles sacra-
mentelles [1]. »

Le surlendemain, 21 messidor, cinquante autres sont amenés, et
dans le nombre le général d'Ornano, Auguste-François de Sainte-Ma-
rie, âgé de quatorze ans, Chambon d'Arnouville et sa femme, les
deux frères Carbonnier, la maréchale de Lévis et ses deux filles, madame de Bérenger et madame Duluc, et une famille tout entière,
la famille Tardieu de Malezy, le père, la mère et les deux filles. Une
des deux filles, mariée au comte Dubois-Béranger, avait paru ex-
ceptée d'abord ; seule de sa famille, elle n'avait point reçu son acte
d'accusation : « Dieu ! s'écriait-elle en versant des larmes de désespoir, vous mourrez sans moi ; je suis condamnée à vous survivre ! »
Elle s'arrachait les cheveux, embrassait tour à tour son père, sa
sœur, sa mère, et répétait avec amertume : « Nous ne mourrons point
« ensemble ! » Pendant qu'elle s'abandonnait ainsi à la douleur, l'acte
d'accusation arrive. Elle ne se possède plus, court, vole dans les
bras de ses parents, les embrasse de nouveau avec transport : « Ma-
« man, nous mourrons ensemble ! » On eût dit qu'elle tenait dans ses
mains leur liberté et la sienne. Dès qu'elle entendit son arrêt de
mort, une joie douce se répandit sur sa figure ; elle consolait ceux
qu'elle voyait en larmes dans la troupe des condamnés : « Je suis
« mère de famille, leur disait-elle ; voilà mon père, ma mère, ma
« sœur, qui vont subir le même sort que moi. Je ne saurais m'attrister
« d'un dénoûment qui va me réunir pour toujours à eux. » Elle leur
parlait du séjour où ceux qu'ils aimaient viendraient bientôt les rejoindre. « Et ces infortunés, continue le narrateur, se pressaient autour d'elle pour recevoir des consolations de sa bouche. »

« Entrée avec sa famille dans la pièce où les exécuteurs devaient

[1] *Traits édifiants arrivés dans diverses prisons*, tirés des œuvres de M. Cormeaux,
curé de Bretagne, chef de mission. décapité lui-même, un peu plus tard, cette
même année. (*Hist. des prisons*, t. IV, p. 390.)

venir la prendre, elle tira de son sein une paire de ciseaux qu'elle y
avait cachée, et dit à sa mère : « Je vais vous couper moi-même les
« cheveux; il vaut mieux que cet office soit fait par votre fille que par
« le bourreau. » Elle rendit le même service à son père et à sa sœur.
Présentant ensuite à celle-ci les ciseaux, elle la pria de lui donner
cette triste et dernière preuve d'amitié. C'est avec le même calme
qu'elle s'avança vers le lieu de l'exécution et qu'elle reçut le dernier
coup[1]. »

Quelques jours auparavant, cette famille avait été citée devant la
commission populaire, séant au Muséum, et condamnée à la déportation comme fanatique : « fanatique à l'excès, se trouvant journellement avec des prêtres et entretenant avec eux des relations suivies,
ce qui pourrait amener la contre-révolution[2]. » Mais M. Tardieu de
Malezy avait soixante-quatre ans, et une loi interdisait de déporter
les sexagénaires. L'affaire fut donc soumise au Comité de salut public
qui, passant outre, ordonna que la famille tout entière, le père, la
mère et les deux filles, seraient déportés (3 thermidor)[3]. Ils étaient
guillotinés depuis douze jours! (T. I, p. 383.)

On guillotina même des gens acquittés, témoin ce pauvre petit
vieillard, ci-devant « porte-Dieu de Saint-Sauveur, » dont parle Réal.
« Le tribunal, dit-il, n'avait pas osé pousser l'impudeur jusqu'à le
condamner, parce qu'il était trop insignifiant, trop grotesque, pour
que le peuple pût penser qu'il eût le secret d'une conspiration. Il
l'acquitta donc; mais en même temps il ordonna qu'il garderait prison pendant vingt-quatre heures, et qu'il serait ensuite remis en liberté, s'il ne venait pas de nouvelles charges contre lui. En conséquence, il fut descendu à la Conciergerie. Deux jours se passent sans
que ce malheureux entende parler de sa sortie; le troisième, son
étoile l'avait conduit dans un guichet au moment où l'on faisait la
toilette d'un condamné. On l'appelle. Croyant que c'était pour être
libre, il accourt; mais quelle est sa surprise! on le saisit, on lui
coupe les cheveux, on lui lie les mains derrière le dos. Il se dé-
mène, il crie, il pleure; il jure ses grands dieux qu'il a été acquitté,
qu'il devait être libre de la veille; on ne l'en fait pas moins monter
dans le chariot mortuaire, et il est guillotiné, quoique acquitté[4]! »
Mais ceci n'est pas l'affaire du tribunal, c'est une peccadille des employés de la prison.

---

[1] *Hist. des prisons*, t. IV, p. 394-395. Le dernier trait est donné par Riouffe, un
esprit fort. (*Mém. sur les prisons*, t. I, p. 90.)

[2] Note commune au père et à la mère. Note analogue pour les deux sœurs. (Saladin, *Rapport*, etc., *Pièces*, n° 10, p. 127.)

[3] Saladin, *Rapport*, etc., *Pièces*, n° 10, p. 123.

[4] *Mém. sur les prisons*, t. I, p. 300.

Sur les cinquante du 21 messidor, un avait été acquitté, un second condamné seulement à vingt ans de détention, n'ayant que quatorze ans !

Le lendemain, 22 messidor, comparurent les quarante-six restant des cent cinquante-six que Dumas eût voulu juger en une fois. A la manière dont eurent lieu les débats, tous les prisonniers, en effet, auraient pu passer le même jour. On en a le récit par l'un d'eux qui fut acquitté comme ayant un peu cru à la conspiration et l'ayant un peu dénoncée (cela résulte de ce qu'il dit lui-même, t. I, p. 393). On entend les témoins, c'est-à-dire les accusateurs ; on interroge les accusés l'un après l'autre sur la conspiration. Ils nient l'avoir connue ; mais on leur allègue leur titre : « Tu es noble, — tu es ex-prêtre, — oratorien, — tu étais vicaire de Saint-Roch. — Tu n'as plus la parole. » C'est la sentence qui coupe court à toute explication. Huit accusés furent pourtant acquittés cette fois. Quand, après les vingt minutes de la délibération du jury, l'huissier les eut appelés à la Conciergerie, les guichetiers lui demandèrent s'il y en avait d'autres : « Non, dit l'huissier. Pour les autres, *assez causé.* » Deux mots qui résument bien les débats et la sentence. Au nombre des condamnés était La Chalotais, ancien procureur général au parlement de Rennes, le général Louis Baraguay-d'Hilliers, Eyriès, capitaine de vaisseau, et, en dernier, le fils de Buffon, qui invoqua vainement le nom de son père. La statue du père restait debout sur son piédestal au Muséum, et le fils montait sur l'échafaud. Parmi les prétendus complices de cette conspiration du Luxembourg, il y avait des prêtres entrés notoirement dans la prison plusieurs mois après la mort de l'auteur désigné du complot ! (T. II, p. 504[1].)

La prison du Luxembourg fournit encore un supplément à cette moisson sanglante. Le 4 thermidor, dix-huit accusés furent renvoyés, de ce même chef, devant le tribunal révolutionnaire, et dans le nombre, la vieille madame de Noailles, septuagénaire sourde et aveugle, madame d'Ayen, sa belle-fille, et la fille de celle-ci, la jeune vicomtesse de Noailles, dont nous avons ailleurs raconté la mort.

Un Ségur, détenu parmi les suspects, a décrit avec beaucoup de vérité, dans une épître à un ami, une scène de la prison à l'appel des accusés :

> Un de nous s'écriait : *J'aperçois des gendarmes !*
> Ce seul cri devenait l'affreux signal des larmes :

[1] Par là est confirmé ce que dit Réal dans son rapport : « Ce qu'il y a de plus affreux, c'est que des citoyens qui n'étaient en prison que depuis quinze jours étaient mis sur la liste des conspirations qui avaient existé longtemps avant leur entrée. (*Mém. sur les prisons,* t. II, p. 489.)

> Est-ce vous ? est-ce moi ?...
> L'incertitude tue : on veut la prolonger.
> Quelle position... Dieux ! pour se soulager
> Il faut être barbare et désirer qu'un autre...
> Ce seul penser déchire... O comble de tourment !
> On répand un faux bruit. — C'est lui. — Quel nom ? — Le vôtre..
> On en nomme encore six. — Ciel !... qui donc ? On attend...
> La vérité funeste enfin se fait entendre :
>   Aux larmes que l'on voit répandre
> On devine déjà tous les noms des proscrits.
> Que d'horribles tableaux ! L'un pousse de vains cris,
> L'autre frappe son sein en des transports de rage.
> Ceux qu'on traîne au trépas... eux seuls ont du courage.
> A voir ces deux partis, à juger de leur sort,
> On pourrait croire absous ceux qu'on mène à la mort [1].

Riouffe complète ce tableau en retraçant le défilé à la sortie du tribunal :

« C'était vers les trois heures après midi, que ces longues processions de victimes descendaient du tribunal et traversaient longuement, sous de longues voûtes, au milieu des prisonniers qui se rangeaient en haie pour les voir passer, avec une avidité sans pareille. J'ai vu quarante-cinq magistrats du parlement de Paris, trente-trois du parlement de Toulouse, allant à la mort du même air qu'ils marchaient autrefois dans les cérémonies publiques. J'ai vu trente-cinq fermiers généraux marcher d'un pas calme et ferme ; les vingt-cinq premiers négociants de Sedan, plaignant, en allant à la mort, dix mille ouvriers qu'ils laissaient sans pain. J'ai vu ce Beysser, l'effroi des rebelles de la Vendée, et le plus bel homme de guerre qu'eût la France ; j'ai vu tous ces généraux que la victoire venait de couvrir de lauriers qu'on changeait soudain en cyprès. Enfin tous ces jeunes militaires si forts, si vigoureux, qu'on entourait d'une armée de gendarmes. Leur jugement semblait avoir fait sur eux l'effet d'un enchantement qui les rendait immobiles. J'ai vu ces longues traînées d'hommes qu'on conduisait à la boucherie. Aucune plainte ne sortait de leur bouche ; ils marchaient silencieusement et semblaient craindre de regarder le ciel, de peur que leurs regards n'exprimassent trop d'indignation. Ils ne savaient que mourir [2]. »

[1] *Hist. des prisons*, t. III, p. 146.
[2] *Mém. sur les prisons*, t. I, p. 84, 85

IX

LA CONSPIRATION DES PRISONS : LES CARMES ; SAINT-LAZARE ; L'HÔTEL TALARU ; LA MAISON DES OISEAUX ; LE PLESSIS.

Les conspirations des prisons, qui donnaient tant à faire au bourreau, simplifiaient beaucoup la besogne de l'accusateur public. « Quand il y avait un prisonnier, dit Réal, sur le compte duquel on n'avait pas d'indices certains, Fouquier-Tinville disait : « Il n'y a « qu'à le mettre à la première conspiration que nous ferons. »

On en fit pour toutes les prisons. On procédait par inoculation, métho le récemment inventée pour tout autre chose. On donnait à telle ou telle maison le mal de conspiration en y transférant des prisonniers du Luxembourg, comme du lieu qui en était notoirement infecté[1].

A partir de ce moment, s'il éclatait quelque murmure parmi les prisonniers, si quelques signes manifestaient qu'ils n'étaient pas contents de leur sort, c'en était assez, ils étaient pris en flagrant délit d'intelligence avec les conspirateurs déjà frappés ; et les rigueurs qui allaient s'aggraver dans ces derniers temps, les perquisitions, l'enlèvement de l'argent, des couteaux, des rasoirs, les gênes de la table commune, furent regardés dans les prisons, à la Force, à Saint-Lazare, à Port-Libre[2], comme autant de moyens inventés pour échauffer les esprits et y développer le germe de révolte qu'ils devaient recéler. A Port-Libre, on désespéra d'y réussir : « Cette maison, dit Coittant, ne se démentit jamais par sa sagesse et sa prudence. Les administrateurs de police qui étaient chargés de son régime ne pouvaient dissimuler leur fureur en voyant échouer les projets qu'ils avaient conçus pour faire révolter les prisonniers à force d'atrocités[3]. »

Et cependant, là aussi, il y eut des *moutons* (dénonciateurs), et

---

[1] Le Luxembourg, dit un de nos auteurs, avait déjà été taxé d'un semblable projet, et la mort sur l'échafaud de près de deux cents personnes semblait en attester la vérité. Il paraissait donc naturel qu'il communiquât le germe d'un pareil complot ; pour le rendre vraisemblable et pour y réussir, on *inocula* toutes les prisons en même temps, par le transfèrement dans chacune d'elles d'un prisonnier du Luxembourg. » (*Mém. sur les prisons*, t. I, p. 243.)

[2] *Hist. des prisons*, t. I, p. 166 et suiv. ; *Mém. sur les prisons*, t. I, p. 233 et 245 ; etc.

[3] *Mém. sur les prisons*, t. II, p. 11.

le tribunal révolutionnaire trouvait des coupables, ne fût-ce que des coupables de blasphèmes envers le gouvernement[1].

Au Plessis, le geôlier Haly s'était affidé quelques brigands qu'il lançait parmi les détenus pour les épier et jouer ensuite le rôle de dénonciateurs et de témoins; mais les listes de proscription furent rédigées avec un désordre et une confusion qui décelaient la fraude. Parmi ces conspirateurs signalés à la vindicte de Fouquier-Tinville, il y en avait plusieurs qui étaient déjà guillotinés[2].

Aux Carmes, la tentation était grande de supposer une conspiration; car on y trouvait l'élite de l'ancien et du nouveau régime : Boucher d'Argis, ex-lieutenant particulier au Châtelet; le prince de Salm-Kirbourg, le prince de Montbazon, Rohan, ex-amiral, le général Gouy d'Arcq, le général Alexandre de Beauharnais, tous deux anciens constituants, le marquis Carcadot, le comte de Querhoent, maréchal de camp; le comte de Soyecourt, Leroy de Grammont, Hercule de Caumont, l'Irlandais Thomas Ward, général de brigade à l'armée du Nord, et un autre vaillant combattant, celui-là dans la presse, ancien officier aux gardes françaises, Champcenetz, le spirituel rédacteur des *Actes des Apôtres*. Ajoutons Deschamps-Destournelles, ancien ministre des contributions publiques, celui qui a rempli de ses inscriptions philosophiques la chambre faussement dite des Girondins, et le fameux Santerre, ancien commandant de la garde nationale de Paris. On y avait compté le général Hoche qui, le 27 floréal, fut transféré à la Conciergerie; on y compta bientôt Vigée et Coittant qui, le 6 thermidor, arrivèrent de Port-Libre. Parmi les femmes, il faut citer madame de Beauharnais qui fut l'impératrice Joséphine, et madame Charles de Lameth; la duchesse d'Aiguillon, née de Noailles, et Delphine Sabran, veuve du jeune Custines. N'oublions pas, au milieu de cette brillante compagnie, les pauvres époux Loison, qui dirigeaient un petit théâtre de marionnettes aux Champs-Élysées, et furent emprisonnés, guillotinés, pour avoir habillé une de leurs poupées en Charlotte Corday et lui avoir fait crier : « A bas Marat! »

Les autres se trouvèrent tout à coup compromis par un cri contre Robespierre.

Un chirurgien nommé Virol, dont les facultés étaient troublées par l'influence d'une captivité prolongée, se mit un jour à crier: « Robespierre est un scélérat! » On regarda ce cri comme le signal de la conspiration. Une information rapide réunit tous les fils du prétendu complot. Un des témoins (Belavoine), déclarait que le

[1] *Ibid.*, p. 110.
[2] *L'humanité méconnue*, dans les *Mém. sur les prisons*, t. I, p. 175.

11 messidor, se promenant avec Virol et quelques autres, il fut
question du projet de mise en liberté des détenus ; « qu'alors Virol
répondit avec humeur que Robespierre était un scélérat qui ima-
ginait toujours de nouvelles conspirations pour jeter la défaveur sur
ces détenus et faire croire qu'ils étaient toujours un danger ; qu'on
était bien loin de s'occuper d'eux ; que Saint-Just et Collot-d'Herbois étaient de f... gueux ; qu'il avait guéri de... un de ces coquins
qui ne l'avait pas encore payé ; » et le déclarant, autant qu'il se le
rappelait, croyait qu'il avait nommé Saint-Just. Un autre confir-
mait le fond de cette déposition que Virol, interrogé, repoussa ; un
troisième se plaignait d'avoir été molesté par plusieurs détenus,
« parce qu'il observait qu'ils entretenaient des correspondances
avec leurs femmes au dehors, en leur jetant des écrits par une fenêtre qui a communication dans le jardin voisin. »

Un autre encore parlait d'un projet d'évasion : la corde du
poids de l'horloge y devait servir ; et cette corde, habilement
soustraite, avait été retrouvée en effet cachée sous le lit du comte
de Champagnet. Celui-ci, interrogé à son tour, ne niait pas qu'il
l'eût prise, il convenait même « qu'il y avait fait des nœuds pour
que, si un événement malheureux fût arrivé, » il en usât pour chercher à se sauver ; mais il soutenait qu'il n'avait point confié son
secret à d'autres et qu'il n'y avait pas complot[1]. Mais il ne fallait
pas tant de preuves pour les convaincre ; et tandis que Virol,
effrayé, se jetait par la fenêtre et se brisait la tête, le 50 messidor (18 juillet), une liste de cinquante et un détenus était soumise
au Comité de salut public.

Une telle liste n'arrêtait pas longtemps l'attention du Comité.

Nous le savons par le témoignage de Trinchard, un des jurés du
tribunal révolutionnaire, président de la commission populaire du
Muséum. Un jour (précisément au commencement de thermidor)
comme il s'était rendu avec Subleyras, un de ses collègues, au
Comité pour s'expliquer sur une lettre où Saint-Just se plaignait
« que la commission n'allait pas, » il y rencontra Saint-Just à qui le
citoyen Lane, adjoint à la commission civile, présentait une liste.
« Saint-Just jeta un coup d'œil dessus, signa en souriant et la passa
de suite à Billaud-Varennes qui la regarda et dit : « Je le veux bien, »
et la signa ; » et il ajoute « que cette manière de signer sans entendre aucun motif de ce que contenait la liste dont était porteur le
citoyen Lane, lui fit présumer que cette liste pouvait avoir des rapports aux prisons ; qu'il témoigna ce soupçon au citoyen Subleyras,
son collègue, en touchant son coude ; que Subleyras lui fit signe

---

[1] Saladin, *Rapport*, etc., *Pièces*, n° 23.

de ne point manifester aucun signe d'approbation ni d'improbation[1]. » Était-ce notre liste ? c'est bien possible, car les temps concordent[2]; or cette liste funèbre porte sur les registres du Comité les signatures de Saint-Just et de Billaud-Varennes, avec celles de Prieur et de Carnot[3].

Quoi qu'il en soit, le 5 thermidor, les quarante-neuf auxquels se trouvait réduite la liste primitive[4], transférés à la Conciergerie, comparurent le 5 thermidor (23 juillet) devant le tribunal; quarante-six furent condamnés, et notamment le général Beauharnais, qui aurait dû en être moins surpris, lui qui écrivait, la veille de son jugement, à sa femme : « Dans les orages révolutionnaires, un grand peuple qui combat pour pulvériser ses fers doit s'environner d'une juste méfiance et plus craindre d'oublier un coupable que de frapper un innocent[5]; » avec lui Champcenetz, plus justement suspect pas son journal; Champcenetz qui, sous le coup de la sentence, trouvait encore un mot pour rire, et s'adressant au président Coffinhal : « Pardon, président. Est-ce ici comme dans la garde nationale? peut-on se faire remplacer? » (T. I, p. 402.)

Au train dont on allait, il semble qu'on ne pouvait pas manquer d'accomplir, et au delà, la parole de Barère, rapportée par Trinchard, « que le comité avait pris des mesures pour que, dans deux mois, les prisons fussent évacuées[1]. » Mais ce n'était point assez. En supprimant, par le décret du 27 germinal, les commissions de province dont le zèle ne paraissait point assez sûr, la Convention avait fait refluer tous les suspects des départements à Paris; et l'activité du tribunal révolutionnaire pouvait n'y plus suffire : c'est pourquoi le Comité de salut public prit, le 4 thermidor, l'arrêté suivant :

1° Il sera nommé, dans trois jours, des citoyens chargés de remplir les fonctions des quatre commissions populaires créées par décret du 15 ventôse.

[1] Saladin, *Rapport*, etc., *Pièces*, n° 8, p. 114.
[2] *Ibid.*, p. 112.
Saladin, *ibid.*, n° 8, p. 183, 184.
[3] Virol, porté en tête de la première liste avec cette mention « s'est donné la mort, » ne figure plus sur la seconde. On y a retranché Dufourny, ex-président du département de Paris, et Destournelle, ex-ministre. On y a ajouté Bourgeois, ex-avocat.
[4] Sorel, p. 255. — Joséphine avait tenté en vain de prévenir l'emprisonnement et de sauver la tête de son mari. (Voyez sa lettre à Vadier, *ibid.*, p. 256.) Elle fut emprisonnée elle-même; et ses deux enfans, Eugène, âgé de 12 ans, et Hortense, de 11 ans, écrivaient à leur tour pour solliciter sa délivrance (19 floréal an II, 8 mai 1794). Elle ne fut sauvée que par le 9 thermidor.
[5] Saladin, *Rapport.* p. 46, et *Pièces*, n° 8, p. 114.

2° Elles jugeront tous les détenus dans les maisons d'arrêt des départements.

3° Elles seront sédentaires à Paris.

4° Les jugements de ces commissions seront revisés par les Comités de salut public et de sûreté générale en la forme établie [1].

Notons avec Saladin qu'il n'y avait pas de forme établie. Cet arrêté contenait un art. 6 ainsi conçu :

Il sera fait un rapport à la Convention sur l'établissement de quatre sections ambulatoires du tribunal révolutionnaire pour juger les détenus dans les départements, renvoyés à ce tribunal.

On a encore une expédition de cet arrêté où on trouve l'art. 6 en ces termes, avec la mention *Signé au registre* : Barère, Dubarran, Prieur, Carnot; et *pour extrait :* Carnot, Collot-d'Herbois, Couthon, Saint-Just, etc. [2]. Et c'est en faisant allusion à cet arrêté que, le 5 thermidor, le jour de l'immolation des quarante-neuf détenus des Carmes, Barère disait à la tribune que, « malgré la célérité des jugements des grands conspirateurs, le nombre en était si grand dans tous les points de la république, que la veille, les deux Comités avaient pris des mesures pour les faire juger tous en peu de temps [3]. » Mais pourtant le Comité de salut public recula devant l'impression que devait produire cette quadruple forme du tribunal révolutionnaire, allant faire ses fournées partout, promenant dans les départements tout l'appareil de sa sanglante justice; et l'art. 6 de l'arrêté primitif fut remplacé par l'article suivant : « Il sera pourvu à la nomination des commissions révolutionnaires qui paraîtront nécessaires pour le jugement des détenus renvoyés au tribunal. »

C'étaient des auxiliaires promis au tribunal séant à Paris. En effet, ses deux sections semblaient devoir succomber à la tâche. On n'avait même plus le temps de fournir à l'accusateur public les pièces dont il avait besoin pour donner une ombre de motif à ses réquisitoires. Le 7 thermidor, Fouquier-Tinville écrivait aux citoyens composant la commission populaire séante au Muséum :

> Citoyens,
> Le 2 du courant, le Comité de salut public m'a remis vos feuilles des détenus sous les numéros 3, 4, 5, 8, 9, 11, 12, 13, 14, 15, 16, 17, 18, 19, 20, 21, 22, 23, 24, 25, 26, 27, 28, 29, 30, 31, 32, 33, 34, 35, 36, 37, 38, 40, 42, contenant cent cinquante prévenus ou environ ; *il ne m'a été*

---

[1] Saladin, *Pièces*, n° 37. Minute de l'arrêté du 4 thermidor an II, relatif aux commissions révolutionnaires destinées pour les départements.

[2] Saladin, *Pièces*, n° 38.

[3] Saladin, *Rapport*, p. 22.

remis des pièces que pour cent ou environ, encore presque toutes ne consistent que dans le tableau donné par la section ; et il paraîtrait que c'est à la commission qu'elles sont restées ; pourquoi je vous invite à me les renvoyer sur-le-champ, et notamment celles concernant les nommés *Bruni*, la veuve *Vigny* et son *fils*, la femme *Colbert-Maulevrier*, les deux femmes *Narbonne-Pelet*, la fille *Guérin*, leur femme de confiance ; la femme *d'Ossun*, *Crussol-d'Amboise*, *Clermont-Tonnerre*, la femme *Chimay*, la veuve *d'Armentières*, *Frécot-Lenty*, *Saint-Simon*, la femme *Querrohent*, *Thiart*, la femme *Monaco*, et *Viothe*, intendant de son mari. J'ai bien écrit aux sections, qui m'ont répondu vous les avoir envoyées, et ces particuliers sont demain mis en jugement.

Salut et fraternité.

Signé : A.-Q. Fouquier[1].

Ainsi une mise en jugement était décidée avant qu'on eût les pièces. Les pièces manquaient pour une cinquantaine de prévenus ; et l'accusateur public n'en devait pas moins faire son réquisitoire contre eux le lendemain !

Les choses en effet se précipitaient, comme si le Comité de salut public eût senti que le temps allait se dérober à lui et sauver ses victimes. Le Luxembourg et les Carmes avaient seuls payé encore leur tribut funèbre à la prétendue conspiration. Saint-Lazare allait suivre.

Si les vexations de toutes sortes avaient suffi pour provoquer un complot, le désir secret du Comité du salut public aurait dû y être bien aisément satisfait. L'administrateur Bergot et le nouveau geôlier Semé semblaient s'entendre pour opprimer les malheureux, les injuriant, les volant, et ne les volant pas seulement pour les voler, mais pour leur imposer les privations les plus cruelles. « Ces monstres, » disait Bergot, en enlevant à un prisonnier une tabatière où était le portrait de sa femme, « ces monstres se consolent avec les portraits, d'êtres privés des originaux, et ils ne s'aperçoivent plus qu'ils sont en prison. » — Et les détenus ne conspiraient pas ! On en fut réduit à inventer là aussi, pour eux, le complot nécessaire. L'Italien Manini, dénonciateur émérite, et le serrurier Coquery en furent l'un l'organisateur, l'autre l'agent aveugle, et le projet une fois conçu, on dressa des listes de ceux que l'on y voulait impliquer[2].

On tient ces détails d'un prisonnier qui, réputé patriote, fut consulté lui-même sur le complot et sur la composition des listes. Il déclara qu'il ne savait rien du complot, et il ne dit rien des personnes que pour en faire rayer quelques-unes ; mais il ne réussit pas à

---

[1] Saladin, *Rapport*, p. 26, 27.

[2] Voy. *Mém. sur les prisons*, t. I, p. 244 et 292-296.

sauver le jeune de Maillé, personnellement convaincu de conspiration pour avoir jeté un hareng pourri à la tête d'un guichetier :

« Je représentai inutilement, dit notre narrateur, qu'il n'était
qu'un étourdi de seize ans qui ne songeait qu'à folâtrer.

— Laissons-le toujours, me dit-on, il s'en retirera peut-être. »

Il ne s'en est pas tiré du tout[1].

Quand notre prisonnier eut signé son interrogatoire, le commissaire lui dit en jetant les yeux sur les listes qu'il tenait dans les
mains :

« En voilà une centaine, il doit y en avoir plus que cela ici.

— Je ne crois pas qu'il y ait beaucoup de conspirateurs ici,
hasarda l'autre.

— Nous en avons trouvé trois cents au Luxembourg, nous en
trouverons bien autant à Saint-Lazare, » dit le commissaire ; et il
termina l'entretien[2].

Notre détenu prévint ceux qu'il connaissait, et le bruit d'un complot se répandait en même temps parmi les prisonniers. Personne
n'y croyait, et comment y croire? Il s'agissait d'un projet d'évasion
ainsi combiné : on devait d'abord scier le barreau d'une fenêtre
(c'était l'affaire du serrurier Coquery) ; de cette fenêtre à la terrasse
du jardin, il y avait vingt-cinq pieds, et sous la fenêtre la guérite
d'une sentinelle. C'est par-dessus la guérite de la sentinelle que l'on
aurait, au moyen d'une planche, fait, de la fenêtre à la terrasse, un
pont par où tous les prisonniers s'échapperaient. Voilà le complot de
Saint-Lazare. Il est bien entendu que les prisonniers, une fois sortis,
devaient « assassiner les membres du Comité. » Parmi les vingt-six
qui furent traduits le premier jour pour cette prétendue tentative
d'escalade et de meurtre, était l'abbesse de Montmartre, âgée de
soixante-douze ans, et madame de Meursin, atteinte d'une paralysie
des jambes : on l'accusait d'avoir voulu s'échapper sur une planche
suspendue, elle qui, les portes étant ouvertes, n'aurait pas même pu
sortir de prison ! Tous les vingt-six n'en furent pas moins condamnés[3].

J'ai vu, dit Sirey, en parlant de madame de Meursin et de l'abbesse

---

[1] *Hist. des prisons*, t. III, p. 9.

[2] *Ibid.*, p. 10.

[3] *Hist. des prisons*, t. IV, p. 268. — Parmi les autres victimes, on trouve avec
le jeune de Maillé son parent François de Maillé, grand vicaire du Puy-en-Velay, le
comte Jean de Flavigny et Madeleine-Henriette-Louise de Flavigny, comtesse Desvieux, Catherine de Soyecourt, veuve du baron d'Hinnisdal de Fumale, le comte
Gravier de Vergennes et son fils, Amable de Bérulle, ancien premier président du
parlement de Grenoble, la duchesse de Beauvilliers de Saint-Aignan, les abbés de
Montesquiou et de Boisbernier, Jean-François Gauthier, « ex-page du tyran, » âgé
de vingt-quatre ans. (Voy. Campardon, *Hist. du trib. révol.*, t. I, p. 532-534.)

de Montmartre, j'ai vu ces deux victimes descendre du tribunal
pour aller à l'échafaud : on portait l'une, on traînait l'autre[1].

On ne se donnait pas, d'ailleurs, la peine de trouver partout un
cas ou un symptôme de conspiration ; et, comme Port-Libre qu'on
ne réussissait pas à faire conspirer, l'hôtel Talaru et la paisible
maison des Oiseaux eurent aussi leurs journées. A l'hôtel Talaru,
on commença par l'ancien maître de la maison. Le 4 thermidor, le
vieux marquis en fut enlevé avec Boutin, ancien trésorier de la marine, connu par son beau jardin anglais qu'il avait nommé Tivoli, et
Laborde, ancien valet de chambre de Louis XV, renommé par son
goût passionné « pour les beaux-arts et en particulier pour la musique[2]. »

Trois jours après venait le tour de la maison des Oiseaux.

« Depuis plus de six mois, dit l'auteur de notre récit, sur cent
soixante malheureux qui y étaient enfermés, deux seuls prisonniers
avaient été tirés de la maison pour être immolés, lorsque le 7 thermidor (25 juillet, vieux style), à cinq heures du soir, tandis que chacun
était dans sa chambre, ou paisiblement rassemblé dans celles de ses
compagnons d'infortune, on entendit un bruit confus de voix dans
la rue, qui annonçait quelque événement. Aussitôt on voit un chariot immense, traîné par quatre chevaux ; quatre gendarmes se présentent à l'instant dans la cour, suivis d'un huissier du tribunal révolutionnaire, qui semblait, par sa physionomie et sa stature, n'être
destiné qu'à annoncer des choses sinistres. Cet homme farouche
donne aussitôt l'ordre au concierge de sonner la cloche pour que
tout le monde au même instant se rassemble dans la cour ; chacun
s'y rend en tremblant sur sa destinée ; quelques-uns cependant se
flattaient encore qu'il était peut-être question de transférer des prisonniers dans une autre maison[3]. » On fait l'appel, et bientôt les dou-
tes se dissipent : la princesse de Chimay, les comtesses de Narbonne-
Pelet et Raymond-Narbonne, le vieux Clermont-Tonnerre, Crussol
d'Amboise, l'évêque d'Agde (Siméon de Saint-Simon) et plusieurs
autres sont appelés, rangés sous la porte, au delà de la ligne du
ruisseau. C'est à peine si la comtesse Raymond-Narbonne peut embrasser sa petite fille et la recommander à la duchesse de Choiseul.

---

[1] Sirey, *le Tribunal révolutionnaire* (frimaire an III), p. 24. — Voyez encore sur
Saint-Lazare le récit d'un prévenu nommé Rouy, qui a pour titre : *Assassinat commis sur quatre-vingt-un prisonniers de la prison dite Saint-Lazare par le tribunal
révolutionnaire, les moutons et les fabricateurs de conspirations dans ladite prison,
ensemble les horreurs qui furent exercées envers les détenus de ce tombeau des vivants* (32 pages in-8°, sans date).

[2] *Hist. des prisons*, t. III, p. 100

[3] *Mém. sur les prisons*, t. II, p. 189.

Ce n'est pas elle qui eût sollicité une faveur de ses bourreaux, elle
qui, reprenant sa place et voyant une de ses compagnes demander
quelque chose à l'huissier, lui dit : « Ne vous avilissez pas à faire la
moindre demande aux hommes de cette espèce[1]. »

La charrette n'en reçut que onze ce jour-là : elle allait achever son
chargement à la Bourbe (Port-Libre) ; mais elle revint le lendemain.
L'horreur que cette voiture inspira à ceux qui purent la voir de
leurs fenêtres fut extrême ; la terreur profonde qu'avait encore lais-
sée l'événement de la veille, grossissait à leurs yeux le chariot de la
mort, si bien qualifié par un des détenus du nom de « la *grande bière
roulante.* » Elle parut à tout le monde le double de celle de la veille ;
elle était vide, et tout portait à croire qu'on venait la remplir par
trente ou quarante prisonniers. Aussitôt la cloche sonne : glas funèbre ! Le concierge aurait voulu qu'on procédât par appel individuel et dans les chambres : plusieurs femmes étaient encore malades
des émotions de la veille ; mais l'huissier refusa : « Il le faut, dit-il,
« pour que cela serve d'exemple aux autres. » — « On sonne donc, on
ordonne à tous les détenus de descendre dans la cour pour y entendre leur destinée : chacun descend en tremblant ; on hésitait au bas
des escaliers, craignant que chaque pas n'approchât du ruisseau qui
faisait la ligne de démarcation entre la vie et la mort[2] ; » et les victimes mises sur la charrette, on part pour l'aller remplir dans une autre
maison.

La veille elle était allée prendre au Plessis une autre noble femme,
Thérèse-Françoise de Stainville, princesse de Grimaldi-Monaco : « la
femme Monaco », comme disait Fouquier. « Jamais, dit un de nos
récits, plus de grâces, de charmes, d'esprit et de courage ne furent
réunis dans la même personne. » Déclarée suspecte en vertu de la
loi du 17 septembre, et d'abord gardée chez elle, elle avait pris la
fuite, ayant su qu'on la voulait mettre en prison, et elle fut recueillie
par une amie qui brava les perquisitions pour lui sauver la vie. Mais
ne voulant pas la compromettre, elle gagna la campagne, puis revint
à Paris où elle fut arrêtée[3]. Quand on lui remit son acte d'accusation, elle refusa de le lire. « Pas la plus légère émotion n'altéra ses
traits ; elle distribua aux indigents, qu'elle soulageait habituellement, tout l'argent qui lui restait, embrassa sa femme de chambre,
et se sépara de nous, comme après une longue route on quitte des
compagnons de voyage dont la société nous fut utile et douce[4]. » Condamnée (8 thermidor), elle se déclara grosse ; mais dès le lende-

---

[1] *Mém. sur les prisons,* t. II, p. 191.
[2] *Ibid.,* p. 194.
[3] *Hist. des prisons,* t. III, p. 119.
[4] *Mém. sur les prisons,* t. II, p. 272.

main (le 9 thermidor ! que n'attendit-elle un jour de plus?), elle écrivit à Fouquier-Tinville pour retirer sa déclaration; elle n'avait voulu gagner un jour que pour couper elle-même sa chevelure et l'envoyer à ses enfants, comme elle le disait à Fouquier dans sa lettre :

> Citoyen,
>
> Je vous préviens que je ne suis pas grosse. Je voulais vous le dire ; n'espérant plus que vous veniez, je vous le mande. Je n'ai point sali ma bouche de ce mensonge dans la crainte de la mort ni pour l'éviter, mais pour me donner un jour de plus, afin de couper moi-même mes cheveux, et de ne pas les donner par les mains du bourreau. C'est le seul legs que je puisse laisser à mes enfants ; au moins faut-il qu'il soit pur.
>
> *Choiseul-Stainville-Josèphe* GRIMALDI-MONACO,
> *princesse étrangère, et mourant de l'injustice des juges français.*

Elle arracha ses cheveux avec un morceau de verre, elle y joignit des lettres pour ses enfants, pour leur gouvernante, et c'est Fouquier-Tinville qu'elle chargeait de l'envoi par ce billet :

> Citoyen,
>
> Je vous demande au nom de l'humanité de faire remettre ce paquet à mes enfants : vous m'avez eu l'air humain, et, en vous voyant, j'ai eu regret que vous ne fussiez pas mon juge ; je ne vous chargerai peut-être pas d'une dernière volonté si vous l'eussiez été. Ayez égard à la demande d'une mère malheureuse qui périt à l'âge du bonheur, et qui laisse des enfants privés de leur seule ressource ; qu'au moins ils reçoivent ce dernier témoignage de ma tendresse, et je vous devrai encore de la reconnaissance.

Fouquier a-t-il envoyé les cheveux à leur adresse? Je ne sais. Quant aux billets, il les plaça, dit M. Campardon, parmi les papiers de sa correspondance ordinaire, et ils y sont encore (t. I, p. 411).

Un de nos récits ajoute aux derniers moments de la princesse de Monaco un trait qui, s'il est vrai, serait bien de son temps. Avant de partir pour l'échafaud, elle aurait mis du rouge afin de dissimuler sa pâleur si elle avait eu un moment de faiblesse[1]. Tous les témoignages s'accordent d'ailleurs à nous dire avec quelle force et quel calme en même temps on la vit encourager les autres et marcher à la mort.

On n'en avait pas fini avec les autres prisons. Le 6 thermidor, nous l'avons vu, vingt-cinq détenus de Saint-Lazare avaient été envoyés au supplice par le tribunal révolutionnaire. Le lendemain, 7 thermidor, il y en eut vingt-six, parmi lesquels, et en première ligne, le poëte

---

[1] *Hist. des prisons*, t. III, p 119.

Roucher, le prisonnier assurément le plus soumis, le plus docile[1],
qualifié chef de la conspiration de Saint-Lazare. Dès le 5, averti que
son nom était sur la liste des proscrits, il renvoya son petit Émile à
sa femme, brûla ses papiers inutiles, et remit en mains sûres les
lettres de sa fille qui, jointes aux siennes, complètent une correspondance si intéressante sur la vie des prisons au temps de la Terreur.
Le 6, il fit faire par le peintre Leroy son portrait avec cette inscription et ces vers tracés de sa main :

A MA FEMME, A MES AMIS, A MES ENFANTS.

Ne vous étonnez pas, objets sacrés et doux,
Si quelque air de tristesse obscurcit mon visage ;
Quand un savant crayon dessinait cette image,
J'attendais l'échafaud et je pensais à vous.

Le 6 au soir, il fut transféré à la Conciergerie ; et le 7, il était envoyé, lui vingt-sixième, à l'échafaud, avec André Chénier, le grand
poëte qui se plaignait de n'avoir rien fait pour la postérité et disait
en se frappant le front : « J'avais quelque chose là ; » le baron de
Trenck, Gratien de Montalembert, le marquis de Roquelaure, Créqui-
Montmorency, etc.; le 8 thermidor, vingt-cinq ; le 9 thermidor...
Mais nous voici au 9 thermidor, au jour des représailles. Le tribunal ne sera-t-il pas fermé? Non, le président Dumas est arrêté,
mais l'audience, commencée avec lui, se continue sous le juge Maire ;
Scellier préside la seconde section : vingt-quatre sur vingt-cinq
d'une part, vingt-deux sur vingt-trois de l'autre sont condamnés.
Quelqu'un demande que l'exécution soit remise au lendemain. Fouquier déclare que rien ne doit arrêter le cours de la justice ; et les
quarante-cinq montent encore sur les charrettes. Iront-ils jusqu'au
lieu de l'exécution? La révolution gronde dans la rue ; le peuple
veut suspendre le convoi, détèle les chevaux, et les bourreaux sont
incertains ; mais des cavaliers accourent au triple galop : c'est Hanriot
et tout son état-major ; il sabre le peuple, et le sacrifice s'achève[2].

---

[1] « Depuis le 26, disait-il le 28 prairial, il nous est défendu d'avoir de la lumière
dans nos chambres. Il faut souper et se coucher dans les ténèbres. Tous les détenus,
il est vrai, ne se conforment pas à cet ordre. Mais, mon *wiseman* et moi, nous
courbons la tête sous l'autorité, persuadés qu'il faut lui obéir partout, en liberté
comme en prison, en prison surtout. On ne nous a pas mis ici pour avoir nos aises.
D'ailleurs, le détenu le plus sage est celui qui se fait le moins remarquer. *Cache
ta vie* est un mot qui aurait dû être fait tout exprès pour les maisons de détention.
Du moins j'en ai fait ici la règle de ma conduite. » (*Lettres*, t. II, p. 253.)

[2] Voir, dans le livre de M. Campardon, la double liste de ces dernières victimes
(t. I, p. 539-542.).

C'est le dernier exploit d'Hanriot : Hanriot qui va manquer de cœur
pour se défendre à l'Hôtel de Ville, lui et ses collègues ; que Coffinhal
furieux jettera par la fenêtre, et que l'on ira ramasser tout couvert
de fange dans un égout, pour le traîner, le 10 thermidor, devant le
tribunal. Car le 10 thermidor, le tribunal révolutionnaire s'ouvre encore, et Fouquier-Tinville est à son siége. C'est pour requérir la
peine de mort contre Robespierre, mis hors la loi, et contre les
autres, sur la constatation de leur identité.

X

LE 9 THERMIDOR.

La journée du 9 thermidor qui devait sauver la vie à tant de prisonniers, s'écoula pour eux comme un jour néfaste. Les prisons étaient
dans la terreur. Le bruit courait que les fournées ne suffisaient plus à
l'impatience de Robespierre, qu'on allait en revenir aux massacres ;
et du reste n'était-ce pas la même chose? Il ne s'agissait plus que
d'un peu plus ou moins de formalités. On avait supprimé l'instruction et la défense, on supprimait l'envoi au tribunal ; on avait supprimé l'avocat, on supprimait des simulacres de jurés et de juges :
rien que le bourreau et la victime. C'était plus simple, c'était plus
franc [1].

Tout contribuait à répandre l'alarme. Depuis quelques jours les
journaux ne pénétraient plus dans les prisons : plus de crieurs publics
à une distance de moins de trois cents toises, à l'exception de ceux
qui criaient la liste des victimes. Dans la nuit du 9 au 10 thermidor,
le son du tocsin, la générale battue partout, les patrouilles fréquen-
tes, les cris lointains, le bruit de la foule, ne laissaient aucun doute
que quelque chose de décisif ne se préparât ; et d'autres signes tout
intérieurs, l'injonction de rentrer deux heures plus tôt et de se coucher, la visite des jardins et des cours ; les sentinelles doublées, des
inspections faites, le sabre en main, dans toutes les chambres et
renouvelés de quart d'heure en quart d'heure ; les démarches affai-
rées des geôliers ; ici les portes verrouillées, là l'ordre donné aux

---

[1] « Le système de la conspiration des prisons, dit Blanqui le conventionnel, n'était
dans le fond qu'une septembrisation renouvelée sous des formes juridiques. » (*Hist.
des prisons*, t. 1, p. 166.)

guichetiers de laisser les clefs sur les serrures, tout semblait annoncer qu'on attendait les égorgeurs[1]. Au Luxembourg, dans l'après-
midi du 9, on avait vu par trois fois Hanriot ; il y venait pour ras-
sembler la gendarmerie à cheval qui y était casernée, et il avait, disait-on, menacé les prisonniers de son grand sabre[2] ; aux Carmes,
l'administrateur de police Crépin se tenait prêt avec des hommes
armés, comme n'attendant que le signal, et deux fois il s'était fait
ouvrir la porte de la prison.

Au Luxembourg et dans d'autres lieux, les prisonniers ne songeaient
plus qu'à vendre chèrement leur vie. Au Plessis, il fut décidé qu'au
premier signal du danger, ils s'armeraient du bois des lits ; les femmes et les enfants seraient placés au milieu de la cour, protégés contre
les premiers coups par une muraille de matelas, tandis que les hommes
chargeraient les assassins. Et le tocsin redoublait, les cris du peuple,
la traînée des canons ajoutaient à la terreur[3]. Cependant, à l'hôtel Talaru, un des prisonniers qui avait pu descendre dans la cour entendit
un colporteur crier : « La grande arrestation de Catilina Robespierre et de ses complices[4]. » Le 10 au matin, les guichetiers du
Plessis avaient l'air embarrassés[5]. A la maison des Oiseaux, on entendit le concierge dire, avec un trouble visible, que les choses étaient
b.... changées[6]. A Sainte-Pélagie, un porte-clef dit à son chien : « Va
te coucher, Robespierre[7] ! Au Luxembourg, le concierge Guyard, qui
la veille avait refusé d'y recevoir Robespierre décrété d'accusation, et
qui, par cette hardiesse, avait failli changer la face de la journée[8],
« Guyard, frappé de terreur, fuyait avec ses sabres, ses pistolets et
ses chiens[9]. » Bientôt la vérité fut partout connue. Au Plessis,
les manifestations du dehors devancèrent les aveux des geôliers. Les
hommes, les femmes du voisinage étaient montés sur les toits d'où
l'on avait vue dans la cour, et par leurs signaux annonçaient aux
prisonniers leur prochaine délivrance[10]. Un peu après, la nouvelle

---

[1] *Hist. des prisons*, t. I, p. 178 ; *Mém. sur les prisons*, t. I, p. 270, etc.

[2] *Mém. sur les prisons*, t. II, p. 181.

[3] *Mém. sur les prisons*, t. I, p. 276.

[4] *Hist. des prisons*, t. III, p. 103.

[5] *Mém. sur les prisons*, t. II, p. 278.

[6] *Ibid.*, t. II, p. 198.

[7] *Hist. des prisons*, t. II, p. 129.

[8] Beaulieu rapporte cette résolution à l'administrateur Wiltscheritz qui se trouvait
alors au Luxembourg. (*Essais*, t. V, p. 565.)

[9] *Mém. sur les prisons*, t. II, p. 182.

[10] *Mém. sur les prisons*, t. II, p. 279. — Ce fut aussi par des signaux du dehors
que la nouvelle en pénétra aux Madelonnettes. (*Suppl.* aux *Mém de madame Roland*, t. II, p 325.)

fut partout connue; et ce fut comme une résurrection. Il ne suffisait pas de l'entendre, il fallait la lire. Les geôliers, spéculant jusque sur leur défaite, et voulant au moins tirer de leur ruine un dernier profit, vendirent le journal jusqu'à 150 livres; et les prisonniers achetèrent sans marchander[1].

Si les détenus, au lieu de craindre un nouveau massacre des prisons, avaient su tout d'abord le caractère de la lutte engagée, ils n'auraient pas été moins perplexes sur le résultat qu'elle pouvait avoir : car il s'agissait vraiment de leur vie. La terreur n'était pas en voie de s'arrêter. « Par la gradation des massacres, dit Riouffe, j'ai bien connu toute la profondeur de ce vers de Racine :

> Et laver dans le sang vos bras ensanglantés.

D'abord, ils avaient entassé quinze personnes dans leur charrette meurtrière; bientôt ils en mirent trente, enfin jusqu'à quatre-vingt-quatre; et quand la mort de Robespierre est venu arracher le genre humain à leurs fureurs, ils avaient tout disposé pour en envoyer cent cinquante à la fois à la place du supplice. Déjà un aqueduc immense qui devait voiturer le sang avait été creusé à la place Saint-Antoine. Disons-le, quelque horrible qu'il soit de le dire : tous les jours, le sang humain se puisait par seaux, et quatre hommes étaient occupés, au moment de l'exécution, à les vider dans cet aqueduc[2]. »

Leur besogne n'était pas finie encore. C'était maintenant à Robespierre et à ses amis, c'était à Dumas et aux hommes du tribunal révolutionnaire, c'était aux membres de la Commune, mis en masse hors la loi, de monter sur les fatales charrettes; et il y eut encore de sanglantes hécatombes : le 10 thermidor, les deux Robespierre, Couthon, Saint-Just, Hanriot, Payan, agent de la Commune, Lescot-Fleuriot, maire, en tout vingt-deux; le 11 thermidor, soixante-dix; et le 12 thermidor, un reliquat de douze jurés ou membres de la Commune. On y procédait à la façon dont les vaincus avaient agi; et, là aussi, il y eut des confusions déplorables. Le comte Beugnot cite dans ses Mémoires un jeune médecin, membre du Conseil général de la Commune, qui, dans la nuit du 9 thermidor, veilla auprès de sa femme malade dans un hôtel voisin de la Force, lui fit la lecture, et finit même, comme elle, par s'endormir. Par trois fois il avait été appelé pour se rendre au Conseil général, et il s'y était refusé, disant qu'il en avait assez des querelles de la Commune et de la

---

[1] *Mém. sur les prisons*, t. I, p. 176.
[2] *Mém. sur les prisons*, t. I, p. 85.

Convention. Sur le matin, il se rendit pourtant à l'Hôtel de Ville pour s'enquérir des événements de la nuit. Sans le savoir, il était hors la loi ; il fut pris et exécuté [1].

Parmi les membres du tribunal révolutionnaire, il en est un qui avait échappé : c'était le vice-président Coffinhal. Il avait pris un habit de batelier, s'était réfugié dans l'île des Cygnes, où il resta pendant deux jours et deux nuits, ne vivant que d'écorces d'arbre. Pressé par la faim, il se présenta chez un homme à qui il avait rendu service, qui le reçut, l'enferma à clef, et alla chercher la garde. Il n'y avait plus de tribunal révolutionnaire ; le tribunal criminel fut autorisé à constater son identité, et, cela fait, le 18 thermidor, il fut livré aux exécuteurs. Ce retard lui valut un supplément de tortures (le peuple l'aurait moins remarqué auprès de Robespierre). On se rappelait la dureté avec laquelle il fermait la bouche aux accusés, et l'on criait : « Coffinhal, tu n'as pas la parole ! » On racontait qu'un jour, ayant condamné à mort un maître d'armes, il avait dit : « Eh bien, mon vieux, pare-moi donc cette botte-là ! » Et des hommes, formés à cette école, toujours prêts à insulter les victimes, lui lançaient des coups de parapluie à travers les barreaux de la charrette, criant, hurlant avec un ricanement féroce : « Coffinhal, pare-moi donc cette botte-là ! » (T. I, p. 431.)

Il semblerait que la chute de Robespierre dût mettre un terme à la Terreur. Ce n'était pas la pensée de ceux qui venaient de l'abattre. Les hommes du 9 thermidor ne comptaient pas renoncer au système : ils ne voulaient que frapper des collègues qui allaient se tourner contre eux, tout prêts eux-mêmes à le continuer à leur profit [2]. Mais il arriva ce qui arrive toujours quand un peuple, par je

[1] *Mém. du comte Beugnot*, t. I, p. 279, 280.

[2] Voyez le « Rapport fait au nom du Comité de salut public, par Barère, sur les patriotes détenus et sur les mesures à prendre pour mettre en liberté les citoyens qui ne sont pas compris dans la loi du 17 septembre (vieux style). » (Séance du 22 thermidor.)

« Les comités, dit-il, ne cessent de statuer sur les libertés demandées, ils ne cessent de réparer les erreurs ou les injustices particulières ; mais l'affluence des citoyens de tout sexe aux portes du comité de sûreté générale ne fait que retarder des travaux aussi utiles aux citoyens.

« Nous rendons justice aux mouvements si naturels de l'impatience des familles, aux sollicitudes des épouses et des mères ; mais pourquoi retarder par des sollicitations injurieuses aux législateurs et par des rassemblements trop nombreux la marche rapide que la justice nationale doit prendre à cette époque

« Dans quelques sections, des mouvements, qui étaient trop violents pour être naturels au civisme, ont porté à des demandes dangereuses dans ces circonstances, inutiles auprès d'un comité qui ne cesse de travailler à la cause des détenus, et aune sais quelle fascination, a plié sous un joug, et que le charme vient à se rompre. Le charme était rompu par la mort de Robespierre. La Terreur semblait être incarnée dans sa personne, et le mouvement de l'opinion publique entraîna tout le monde, passant par-dessus ceux, qui, ayant donné l'impulsion, se croyaient maîtres de la gouverner. Lorsqu'on réorganisa le tribunal révolutionnaire, et que les comités, par l'organe de Barère, présentant leur liste, on y trouva, comme accusateur public, Fouquier-Tinville, un cri d'horreur s'éleva dans la Convention. « Vous avez, dit Fréron, renvoyé au tribunal révolutionnaire l'infâme Dumas et les jurés qui partageaient avec lui les crimes du scélérat Robespierre; l'accusateur public n'était pas moins coupable. Je demande que Fouquier-Tinville aille cuver aux enfers le sang qu'il a versé. Je demande contre lui un décret d'accusation. — Ce serait trop d'honneur à un pareil scélérat, dit Turreau. Je demande qu'il soit simplement mis en accusation et traduit au tribunal révolutionnaire. » (T. I, p. 432.) Qui fut surpris? Ce fut Fouquier-Tinville. Il avait trouvé tout naturel qu'on le maintînt à sa place. Quel magistrat dans la République avait apporté plus de zèle à l'accomplissement de ses fonctions? Il avait envoyé à la mort Marie-Antoinette et madame Roland, Charlotte Corday et le Père Duchesne, les girondins et Danton, Camille Desmoulins et Robespierre. Il était prêt à y envoyer encore tous les membres de la Convention qu'il plairait à l'Assemblée de lui adresser, et on le décrétait d'accusation! C'était à n'y pas croire. Il vint se constituer prisonnier.

Le second volume de M. Campardon se compose de deux livres : l'un, consacré au tribunal révolutionnaire réorganisé, et qu'il appelle le tribunal réactionnaire : c'est celui qui acquitta les quatre-vingt-quatorze Nantais, restant des cent trente-deux envoyés au tribunal de Paris par le comité révolutionnaire de Nantes, et condamna Carrier; l'autre à la dernière forme de ce tribunal, établie par la loi du 8 nivôse an III, au tribunal qu'il nomme le tribunal réparateur : c'est celui qui jugea Fouquier-Tinville.

Mais avant de raconter les expiations de la Terreur, et les supplices des agents les plus diffamés de son règne à Paris et en

près de la Convention qui a montré toute sa bienfaisante justice dans cette heureuse révolution qui ne fut jamais destinée à servir et à relever les espérances coupables de l'incorrigible aristocratie.

« Elle cherche cependant, cette odieuse aristocratie, à s'emparer du mouvement civique ; mais l'esprit public est bon et ferme, etc. »

province, il faudrait dire ce qu'elle avait été en province. Ici, j'aurais à citer d'autres écrits : pour l'ensemble de la question, le livre de M. Berriat Saint-Prix, *La justice révolutionnaire* (août 1792, prairial an III), *d'après des documents originaux, la plupart inédits* (t. I, 1870), ouvrage que la mort si regrettable de l'auteur laisse malheureusement inachevé et qui donne, avec la statistique la plus complète, les traits les plus curieux sur les différents points du sujet; pour les divers départements en particulier, plusieurs intéressantes monographies : l'une d'elles est toute une histoire en deux volumes, l'*Histoire de Joseph Lebon et des tribunaux révolutionnaires d'Arras et de Cambrai*, par A. J. Paris, aujourd'hui député du Pas-de-Calais à l'Assemblée nationale, ouvrage qui joint à l'exactitude des détails le mérite de l'exposition. Mais je ne pouvais toucher à ces matières après ces auteurs sans céder au désir de les étudier par moi-même, à l'aide des documents originaux. Or, le champ est bien plus vaste que celui que nous venons de parcourir; et les développements que j'ai dû donner à ce travail excéderaient la place qui pourrait lui être accordée encore dans cette Revue; ils mettraient à une trop longue épreuve l'indulgence des lecteurs qui ont bien voulu l'y suivre jusqu'à présent. Je suis donc forcé de le réserver pour un autre mode de publication.

PARIS. — IMP. SIMON RAÇON ET COMP., RUE D'ERFURTH, 1.